I N V E S T I G A Ç Ã O

IMPRENSA DA UNIVERSIDADE DE COIMBRA
COIMBRA UNIVERSITY PRESS

EDIÇÃO
Imprensa da Universidade de Coimbra
Email: imprensauc@ci.uc.pt
URL: http://www.uc.pt/imprensa_uc
Vendas online: http://livrariadaimprensa.uc.pt

CONCEPÇÃO GRÁFICA
António Barros

FOTOGRAFIA DA CAPA
Tipos, Espólio da Imprensa da Universidade de Coimbra.
Foto Carlos Costa @ IUC 2013

INFOGRAFIA DA CAPA
Carlos Costa

INFOGRAFIA
Mickael Silva

PRINT BY
CreateSpace

ISBN
978-989-26-0863-1

ISBN DIGITAL
978-989-26-0864-8

DOI
https://doi.org/10.14195/978-989-26-0864-8

DEPÓSITO LEGAL
407962/16

1.ª EDIÇÃO • 2013

© ABRIL 2016, IMPRENSA DA UNIVERSIDADE DE COIMBRA

GRAMÁTICA DERIVACIONAL DO PORTUGUÊS

GRAÇA RIO-TORTO
ALEXANDRA SOARES RODRIGUES
ISABEL PEREIRA
RUI PEREIRA
SÍLVIA RIBEIRO

2.ª EDIÇÃO

IMPRENSA DA
UNIVERSIDADE
DE COIMBRA
COIMBRA
UNIVERSITY
PRESS

SUMÁRIO

Palavras de apresentação 23

Prefácio à segunda edição 27

Lista de abreviaturas e convenções 31

Fontes 33

CAPÍTULO 1. NOÇÕES BASILARES SOBRE A MORFOLOGIA E O LÉXICO 35

   1.1 Formação de palavras: conceitos básicos 37

      1.1.1 Morfologia 37

      1.1.2 Palavra, lexema, forma de palavra 38

      1.1.3 O que é o morfema? 43

         1.1.3.1 Constituintes puramente morfológicos ou expletivos 44

         1.1.3.2 Alomorfia 45

         1.1.3.3 Ausência de morfema: a formação por conversão 46

      1.1.4 Morfema vs. palavra 48

      1.1.5 Derivação vs. Flexão 49

      1.1.6 A morfologia como interface 52

   1.2 Constituintes 55

      1.2.1 Constituintes presos vs. autónomos 55

      1.2.2 Radical, tema, afixo 56

         1.2.2.1 Radical 56

1.2.2.2 Tema e constituinte temático (CT) 57

1.2.2.3 Afixos flexionais 61

1.2.2.4 Afixos derivacionais 62

1.2.3. Informações de cada constituinte 64

1.2.3.1. Radical 65

1.2.3.2. Constituinte temático 67

1.2.3.3. Afixos derivacionais 69

1.2.3.4. Afixos flexionais 72

1.3 Palavras simples vs. palavras complexas; palavras derivadas vs. não derivadas 73

1.4 Segmentação e comutação 77

1.5 O léxico mental: criatividade e produtividade 80

1.5.1 O léxico mental 80

1.5.2 Produtividade e criatividade 84

1.5.3 Restrições 88

1.5.3.1 Restrições fonológicas 89

1.5.3.2 Restrições semânticas 89

1.5.3.3 Restrições pragmáticas 90

1.5.3.4 Restrições morfológicas 91

1.5.3.5 Restrições argumentais 92

1.5.3.6 Restrições etimológicas 92

1.5.3.7 Restrições processuais: os bloqueios 92

1.5.4 Paradigmas 94

1.5.4.1 Paradigmas organizados por bases 95

1.5.4.2 Paradigmas organizados por afixos 98

1.5.4.3 Interseção de paradigmas 99

1.5.4.4 Formação 'cruzada' (ing. cross-formation) 101

1.6 Processos de formação 102

1.6.1 Afixação 102

1.6.1.1 Prefixação 103

1.6.1.3 Circunfixação 106

1.6.1.4 Interfixação e infixação 108
1.6.2. Composição 109
1.6.3. Conversão 115
    1.6.3.1 Verbos conversos 118
    1.6.3.2 Nomes deverbais conversos 119
1.6.4. Morfologia não concatenativa: cruzamento vocabular, truncação, reduplicação, siglação/acronímia 124
1.7 História da língua 127
    1.7.1 Perda de paradigmas 129
    1.7.2 Coalescência. Reanálise 130
1.8 Hierarquia entre constituintes 131

CAPÍTULO 2 FORMAÇÃO DE NOMES 135
2.1 Nomes deadjetivais 136
    2.1.1 Bases e sufixos 138
    2.1.2 Semântica dos nomes deadjetivais formados por sufixação 141
        2.1.2.1 Nomes sufixados em -*idad*(*e*) 142
        2.1.2.2 Nomes sufixados em -*ic*(*e*) 144
        2.1.2.3 Nomes sufixados em -*ism*(*o*) 145
        2.1.2.4 Nomes sufixados em -*i*(*a*) 146
        2.1.2.5 Nomes sufixados em -*eir*(*a*) 147
        2.1.2.6 Nomes sufixados em -*idão*, -*um*(*e*), -*ur*(*a*) ... 148
2.2. Nomes denominais 149
    2.2.1 Introdução: bases, sufixos, nomes derivados 149
    2.2.2 Nomes de quantidade 153
    2.2.3 Nomes locativos 157
    2.2.4 Nomes de profissionais de atividade 159
    2.2.5 Nomes de 'continente/contentor' 161
    2.2.6 Nomes de "fonte" vegetal 162
    2.2.7 Nomes de 'conteúdo' 163

2.2.8 Nomes de preparação/preparado à base de 163
2.2.9 Nomes de golpe/impacto 164
    2.2.10 Nomes de evento situado espacial
    e/ou temporalmente 165
    2.2.11 Nomes de sistema doutrinal,
    ideológico, científico, de mentalidades 166
    2.2.12 Nomes técnico-científicos 168
    2.2.13 Nomes de 'linguagem hermética' 170
    2.2.14 Conspecto geral 171
2.3. Nomes conversos de Adjetivos 173
2.4 Nomes deverbais 176
    2.4.1 Nomes deverbais de evento: bases, sufixos, produtos 177
        2.4.1.1. Nomes sufixados em -*ção* 179
        2.4.1.2 Nomes sufixados em -*ment(o)* 181
        2.4.1.3 Nomes sufixados em -*agem* 182
        2.4.1.4 Nomes sufixados em -*dur(a)* 184
        2.4.1.5 Nomes sufixados em -*nci(a)* 186
        2.4.1.6 Nomes sufixados em -*nç(a)* 189
        2.4.1.7 Nomes sufixados em -*ão* 190
        2.4.1.8 Nomes sufixados em -*ari(a)* 191
        2.4.1.9 Nomes sufixados em -*nç(o)* 192
        2.4.1.10 Nomes sufixados em -*id(o)* 193
        2.4.1.11 Nomes sufixados em -*ic(e)* 194
        2.4.1.12 Nomes sufixados em -*d(a)* 194
        2.4.1.13 Nomes sufixados em -*ç(o)* 197
        2.4.1.14 Nomes sufixados em -*del(a)* 197
        2.4.1.15 Nomes sufixados em -*tóri(o)* 199
        2.4.1.16 Nomes sufixados em -*deir(a)* 200
        2.4.1.17 Nomes sufixados em -*eir(o)*, -*eir*(a) 200
        2.4.1.18 Conspecto geral 201
    2.4.2 Nomes de indivíduo: bases, sufixos, produtos 204
        2.4.2.1 Nomes sufixados em -*dor* 207

2.4.2.2 Nomes sufixados em -*dor(a)* 210

2.4.2.4 Nomes sufixados em -*deir(a)* 213

2.4.2.5 Nomes sufixados em -*dour(o)* 215

2.4.2.6 Nomes sufixados em -*dour(a)* 216

2.4.2.7 Nomes sufixados em -*nt(e)* 217

2.4.2.8 Nomes sufixados em -*vel* 220

2.4.2.9 Nomes sufixados em -*al* 221

2.4.2.10 Nomes sufixados em -*ão* 222

2.4.2.11 Nomes sufixados em -*tóri(o)* 223

2.4.2.12 Nomes sufixados em -*óri(o)* 225

2.4.2.13 Nomes sufixados em -*tóri(a)* 225

2.4.2.14 Nomes sufixados em -*eir(o)* 226

2.4.2.15 Nomes sufixados em -*eir(a)* 228

2.4.2.16 Nomes sufixados em -(*t*)*ári(o)* 229

2.4.2.17 Nomes sufixados em -*ilh(o)* e em -*ilh(a)* 229

2.4.2.18 Nomes sufixados em
-*alh(o)*, -*alh(a)*, -*elh(o)* e -*ulh(o)* 230

2.4.2.19 Nomes sufixados em -*et(a)* 231

2.4.2.20 Nomes sufixados em -*tiv(o)*, -*tiv(a)* e -*iv(o)* 231

2.4.2.21 Conspecto geral 232

2.4.3 Deverbais não sufixados 235

2.4.3.1 Deverbais que resultam da conversão do radical 235

2.4.3.2 Nomes deverbais conversos de forma de palavra 238

CAPÍTULO 3. FORMAÇÃO DE ADJETIVOS 241

3.1 Adjetivos denominais: bases, sufixos, produtos 242

3.1.1 Condições de combinatória entre bases e sufixos 244

3.1.2 Semântica das bases dos adjetivos denominais 249

3.1.3 Morfologia e semântica dos adjetivos sufixados 251

3.1.3.1 Adjetivos sufixados em
-*an(o/a)*, -*ári(o/a)*, -*eir(o/a)*, -*ens(e)* e -*ês* 252

3.1.3.2 Adjetivos sufixados em
 -ent(o/a), *-os(o/a)* e *-ud(o/a)* 252

3.1.3.3 Adjetivos sufixados em
 -eng(o/a), *-i(o/a)* e *-iç(o/a)* 253

3.1.3.4 Adjetivos sufixados em
 -esc(o/a), *-oid(e)*, *-áce(o/a)* 254

3.1.3.5 Adjetivos sufixados em *-ist(a)* 254

3.1.3.6 Adjetivos sufixados em
 -al, *-ar*, *-eir(o/a)* e *-ic(o/a)* 256

3.1.3.7 Adjetivos detoponímicos e adjetivos denominais 257

3.2 Adjetivos denumerais 260

3.3 Adjetivos deverbais: bases, sufixos, produtos 261

   3.3.1 Adjetivos sufixados em *-dor* 263

   3.3.2 Adjetivos sufixados em *-deir(o/a)* 266

   3.3.3 Adjetivos sufixados em *-dour(o/a)* 269

   3.3.4 Adjetivos sufixados em *-nt(e)* 271

   3.3.5 Adjetivos sufixados em *-ão* 274

   3.3.6 Adjetivos sufixados em *-tóri(o/a)* 276

   3.3.7 Adjetivos sufixados em *-óri(o/a)* 278

   3.3.8 Adjetivos sufixados em *-eir(o/a)* 278

   3.3.9 Adjetivos sufixados em *-os(o/a)* 279

   3.3.10 Adjetivos sufixados em *-tiv(o/a)* 281

   3.3.11 Adjetivos sufixados em *-iv(o/a)* 281

   3.3.12 Adjetivos sufixados em *-diç(o/a)* 282

   3.3.13 Adjetivos sufixados em *-di(o/a)* 284

   3.3.14 Adjetivos sufixados em *-ist(a)* 285

   3.3.15 Adjetivos sufixados em *-az* 286

   3.3.16 Adjetivos sufixados em *-vel* 286

   3.3.17 Adjetivos sufixados em *-ent(o/a)* 290

   3.3.18 Quadro final 291

   3.3.19 Adjetivos conversos de radical e de tema verbais 293

   3.3.20 Adjetivos conversos do particípio passado 294

CAPÍTULO 4. FORMAÇÃO DE VERBOS 297
   4.1 Processos de formação de verbos 297
      4.1.1 Processos afixais 299
      4.1.2 Um processo não afixal: a conversão 300
   4.2 Bases 302
      4.2.1 Classes léxico-sintáticas 302
      4.2.2 Classes morfológicas 303
      4.2.3 Alomorfia 304
   4.3 Formação heterocategorial de verbos 306
      4.3.1 Morfologia dos verbos denominais e deadjetivais 306
         4.3.1.1 Vogal Temática 307
         4.3.1.2 Prefixos 308
      4.3.2 Estrutura semântica e argumental
            dos verbos heterocategoriais
            e dos seus constituintes 310
      4.3.3 Condições de aplicação e produtos 312
         4.3.3.1 Verbos formados por conversão 314
         4.3.3.2 Verbos formados por prefixação 317
         4.3.3.3 Verbos formados por sufixação 323
         4.3.3.4 Verbos formados por circunfixação 335
      4.3.4 Síntese 344
   4.4 Formação isocategorial de verbos 350
      4.4.1 Verbos deverbais sufixados 350
      4.4.2 Verbos deverbais prefixados 351
         4.4.2.1 Significado dos prefixos 352

CAPÍTULO 5. FORMAÇÃO DE AVALIATIVOS 357
   5.1 Introdução 357
   5.2 Sufixos avaliativos 363
   5.3 Sufixos *z*-avaliativos 367
   5.4 Formação de nomes e de adjetivos
        por sufixação e por *z*-sufixação 370

5.4.1 Bases e derivados nominais 370

    5.4.1.1 Diminutivos 372

    5.4.1.2 Aumentativos 376

5.4.2 Bases e derivados adjetivais 379

5.5 Formação de verbos isocategoriais
por sufixação e por circunfixação 383

5.6 Formação de adjetivos, verbos e
nomes por prefixação de valor avaliativo 385

CAPÍTULO 6. FORMAÇÃO DE ADVÉRBIOS EM -*MENTE* 391

6.1. Entre a composição e a derivação 391

6.2 Restrições categoriais, semânticas e morfológicas 393

    6.2.1 Restrições categoriais 393

    6.2.2 Restrições semânticas 395

        6.2.2.1 Adjetivos étnicos, pátrios, gentílicos 396

        6.2.2.2 Adjetivos com sufixos avaliativos 397

        6.2.2.3 Adjetivos no grau comparativo 398

    6.2.3 Restrições morfológicas 398

        6.2.3.1 Bases adjetivais sufixadas 398

6.3 Condições de adjunção de -*mente* 399

    6.3.1 Bases prefixadas 402

    6.3.2 Bases sufixadas 404

        6.3.2.1 Adjetivos deverbais 404

        6.3.2.2 Bases adjetivais denominais 406

6.4 Sentido das bases 408

CAPÍTULO 7. PREFIXAÇÃO 411

7.1 Introdução:
fronteiras entre sufixação, prefixação e composição 411

    7.1.1 Prefixos e constituintes de compostos 412

        7.1.1.1 Propriedades comuns a prefixos e
constituintes de composição 412

7.1.1.2 Propriedades diferenciais entre
prefixos e constituintes de compostos 414

7.2 Classes léxico-semânticas de prefixos 425

7.3 Expressão prefixal de iteração 429

7.4 Expressão prefixal de
contrariedade, de privação e de oposição 430

    7.4.1 Derivados em *a(n)*- 430

    7.4.2 Derivados em *des*- 431

    7.4.3 Derivados em *in*- 434

    7.4.4 Derivados em *anti*- 436

    7.4.5 Derivados em *contra*- 438

    7.4.6 Sentidos matriciais e lexicalizados 439

7.5 Expressão prefixal de conjunção 441

7.6 Expressão prefixal de movimento 442

7.7 Expressão prefixal de localização espácio-temporal 445

7.8 Expressão prefixal de avaliação 447

7.9 Expressão prefixal de dimensão 452

7.10 Expressão prefixal de quantificação 453

7.11 Expressão prefixal de valor de identidade
((dis)semelhança, falsidade) 455

7.12 Expressão prefixal de reflexividade 456

7.13 Expressão prefixal de bilateralidade/reciprocidade 458

CAPÍTULO 8. COMPOSIÇÃO 461

8.1 Composição: definição e delimitação 461

    8.1.1 Produtos compositivos e estruturas sintáticas livres 463

    8.1.2 Produtos compositivos [±sintagmáticos]
e unidades multilexicais 466

    8.1.3 Produtos compositivos e produtos prefixados 471

8.2 Unidades de base, produtos e tipos de compostos 472

    8.2.1 Compostos morfológicos 476

        8.2.1.1 Vogal de ligação 478

8.2.1.2 Compostos aglutinados 481

8.2.1.3 Compostos por 'recomposição':
unidade truncada + palavra plena 482

8.2.2 Compostos morfossintáticos 484

8.2.3 Compostos sintagmáticos 487

8.3 Relações intracomposto 489

8.3.1 Relações sintáticas intracomposto 489

8.3.1.1 Compostos coordenados 490

8.3.1.2 Compostos subordinados 491

8.3.1.3 Compostos modificativos 493

8.3.2 Relações temáticas intracomposto 497

8.4 Núcleo, endocentrismo e exocentrismo 500

8.4.1 Endocentrismo e exocentrismo:
dimensões categorial, morfológica e semântica 502

8.5 Padrões flexionais 505

8.5.1 Marcação flexional em ambos
os elementos compositivos: $[X_{pl}\ Y_{pl}]$ 506

8.5.2 Marcação flexional no núcleo,
o elemento da esquerda: $[X_{pl}\ Y]$ 506

8.5.3 Marcação flexional na fronteira direita
e com escopo sobre todo o composto: $[X\ Y]_{pl}$ 507

8.5.4 Marca flexional no determinante
que precede o composto: $Det_{pl}\ [X\ Y]$ 507

8.6 Propriedades semânticas 508

8.6.1 Classes e relações semânticas 508

8.6.2 Composicionalidade e idiomaticidade semânticas 512

8.7 Propriedades transversais 517

CAPÍTULO 9. PROCESSOS DE CONSTRUÇÃO NÃO CONCATENATIVA 521

9.1 Introdução 521

9.2 Cruzamento vocabular 522

9.2.1 Definição 522

9.2.2 Cruzamento vocabular e composição. 523
9.2.3 Padrões de cruzamento vocabular 524
9.2.4 Aspetos sintático-semânticos.. 527
9.3 Truncação.. 532
    9.3.1 Definição 532
    9.3.2 Padrões de truncação.. 534
    9.3.3 Hipocorização por truncação 536
9.4 Reduplicação... 538
    9.4.1 Definição... 538
    9.4.2 Padrões de reduplicação... 540
        9.4.2.1 Reduplicação total... 540
        9.4.2.2 Hipocorização por reduplicação 542
9.5 Siglação, Acronímia 543
    9.5.1 Definição... 543
    9.5.2 Um processo morfológico?.. 544
    9.5.3 Caraterísticas fonológicas... 546
        9.5.3.1 Estrutura acentual... 546
        9.5.3.2 Estrutura silábica 547
        9.5.3.3 Processos fonológicos segmentais 549
        9.5.3.4 Relação grafia - som 551
    9.5.4 Uso e comportamentos morfossintáticos 552

Bibliografia 555

Fontes 569

ÍNDICE DE QUADROS

Quadro I. 1. Estrutura morfológica dos verbos
relvar e *rogar* e dos nomes *relva* e *rogo* 47

Quadro I. 2. Vogais temáticas dos verbos em português 58

Quadro I. 3. Índices temáticos dos nomes em português 58

Quadro I. 4. Classes temáticas de nomes em português 60

Quadro I. 5. Classes de palavras:
simples, derivadas, complexas e não derivadas 76

Quadro I. 6. Nomes de evento deverbais 95

Quadro I. 7. Nomes de agentes deverbais 96

Quadro I. 8. Nomes de qualidade deadjetivais 96

Quadro I. 9. Derivados em *-ão* 98

Quadro I.10. Bases e produtos sufixados e prefixados 105

Quadro I.11. Padrões de produtos formados por sufixação 106

Quadro II.1. Sufixos formadores de nomes deadjetivais 137

Quadro II.2. Radicais adjetivais simples e
complexos selecionados pelos sufixos nominalizadores 139

Quadro II.3. Sufixos *-ic(e)*, *-idad(e)* e *-ism(o)* e
tipo morfológico de bases que selecionam 141

Quadro II.4. Sufixos presentes nas bases selecionadas por *-idad(e)* 143

Quadro II.5. Sufixos formadores de nomes denominais 151

Quadro II.6. Sufixos formadores de nomes denominais coletivos 153

Quadro II.7. Sufixos formadores de nomes denominais locativos 158

Quadro II.8. Distribuição dos sufixos por
subclasses semânticas dos nomes derivados 159

Quadro II.9. Sufixos formadores de
nomes denominais de profissional 160

Quadro II.10. Sufixos formadores de
nomes denominais de continente/contentor 161

Quadro II.11. Sufixo formador de
nomes denominais de "fonte" vegetal 162

Quadro II.12. Sufixos formadores de
nomes denominais de conteúdo 163

Quadro II.13. Sufixo formador de
nomes denominais de preparação/preparado à base de 164

Quadro II.14. Sufixo formador de
nomes denominais de golpe/impacto 164

Quadro II.15. Sufixo formador de nomes denominais que denotam
sistema doutrinal, ideológico, científico, de mentalidades 166

Quadro II.16. Sufixos formadores de
nomes denominais técnico-científicos 168

Quadro II.17. Sufixo formador de nomes de 'linguagem hermética' 171

Quadro II.18. Distribuição dos sufixos formadores
de nomes denominais por classes semânticas 172

Quadro II.19. Sufixos nominalizadores e seus produtos deverbais 177

Quadro II.20. Distribuição de sufixos formadores
de nomes deverbais de evento 202

Quadro II.21. Distribuição de sufixos formadores de nomes
deverbais de evento por classes sintático-semânticos de bases 203

Quadro II. 22. Sufixos formadores de
nomes deverbais de 'indivíduo' e seus produtos 204

Quadro II.23. Relação entre sufixos formadores de
nomes deverbais de indivíduo e suas significações. 233

Quadro II.24. Distribuição de sufixos formadores de nomes
deverbais de indivíduo por tipos sintático-semânticos das bases 234

Quadro II.25. Relação entre marcador de classe
de nomes conversos formados a partir de verbos
das três conjugações e a VT destes 236

Quadro III.1. Sufixos formadores de adjetivos denominais 243

Quadro III.2. Adjetivos denominais formados
a partir de bases simples e complexas 244

Quadro III.4. Adjunção de -ic- a diferentes tipos semânticos de base 246

Quadro III.5. Distribuição de sufixos por tipos semânticos de bases 247

Quadro III.6. Comportamento dos sufixos adjetivalizadores denominais
na formação de adjetivos denominais gentílicos e não gentílicos 259

Quadro III.7. Adjetivos deverbais e respetivos sufixos 262

Quadro III.8. Distribuição de significações
por sufixos de formação de adjetivos deverbais 291

Quadro III.9. Seleção de tipos sintático-semânticos de
bases verbais por sufixos formadores de adjetivos deverbais 292

Quadro IV.1. Processos de formação de verbos 299

Quadro IV.2. Relações derivacionais instanciadas
na formação de verbos 302

Quadro IV.3. Sufixos e prefixos policategoriais 303

Quadro IV.4. Classes morfológicas de
bases selecionadas pelos processos verbalizadores 304

Quadro IV.5. Esquemas configuracionais
dos verbos denominais e deadjetivais 306

Quadro IV.6. Classes semânticas de
verbos heterocategoriais em português 311

Quadro IV.7. Verbos heterocategoriais conversos 314

Quadro IV.8. Verbos heterocategoriais prefixados
e representatividade de cada prefixo no conjunto
de verbos prefixados 317

Quadro IV.9. Percentagem relativa dos
diferentes tipos de afixação na formação de verbos 318

Quadro IV.10. Verbos heterocategoriais sufixados
e representatividade de cada sufixo no conjunto
de verbos sufixados 323

Quadro IV.11. Verbos heterocategoriais parassintéticos
e representatividade de cada uma das estruturas
circunfixadas no conjunto de verbos formados por parassíntese 335

Quadro IV.12. Número de classes semânticas de
verbos produzidas por cada um dos processos derivacionais 348

Quadro IV.13. Sufixos deverbais formadores
de verbos isocategoriais 350

Quadro IV.14. Significados dos prefixos deverbais 352

Quadro IV.15. Significados locativos dos prefixos deverbais
(adaptado de Cunha & Cintra 1984) 353

Quadro V.1. Radicais e produtos avaliativos derivados isocategoriais 359

Quadro V.2. Sufixos avaliativos registados no PE
e tipos de bases que selecionam 360

Quadro V.3. Sufixos avaliativos formadores de nomes
e de adjetivos diminutivos e aumentativos 364

Quadro V.4. Derivados em -inh(o, a), -it(o, a), -aç(o, a),
-ão, -ot (e, a) e morfologia das bases avaliativas 364

Quadro V.5. Derivados em -inh(o,a), -it(o,a), -aç(o,a),
-ão, -ot(e,a) e morfologia das bases heterocategoriais 365

Quadro V.6. Sufixos z-avaliativos
(aqui representados por -z-inh) e classes de bases 368

Quadro V.7. Bases derivadas e não derivadas
de avaliativos e z-avaliativos 369

Quadro V.8. Nomes de qualidade derivados
e nomes corradicais sufixados avaliativamente 376

Quadro V.9. Formação de verbos com sufixos avaliativos 384

Quadro V.10. Expressão prefixal de avaliação
com bases nominais, adjetivais e verbais 386

Quadro VI.1. Sentido (não) literal da base
e combinabilidade com -mente 409

Quadro VII.1. Constituintes prefixais
e não prefixais em Bechara e em Cunha/Cintra. 412

Quadro VII.2. Propriedades de prefixos
e de constituintes de composição 416

Quadro VII.3. Posições de alguns constituintes de composição 417

Quadro VII.4. Escala de gramaticalização
das preposições (Castilho 2004) 423

Quadro VII.5. Propriedades de prefixos,
sufixos, z-sufixos e constituintes de compostos 424

Quadro VII.6. Escala entre prefixação e composição 424

Quadro VII.7. Combinatória de prefixos
com bases adjetivas [±relacionais] 426

Quadro VII.8. Combinatória de prefixos
com bases/predicados ±perfetivos 427

Quadro VII.9. Prefixos portugueses prototípicos
e respetivos produtos 428

Quadro VII.10. Expressão prefixal de
oposição, negação, privação, contrariedade 440

Quadro VII.11. Expressão prefixal de movimento 444

Quadro VII.12. Expressão prefixal de localização
(temporal e/ou espacial) 446

Quadro VII.13. Expressão prefixal de avaliação 448

Quadro VII.14. Expressão prefixal de dimensão 453

Quadro VII.15. Expressão prefixal de quantificação 454

Quadro VII.16. Expressão prefixal de identidade
((dis)semelhança, falsidade) 456

Quadro VII.17. Expressão prefixal de reflexividade 457

Quadro VII.18. Expressão prefixal de bilateralidade/reciprocidade 459

Quadro VIII.1. Esquemas compositivos segundo
as classes categoriais operantes 473

Quadro VIII.2. Classes categoriais dos produtos de composição 476

Quadro VIII.3. Compostos morfológicos - esquemas compositivos 477

Quadro VIII.4. Posição dos elementos formativos
nos compostos morfológicos 477

Quadro VIII.5. Elementos formativos
greco-latinos - origem, categoria, posição e sentido 478

Quadro VIII.6. Compostos modificativos 494

Quadro VIII.7. Relações sintáticas intracomposto 497

Quadro VIII.8. Elementos formativos
greco-latinos com capacidade argumental 499

Quadro VIII.9. Exocentrismo e endocentrismo:
dimensões categorial, morfológica e semântica. 502

Quadro VIII.10. Compostos com núcleo à esquerda. 503

Quadro VIII.11. Compostos com núcleo à direita. 503

Quadro VIII.12. Compostos binucleares. 503

Quadro VIII.13. *Continuum* de endo-/exocentrismo. 505

Quadro VIII.14. Classes semânticas dos produtos compositivos. 509

Quadro VIII.15. Áreas semânticas dos produtos compositivos. 510

Quadro VIII.16. Denominações compositivas de base
greco-latina presentes em léxicos de especialidade. 511

Quadro VIII.17. Alguns compostos associados
à culinária e ao desporto. 511

Quadro VIII.18. Relações semânticas intracomposto 512

Quadro VIII.19. Compostos de significação figural assente
na metaforização e metonimização. 514

Quadro VIII.20. Níveis de opacidade semântica
dos produtos de composição. 516

Quadro VIII.21. Estrutura interna e
relações sintáticas intracomposto 518

Quadro VIII.22. Relações sintáticas intracomposto,
endo-/exocentrismo e padrões de flexão. 520

Quadro IX.1. Quadro classificatório de siglação,
acronímia, cruzamento (baseado em Giraldo Ortiz 2010) 544

(2ª EDIÇÃO) PALAVRAS DE APRESENTAÇÃO

A "Gramática derivacional do português" que aqui se apresenta visa descrever as unidades e os processos de construção das unidades lexicais do português contemporâneo, com base em dados colhidos dominantemente na variante europeia e, sempre que oportuno, em comparação com os dados disponíveis do Português do Brasil.

Este livro resulta da investigação levada a cabo pela/os autores num Centro de Investigação de Linguística, o CELGA (http://www.uc.pt/uid/celga), da Fundação para a Ciência e Tecnologia, sediado há largas décadas na Faculdade de Letras da Universidade de Coimbra. A equipa é constituída por:

(i) Graça Rio-Torto, doutorada pela Universidade de Coimbra e docente nesta Universidade, coordenadora da equipa.

(ii) Alexandra Soares Rodrigues, doutorada pela Universidade de Coimbra e docente do Instituto Politécnico de Bragança;

(iii) Isabel Pereira, doutorada pela Universidade de Coimbra e docente nesta Universidade;

(iv) Rui Pereira, doutorado pela Universidade Católica Portuguesa e docente da Universidade de Coimbra;

(v) Sílvia Ribeiro, doutorada pela Universidade de Coimbra e docente na Universidade de Aveiro (Escola Superior de Tecnologia e Gestão de Águeda).

As unidades envolvidas na formação de palavras são os afixos, os radicais e os temas que, combinando-se entre si, na base de relações genolexicais de hierarquia e de sucessividade, dão origem a unidades lexicais complexas. Estas têm por função denominar ou predicar as realidades e/ou as atitudes mentadas pelos usuários (como se diz no Brasil) ou pelos utentes (como se diz em Portugal) da língua. É nesta perspetiva — de quem se utiliza instrumentalmente da língua — que as unidades morfolexicais são aqui encaradas quando manipuladas como matéria-prima da formação de novas palavras, ao serviço das motivações léxico-conceptuais e das necessidades referenciais e discursivas dos falantes.

A formação de palavras opera com diferentes processos que permitem formar um lexema com base noutro lexema; são eles a afixação, a conversão, a composição, a amálgama ou cruzamento, a truncação. A derivação, no seu sentido lato, recobre toda a formação de palavras. É nessa aceção que é usado o adjetivo *derivacional* no título deste livro.

A descrição dos processos de formação de palavras do português toma em linha de conta as matérias primas envolvidas, nas suas diferentes dimensões formais e semânticas presentes na produção e na interpretação dos produtos lexicais.

A conceção de formação de palavras que subjaz ao espírito deste livro entende a formação de palavras como uma área que conglomera um conjunto de estruturas da linguagem de modo dinâmico e interactivo. Algumas das assunções subjacentes à investigação desenvolvida postulam o seguinte: para a construção dum lexema convergem, de forma solidária, os afixos, as bases e os processos que estão na sua génese. Os afixos são, tal como as bases, unidades portadoras de sentido; o semantismo do todo é devedor do semantismo das partes, mas não se esgota neste, pelo que frequentemente os produtos lexicais são portadores de sentidos não composicionais, não computáveis a partir dos das suas unidades constituintes, e afetados por processos figurais de metaforização, de metonimização, de extensão ou de especialização de sentido, que os tornam parcial ou totalmente opacos.

A par do muito que une os autores dos capítulos, sob o ponto de vista teórico e também, não menos importante, sob o ponto de vista afetivo, este livro reflete as concepções teóricas que a especificidade dos materiais linguísticos por cada um estudados impõe. Não há portanto uniformidade absoluta na profundidade de tratamento de todos os setores do léxico aqui considerados, pois é diverso o grau de conhecimento e de pesquisa de que até agora dispomos de cada um. Como estudo global pioneiro sobre a gramática derivacional do português este pretende mostrar a investigação até agora realizada, e despertar o gosto por futuras pesquisas na área. O estudo sobre setores específicos da formação de palavras da Língua Portuguesa continua a ser realizado em áreas não satisfatoriamente descritas, estando por nós em preparação dois volumes, um consagrado à Prefixação e outro à Composição.

Poderão alguns leitores estranhar a configuração, a existência ou o semantismo de certos derivados ou de certos compostos. Mas trata-se de dados reais, pois neste livro não há dados empíricos fictícios. Consultando as fontes citadas encontrará o leitor os lexemas aqui estudados. A língua não se faz apenas do léxico comum, das palavras muito frequentes, de circulação generalizada, mas de todas as palavras que todas as classes de falantes usam e produzem. Os utentes da língua não são apenas os falantes mais diferenciados, mas também os falantes de universos menos cosmopolitas que, em conjunto, fazem o gigantesco mundo de língua portuguesa. Algumas das palavras aqui registadas são amplamente conhecidas e usadas pela população portuguesa menos jovem, do mundo não urbano, e também nos estudos linguísticos elas não podem ser ignoradas.

Como investigação em curso há de confirmar, os fundamentos da competência genolexical em língua portuguesa como língua materna não são diferentes nos diversos nichos geossociolinguísticos do português europeu (PE) e também não o serão entre este e o português brasileiro (PB). Mas porque a realidade que nos é mais próxima é a do português europeu, é a esta que neste livro é dada proeminência.

A investigação que agora se apresenta resulta da colaboração direta ou indireta com colegas e com estudantes com quem temos interagido, cimentando o policentrismo dos estudos sobre a língua portuguesa, o diálogo intercultural e as relações de companheirismo e de amizade entre os investigadores interessados no léxico e na formação de palavras.

Uma palavra de agradecimento muito sentido aos alunos, especialmente os de mestrado e de doutoramento, bem como aos amigos e colegas que, em diálogo nos permitiram beneficiar dos seus conhecimentos e da sua fraternidade. Um reconhecimento público é devido à instituição em cujo seio se desenvolve a investigação deste grupo de trabalho: o Celga, Centro de Estudos de Linguística Geral e Aplicada (http://www.uc.pt/uid/celga), e a Faculdade de Letras da Universidade de Coimbra.

Este livro é dedicado à memória de Daniele Corbin e de meus Pais, que muito gostariam de o ter podido ler.

Graça Rio-Torto
(coordenadora do volume)

PREFÁCIO À SEGUNDA EDIÇÃO

Três anos volvidos sobre a publicação da primeira edição, há muito esgotada, é tempo de apresentar ao público um texto que reflita a investigação entretanto desenvolvida, que se revele atualizado em relação a alguns aspetos teóricos e empíricos que considerávamos menos satisfatórios e que tenha sido renovado à luz da análise crítica entretanto empreendida.

O enquadramento teórico que preside a este estudo encontra-se exposto na reflexão levada a cabo pelos seus autores, ao longo de vários anos, e assenta numa visão crítica da bibliografia nele contida, onde pontificam nomes como os de M. Aronoff, M. Basílio, A. Bisetto, G. Boiji, D. Corbin, C. Gonçalves, R. Jackendoff, B. Levin & Rappaport Hovav, J. Pena, S. Scalise. Em todo o caso, a formação de palavras é aqui encarada de modo multifactorial ou polidimensional e processualista, pois consideramos que o seu modo de funcionamento envolve aspetos fónicos, morfológicos, semânticos, sintáticos dos recursos lexicais, sejam bases ou os afixos, dos processos e dos paradigmas implicados, em interfaceamento estreito entre todos.

A par com as reformulações dentro de cada um dos capítulos, nesta segunda edição foi alterada a ordem dos capítulos, por forma a dar coesão interna acrescida ao volume, com a deslocação do cap. de *Formação de avaliativos* (agora cap. 5) para a zona da derivação, ainda que a formação de z-avaliativos recomendasse a manutenção destes na orla da composição.

Os capítulos 6, 7, e 8 são agora consagrados à *Formação de advérbios em -mente*, à *Prefixação* e à *Composição*. Os capítulos 2, 3, 4 e 9 continuam com o mesmo escopo (*Formação de nomes, Formação de adjetivos, Formação de verbos* e *Processos de construção não concatenativa*), e o capítulo 1 denomina-se agora *Noções basilares sobre a morfologia e o léxico*.

Gostaria de ressaltar a alargamento promovido da base de dados que serve de suporte ao estudo, com recurso a maior número de fontes empíricas em linha, reveladoras da dinâmica do léxico e, nesse sentido, introdutoras de algumas novidades descritivas antes não consignadas.

Um agradecimento é devido à Alexandra Rodrigues pela leitura crítica do texto desta 2ª edição.

Oxalá esta segunda edição corresponda à expectativa dos leitores e sobretudo os ajude a melhor conhecer o léxico da língua portuguesa.

Graça Rio-Torto
(coordenadora do volume)

AUTORES

Alexandra Soares Rodrigues, Instituto Politécnico de Bragança; Celga (UC)
    Cap. 1. Noções basilares sobre a morfologia e o léxico
    Cap. 2.4 Nomes deverbais
    Cap. 3.3 Adjetivos deverbais

Graça Rio-Torto, Universidade de Coimbra, FLUC; Celga (UC)
    Cap. 2.1 Nomes deadjetivais
    Cap. 2.2 Nomes denominais
    Cap. 2.3 Nomes conversos de adjetivos
    Cap. 3.1 Adjetivos denominais
    Cap. 3.2 Adjetivos denumerais
    Cap. 5 Formação de avaliativos
    Cap. 6 Formação de advérbios em *–mente*
    Cap. 7 Prefixação
    Cap. 8 Composição (com colaboração de Sílvia Ribeiro, Universidade de Aveiro)

M. Isabel Pires Pereira, Universidade de Coimbra, FLUC; Celga (UC)
    Cap. 9 Processos de construção não concatenativa

Rui A. Pereira, Universidade de Coimbra, FLUC; Celga (UC)
    Cap. 4 Formação de verbos

Sílvia Ribeiro, Universidade de Aveiro
    Cap. 8 Composição (em autoria com Graça Rio-Torto)

LISTA DE ABREVIATURAS E CONVENÇÕES

A = adjetivo
Adv. = advérbio
arc. = arcaico
cap. = capítulo
cast. = castelhano
cat. = catalão
cf. = confira
cit. = citado
cláss. = clássico
CT = constituinte temático
ed. = edição
esp. = espanhol
ex. = exemplo
fem. = feminino
fig. = figurado (sentido), figurativo
fr. = francês
gr. = grego
id. = idem
i.e. = isto é
inf. = infinitivo
ing. = inglês
it. = italiano
IT = índice temático
lat. = latim, latino(a)
masc. = masculino
med. = medieval
MMTA = Morfema de modo, tempo, aspeto
MNP = morfema de número e pessoa
N = nome
PB = português do Brasil
PE = português europeu
pl. = plural
pop. = popular
port. = português
prep. = preposição
rad. = radical
RadA = radical adjetival
RadN = radical nominal
RadV = radical verbal
RFP = regra de formação de palavras
séc. = século
sg. = singular
suf. = sufixo
V = verbo
VT = vogal temática
* = forma agramatical

FONTES

Os dados empíricos em que se espalda este trabalho foram recolhidos em fontes lexicográficas consagradas e de uso comum em Portugal e no Brasil, em gramáticas, em obras de linguística e na Web, em sites especializados ou em buscas aleatórias no Google, indicadas em cada momento.

Dos dicionários destacam-se:

Dicionário Aulete, acessível em http://aulete.uol.com.br/

Dicionário Aurélio, acessível em http://www.dicionariodoaurelio.com/

Dicionário Houaiss da Língua Portuguesa (2009). Rio de Janeiro: Objetiva. Ed. eletrónica.

Dicionário da Porto Editora: www.infopedia.pt

Dicionário Michaëlis, acessível em http://michaelis.uol.com.br/

Dicionário da Língua Portuguesa (1989). Porto: Porto Editora.

Grande Dicionário da Língua Portuguesa (2010). Porto: Porto Editora.

Sites:

www.corpusdoportugues.org

www.linguateca.pt/cetempublico/

http://www.linguateca.pt/cetenfolha/

http://www.portaldalinguaportuguesa.org/

Capítulo 1. Noções basilares sobre a morfologia e o léxico

Alexandra Soares Rodrigues

O estudo da gramática derivacional duma língua é um estudo sobre "formação de palavras", nas duas aceções que esta comporta. Uma diz respeito a uma competência da gramática mental dos falantes. Outra refere um domínio de descrição linguística que pretende descrever e explicar a primeira.

Na primeira aceção, está em causa um domínio mental em que concorrem, através de interfaces, as estruturas da linguagem que intervêm na produção de lexemas pelos falantes. Estas estruturas são a morfologia, a semântica, a fonologia e, indiretamente, a sintaxe (Aronoff 2000; Booij 2000a; Corbin 1987; Spencer 2000). A formação de palavras, como domínio convergente dessas áreas em interface (Rodrigues 2008, 2012, 2015; Rodrigues Rio-Torto 2013), mostra que a linguagem é constituída por estruturas que contactam entre si interativamente (Jackendoff 2002). Todas essas estruturas possuem componentes que, produtivamente, são acionados para a formação dos lexemas, sejam estes novas unidades da língua ou unidades já existentes, mas cuja formatividade pode ser ativada na mente do falante no momento da produção do discurso (Bauer 2006).

Na segunda aceção integram-se as descrições e as explicações que a linguística, enquanto ciência de estudo da linguagem, aventa para os fenómenos de geração lexical.

https://doi.org/10.14195/978-989-26-0864-8_1

Os elementos de ordem histórica e etimológica não intervêm na formação de palavras enquanto componente da gramática mental. Os falantes não têm acesso a estados pretéritos da língua, nem necessitam de um conhecimento explícito acerca destes para produzirem lexemas, exceto na criação de lexemas com componentes eruditos [1]. Já no que diz respeito à área da linguística que explica a formação de palavras, os dados históricos e etimológicos são instrumentos que auxiliam, a par de outros, a identificação de segmentos morfológicos ou a compreensão da maior ou menor produtividade dos processos. No entanto, esses dados históricos não se sobrepõem aos componentes de caráter sincrónico que ativamente participam na gramática mental do falante. Assim, a formação de palavras como área do conhecimento descreve as estruturas mentalmente congregadas para a geração de lexemas em cada sincronia, recorrendo a informações etimológicas e históricas como auxílio e não como objeto em si mesmo.

A formação de palavras recobre diferentes processos, que agem paradigmaticamente, que permitem formar um lexema com base noutro lexema, sejam a afixação, a conversão, a composição, a amálgama ou cruzamento, a truncação. A derivação, em sentido lato, é encarada como equivalente de formação de palavras. É nessa aceção que é usado o adjetivo *derivacional* no título deste livro.

Neste capítulo descrevem-se conceitos básicos referentes às unidades envolvidas na formação de palavras em português, às relações genolexicais estabelecidas entre aquelas, aos processos

---

[1] Veja-se, a este propósito, o modo como, segundo Bluteau (1712-1728), a denominação *pirilampo* foi proposta e criada em português: «Nas conferencias Academicas, que se fizeram no anno de 1696 na livraria do Conde da Ericeira, foy proposto, se ao inseto luzente vulgarmente chamado *cagalume* se daria em papeis, ou discursos serios, outro nome mais decoroso, como v.g. Pirilampo à imitação de Plinio Histor. que chama a este inseto *Lampyris*, nome composto de *Lampas* que em grego val o mesmo que *Tocha*, e *Pyr* que quer dizer *Fogo*.».

de formação de palavras e às dimensões presentes na produção e na interpretação dos produtos lexicais [2].

1.1 Formação de palavras: conceitos básicos

1.1.1 Morfologia

Por morfologia pode entender-se a organização mental da linguagem que estrutura a constituição interna da(s) palavra(s) e a formação desta(s). Em simultâneo, a morfologia é a área da linguística que estuda a organização mental referente à constituição interna das palavras em unidades mais pequenas — os morfemas (Matthews 1974:1-23), aqui encarados como unidades mínimas com função gramatical (Aronoff 1994: 5-29; Plag 2003:10) [3].

Por constituição interna das palavras entende-se a sua estruturação em morfemas cuja combinação serve para: (i) mudar a forma da mesma palavra de acordo com alterações a nível de significado e da função gramaticais, assim acontecendo quando há variação flexional de uma mesma palavra, sem alterar a identidade da mesma (*menino(s)*); (ii) construir palavras. Assim acontece quando derivamos *avaliação* de *avaliar*. Neste caso ocorre mudança não só na forma e no significado gramatical, mas também no significado lexical. Esta alteração leva a que *avaliar* e *avaliação* não sejam duas formas da mesma palavra, mas duas palavras distintas.

A morfologia flexional trata da constituição interna da mesma palavra, estudando as suas variações formais (*gato/gatos; adorou/*

---

[2] Remete-se o leitor que queira praticar e aferir os seus conhecimentos sobre morfologia e formação de palavras do português para Rodrigues 2012b.

[3] A função gramatical é entendida não no sentido restrito de 'flexional', mas no sentido lato de 'relativo à gramática (mental) da língua'.

adoraram). A morfologia derivacional trata da constituição interna de palavras diferentes, estudando as variações formais e semânticas que permitem construir palavras a partir de outras, como *avaliação* a partir de *avaliar* ou como *contentamento* a partir de *contentar* e este verbo a partir do adjetivo *contente* (Štekauer 2015).

A morfologia tem como tarefas analisar os constituintes morfológicos das palavras e o modo como estes se organizam entre si. Para tal é necessário identificar os constituintes, analisar as suas propriedades e compreender a organização que pode existir entre os constituintes para a estruturação de uma palavra ou para a variação da mesma palavra.

A categoria lexical das palavras, ou seja, a pertença às classes nome, verbo, adjetivo, advérbio, etc. diz respeito a informações sobre o modo como a palavra é usada na sintaxe. Por exemplo, *lança* (N) e *lança* (V) pertencem a duas categorias lexicais diferentes, como é observável nos títulos «*lança*$_N$ *atinge adepto*»; «*banda lança*$_V$ *novo disco*».

1.1.2 Palavra, lexema, forma de palavra

Conceitos fundamentais no âmbito da análise morfológica são os de *palavra* (Carstairs-McCarthy 2000), *lexema* e *forma de palavra*. Este último refere-se aos diferentes formatos que o mesmo lexema pode comportar quando ocorre em cotexto.

Um lexema (neste livro transcrito em VERSALETES quando estritamente necessário) é uma unidade lexical abstrata, desprovida de variações cotextuais, como sejam as variações de género/número, tratando-se de nomes e de adjetivos, e de modo-tempo-aspeto e de número-pessoa, tratando-se de verbos (Plag 2003: 9; Haspelmath 2002: 13). Um lexema como AVALIAR encontra-se inscrito no nosso léxico mental, com informações relativas ao seu significado, à sua atualização sintática, à sua constituição fonológica (Jackendoff 2002: 131). As variações que podemos fazer desse lexema, através da adjunção de morfemas de modo-tempo-aspeto (*avalia+va, avalia+sse, avalia+ria*) e de número-pessoa (*avalia+s, avalia+mos, avalia+is, avalia+m*) não alteram o lexema e, por isso, são designadas por *formas de palavra* (Haspelmath 2002: 13). Estas são grafadas em *itálico*. O conjunto das variações da forma do mesmo lexema é designado por *paradigma* do lexema (Haspelmath 2002: 14).

Um lexema não equivale a uma forma particular, mas a um conjunto de formas, em abstrato, ou melhor, a um padrão mental que regula essas formas, que o falante usa para fazer variar cotextualmente uma unidade lexical. Como tal, para referir *avaliação* como a unidade localizada no nosso léxico mental em abstrato, usamos AVALIAÇÃO. Esta forma - AVALIAÇÃO - abstrai as variações formais que o lexema possa ter (*avaliação/ avaliações*).

Já na sua correlação com *avaliar*, *avaliação* não representa uma alteração da forma de *avaliar*, mas uma outra palavra, ou seja, um outro lexema.

Dado o grande número de formas que alguns lexemas podem assumir, usa-se uma forma citacional convencionada para referir um dado lexema. O infinitivo impessoal é, para o português, como para as línguas românicas, a *forma citacional* (Haspelmath 2002: 14) do verbo. Em latim, por exemplo, a forma citacional é a 1.ª pessoa do singular do presente do indicativo (*audio* do verbo *audire*). Num dicionário de inglês, procuramos o infinitivo sem *to* (*listen*), ou seja, o *bare infinitive*. No caso dos nomes, a forma citacional é a do singular. Se o nome tiver variação de género, a forma usada para o masculino é a forma citacional.

A forma citacional é um instrumento útil para fazer referência aos lexemas. Contudo, não tem necessariamente importância a nível do léxico mental, pois a forma citacional pode não corresponder à forma que um lexema assume para fazer gerar a partir de si mesmo outros lexemas, ou para fazer variar a sua forma no mesmo paradigma. Em português, a forma do verbo que serve de base de derivação a um substantivo não corresponde à forma citacional: *citação* advém da forma *cita* (tema verbal) + *ção* e não da forma do infinitivo (*citarção). De igual modo, o pretérito imperfeito do indicativo *citava* obtém-se da junção de -*va* ao tema *cita*-, e não ao infinitivo (*citarva)[4]. Já na forma de 1.ª pessoa do presente do indicativo, é ao radical, e não ao tema, que se junta o morfema de NP: *cit+o* (*cito*) e não *cita+o*.

Isto significa que, além das múltiplas formas gramaticais dum lexema, a língua dispõe ainda de diferentes formas de cada lexema que servem de base para a geração de outras formas e/ou de outros lexemas. Como estas diversas formas não têm sempre a mesma configuração, compreende-se, assim, que um lexema funcione como um padrão de formas de palavra e não como uma forma apenas.

> O latim ilustra de forma exemplar que diferentes formas lexicais estão disponíveis para a obtenção de formas gramaticais de um lexema. Um verbo como *caedo* disponibiliza um tema para formar o presente (*caedo* ...) e o pretérito imperfeito do indicativo (*caedēbam*...) e outro tema para formar o pretérito perfeito do indicativo (*cecidi*). O mesmo ocorre na formação de palavras do português. Os verbos de tema em -*e* disponibilizam o tema do presente para formar nomes em -*dor* (*batedor*) e o tema do particípio para formar nomes em -*ment*(*o*) (*batimento*), como se observa através da diferença da configuração da vogal temática (-*e*/-*i*).

Existem lexemas que não apresentam variação formal. A sua forma mantém-se, mesmo que haja variação no significado da frase em que o lexema está inserido e, logo, na funcionalidade gramatical

---

[4] Como veremos no cap. 1: 1.1.3.3, 1.6.3, esta precaução em relação à forma citacional revela-se importante para compreendermos os chamados, na gramática tradicional, derivados 'regressivos', ou seja, os derivados conversos.

(*comprei um lápis, comprei dois lápis*). Essa situação pode também ocorrer com lexemas sem variação na funcionalidade gramatical. No caso dos advérbios, a invariância formal acompanha a invariância funcional. Os advérbios não apresentam mudança funcional quanto a género, número, tempo, modo, aspeto, etc.

São, pois, palavras variáveis aquelas que mudam a sua forma, para se adequarem a funções gramaticais como género, número, pessoa, tempo, modo, aspeto, caso; são palavras invariáveis aquelas que apresentam sempre a mesma forma.

Sendo difícil a definição conceptual de palavra, recorremos a dois critérios empíricos que permitem a sua identificação (Aronoff & Fudeman 2005: 37-38): a ordem fixa dos elementos e a inseparabilidade destes.

- **Ordem fixa de elementos**

Uma das caraterísticas da palavra é a sua autonomia prosódica. Geralmente, as palavras são unidades que têm acento próprio. Contudo, há palavras que são unidades gramaticais (i. e., têm autonomia do ponto de vista gramatical) e não têm acento próprio. É o caso dos clíticos (Spencer 1991:350-392). Estas unidades têm de ocorrer na frase juntamente com uma palavra que possua um acento próprio e, em conjunto com esta, formam um vocábulo fonológico. É exemplo disso o clítico *te*, em *deu-te o livro*; *não te deu o livro*.

O clítico *te* funciona em conjunto com *deu* como um vocábulo fonológico. Podemos dizer que *te* é um satélite prosódico de *deu*. A possibilidade de o clítico mudar de posição em relação à palavra de que é satélite fonológico mostra que este, embora não seja autónomo fonologicamente, é autónomo em termos gramaticais.

Comparemos agora o comportamento do clítico com o comportamento de afixos.

Ao contrário do que acontece com os clíticos, os afixos não podem mudar de posição em relação à palavra a que se juntam (cf.

encabeçou < *en+cabeç-*; *agradecimento* < *agradeci+ment(o)*). Assim se explica a agramaticalidade de **cabeçoen* e **mentoagradeci*.

Podemos, pois, estabelecer como critério de identificação de uma palavra o caráter fixo em que ocorre a ordem dos seus constituintes. Esta é uma caraterística que diferencia as unidades da morfologia das unidades da sintaxe. Mesmo em línguas, como o português, em que a ordem dos constituintes na frase tende a ser padronizada, ela não é, no entanto, absolutamente fixa: em o *João comeu o bolo*, o *bolo comeu-o o João*, ou *comeu o bolo o João*, as frases mantêm-se interpretáveis e gramaticais. O mesmo não acontece entre os constituintes morfológicos das palavras: *desglobalização* (*des+glob+al+iz+a+ção*) não pode ocorrer como **çãoaizalglobdes* ou como **çãoglobalizades*.

• **Inseparabilidade e integridade**

Outra caraterística da palavra é a sua inseparabilidade e a sua integridade.

Um clítico pode ocorrer em posições diversas em relação à palavra da qual é satélite. Um enunciado como *embora me não dês o livro, vou contar-te a história*, mostra que a dependência prosódica de *me* não se estabelece obrigatoriamente em relação ao verbo, mas a qualquer palavra a que se possa anexar fonologicamente.

O mesmo não ocorre com os constituintes que formam a palavra.

(1) *A desglobalização não passa de um sonho.*
(2) **A des não passa glob iza de um sonho ção.*

A inseparabilidade e a integridade constituem critérios eficazes para provar que uma palavra composta é, de facto, uma unidade e não uma frase. Por exemplo, o composto *girassol* não pode ocorrer como *o *giralindossol*, mas sim como *o girassol lindo* ou *o lindo girassol*. O *limpa-para-brisas* não pode ocorrer como *o *limpa novo para-brisas*, mas sim como *o limpa-para-brisas novo* (Plag 2003: 6-7).

1.1.3 O que é o morfema?

Entende-se por morfema a unidade mínima com função dentro da gramática da língua, ou seja, com função gramatical. Esta definição permite contornar as desvantagens que surgem se considerarmos o morfema como uma ligação entre uma forma e um significado (cf. Aronoff & Fudeman 2005: 2)[5].

Em caso de circunfixação, por exemplo, um significado não está relacionado com um morfema coincidente com uma série contínua de segmentos fonológicos, pelo facto de aquele ser descontínuo: em *apodrecer* 'tornar-se podre', o significado de 'tornar-se' está a cargo de uma unidade descontínua (*a-* .... *-ec-*) e, como tal, não se pode relacionar este significado apenas com *a-* ou apenas com *-ec-* (cf. cap. 4: 4.3.3.3).

Outras vezes, o contributo do morfema não é o de acrescentar um significado conceptual, mas o de indicar comportamentos formais que uma dada palavra tem de seguir (compare-se o comportamento flexional dos verbos *falar* e *falir*, por exemplo). Assim acontece com os constituintes temáticos, como morfemas vazios que são (Aronoff 1994: 44-45; Mateus & Andrade 2000: 68).

Há ainda situações em que um morfema apresenta variações ao nível do significante, ou seja, nos segmentos fonológicos que

---

[5] Na tradição estruturalista, o morfema é definido como a unidade formal que contém um significado. Esta definição levou à formulação do conceito de 'morfema zero' (Marchand 1960; Kastovsky 1968), com a qual se pretende indicar o 'contentor' de um significado para o qual não existe um morfema que o represente, como o caso do singular em português ou do plural de *lápis*. O morfema zero acarreta, no entanto, problemas não só teóricos, mas também empíricos (Bauer 1988). Em português, seria necessário conceber um número demasiado elevado de morfemas zero (v.g. para os nomes, cujo singular é representado por uma ausência de morfema; para a 3.ª pessoa do singular dos verbos que, à exceção do pretérito perfeito do indicativo, não apresenta morfema). Como nem sempre a funcionalidade das estruturas se faz acompanhar por uma forma que as represente, em vez de se considerar a existência de um morfema zero para cada um dos significados, é mais adequado considerar que a morfologia pode não se socorrer do morfema para operar nas palavras.

o compõem. Esta variação designa-se por *alomorfia* (Matthews 1974:107; Dressler 2015) e a realização concreta de cada morfema por *alomorfe* (Plag 2003: 27). Encontra-se neste caso o alomorfe *-bil* que o sufixo *-vel* toma em contexto derivacional.

Outros casos há em que parece haver um significado sem forma que o expresse. Por exemplo, a expressão do singular dos nomes em português faz-se pela ausência de morfema, ao contrário do plural que, geralmente, é expresso pelo morfema *-s*. Esta ausência de forma para um significado também ocorre no âmbito da morfologia derivacional, como se observa nas secções seguintes.

Por último, existe alteração a nível do significado e, em simultâneo, a nível da categoria lexical e das subcategorias e categorias sustentadas pela categoria lexical, sem que se observe diretamente alteração formal. É este o caso da formação de nomes e de verbos conversos (*abraçar* > *abraço* (cf. cap. 2: 2.4.3); *âncora* > *ancorar* (cf. cap. 4: 4.1.2)).

1.1.3.1 Constituintes puramente morfológicos ou expletivos

Tradicionalmente, considera-se o morfema como a unidade mínima com significação (Hockett 1958: 93; 126). No entanto, existem morfemas aos quais dificilmente se consegue atribuir uma significação, se pensarmos nesta em termos conceptuais (Aronoff 1994: 5-29). Os constituintes temáticos dos verbos e dos nomes encontram-se nesta situação.

Observemos a forma de palavra *avaliávamos*, que segmentamos nos seguintes morfemas:

(3) *Avaliávamos*

Avali	*a*	*va*	*mos*
Radical	VT	MMTA	MNP

Ao radical *avali-* conseguimos atribuir o significado lexical de 'julgar, apreciar'; a *-va* a carga semântica de pretérito imperfeito do indicativo; a *-mos* a carga de 1.ª pessoa do plural. Contudo, a *-a* (VT) não conseguimos atribuir nenhum significado. Significa isto que não estamos perante um morfema? É possível considerar *-a* (VT) como morfema, apesar de não lhe estar associado um significado?

Como já foi referido a propósito do estatuto dos constituintes temáticos, um morfema não tem que ter um significado de caráter conceptual. O papel do morfema pode ser funcional, ao evidenciar o comportamento morfológico do lexema em que se insere ao nível flexional ou derivacional (vejam-se os exemplos de *falir* e *falar* ou ainda de *remir* e *remar*). Por isso se considera que um morfema é uma unidade mínima com função gramatical.

Neste conjunto se inscrevem os interfixos (1.6.1.4 deste cap.), ou seja, os morfemas que se introduzem entre uma base e um sufixo derivacional (*cãozinho*) ou entre uma base e outra base, como nos compostos (*fumívoro*) (Haspelmath 2002:86). É uma função de estruturação morfológica a que os interfixos desempenham: mantêm a base interpretável (*cãozinho* vs. **cãoinho*) e evitam a formação de hiatos que dificultam essa interpretação (*chaleira* vs. **chaeira*).

A função destes morfemas que designámos por 'puramente morfológicos', expletivos ou morfemas 'vazios' consiste, não na atribuição de uma carga semântica ao lexema em que se integram, mas na estruturação morfológica da própria identidade do lexema, ou na estruturação do paradigma a que aquele pertence. O morfema possui, assim, uma carga gramatical ou funcional e não apenas ou necessariamente semântica.

1.1.3.2 Alomorfia

Muitas vezes um morfema surge realizado sob formatos fonológicos diferentes. Chama-se a isto alomorfia (Matthews 1974: 107;

Luschützky 2000). O exemplo do morfema -s de plural mostra que vários morfes podem realizar o morfema. Outros exemplos são visíveis na diferença entre a forma do sufixo -*vel* quando ocorrente em adjetivos e quando ocorrente dentro de nomes derivados desses adjetivos. Veja-se o adjetivo *contornável*. Se formarmos um nome de qualidade tomando esse adjetivo como base, o nome será *contornabilidade* e não *contornavelidade. Vemos que a forma do sufixo -*vel* ocorre no produto nominal como -*bil*, como em *amabilidade*, *rentabilidade*, etc. Não se explica esta alternância pela possibilidade de se tratar de palavras herdadas do latim, visto que *contornabilidade*, que não dispõe de correlato latino, ostenta o mesmo formato.

A alomorfia mostra que não é possível encarar o morfema como a ligação entre uma forma e um significado. Na verdade, o mesmo significado pode ser veiculado por formas fonológicas diferentes, que se encontram correlacionadas no léxico mental. A alomorfia não anula, pois, a unidade do morfema. O falante tem capacidade para distinguir, implicitamente, os cotextos em que ocorre cada forma.

1.1.3.3 Ausência de morfema: a formação por conversão

A morfologia derivacional pode operar com alterações categoriais no léxico sem haver vestígio formal direto dessa alteração ou sem que haja um morfema responsável por essa mudança. É este o caso do processo de conversão que, na gramática tradicional, se designava por 'derivação imediata', quando se forma um verbo com base num nome, ou por 'derivação regressiva', quando se gera um nome com base num verbo (Nunes [1919] 1989: 358-361).

Ao processo de construção destes lexemas são dedicadas a secção 1.6.3 e as secções 2.4.3 e 4.1.2 dos capítulos 2 e 4. Neste momento, apenas pretendemos mostrar que é possível ocorrer derivação sem que haja um morfema responsável por esse processo.

Observemos os seguintes exemplos:

(4) *relva* > *relvar*
(5) *rogar* > *rogo*

Os membros de cada um destes pares têm uma relação derivacional. O elemento da esquerda é derivante e o elemento da direita é o derivado. No entanto, se compararmos a constituição morfológica de verbos entre si e dos nomes entre si (cf. Quadro 1), verificamos que não existe nenhum morfema derivacional que seja responsável pelas derivações.

Nome		Verbo		
relv	a	*relv*	a	(*r*)
radical	IT	radical	VT	MMTA
rog	o	*rog*	a	(*r*)
radical	IT	radical	VT	MMTA

Quadro I. 1. Estrutura morfológica dos verbos *relvar* e *rogar* e dos nomes *relva* e *rogo*

A estrutura morfológica não oferece nenhum dado que mostre qual dos verbos e qual dos nomes é derivado. Radical e VT são constituintes presentes quer em verbos derivados (*açucarar, relvar*), quer em verbos não derivados (*amar, rogar*) [6]. Da mesma maneira, radical e índice temático são constituintes presentes quer em nomes não derivados (*casa, relva*), quer em nomes derivados (*rogo, voo*).

Por conseguinte, nestes casos não existe nenhum morfema responsável pela conversão, ou seja, pela construção de um derivado

---

[6] Excluímos o morfema modo-temporal-aspectual de infinitivo por este ser exterior à derivação, uma vez que se trata de um morfema de flexão. Recorde-se que o infinitivo é, casualmente, a forma citacional, sem que haja neste facto importância a nível da formação de palavras.

a partir de uma base sem recurso à afixação ou à adição de bases (Anderson 1992: 21-22; Rodrigues 2001).

1.1.4 Morfema vs. palavra

As considerações antes expendidas servem dois propósitos diferentes, embora interligados. Por um lado, mostram a distinção entre palavra e morfema, ou seja, mostram o que é e não é uma palavra, por se tratar de um elemento mais pequeno do que aquela, e funcionando portanto como uma unidade hierarquicamente interna à palavra e/ou a ela anterior. Neste caso estamos no domínio da morfologia. Por outro lado, evidenciam o que é uma palavra e o que não é uma palavra por se tratar de um elemento mais extenso (ou seja, por ser hierarquicamente superior ou externo à palavra). Neste caso estamos no domínio da sintaxe.

Os critérios de identificação de palavras ajudam a perceber que a morfologia é um domínio autónomo em relação à sintaxe (Matthews 1974: 206-222; Jackendoff 2002: 128-129). O tipo de organização interna da palavra não segue os mesmos modos de funcionamento que o tipo de organização interna da frase. A morfologia dedica-se à análise da estrutura interna das palavras, pelo que não cabe à morfologia estudar a organização das palavras na frase, assim como não cabe à sintaxe estudar a organização interna das palavras.

Coloca-se a este propósito a distinção entre palavra e morfema. Um morfema é uma unidade mínima com função na gramática da língua. O morfema pode coincidir com uma palavra ou não. As preposições (*de*, *a*) e os afixos (*-s*, *-va*, *-ção*, *re-*) são morfemas. A questão que se coloca é: estamos também em todos os casos perante palavras? Um morfema equivale sempre a uma palavra?

A aplicação do critério de mudança de posição permite concluir que as preposições *a* e *de* são morfemas e palavras.

(6) *Assisti **a** uma reunião importante.*
(7) *A reunião **a** que assisti era importante.*
(8) *O João gosta **de** chocolate, mas não gosta **de** amêndoas.*
(9) ***De** que é que o João gosta?*

A mesma possibilidade de mudança de posição não se verifica nos morfemas presos *-s, -va, re-, -ção*. Vejam-se os exemplos: *gatos* vs. **sgato*; *estudava* vs. **vaestuda*; *reanimar* vs. **animarre*; *recordação* vs. **çãorecorda*.

Os morfemas podem, pois, ser presos ou autónomos (Herculano de Carvalho 1984: 473-477). Se autónomos, correspondem a uma palavra; se presos, não.

1.1.5 Derivação vs. Flexão

A constituição interna das palavras pode ser alterada em função de dois propósitos fundamentais (Štekauer 2015):

1) manter o mesmo lexema, alterando o seu formato, ou seja a forma de palavra, com a intenção de adequá-lo ao cotexto sintático, obtendo-se assim diferentes palavras gramaticais. Esta situação é tradicionalmente designada por *flexão*.
2) formar outro lexema a partir do primeiro, obtendo-se dois lexemas distintos. Trata-se aqui de *derivação*, no sentido mais amplo desta palavra.

Em termos de *flexão*, o lexema cuja forma citacional é *amarelo* pode ocorrer nas formas *amarelos, amarela, amarelas*. O lexema cuja forma citacional é *desconfiar* pode ocorrer, por exemplo, nas formas *desconfio, desconfiaram, desconfiarás, desconfiou*, etc. Esta alteração formal do lexema é exigida pela sintaxe. Como tal, a flexão resulta da necessidade de conciliar a forma do lexema com a frase. Por exemplo, numa frase como *As folhas estão amarelas* o formato do lexema AMARELO ocorre como *amarelas* para que possa haver concordância em género e número com *folhas*. A flexão transporta morfologicamente informação morfossintática: caso, modo, aspeto, tempo, pessoa, número (Matthews: 42-60).

A flexão não altera a categoria lexical da palavra, nem a sua semântica lexical. Assim, *avaliaremos* continua a ser um verbo que significa 'determinar a valia de; apreciar; julgar'. A forma *avaliaremos* pode surgir numa frase na mesma posição em que surge *avalias* (10-11):

(10) *Avalias o aluno.*
(11) *Avaliaremos o aluno.*

A derivação altera, em geral, a categoria lexical da palavra, bem como a sua semântica (Matthews 1974: 61-81). Como tal, uma palavra derivada de outra não pode ocorrer no mesmo cotexto ou mantendo a mesma significação da primeira (12-13):

(12) *Avalias o aluno.*
(13 **Avaliação o aluno.*

Em 14. a forma do lexema AVALIAÇÃO exige um cotexto frásico em que ocorra uma preposição entre *avaliação* e *aluno*, dado que o nome só se relaciona com os seus complementos nominais através de preposição. Por outro lado, deve ocorrer um determinante à esquerda de *avaliação* (14):

(14) *A avaliação do aluno.*

Acresce que dificilmente podemos considerar que o significado de *avaliação* seja o mesmo de *avaliar*. Ainda que os semantismos de ambos estejam relacionados, a relação semântica entre *avaliação* e *avaliar* não é do mesmo tipo daquela que relaciona o significado de *avalio* e de *avalias*. Neste último caso, prevalece o mesmo significado referencial.

Outra caraterística que distingue a flexão da derivação tem que ver com o facto de a produtividade da primeira ser mais forte que a da segunda (Koefoed & van Marle 2000)[7]. Por exemplo, todo e qualquer verbo com VT -*a* é flexionado no pretérito imperfeito do indicativo com o morfema -*va*; todo e qualquer verbo é flexionado no pretérito imperfeito do conjuntivo com o morfema -*sse*. No que diz respeito à derivação, sabemos que nem todos os verbos com VT -*a* formam nomes em -*ção*. Não é possível um nome como **mudação*, por exemplo. Do mesmo modo, nem todos os adjetivos formam nomes de qualidade. Assim acontece com *alegre >alegria*, *branco > brancura, amarelo >amarelidão, fácil >facilidade*, mas não com *angélico, eslávico* ou *russo*.

Por último, os afixos derivacionais (cf. -*iz*-, -*idad(e)*) costumam ocorrer numa posição mais próxima do radical do que os afixos flexionais, como se verifica em *agilizasse - agil+iz+a+sse* (radical+afixo derivacional+vt+afixo flexional) ou em *oportunidades - oportun+idad+e+s* (radical+afixo derivacional+it+ afixo flexional).

Exemplos como o dos z-avaliativos (sing. *leão*, pl. *leões > leõezinhos*), que se situam na fronteira com os compostos, mostram que o afixo derivativo se combina com estruturas flexionadas, contrariando assim a tendencial posição menos periférica dos sufixos derivacionais face aos flexionais (cf. cap. 9).

A designação de *derivação* pode ser tomada em sentido restrito, recobrindo a afixação, ou em sentido lato, equivalendo a *formação de palavras*. Neste caso, *derivação* designa qualquer processo que

---

[7] Para a distinção entre flexão e derivação, vejam-se ainda Booij (2000), Stump (1998) e Beard (1998).

permita formar um lexema com base noutro lexema, nela se incluindo processos como a afixação, a conversão, entre outros. É nesta aceção que *derivação* é usada neste livro, como já referimos inicialmente.

É através de processos derivacionais que se formam as famílias de palavras, ou mais exatamente, as famílias de lexemas (Haspelmath 2002: 14). O lexema base *moral* permite formar lexemas como *amoral, moralidade, moralizar, imoral, moralmente*.

Saliente-se ainda que a morfologia flexional é semanticamente previsível de modo absoluto, enquanto a morfologia derivacional não o é, ou só o é de modo parcial. Na secção seguinte analisaremos este aspeto.

1.1.6 A morfologia como interface

A morfologia mantém relações de grande interação com as demais áreas da gramática, com as quais labora em interface.

A morfologia flexional tem um papel importante na construção de frases. Em 15 a. a forma do lexema LEÃO ocorre como *leão*. A forma do lexema VER ocorre como *viu*. Em 15 b. o lexema LEÃO apresenta-se sob a forma *leões* e o lexema VER sob a forma *viram*, de modo a haver concordância sintática. O mesmo acontece entre os determinantes, os nomes e os adjetivos de 15 e 16: *os elefantes; as leoas furiosas; os leões furiosos*. Estas marcas flexionais são, pois, importantes para a sintaxe.

(15) a. *O leão viu a gazela.*
b. *Os leões viram as gazelas.*
(16) a. *Os elefantes viram as leoas furiosas.*
b. *Os elefantes viram os leões furiosos.*

A morfologia derivacional não é exigida pela sintaxe no grau e nos termos em que o é a morfologia flexional. No entanto, a derivação acarreta alterações a nível da formatação sintática do lexema obtido. Por exemplo, o sufixo *-ção* constrói sempre nomes, enquanto *-mente* constrói sempre advérbios e o sufixo *-ej-* constrói sempre verbos. Isto significa que o lexema obtido com cada um destes afixos, ao ocorrer na frase, obedece a regras sintáticas.

Como nome, um derivado como *animação* não pode aparecer no cotexto de *animou*, o mesmo se aplicando ao advérbio *agradavelmente* e ao verbo *amarelejar*, que não ocorrem no cotexto predicativo de 18.a e de 19.a, respetivamente:

(17) a. *O João animou a festa.*
 b. **O João animação a festa.*
(18) a. *O João é agradável.*
 b. * *O João é agradavelmente.*
(19) a. *O papel é amarelo.*
 b. **O papel é amarelejar.*

A morfologia mantém também uma relação privilegiada com a semântica. Como já foi observado, o conteúdo semântico gramatical do lexema é alterado através da flexão. A variação em número e em género, para os nomes e os adjetivos, e em número, pessoa, tempo, modo e aspeto para os verbos, demonstra que as mudanças na morfologia do lexema permitem alterar alguns aspetos do seu significado. A forma *verei*, por exemplo, localiza o evento no futuro em relação a um ponto temporal presente; a forma *vi* localiza o evento no passado em relação ao mesmo ponto temporal.

No caso da morfologia derivacional, essa ligação entre a morfologia e a semântica é especialmente saliente. Na derivação, não estão apenas em causa alterações na semântica funcional do lexema, mas alterações na semântica lexical. Ou seja, ao construirmos, por exemplo, *laranjeira* a partir de *laranja*, estamos a designar já não o fruto, mas a árvore que o produz. A relação que a morfologia derivacional mantém com a semântica permite a construção de outro conceito que não o que está previsto no lexema base. Por exemplo, *rato* designa um animal, *ratoeira* um instrumento para caçar esse animal.

Repare-se ainda, comparando *laranjeira* e *ratoeira*, que os significados de cada um destes lexemas não são iguais. A despeito de serem formados com o mesmo sufixo, *laranjeira* não é um 'instrumento para apanhar *laranjas*', ou seja, não tem o mesmo semantismo de *ratoeira*. Do mesmo modo, *ratoeira* não designa, como *laranjeira*, 'aquilo que produz *ratos*'. Este aspeto mostra que a morfologia derivacional não possui uma semântica totalmente previsível, ao contrário da morfologia flexional. Esta última, porque lida com semântica funcional ou gramatical, e não lexical, é absolutamente previsível. Todo e qualquer *-va* adjunto a um qualquer verbo de tema em *-a* indica o pretérito imperfeito do indicativo.

A morfologia tem também uma ligação especial com a fonologia. No caso da morfologia flexional, há mudanças fonológicas acarretadas pela colocação de um morfema. Nas formas do verbo *partir*, ocorrem atualizações diversas da VT. Em *partis*, o acento recai na sílaba *-tis*, o que faz que a vogal ocorra como [i] (alta e não recuada). Mas em *partes*, o acento recai em *par-*, o que leva a que a vogal postónica ocorra, no PE, como vogal alta e recuada.

Na morfologia derivacional também se assiste a este tipo de alteração fonológica, como é atestado pelos lexemas *feliz* e *felicidade*, *impossível* e *ilegível*. No primeiro caso, o último segmento de *feliz* ocorre como predorso-prepalatal não vozeado [ʃ] quando seguido de pausa ou de consoante não vozeada; como predorso-prepalatal vozeado [ʒ] quando seguido de consoante vozeada; e como [z] quando seguido de vogal. No entanto, em *felicidade* ocorre como [s], ou seja, numa forma com a qual nunca ocorre em *feliz*. No caso de *ilegível* e de *impossível*, estamos perante o mesmo prefixo. No entanto, esse prefixo ocorre como *i-* quando está seguido de consoante soante (cf. Durand 1990: 168-176).

1.2 Constituintes

Nesta secção descrevem-se os constituintes morfológicos do português, nas suas classes e propriedades mais salientes.

1.2.1 Constituintes presos vs. autónomos

Existem em português morfemas presos e morfemas autónomos[8]. Esta distinção baseia-se no critério formal da fixidez de posição que um morfema pode ter (os presos têm posição fixa; os autónomos não). Os morfemas autónomos correspondem a unidades que podem ocorrer, numa frase, isoladas de outras unidades que aí compareçam. As unidades *com*, *de*, *já*, *lápis*, *mar*, por exemplo, comportam-se como morfemas autónomos. Observemos agora as frases seguintes:

(20) *O gato bebeu o leite todo.*
(21) *A gata tinha bebido o leitinho e as natas todas.*

Utilizando operações de segmentação e de comutação, é possível destacar os morfemas *gat-*, *beb-*, *leit-*, *tod-*. Estas formas mantêm-se inalteradas mesmo quando os morfemas que lhes surgem associados são diferentes. Se tentarmos construir uma frase com estes morfemas, não se consegue a identificação das unidades em (22):

(22) **Gat beb leit tod.*

---

[8] Mattoso Câmara (1970: 69-70) faz a distinção entre morfemas presos, dependentes e livres.

Isto deve-se a que estes morfemas, apesar de deterem a significação lexical do lexema, não podem funcionar autonomamente, ao contrário de *mar, lápis, de, já, com, cor*.

A mesma impossibilidade de surgirem isoladamente é visível nas unidades que separámos de *gat-, beb-, leit-, tod-*. Essas unidades, identificadas través das operações de segmentação e de comutação (Rio-Torto 1998a), são *-o, -a, -e, -u, -e, -id, -inh, -s* [9]. Comparando formas de palavras entre si, vemos que há elementos que podem destacar-se e comutar-se por outros elementos. Essas comutações acarretam alterações constantes ao nível da funcionalidade gramatical ou ao nível do significado das palavras. A segmentação e a comutação são operações essenciais à morfologia.

Sintetizando, são morfemas autónomos aqueles que podem ocorrer por si mesmos como palavras (cf. cap. 1: 1.1.2 e 1.1.3). Os morfemas presos não podem ocorrer de modo formal isoladamente. Como tal, não podem ocorrer separadamente de outros morfemas, assim como não podem mudar de posição (cf. cap. 1: 1.1.2 e 1.1.3).

1.2.2 Radical, tema, afixo

1.2.2.1 Radical

Formalmente, o radical é o constituinte que resta da palavra quando se extraem o constituinte temático e os constituintes flexionais (Plag 2003: 10-11).

---

[9] O *-o* que surge em *gato* também surge em *todo, o, leitinho*; o *-a* de *gata* surge em *natas, as, todas*; o *-e* átono de *bebeu* surge em *bebera*, o que permite destacá-lo de *-u* em *bebeu* e em *comeu*; o *-u* de *bebeu* surge em *comeu* e em *falou*, o que permite destacá-lo de *bebe-*; o *-e* de *leite* surge em *monte*, mas já não surge em *leitinho* ou em *montanha*; *-id* em *bebido* surge em *comido* e *comida*; *-inh* em *gatinha*; *-s* em *gatos, gatas, leites, as*.

(23) a. *gato*: *gat-*
  b. *andamos*: *and-*
  c. *velho/a*: *velh-*

O radical encerra a significação lexical, ou seja, conceptual: *gat-* 'pequeno felino doméstico', *and-* 'dar passos, caminhar; mover-se', *velh-*, 'que tem idade; antigo'.

Se se tratar de uma palavra complexa, como *envelhecimento*, o radical é o componente que se obtém retirando o constituinte temático desse lexema: *envelheciment-*(+-*o*). Trata-se de um radical complexo, ou seja, ele mesmo constituído por mais do que um constituinte morfológico: *en+velh+ec+i+ment-*. Semanticamente, é o radical *envelheciment-* que explicita a significação lexical e conceptual do lexema, que equivale a 'processo de envelhecer'.

1.2.2.2 Tema e constituinte temático (CT)

O radical mais o constituinte temático (CT) formam o tema.

(24) a. *gat+o*
  b. *adivinh+a*
  c. *compet+i* (de *competir*)

O constituinte temático é um constituinte que se junta à direita do radical e que tem como função mostrar como é que aquele lexema se comporta em termos flexionais. Os constituintes temáticos são unidades semanticamente vazias (Aronoff 1944:44-53). Trata-se, pois, de morfemas vazios, com funcionalidade morfológica, mas não semântica.

O constituinte temático designa-se por vogal temática (VT) nos verbos e por índice temático (IT) nas restantes categorias lexicais (nomes, adjetivos, pronomes, advérbios) (Mateus & Andrade 2000: 68).

O quadro seguinte mostra as vogais temáticas que ocorrem em português.

Conjugação	Vogal temática	Exemplos
Verbos de 1.ª conjugação	-a	*estudar, eletrificar, fidelizar, voejar*
Verbos de 2.ª conjugação	-e	*comer, favorecer, ruborescer*
Verbos de 3.ª conjugação	-i	*ouvir, sorrir*

Quadro I. 2. Vogais temáticas dos verbos em português

Em suma, se um lexema é uma abstração mental do conjunto das formas de uma palavra, tem de haver um morfema que sirva de guia para que o falante saiba operar essas mudanças na forma do lexema, ou seja, na flexão. É esse o papel do constituinte temático.

O quadro seguinte mostra os índices temáticos dos nomes:

Tema	Constituinte temático	Exemplos
Tema em -a	IT -a	*casa, égua, roda*
Tema em -e	IT -e	*monte, leve, rede*
Tema em -o	IT -o	*lodo, rigoroso*

Quadro I. 3. Índices temáticos dos nomes em português

Nem todos os lexemas do português (excluindo os verbos) apresentam constituinte temático. Muitos nomes e adjetivos dispõem apenas de radical. Diz-se destes lexemas que são atemáticos. Os nomes atemáticos disponibilizam a forma do singular com um único constituinte: o radical. Encontram-se neste conjunto dos nomes e adjetivos atemáticos os seguintes tipos:

(25) Nomes terminados no singular em /s, r, l, n/:
   a. *mar*: *mares*
   b. *nariz*: *narizes*
   c. *azul*: *azuis*
   d. *abdómen*: *abdómenes*

(26) Nomes terminados em vogal nasal ou oral acentuada:
   a. *lã*: *lãs*
   b. *café*: *cafés*
   c. *mó*: *mós*
   d. *pá*: *pás*
   e. *peru*: *perus*
   f. *rubi*: *rubis*

(27) Nomes terminados em ditongo nasal ou oral acentuados:
   a. *leão*: *leões*
   b. *chapéu*: *chapéus*
   c. *mau*: *maus*
   d. *judeu*: *judeus*

(28) Nomes terminados em -i e -u átonos:
   a. *táxi*: *táxis*
   b. *cácu* 'pardal, pássaro pequeno' (Guiné-Bissau: do crioulo guineense *kacu*, do mandinga *káca*): *cácus*; *cálu* 'refeição típica de São Tomé, confecionada com peixe seco, folhas de ocá, azeite de palma, quiabos, sal e pimenta', do forro *cálu*, a partir de *caldo*): *cálus*

Os singulares constituídos apenas pelo radical correspondem a lexemas atemáticos. Na formação de plural, pode surgir uma vogal epentética (Mateus & Andrade 2000: 70), como em *mares*, *narizes*, *abdómenes*.

As vogais tónicas de *pá*, *café*, *mó* não são CT, ao contrário das vogais átonas -*a*, -*e*, -*o*, de *casa*, *monte* e *pátio*. Nas palavras de tema em -*a*, -*e*, -*o*, o CT não está presente na forma que serve de base a outro lexema, como é visível em:

(29) *cas**a*** > *casota* vs. *casaota
(30) *mont**e*** > *montanha* vs. *monteanha
(31) *pur**o*** > *pureza* vs. *puroeza

Em contraste com estes, em nomes como *cafeeiro* e *cafeico* mantém-se o segmento *-e*, porque este faz parte do radical (atemático) da palavra base.

A derivação avaliativa corrobora a impossibilidade de se considerarem as vogais tónicas finais como constituintes temáticos, ao contrário das vogais átonas *-a*, *-e*, *-o*.

Nas palavras terminadas em vogal tónica, como *café*, *rubi*, *pó*, *pá*, a formação de avaliativos faz-se sempre através de *-z* (*cafezinho, pozinho, pazinha, rubizinho*) e não através da avaliação sem *-z* (**cafeinho, *poinho, *painha, *rubinho*). Nas palavras de tema em *-a*, *-e* e *-o*, estes CT não estão presentes na forma que serve de base ao avaliativo, que prescinde, preferencialmente, de *-z* (*casinha, livrinho, pelinho*).

Em português, os lexemas nominais podem apresentar as seguintes formas de singular:

Tema em -a	Tema em -e	Tema em -o	Radical
casa, baleia, candeia, floresta	*árvore, clube, gente, elefante, rede*	*árbitro, boneco, bolo, ramo, tribo*	*mar, nariz, azul, cão, pó, café, animal, romã*

Quadro I. 4. Classes temáticas de nomes em português

Quando um determinado lexema serve de origem a outro lexema, dizemos que o primeiro é o *derivante* ou *base* e o segundo o *derivado* ou *produto derivacional*. Para facilitar a leitura, é costume fazer referência ao derivante utilizando a forma citacional. Contudo, esta não corresponde ao formato do lexema que intervém como derivante de outro lexema. Por exemplo, no derivado *brancura* encontramos os seguintes constituintes derivacionais: *branc+ ur*(*a*). O derivante é o lexema *branco*, mas o formato em que ocorre não é o do tema (*branco*), mas o do radical (*branc-*). A esse radical junta-se o sufixo derivacional *-ur*(*a*). Assim, o derivado *brancura* tem como base o radical do lexema BRANCO (*branc-*).

Um derivado como *mistificação* tem por base o verbo *mistificar*. Mas em *mistificação* não encontramos a forma do infinitivo da base verbal. O que encontramos é *mistifica-*, ou seja, o tema do verbo, ao qual se anexa o sufixo derivacional *-ção*.

Já para a formação dos advérbios em *-mente*, a base, que é um adjetivo, tem de ocorrer na forma de tema marcado como feminino, como é demonstrado por *lindamente*, e não por **lindomente*.

Em suma, os constituintes *radical* e *tema* são constituintes morfológicos dos lexemas, mas nenhum deles se relaciona exclusivamente com a formação de palavras, pois operam também na flexão. O formato de um lexema que serve de origem, ou seja, de *base* a outro lexema, no campo da morfologia derivacional, pode ser um radical, um tema ou uma palavra.

1.2.2.3 Afixos flexionais

Os afixos flexionais surgem anexados à direita do tema, quando este existe ou está presente, ou à direita do radical.

Se se tratar de um verbo de tema em *-a*, conjugado na 1.ª pessoa do singular do presente do indicativo, o morfema flexional de número-pessoa ocorre imediatamente à direita do radical: *estud+o*. Se se tratar do mesmo verbo, mas conjugado na 2.ª pessoa do singular do mesmo tempo-modo, o morfema flexional de número-pessoa surge à direita do tema, visto que a vogal temática está presente: *estuda+s*.

Em português ocorrem afixos flexionais que transportam diferentes cargas funcionais. No caso dos verbos regulares, estes apresentam os seguintes constituintes: radical+VT+MMTA+MNP. Porque os afixos flexionais não entram na formação de palavras, não se desenvolve neste livro esta temática, remetendo o leitor para Mateus & Andrade (2000).

1.2.2.4 Afixos derivacionais

Como os demais afixos, também os afixos derivacionais são constituintes presos; os afixos derivacionais agregam-se a uma base lexical formando com ela um lexema distinto do lexema que constitui essa base. Por exemplo, o afixo *en-* anexado à base *doid*(*o*) forma o lexema *endoidar*. Estes afixos são agentes ao serviço da morfologia derivacional, enquanto os afixos flexionais são agentes na morfologia flexional.

Os afixos derivacionais classificam-se segundo diferentes critérios.

Segundo a posição do afixo, mais propriamente, se este se junta à esquerda da base, à direita da base, à volta da base ou no interior da base (Matthews 1974:131; Haspelmath 2002: 19; Spencer 2015), identificam-se quatro tipos diferentes:

(i) prefixos: ***re****+ler*
(ii) sufixos: *desmaquilha+**nte***
(iii) circunfixos: ***en****+velh+**ec**(er)*
(iv) infixos: *beberrão*.

Prefixos, sufixos, circunfixos e infixos correspondem a morfemas com carga semântica. Diferente estatuto possui o interfixo (Haspelmath 2002:86; Roché 2015). Trata-se de um constituinte que é um morfema vazio, sem carga semântica (Aronoff 1994: 44-45). Para uma descrição do funcionamento destes constituintes, veja-se a secção 1.6.1.

Em função da capacidade que o afixo tem de alterar ou não a categoria lexical do lexema base, os afixos são:

(i) heterocategoriais (Rio-Torto 1993: 216-229): a categoria lexical do lexema que funciona como base é diferente da categoria lexical do lexema derivado.

(ii) isocategoriais (Rio-Torto 1993: 216-229): a categoria lexical do lexema que serve de base é igual à categoria lexical do lexema que é produzido.

Por exemplo, o sufixo *-inh*, se se junta a nomes, produz nomes (*gato/gatinho*; *livro/livrinho*). Se se junta a adjetivos forma adjetivos (*bonito/bonitinho*, *novo/novinho*). De modo diverso, o sufixo *-os-* junta-se a nomes e forma adjetivos (*gas/gasoso*; *deleite/deleitoso*); um afixo como *-nci-* junta-se a verbos e forma nomes (*radiar/ radiância*; *presidir/presidência*).

De acordo com a categoria lexical do lexema produzido, falamos em afixos

(i) nominalizadores ou seja, que produzem nomes: *aterr+**agem***; *escur+**idão***; *machad+**ad**(a)*; *passar+**ed**(o)*
(ii) adjetivalizadores, ou seja, que formam adjetivos: *barrig+**ud**(o/a)*; *mont+**ês***; *pavor+**os**(o/a)*
(iii) verbalizadores, ou seja, que produzem verbos: *clan+**ific**(ar)*; *guerr+**e**(ar)*; *murmur+**ej**(ar)*
(iv) adverbializadores, ou seja, que formam advérbios: *feliz+**ment**(e)*.

Em função do número de classes de base com que um afixo se combina, estes são:

(i) monocategoriais, se apenas se combinam com uma classe, como o adjetivalizador *-ar*, que apenas se combina com bases nominais (*familiar*):
(ii) pluricategoriais, se se combinam com várias classes: assim acontece com *-al*, que forma adjetivos denominais (*industrial*), nomes denominais (*choupal*) e nomes deverbais (*estendal*).

Os afixos serão analisados detalhadamente nos capítulos consagrados à formação de nomes (cap. 2), de adjetivos (cap.3), de verbos (cap. 4) e de advérbios (cap. 6).

Interessante é estabelecer as diferenças entre os afixos e os clíticos (Matthews 1974: 217-218; Plag 2003: 72-86; Spencer 1991:350-390), dado que ambos são caraterizados por não possuírem acentuação própria.

(i) Os afixos ocorrem em posição fixa em relação à base a que se juntam (*re-* mantém-se à esquerda da base *ler*, assim como o sufixo *-nte* se mantém à direita da base *estuda-*). Em português europeu atual, os clíticos sofrem alteração na posição, de acordo com o ambiente sintático em que se situam (*a Sofia deu-te o texto*; *a Sofia não te deu o texto*).

(ii) Os clíticos anexam-se a qualquer verbo. Os afixos restringem os tipos de bases à qual se juntam. Por exemplo, os sufixos que se juntam a bases verbais não se combinam com qualquer base verbal. O sufixo *-ment*, por exemplo, não se anexa a verbos em *-iz-* ou *-ific-* (**helenizamento*; **glorificamento*).

(iii) A combinação de clítico e hospedeiro é semanticamente estável e rígida; a combinação entre afixo e base pode ser semanticamente idiossincrática (*portagem* designa uma 'taxa', enquanto *lavagem* indica um 'evento').

1.2.3. Informações de cada constituinte

Expostos os principais aspetos relativos aos constituintes morfológicos, sintetizamos agora os diferentes tipos de informações que cada um transporta (Villalva 2000: 179-201).

São as seguintes as classes de informação a ter em conta:

(i) categoria lexical/sintática: verbo, nome, adjetivo, preposição, advérbio;
(ii) categoria morfossintática: género, número, tempo-modo--aspeto, pessoa-número;
(iii) categoria morfológica: radical, tema, afixo derivacional (prefixo, sufixo, circunfixo), sufixo flexional, constituinte temático;
(iv) subcategoria morfológica: paradigma de conjugação, declinação ou de qualquer nível flexional;
(v) categoria semântica: unidade de significação conceptual. Por exemplo, o morfema *-ment(o)* serve para formar nomes que designam 'processo' (*amarelecimento*).

1.2.3.1. Radical

O radical contém as seguintes informações:

• **Categoria lexical/sintática**
A determinação da categoria do lexema como verbo, nome, adjetivo, preposição, advérbio está a cargo do radical. Em lexemas cuja pertença a uma destas categorias parece ser apenas determinada na frase (por exemplo, *olhar*$_N$ e *olhar*$_V$), assume-se que estamos perante dois radicais distintos (*olh-* $_V$ e *olhar* $_N$), e não perante dois radicais fonologicamente iguais. Isto significa que é no léxico que surge a determinação da categoria, a que podemos, por isso, chamar lexical e não necessariamente sintática. Em exemplos como *olho*$_N$ e *olhar*$_V$, em que fonologicamente o radical é igual (*olh-*), é ainda assim possível determinar que a informação respeitante à categoria se encontra no léxico, já que é no léxico que se agregam os respetivos constituintes temáticos (*olh+o*$_N$; *olh+a*$_V$).

- **Categoria morfossintática**

No caso dos nomes em que o género é inerente, ou seja, em que não se faz por oposição do constituinte temático, a categoria morfossintática de género encontra-se no radical. É o caso de lexemas como *mar* (masculino), *chão* (masculino), *mão* (feminino), *matiz* (masculino), *matriz* (feminino). Repare-se que em *chão*, *mão*, *matiz*, *matriz*, não existe nenhum constituinte morfológico que distinga o género dos lexemas, logo o género é inerente ao radical. Também em lexemas como *poeta*, *poema*, *fantasma*, *tribo*, *virago*, *lua*, *rede*, *monte*, *desenho* o género é inerente ao radical.

- **Categoria morfológica**

O radical transporta inerentemente informação quanto à sua própria categoria morfológica, ou seja, que se trata de um radical e não de um afixo, por exemplo. Esta informação é importante devido às funcionalidades morfológicas e aos comportamentos morfológicos distintos que os diferentes constituintes possuem. Assim, por exemplo, a um radical pode juntar-se um sufixo derivacional (*mar+inho*), mas a um sufixo derivacional não pode juntar-se outro sufixo derivacional (**-inh+ez*).

O radical pode ser preso ou autónomo. Esta classificação é sobretudo visível nos nomes e nos adjetivos, em que existem lexemas que são atemáticos, ou seja, constituídos apenas pelo radical. Lexemas como *papel*, *amável*, *senhor* são exemplos de radicais autónomos. Aqueles que precisam de constituinte temático são radicais presos, como os de *casa*, *chávena*, *cortiça*, *sobreiro*, *couve*, *lindo*.

No caso dos verbos, não se pode estabelecer que os radicais sejam absolutamente presos ou autónomos para cada verbo. Há formas de um verbo em que pode ocorrer apenas o radical, como *faz*, *traz*, *diz*, *conduz*, etc. Outras formas conjugadas dos mesmos verbos necessitam de outros constituintes, o que faz que o radical não surja como autónomo (*fazes*, *trazes*, *dizes*, *conduzes*).

Assim, em teoria, os radicais verbais podem ocorrer como autónomos. Nos radicais nominais e adjetivais, a variação faz-se de lexema para lexema e não dentro do mesmo lexema.

- **Subcategoria morfológica**

A subcategoria morfológica diz respeito às variações formais atinentes a conjugação e declinação, enquadradas num paradigma flexional. No caso dos verbos, que detêm sempre constituinte temático, cabe a este a indicação do modo de procedimento do paradigma flexional. Quando o lexema carece de constituinte temático (*lápis*, *réu*, *lã*), cabe ao radical a informação relativa ao modo como se processa a variação das formas do lexema, podendo estar essa informação estruturada paradigmaticamente através de traços prosódicos, por exemplo. É este o caso da formação dos plurais de *lápis* e de *ananás*. Tendo ambos o mesmo segmento final no radical, o plural invariável de *lápis* correlaciona-se com a sua acentuação proparoxítona, enquanto o plural *ananases* se correlaciona com a acentuação oxítona do lexema. Estes dados prosódicos funcionam, pois, como indicadores que permitem o funcionamento paradigmático dos lexemas em apreço.

- **Categoria semântica:**

Como se disse em 1.2.2.1., o radical contém a informação conceptual acerca do referente.

1.2.3.2. Constituinte temático

- **Subcategoria morfológica**

O constituinte temático é o constituinte que, quer no verbo (vogal temática), quer nas restantes categorias lexicais (índice temático), carrega a informação relativa à subcategoria morfológica a que o lexema pertence. A subcategoria morfológica diz respeito à conjugação, no caso dos verbos, e, no caso dos nomes e dos adjetivos, à declinação (nas línguas em que existe variação formal de caso) e à variação em número. Como já vimos, é a presença do constituinte temático que indica como proceder à conjugação de determinado verbo (reflita-se sobre o exemplo dos verbos *falar* e *falir* ou *remar* e *remir*). Num adjetivo como *inteligente*, o índice temático *-e* mostra como construir o plural.

- **Categoria morfossintática**

No caso dos nomes cujo radical não possui género inerente, está a cargo da oposição entre dois constituintes temáticos a distinção, neste caso, morfológica, do género. Exemplos: *gato/gata*; *menino/menina*. O mesmo é válido para os adjetivos que admitem este tipo de oposição formal, como *lindo/linda*; *prático/prática*. Repare-se que não podemos dizer que *-o/-a* são morfemas de género. Se assim fosse, todos os nomes em *-o* seriam masculinos e todos os nomes em *-a* seriam femininos. Ora, essa relação não se verifica, como é mostrado por exemplos que já vimos nesta secção e que aqui repetimos: *tribo*, *virago* são femininos; *poeta*, *fantasma*, *fonema* são masculinos.

Assim, a informação sobre o género (i) pode estar no radical e não ser apontada pelo constituinte temático (*céu*; *caderno*; *estrela*; *homem*; *mulher*); (ii) pode ser veiculada pela oposição entre dois constituintes temáticos que se juntam ao mesmo radical (*menino/menina*).

Note-se que, em *caso* e *casa*, não há oposição de género do mesmo modo que há em *menino/menina*. Ao contrário deste último par, em que ao mesmo radical se junta um índice temático que permite a oposição de género, em *caso* e *casa* estamos perante dois radicais distintos.

- **Categoria morfológica**

O constituinte temático em si mesmo contém a informação de se tratar de um constituinte temático e não, por exemplo, de um afixo flexional. A vogal temática -*a* de *estudar* não se confunde com o afixo flexional de tempo-modo-aspeto -*a* do presente do conjuntivo dos verbos de 2.ª e de 3.ª conjugações (*leia*).

O constituinte temático é um morfema preso.

Dado que o tema é constituído pelo radical e o constituinte temático, o tema apresentará as informações que em conjunto os dois constituintes contêm.

O tema pode ocorrer autonomamente tanto nos verbos (*fala, escreve*) como nos adjetivos (*amarelo, orgulhoso, quente*) e nos nomes (*preconceito, aventura, monte*).

1.2.3.3. Afixos derivacionais

Apresentam-se de seguida as categorias dos afixos derivacionais.

- **Categoria morfológica**

Os afixos derivacionais contêm informação acerca da categoria morfológica a que pertencem. Como afixos derivacionais, têm capacidade de gerar novos lexemas, quando anexados a uma base lexical. No entanto, ao contrário dos radicais e dos temas, os afixos derivacionais não podem servir de base a um lexema, ou seja, não se lhes pode juntar um afixo derivacional de modo a formar lexema: **-il+-idade* [10].

Os afixos derivacionais podem ser prefixos, sufixos, circunfixos e infixos. Os interfixos não têm em português capacidade derivacional, mas são antes uma consequência fonológica da afixação e da composição, como veremos em 1.6.1.4.

A posição em que ocorrem em relação à base encontra-se formatada na sua categoria morfológica. O prefixo ocorre sempre à esquerda

---

[10] Em formações do tipo (*os*) *prós*, (*os*) *contras*, os afixos estão lexicalizados como nomes.

da base: *re-+ler*; *des-+caroçar*; **caroçar+des*; **ler+re*. O sufixo ocorre à direita da base: *casa+ment*(o); *estend+al*; *figu+eir*(a); **ment+casa*; **al+estend*; **eir+figu*. Observe-se que o índice temático, bem como os afixos flexionais, não são tomados em conta para efeitos derivacionais.

O circunfixo é caraterizado por ser descontínuo. Uma parte do circunfixo ocorre à esquerda da base; a outra parte à direita. O estatuto de circunfixo deve-se ao facto de as duas partes serem anexadas à base em simultâneo. O exercício de segmentação clarifica este aspeto: um lexema como *envelhecimento* tem por base uma base, que é *envelheci-*, e um sufixo derivacional *-ment-*. O sufixo *-ment-* é anexado à base isoladamente. Atentemos agora no lexema *envelhecer*. Não é possível considerar o elemento *en-* como prefixo que se anexasse à base inexistente **velhecer*, pois esta base não ocorre em português. Também não podemos considerar que *-ec-* se anexou como sufixo à base **envelh*(ar), visto esta também não ocorrer. A única forma de explicar *envelhecer* é considerar que o elemento da esquerda e o da direita foram agregados à base *velh*(o) em simultâneo e não sequencialmente.

O infixo ocorre no meio da base ou entre a base e o sufixo sem lugar a introdução sequencial, como em **gatarrão**.

Os interfixos (cf. cap. 1: 1.6.1.4) ocorrem entre a base e outra base, no caso da composição (*rabirruivo*) ou entre a base e o sufixo derivacional (*cãozinho*) e não possuem carga semântica.

Os afixos derivacionais, assim como os afixos flexionais, são morfemas presos.

Ao contrário dos afixos flexionais, os afixos derivacionais possuem restrições de seleção das bases a que se anexam.

• **Categoria lexical**

Os sufixos derivacionais determinam a categoria lexical do lexema derivado. Não há contradição entre isto e aquilo que dissemos a respeito do radical. Dissemos que a categoria lexical se encontra especificada pelo radical. Ora, não podemos esquecer que o sufixo derivacional faz parte do radical do lexema derivado. Assim, em *envelhecimento*, o sufixo *-ment-* constrói o lexema derivado como nome. O radical é *envelheciment-*, ou seja, inclui o sufixo derivacional. O sufixo *-ec-* constrói o produto como verbo (*ruborescer*).

• **Categoria morfossintática**

Alguns afixos derivacionais carregam informação morfossintática. Por exemplo, o sufixo *-ção* categoriza o produto que é por ele formado como de género feminino (*a destruição, a avaliação*). Quanto aos verbos, não existe nenhum sufixo derivacional que forme verbos que tenha a seu cargo as categorias morfossintáticas de modo-tempo-aspeto ou de número-pessoa.

• **Categoria semântica**

Os afixos derivacionais possuem informação sobre a categoria semântica. Os lexemas *avaliador* e *avaliação* têm por base o verbo *avaliar*. A marca semântica de cada um dos sufixos, *-dor* e *-ção*, é que contribui para que as significações de *avaliador* e *avaliação* sejam, respetivamente, as de 'pessoa que avalia' e 'evento de avaliar'.

• **Subcategoria morfológica**

No caso em que o afixo derivacional precisa de um constituinte temático para construir o lexema (*ceif-eir-a*; *cart-eir-o*), em si mesmo esse sufixo não possui subcategoria morfológica, pois não indica por si só a que tema ou a que conjugação pertence o lexema. Contudo, cada sufixo possui capacidade de determinar qual o constituinte temático que se vai juntar ao radical para formar a palavra. Por exemplo, os sufixos verbalizadores *-iz-* e *-ific-* vão ter à sua direita a vogal temática *-a* (*mum+ific+a(r)*; *arbor+iz+a(r)*). Os sufixos *-esc-* e *-ec-* vão ter à sua direita a vogal temática *-e* (*rubor+esc+e(r)*; *amarel+ec+e(r)*). O sufixo nominalizador *-dur-* vai ter à sua direita o índice temático *-a* (*borda+dur+a*; *cavalga+dur+a*), enquanto o sufixo nominalizador *-ment-* ocorre com o índice temático *-o* (*diverti+ment+o*; *congela+ment+o*). Existem sufixos que admitem a variação da vogal temática. É o caso de *-dour-* (*mata+dour+o*; *doba+dour+a*), *-eir-* (*flor+eir+a*; *cart+eir+o*), entre outros. Vemos, pois, que a subcategoria morfológica não é interna ao sufixo derivacional, se este precisar de ocorrer com constituinte temático. No caso dos sufixos que não preveem a ocorrência de constituinte temático — o que não se verifica nos verbos —, a subcategoria morfológica é inerente ao sufixo. É o caso de *-ês* (*francês*, *montês*), *-vel* (*agradável*, *desmontável*), entre outros.

Será evidenciado cada um dos tipos de operadores na secção 1.6, onde se explicitarão aspetos dos diferentes processos de formação de palavras.

1.2.3.4. Afixos flexionais

• **Categoria morfossintática**

Os afixos flexionais disponibilizam informação acerca da categoria morfossintática. Os morfemas de modo-tempo-aspeto mostram estes três dados relativamente aos verbos.

Os morfemas de número permitem flexionar o lexema nominal e adjetival em plural. Quanto à categoria morfossintática de género, já foi referido que, em português, o género pode ser mostrado morfologicamente através da oposição *-o/-a*. Nos restantes casos, ou seja, naqueles em que não se observa mudança de género formal através desta oposição, a categoria do género não está a cargo de mecanismos de flexão.

Nas línguas com flexão em caso, os morfemas respetivos codificam esta categoria morfossintática. Em português, apenas o pronome pessoal mostra flexão em caso.

- **Categoria morfológica**

Os afixos flexionais transportam internamente informação quanto à sua própria categoria morfológica, ou seja, quanto ao facto de serem afixos flexionais. Isto leva a que um afixo flexional, quando agregado a um tema ou a um radical, não dê origem a um novo lexema, mas a uma forma de palavra do lexema fletido, ao contrário dos afixos derivacionais. Para além disso, como afixos flexionais, a sua categoria apenas lhes permite ocorrer à direita do radical ou do tema, quando este ocorre. A própria ordem em que ocorrem os afixos flexionais entre si é fixa. Nos verbos, a ordem é Rad+VT+MMTA+MNP. A sua categoria morfológica obriga a que os afixos flexionais ocorram à direita dos afixos derivacionais.

Os afixos flexionais, bem como os derivacionais, são morfemas presos.

Os afixos flexionais não apresentam restrições de seleção em relação às formas a que se juntam. Por exemplo, o morfema -*mos* de número-pessoa agrega-se a qualquer verbo. Pelo contrário, os afixos derivacionais mostram restrições de seleção. Por exemplo, o sufixo -*ção*, que se junta a verbos para formar nomes, não se anexa a verbos que tenham o sufixo -*esc*- ou -*ec*- (*amarelação; *ruboresceção).

1.3 Palavras simples vs. palavras complexas; palavras derivadas vs. não derivadas

As palavras simples contrapõem-se geralmente às complexas e as derivadas às não derivadas. No entanto, há palavras cuja estrutura (e cuja formação) acusa interseção entre as dimensões da simplicidade/complexidade e da derivacionalidade/não derivacionalidade da sua estrutura e da sua génese.

Assim, as palavras simples podem ser não derivadas, mas também podem ter sido formadas por derivação/conversão. Em paralelo, uma palavra complexa pode ter sido formada por derivação, mas também pode ser não derivada.

Designam-se por palavras simples aquelas que possuem como constituintes morfológicos apenas o radical e o constituinte temático ou apenas o radical. Esse radical é também ele simples, ou seja, não é divisível em mais morfemas. Por exemplo, *mar* é um radical simples e em simultâneo uma palavra simples. *Casa*, constituído por radical simples e constituinte temático, é uma palavra simples.

São palavras complexas as que apresentam, para além destes constituintes, outros morfemas, como afixos derivacionais (Plag 2003: 10). Podem existir radicais complexos, ou seja, constituídos por mais do que um morfema. Por exemplo, a palavra *gatil* é um radical complexo, na medida em que é constituído pelo radical da palavra que lhe deu origem (*gat-*) mais o sufixo derivacional (*-il*). A palavra *encadernação* é uma palavra complexa que corresponde a um radical complexo: *en+cadern+a+ção*.

A distinção entre simples e complexo tem que ver com a existência na palavra de mais do que um morfema (excetuando o constituinte temático cuja presença não faz da palavra uma palavra complexa). Esta distinção não se prende, assim, com o caráter derivado ou não derivado do lexema. Quer isto dizer que podemos ter palavras simples que são derivadas; assim como podemos ter palavras complexas que são não derivadas.

A distinção entre o caráter derivado vs. não derivado do lexema apoia-se na possibilidade de o lexema ser construído em português, ou seja, de obedecer aos parâmetros formais e semânticos de formação de palavras que estão disponíveis em português. Quer isto dizer que mesmo que um lexema apresente correspondente em latim, se esse lexema mostrar constituintes morfológicos e um padrão de construção ativos em português, é considerado derivado (Rodrigues 2008: 121-128). Não se pretende com esta visão anular o caráter histórico da língua, ou esquecer o percurso que liga o latim ao português. Pretende-se enfatizar o papel ativo que a mente do falante tem na construção dos lexemas, bem como na sua análise em constituintes que se mantêm atuais sob o ponto de vista da sua capacidade derivacional.

Por exemplo, um lexema como *dedicação*, a que corresponde o nome latino DĒDĬCĀTĬONE-, é suscetível de ser classificado como derivado. À luz do padrão que constrói nomes que designam 'ação' a partir de verbos através do sufixo -*ção*, *dedicação* está perfeitamente enquadrado nos parâmetros de formação de palavras do português.

Consideram-se palavras derivadas aquelas que mostram constituintes morfológicos (radical, tema, afixos) existentes em português, bem como a obediência aos padrões de formação de palavras do português.

Designam-se por palavras não derivadas aquelas (i) cujos constituintes morfemáticos não são identificáveis com morfemas ativos do português; (ii) ou que não apresentam uma relação de derivadas com um lexema do português; em suma, que não obedecem aos parâmetros de formação de palavras desta língua.

Por exemplo, *gato* é uma palavra não derivada por não manter uma relação de derivada com outro lexema do português. Já o nome *gatil* é derivado d(o radical d)e *gato*.

Observemos agora as palavras complexas não derivadas. Um lexema como *conceber* é um lexema complexo, porque constituído por mais do que um morfema (*con+ceb*), mas não derivado. O constituinte -*ceb*- não tem autonomia em português para servir de radical a novas formas e dificilmente se consegue delimitar a significação de -*ceb*-, apesar de -*ceb*- ocorrer noutros lexemas, como *receber*, *perceber*. Palavras deste tipo, como também *aferir*, *conferir*, *referir*, *deferir*, são constituídas por vários morfemas (*con-+-ceb-*; *re-+-ceb-*; *per-+-ceb-*; *a-+-fer-*; *con-+-fer-*; *re-+-fer-*; *de-+-fer-*), que conseguimos destacar através da comparação e identificação com outros morfemas existentes noutros lexemas. Contudo, os constituintes -*fer*- e -*ceb*- não estão disponíveis em português para criar novos lexemas. Para além disso, a significação desses morfemas nem sempre é linear.

Por este motivo se diz que estes constituintes são opacos e não transparentes (Rodrigues 2008: 124-127).

> É constituinte opaco aquele cuja significação não se encontra clara na sincronia atual da língua. *Conceber, receber, perceber*. A sua identificação como morfema faz-se formalmente por segmentação e identificação noutros lexemas da língua.

> É constituinte transparente aquele que, para além de ser identificável formalmente como uma unidade morfológica da língua, pela comparação entre vários lexemas que o contêm, apresenta uma carga semântica claramente identificável: ***reler, amigável, impossível, amoral***.

Por fim, observemos as palavras simples e simultaneamente derivadas/conversas. Uma palavra pode ser simples e em simultâneo ser derivada em português. É o caso dos nomes e dos verbos derivados por conversão (cf. cap. 2: 2.4.3 e cap. 4: 4.1.2 e 4.3.3.1, respetivamente). Um nome como *abraço* é derivado do verbo *abraçar*. Contudo, para a sua formação não foi utilizado nenhum afixo derivacional e, como explicaremos em 1.6.3, o constituinte temático não faz duma palavra uma palavra complexa. Logo, a presença do constituinte temático *-o* em *abraço* não faz que o lexema seja complexo. Para que o produto fosse complexo, necessitaria de ter um radical complexo ($[cabel]_{RN}$, $[cabeleir]_{RN}$, $[cabeleireir]_{RN}$), ou seja, mais do que um morfema que não o constituinte temático (no caso *o/a*). O mesmo ocorre nos verbos conversos a partir de nomes, como em *açucarar*, formado a partir do radical *açúcar*. O quadro seguinte sintetiza a classificação proposta:

	Palavras simples	Palavras complexas
Palavras não derivadas	casa, belo, gente, amar, ouvir	aceder, conferir, receção, translação
Palavras derivadas	abraço, remendo, olear, açucarar	caseiro, encadernação, guloso, generosamente, refazer, tranquilidade

Quadro I. 5. Classes de palavras: simples, derivadas, complexas e não derivadas

Face ao exposto, depreendemos que a formação de palavras não se rege apenas pela constituição em morfemas, mas antes pela estruturação em paradigmas (Anderson 1992; Beard 1995), e que a constituição em morfemas não acarreta que o lexema seja derivado.

A análise empírica da organização interna de algumas palavras evidencia que:

a) o morfema, como definido no início deste capítulo, é uma unidade mínima com função na gramática da língua, e não uma associação biunívoca entre uma forma e um significado (Aronoff 1994). Pode um significado ser veiculado por duas formas em simultâneo (circunfixação), pode um significado ter uma forma com funcionalidade e não significado (cf. expletividade 1.1.3.1), pode um significado/uma função ser veiculado/a por formas diferentes (alomorfia). Pode um morfema, como um constituinte temático, ter funcionalidade não semântica, mas gramatical.

b) há variações morfológicas que não têm um morfema responsável (conversão). A morfologia não é uma organização que labora obrigatoriamente com morfemas. A morfologia pode organizar-se através de paradigmas e relações entre paradigmas (Anderson 1992; Beard 1995; Rodrigues 2016). O facto de se encararem estas alterações como do domínio da morfologia prende-se com as mudanças formais que essas alterações acarretam (*o [açúcar]$_{RN}$, os [açúcar]$_{RN}$es; [açucar]$_{RV}$ar, eu açucaro, tu açucaras*).

1.4 Segmentação e comutação

Reflete-se nesta secção sobre a importância das operações de segmentação e de comutação para a identificação de morfemas (Plag 2003: 74-78; Rio-Torto 1998a; Schmid 2015).

Na língua existem segmentos ou sequências de segmentos que, pela sua repetição noutras unidades, são interpretáveis como unidades morfológicas. A repetição formal não é, no entanto, suficiente para que se considere estarmos perante um morfema. É necessário que a esse constituinte esteja aliada uma carga semântica ou funcional. No caso dos radicais e dos afixos derivacionais a carga será semântica; no caso dos afixos flexionais, dos interfixos semanticamente vazios e dos constituintes temáticos será funcional. Dentro destes três tipos, o constituinte temático e o interfixo destacam-se por possuírem uma funcionalidade puramente morfológica, sendo morfemas vazios (Aronoff 1994: 44-45). Já os afixos flexionais têm uma função de interface semântica e sintática. Em todo o caso, os segmentos a destacar possuem um papel na língua que não se restringe à fonologia.

Observemos os exemplos: *reler, remar, rever, regar, regalar, reificar, rejeitar, renascer*, todos iniciados pela sequência *re-*. No entanto, em alguns, *re-* é apenas uma sequência de fonemas (32 b), enquanto noutros *re-* apresenta uma carga semântica que contribui para o todo semântico do lexema (32 a).

(32) a. *reler, rever, renascer*
b. *remar, regar, regalar, reificar, rejeitar.*

Para além disso, se retirarmos *re-* aos lexemas de (32 b), estes ficam desprovidos de significado, na medida em que *re-* não é uma unidade, nem a parte restante outra unidade a que o primeiro se pudesse juntar (*mar; *gar; *galar; *ificar; *jeitar). Nos lexemas em que *re-* é um morfema (32 a), a sua supressão deixa intacta outra palavra, que é a base à qual *re-* se juntara (*ler, ver, nascer*).

Repare-se que as sequências obtidas de 32 (b) *mar, *galar não se confundem com o nome *mar* 'extensão de água', nem com o verbo *galar* 'realizar coito com a fêmea (a ave macho)'. Esta não identificação deve-se ao facto de não haver coincidência semântica entre os segmentos de *remar* e *regalar* com *mar* e *galar*.

Já em *ler*, *ver*, *nascer*, a supressão de *re-* dá lugar a palavras que têm uma relação semântica com as formas que contêm *re-*.

A morfologia opera desta forma: comparam-se paradigmaticamente segmentos e sequências de segmentos entre si de modo a perceber se se trata de unidades morfológicas, ou seja, que têm um papel semântico ou funcional na língua, ou se se trata apenas de um fonema ou de uma série de fonemas desprovidos de caráter morfológico.

Quando dizemos que a morfologia opera desta forma, falamos da morfologia não apenas enquanto área de estudo, mas também enquanto estrutura mental que o falante possui e que lhe permite combinar os constituintes morfológicos da sua língua, de modo a fazer variar o lexema cotextualmente (morfologia flexional) ou a construir outros lexemas com base num lexema (morfologia derivacional) (Jackendoff 2002: 155-158; Rodrigues 2015).

A relevância destas considerações avulta na aquisição e no desenvolvimento da componente morfológica da língua materna, pois estes fazem-se à luz de tais operações. A criança, nos primeiros contactos com a língua materna, está perante um todo não segmentado. A tarefa a que irá proceder gradualmente consiste na identificação de segmentos e de sequências de segmentos que se repetem formalmente, mas mantendo também a carga semântica/funcional. Imaginemo-nos perante um texto numa língua que desconhecemos. O primeiro contacto é opaco, mas se tentarmos com alguma atenção comparar palavras que aparecem no texto, vemos que há elementos que se repetem, outros que se repetem com alterações formais. Se nos expusermos a essa língua, ao fim de algum tempo conseguimos identificar morfemas, ou seja, conseguimos relacionar paradigmaticamente formas com cargas semânticas/funcionais, de modo a conseguirmos construir implicitamente inferências acerca do seu funcionamento.

Numa segunda fase, a criança vai aprender os constrangimentos que existem entre a combinação desses morfemas. Por exemplo, vai aprender que com a base *vermelho* ocorre o sufixo *-idão* e não *-ez* (*vermelhidão* vs. *vermelhez), mas que com a base *robusto* ocorre *-ez* e não *-idão* (*robustez* vs. *robustidão). Também esta aprendizagem é implícita e não explícita, ou seja, o falante não sabe explicitar os motivos destas ocorrências. É papel da morfologia enquanto área da linguística explicitar estes padrões que são construídos na mente do falante de modo implícito.

Contudo, existem morfemas cuja identificação não é tão clara como nos casos que temos vindo a observar. Há morfemas cujas fronteiras são de difícil identificação. Atentemos em exemplos como *maioridade, beldade, amabilidade*, ou ainda *professor, cantor, comunicador*. Há nestes exemplos uma variação formal, embora haja consistência semântica entre as várias formas.

1.5 O léxico mental: criatividade e produtividade

1.5.1 O léxico mental

Esta organização de estruturas de palavras tem lugar na mente do falante de modo dinâmico (Jackendoff 2002: 152-195). Esse caráter dinâmico implica que o falante analise essas estruturas e as utilize para formar novas palavras. Mesmo as palavras atuais não estão necessariamente fixas no léxico, pelo que podem ser 'montadas' online cada vez que o falante fala. Isto significa que um lexema como *avaliação* não é necessariamente um bloco que se encontre rígido e indecomponível na memória do falante. O falante pode fazer a montagem do lexema em cada ato de fala. Para isso, o falante recorre aos mecanismos paradigmáticos, às bases e aos operadores afixais disponíveis para formar nomes deverbais de 'ação'. Escolhe a base que encerra o significado conceptual que pretende exprimir e para essa base escolhe o afixo que obedece aos constrangimentos que a base e o padrão derivacional impõem.

É vulgar, num ato de fala, que o falante hesite entre dois afixos e acabe por colocar o afixo menos habitual na companhia daquela base. A hesitação entre afixos mostra que os lexemas derivados não se encontram fixos no léxico. São antes montados online. Por exemplo: com a base *encaderna(r)*, pode assistir-se a uma hesitação entre o sufixo *-ção* (34) e o sufixo *-ment-* (33):

(33) *O encadernamento do livro saiu caro.*
(34) *A encadernação do livro saiu cara.*

Se o lexema derivado fosse um bloco rígido inscrito como tal na mente do falante, não haveria este tipo de hesitação.

O dinamismo da morfologia é bem visível no campo da flexão. Os verbos em português são conjugados em 6 pessoas, em 10 tempo-modos simples, a que se juntam 2 formas para o imperativo e 3 formas para o gerúndio, infinitivo impessoal e particípio. Cada verbo tem portanto 65 formas diferentes. Se pensarmos no número de verbos da língua, que será infinito, dada a possibilidade de construirmos novos verbos, vemos que teríamos um número infindável de formas de palavra para memorizar como blocos rígidos. Se, pelo contrário, na nossa mente estiverem os padrões que permitem fazer essas alterações formais ativamente, online, vemos que a morfologia, em vez de ser uma listagem infindável de formas, é antes um mecanismo versátil de adequação do lexema ao cotexto e de criação de novos lexemas com base em recursos finitos (Jackendoff 2002:163-165; Rodrigues 2015; 2016).

Obviamente que a memória tem um papel importante na construção destes padrões e mesmo na averiguação, por exemplo, na morfologia derivacional, de qual a forma mais usual. Mas a opção por uma dada forma como mais usual passa pela escolha da forma mais conforme aos padrões derivacionais. Não obstante, a memória tem um papel determinante, na medida em que as formas mais usadas são aquelas que têm uma inscrição mais sólida na memória (Plag 1999: 51-52; Plag 2003: 65-66; Rainer 1988). Portanto, mesmo lexemas construídos através de padrões produtivos podem estar armazenados na memória, se forem de uso frequente. O interessante é que para interpretarmos um lexema novo não precisamos de o ter armazenado na memória. Isto prova que a construção de padrões morfológicos é determinante na relação do falante com a morfologia da sua língua.

O léxico não é, assim, uma listagem de lexemas fixos em número finito. Por um lado, há a considerar a criação de novos lexemas com base nos recursos derivacionais existentes na língua. Por outro lado, os lexemas atuais não são necessariamente blocos rígidos de componentes inscritos solidificados na memória. A sua atualização pode passar pela montagem online entre os componentes morfológicos que o constituem de acordo com os padrões do português. É pelo facto de estes padrões estarem ativos que é possível continuar a formar novos lexemas com base nos mesmos padrões. Se os padrões fossem meras descrições que o linguista utilizasse para dissecar os lexemas e não correspondessem a parâmetros de uso real por parte do falante, não seria possível ao falante continuar a criar novos lexemas, usando esses mesmos parâmetros.

É isto que explica a possibilidade de criação de um lexema como *euripidização* num enunciado como *a euripidização da tragédia*.

Os nomes em *-ção* são formados a partir de verbos. Imagine-se que este é o primeiro enunciado em que surge o lexema *euripidização* e que em nenhum outro se introduziu o verbo *euripidizar*. Podemos dizer que, pelo facto de *euripidização* surgir cronologicamente primeiro e *euripidizar* depois, estamos perante um caso de derivação regressiva? Ou seja, retirou-se o sufixo *-ção* para se obter *euripidizar*? A resposta é negativa. Se a base de *euripidização* é o tema verbal *euripidiza-*, mentalmente teve de se gerar primeiro o verbo *euripidizar* e, a partir deste, o nome deverbal *euripidização*. Significa isto que o léxico mental tem capacidade de gerir estas estruturas de forma dinâmica. Estes lexemas são lexemas potenciais, ou seja, embora não atestados, obedecem aos padrões de formação de palavras do português.

A formação de lexemas não atestados é muito comum por parte da criança, no período em que constrói indutivamente as regras derivacionais da sua língua (Clark & Clark 1979). Uma criança que diga *clipar* no sentido de 'prender com clipe', não está a dizer nenhum disparate ou erro linguístico. Está a praticar o seu conhecimento morfológico, à luz do padrão que permite criar *ancorar* com base em *âncora*, *alfinetar* com base em *alfinete*, *agrafar* com base em *agrafo*, *martelar* com base em *martelo*. A criatividade alia-se à construção de um conhecimento implícito do funcionamento da língua.

No âmbito da morfologia flexional, o facto de a criança produzir *fazi* ou *trazi*, em vez de *fiz* e de *trouxe*, mostra que a construção dos padrões de flexão está a ser processada dinamicamente. A partir dos padrões regulares, a criança aprende implicitamente que basta juntar *-i* ao radical do verbo de tema em *-e* para termos a 1.ª pessoa do singular do pretérito perfeito do indicativo: *com+i*, *beb+i*, *combat+i*. Um conhecimento mais completo da língua deixar-lhe-á ver, posteriormente, outros padrões flexionais que lhe permitirão dizer *fiz* e *trouxe*.

O papel da memória é aqui visível. O adulto tende a usar as formas mais frequentes (*trouxe*, *fiz*), ou seja, aquelas que estão mais armazenadas na memória.

O léxico é constituído então por formas fixas e por padrões que permitem gerar novas formas. Das formas fixas fazem parte os lexemas não derivados (*casa*, *gato*, *cão*, *amarelo*, *triste*, *amar*, *correr, mas, sim, não*, etc.) e os morfemas (*re-, -s, -va, -ção, -a*, etc.). Dentro das formas fixas é possível que se encontrem lexemas derivados com um uso muito frequente (*avaliação, contentamento, envelhecer, solidificar*), bem como os lexemas derivados produzidos com um padrão pouco produtivo (*queimor, tapume*).

Se considerarmos estes dois fatores - alta frequência e pouca produtividade - em simultâneo, os lexemas derivados que os apresentam deverão ser aqueles, dentro dos derivados, que mais suscetíveis são a estarem armazenados na memória. Isto significa que não é possível determinarmos completamente quais os lexemas que estão armazenados na memória.

Se esse fator depende da frequência, esta dependerá do próprio falante. Imaginemos um falante que lide com o domínio da economia. Este falante poderá ter na memória de modo mais acessível o lexema *cartelização*. Um falante que não lide com este domínio pode não ter na memória já disponível *cartelização*. Repare-se que não estamos a referir a capacidade de cada falante recordar o significado de *cartelização*, mas de aceder ao formato *cartelização* já montado. Pressupomos neste exemplo que ambos os falantes conhecem a base *cartel* 'acordo entre empresas do mesmo setor com o objetivo de monopolizar o mercado'. O falante economista está acostumado a usar o lexema *cartelização* como um todo. O falante não economista conhece o termo, ou conhece *cartel*, mas, como não usa o primeiro frequentemente, não o tem disponível como um bloco na memória. Recorre então aos padrões de formação de palavras para construi-lo.

1.5.2 Produtividade e criatividade

Se analisarmos a constituição morfológica de nomes deverbais do português, vemos que existem vários sufixos que servem o propósito de gerar nomes com base em verbos (35).

(35)

Avalia+ção	Radiâ+nci(a)	Empurr+ão
Contamina+ção	Refulgê+nci(a)	Belisc+ão
Aflora+ment(o)	Vinga+nç(a)	Am+or
Amareleci+ment(o)	Mata+nç(a)	Ard+or

Dos sufixos apresentados, alguns, como -*ção*, continuam disponíveis para a formação de novos lexemas (*carceriza+ção*). No entanto, -*or*, presente em *queimor*, não se mostra disponível: *alegror (que teria por base o radical verbal de *alegrar*).

Os padrões que continuam a ser usados são os padrões produtivos. Os padrões que não são usados atualmente são não produtivos.

A produtividade, sobretudo na morfologia derivacional, é um parâmetro gradativo. Os exemplos de nomes deverbais antes observados mostram sufixos totalmente produtivos (-*ment*-, -*ção*) e um exemplo com produtividade mínima, que é o sufixo -*or*. Na verdade, o exemplo como *queimor* impede que se considere este sufixo como improdutivo. Mas a impossibilidade de gerar *adoror, *ustor, *detestor, *odior, com base em verbos (*adorar, ustir* 'estimar, retribuir; reg. suportar, queimar', *detestar, odiar*) que apresentam as mesmas caraterísticas semânticas e argumentais daqueles que estão na base de *ardor, amor, queimor* (*arder, amar, queimar*), mostra que -*or* não tem grande grau de produtividade.

O mesmo ocorre com o sufixo -*um*(*e*) que se apresenta nos seguintes nomes deverbais: *ardume* (*arder*), *corrume* (*correr*), *curtume* (*curtir*), *queixume* (*queixar*), *tapume* (*tapar*) e *urdume* (*urdir*). Se quisermos produzir um nome deverbal, tenderemos a usar -*ment*-, -*ção*, -*ão*, entre outros, mas não -*or* nem -*um*-.

A produtividade é um mecanismo inconsciente. O falante põe em prática a competência morfológica que possui, ou seja, os padrões morfológicos e gera um lexema ou uma forma de palavra, no caso da morfologia flexional, sem que tenha consciência de que está a produzir uma forma nova.

A criatividade é já um modo consciente de gerar o lexema. Não se aplica à morfologia flexional. No caso de *eduquês*, criado por Marçal Grilo, consegue-se até especificar o criador do lexema. Mas em outros casos assim não é, como terá acontecido com *Cavaquistão* 'território de intensa base eleitoral de Cavaco (Silva)', criado no período em que este foi primeiro ministro de Portugal (1985-1995), com *Kadafistão* [de Kadafi, presidente da Líbia de 1977 a 2011] (http://blasfemias.net/ 2011/03/12/a-democracia-libia-nao-tarda/, Posted 12 março, 2011), com (PB) *Lulistão* (de Lula, presidente do Brasil de 2003 a 2011] (ouvido no PB), em analogia com nomes de países como Tajiquistão ou Uzbequistão.

Um cómico português, Raul Solnado, criou na época de sessenta os neologismos *lisboagens* e *aerolisboa*, para contrastar com a reanálise que fez de *portagens* e de *aeroporto*, relacionando estes dois últimos nomes com o topónimo Porto, que coincide fonologicamente com o radical *port-* neles presentes. No programa humorístico, realizado na cidade do Porto, fazia humor com o facto de Lisboa pagar *portagens* e ter um *aeroporto* (até então inexistente no Porto), sem que o Porto pagasse *lisboagens* e sem que tivesse um *aerolisboa*. Ou seja, foram criados estes neologismos por analogia com os padrões vigentes de formação de nomes, mas trata-se de criações efémeras que não perduram no uso comum.

A formação de palavras deve ser entendida:
(i) como o domínio de geração dinâmica e em linha, na mente de cada falante, de palavras já existentes na língua. Enquadra-se neste âmbito a montagem dinâmica mental de vocábulos como *cartelização*, *financeirizar* ou *inventividade* que, sendo de uso pouco frequente num dado indivíduo, não se encontram disponíveis em memória como objetos já montados. O falante recorre, assim, aos mecanismos disponíveis na sua língua e através deles gera o lexema.

(ii) como o domínio de geração de novos lexemas ainda não existentes na língua. Tal como no caso anterior, o falante serve-se dos parâmetros e dos materiais linguísticos da sincronia da sua língua para gerar novas palavras. Nesta situação, encontram-se, por exemplo, *antibiotizar* ou *troikizar* (atuar em conformidade com a *troika*, denominação do conjunto de três negociadores, representantes do Banco Central Europeu, da Comissão Europeia e do Fundo Monetário Internacional, na negociação das dívidas da Irlanda, de Portugal e da Grécia), criados *ad hoc* para este texto.

Os motivos que levam à geração de novas palavras prendem-se com fatores referenciais, sintáticos e avaliativos.

Os fatores referenciais relacionam-se com a necessidade de denominar um novo objeto da realidade ou um objeto nunca antes identificado. Bastará pensarmos que antes da descoberta da penicilina por Alexander Flemming não existiria o termo *antibiótico*. É este também o caso de *troikização*, se o falante pretender nomear a influência da troika em algum setor da sociedade portuguesa, durante o período de supervisão daquela.

Mas nem sempre a geração de lexemas é motivada pela existência de novas realidades. Muitas vezes, ela é imposta por necessidades de combinatória sintática. Assim, para significar 'ministrar antibiótico' gera-se o verbo *antibiotizar*. A realidade converge no mesmo objeto, mas a construção sintática promove um novo lexema.

A criação de lexemas pode também advir da necessidade de expressão de atitudes, juízos de valor em relação aos seres ou aos objetos. Se um falante, para referir uma família de apelido Coco, disser *Veio a Cocaria toda*, revela uma atitude pouco favorável em relação ao referente.

Repare-se que muitas vezes estas formações ocorrem apenas em círculos fechados e sem extensão de uso na comunidade linguística e em termos de frequência.

1.5.3 Restrições

Ainda que de forma não consciente, o falante domina os padrões morfológicos da sua língua materna (Rodrigues 2014; 2015). Na morfologia derivacional, os padrões morfológicos podem ser mais gerais e mais particulares.

Por exemplo, um padrão geral indica que é possível formar verbos a partir de nomes.

Assim, podem-se formular padrões gerais, como os que de seguida se elencam, e que relacionam um tipo de base com um tipo de produto:

- Nomes a partir de verbos
- Verbos a partir de nomes
- Nomes a partir de adjetivos
- Adjetivos a partir de nomes

Contudo, não existe nenhum padrão que permita gerar advérbios a partir de nomes, por exemplo, o que impede a formação de advérbios com base nestes (*gatamente, *velamente, *tabuamente).

Dentro de cada padrão existem subpadrões, que regulam as combinatórias possíveis entre tipos de bases e tipos de produtos, entre bases e afixos.

Por exemplo, um subpadrão indica que é possível formar adjetivos com base em nomes (*cristal* > *cristalino*, *gás* > *gasoso*, *manha* > *manhoso*), mas tais nomes não podem ser eles próprios bases de adjetivos:

(36) *vermelho* > *vermelhidão* >**vermelhidoso*
(37) *tranquilo* > *tranquilidade* >**tranquilidadino*

As restrições localizadas nos subpadrões podem ser de vária ordem (Plag 2003: 59-68; Bauer 1983: 84-99; Lieber 2010: 64-65; Gaeta 2015), como veremos a seguir.

1.5.3.1 Restrições fonológicas

As restrições fonológicas impedem que determinados afixos se juntem a bases que possuem determinadas características fonológicas de modo a evitar dificuldades de interpretação da forma gerada. Por exemplo, o sufixo -*iz*-, que forma verbos a partir de nomes e de adjetivos, não se junta a bases cujo radical termina em vogal acentuada:

(38) *café* > **cafeizar*
 rapé > **rapeizar*
 rubi > **rubi(i)zar*
 pá > **paizar*
 afã > **afaizar*

1.5.3.2 Restrições semânticas

A combinatória entre bases e afixos pode ser impedida por razões de caráter semântico. Algumas destas restrições são de natureza lógica. Por exemplo, não é possível anexar o prefixo *des-* a bases que denotem processos irreversíveis. Comparem-se **desmorrer*; **desnascer*; **desmatar* com *desaparecer, descompensar, descongelar*.

Existem restrições semânticas que têm um caráter mais complexo ou menos óbvio. O falante opera com essas restrições implicitamente, sem que tenha noção do motivo ou mesmo da existência da restrição. Os verbos que são produzidos através dos sufixos -*iz*- e -*ific*- podem dar origem a nomes de ação. Contudo, o sufixo -*ment*- não se pode juntar a estes verbos, mas sim o sufixo -*ção*.

(39) *urbanizar* > *urbanização /*urbanizamento*
 solidificar > *solidificação/*solidificamento*

Por sua vez, os verbos construídos com os sufixos *-ec-* e *-esc-* não admitem o sufixo *-ção* para formarem nomes, mas já admitem o sufixo *-ment-*.

(40) *amarelecer* > *amarelecimento/*amareleceção*
   ruborescer > *ruborescimento/*ruboresceção*

O motivo que leva a esta restrição prende-se com a combinação semântica entre as duas séries de sufixos (Rodrigues 2008: 300-302). Os sufixos *-iz-* e *-ific-* geram verbos que designam ações efetuadas. Do mesmo modo, *-ção* indica a efetuação da ação. Os sufixos *-ec-* e *-esc-* geram verbos que designam o processamento do evento, assim como *-ment-*.

Estas restrições semânticas revelam-se sob a forma de restrições de caráter morfológico: o sufixo X não se combina com o sufixo Y. Contudo, por detrás destas impossibilidades combinatórias entre os sufixos estão restrições semânticas.

1.5.3.3 Restrições pragmáticas

Restrições pragmáticas envolvem fatores não estruturais que passam, por exemplo, por afixos que estão na moda. Veja-se o uso intenso na atualidade de *mega-* (*mega concerto, mega convívio, mega evento*) e de *super-* (*super proteico, super galático*). O motivo que leva a que numa dada sincronia um afixo seja mais produtivo do que outro parece, por vezes, sair fora do domínio estrutural e explicar-se apenas com base em fatores sócio-culturais. Atente-se, por exemplo, no seguinte facto: o sufixo *-inh-* desempenha um papel central sob o ponto de vista pragmático na língua portuguesa (cf. cap. 5), seja na denominação (*mãezinha*), seja na interação (traga-me o leite *quentinho*.....; um *cafezinho*, por favor...). Assim não acontece com -*it*-, sufixo avaliativo que, no português europeu, goza das mesmas propriedades semântico-categoriais e das mesmas restrições combinatórias.

1.5.3.4 Restrições morfológicas

As restrições morfológicas fazem com que determinado formato morfológico da base impeça ou admita um processo derivacional ou um operador afixal. As restrições morfológicas podem assentar em restrições semânticas, etimológicas ou ainda argumentais. Assim, o motivo por que -*ção* se conjuga com verbos em -*iz*- e -*ific*- é de caráter semântico. Trata-se de restrições entre morfemas e, por isso, morfológicas, mas que são devidas a outro teor de restrições. O mesmo acontece em relação à restrição entre o sufixo -*ão* e verbos em -*iz*- e -*ific*-. Também se trata de uma restrição entre morfemas, mas a razão é etimológica. O sufixo -*ão* [- erudito] não se junta os sufixos -*iz*- e -*ific*- [+ eruditos].

Há, no entanto, restrições puramente morfológicas, ou seja, que se relacionam apenas com a morfologia dos constituintes e não têm uma motivação de outra ordem. Trata-se, por exemplo, da restrição que faz que o sufixo -*ment*- se agregue ao verbo na forma do tema do particípio e não na forma do tema do presente. Isto é visível quando a base é um verbo de tema em -*e*. Em *nascimento* observa-se que o tema é *nasci*-, ou seja, correspondente ao tema do particípio (*nascido*) e não ao tema do presente (*nascemos*). O sufixo -*dor* já seleciona o tema do presente (*corredor*) e não o do particípio (*corridor).

Outro exemplo de restrição morfológica é dado pela formação de advérbios em -*mente*. Este sufixo junta-se a bases adjetivais na forma feminina, no caso de o adjetivo ser variável em género (*lindamente* /*lindomente).

1.5.3.5 Restrições argumentais

Os verbos inacusativos, como *amadurecer, aparecer, chegar, crescer, envelhecer, existir, ruborescer*, não formam nomes conversos/ não sufixados do tipo *abraço, amparo, caça, salto*, nem nomes em *-aria*, do tipo *barbearia, gritaria*. As restrições argumentais não se limitam à seleção do afixo ou do processo gerativo. Também atinge as dimensões semânticas. O sufixo *-aria*, quando se junta a verbos inergativos, não forma locativos, mas apenas nomes de ação (*gritaria*). Todavia, quando se junta a verbos transitivos, forma locativos (*barbearia; branquearia*) e nomes de ação (*marchetaria, pescaria*).

1.5.3.6 Restrições etimológicas

A língua portuguesa tem afixos e bases marcados como [+ eruditos], i.e, cuja configuração é próxima do formato [+ latino] ou [+ grego], e também morfemas [- eruditos], que não se aproximam desses formatos. Face a esta realidade, é natural que nela se façam sentir restrições assentes na natureza [±erudita] de certos formantes. O sufixo *-ão*, [- erudito], que serve para formar nomes de agente e nomes de ação juntando-se a bases verbais (*chorar > chorão, empurrar > empurrão*), não se agrega a bases [+ eruditas], como se observa nos exemplos *hibernar > *hibernão, latinizar > *latinizão, solidificar > *solidificão*.

1.5.3.7 Restrições processuais: os bloqueios

O bloqueio (Plank 1981; Rainer 1988; Bauer 1983: 87-88; Plag 2003: 63-68) costuma ser descrito como um impedimento em se formar um lexema quando no léxico já existe outro com o mesmo significado. Assim, a existência do lexema *garfo* bloque(ar)ia a forma *espetador*. Se assim fosse, não existiriam sinónimos. Em português, o lexema *ladrão* não bloqueou os lexemas deverbais *assaltante* e *roubão*, enquanto em inglês a existência de *thief*, apontada tradicionalmente como motivo de bloqueio de *stealer*, não funcionou realmente como impedimento à sua formação, pois atualmente encontra-se registado o lexema *stealer*.

Este bloqueio de sinónimos deve ser objeto de reflexão, pois não é o facto de se construir um novo sinónimo que intervém de modo decisivo no bloqueio da nova forma. Investigação psicolinguística (Plank 1981; Rainer 1988) mostra que a frequência do lexema que tem a capacidade de bloquear o seu sinónimo tem um papel determinante nesse bloqueio. Assim, se o lexema existente tiver alta frequência de uso, está mais facilmente armazenado na memória e, logo, maior capacidade terá de bloquear o sinónimo. Isto é sobretudo visível na morfologia flexional. Uma forma como *fiz* bloqueia o seu sinónimo *fazi* quando se encontra, pela sua alta frequência, inscrita na memória. O que acontece na criança que produz *fazi* é que a forma *fiz* ainda não está armazenada na memória por não ter uso frequente pela mesma. Logo, *fiz* não bloqueia a forma regular *fazi*. No adulto, a forma *fiz* adquire maior acessibilidade lexical, pelo facto de, pelo seu uso frequente, se encontrar armazenada na memória. Logo, bloqueia a forma regular *fazi*.

Assim, não está em causa impedir a existência de sinónimos, até porque as línguas estão repletas deles. Está antes em causa haver uma preferência pela forma mais facilmente acessível.

Situação diversa é aquela que impede que afixos operadores de uma mesma regra de formação de palavras se anexem à mesma base. Por exemplo, no âmbito da regra de formação de nomes de ação a partir de verbos, operam afixos tais como *-ção, -ment-, -dur-, -agem, -ão, -ari-*. É possível anexar *-ari(a)* a *gritar* e assim obter-se *gritaria*. Mas não é possível anexar-se *-ção* (*gritação) ou *-agem* (*gritagem) ou *-ment-* (*gritamento).

Este impedimento não se deve, no entanto, à necessidade de se evitar a construção de sinónimos. A partir de *lavar* construíram-se *lavagem, lavadura, lavação, lava, lavadela*. Não se trata de sinónimos perfeitos, como o não são os lexemas que numa língua mantêm entre si esse tipo de relação. Mas o que importa é constatar que não pode ser esse o motivo impeditivo de a mesma base sofrer sufixação vária dentro da mesma RFP.

Pelo exposto, as razões que levam à indisponibilidade entre *gritar* e alguns afixos deverão ser encontradas nas restrições estruturais que apresentámos acima (Rodrigues 2015).

Da mesma forma, o bloqueio de homónimos não deverá ser considerado como determinante: *abridor* 'instrumento para abrir garrafas' bloqueará o lexema *abridor 'porteiro'? Repare-se que existem em português muitos pares com semantismos diversos, como *corredor* 'espaço' e *corredor* 'aquele que corre' ou *contador* 'instrumento' e *contador* 'aquele que conta'. Existem mecanismos cotextuais de desambiguar os homónimos, pelo que não deve ser esse caráter a impedir a formação de lexemas. Muitas vezes, várias restrições se reúnem para impedir que se construa um determinado lexema. As restrições operam, pois, em simultâneo.

1.5.4 Paradigmas

Sabemos que o falante dispõe de padrões mentais, construídos inferencial e implicitamente através da análise da língua, que regulam a formação dos lexemas e a formação das formas de palavras. O paradigma flexional encerra o padrão utilizado para construir as várias formas do lexema. No caso dos verbos, a vogal temática tem um papel muito importante na indicação do paradigma, como se depreende se imaginarmos que desconhecemos a vogal temática de um verbo, de que possuímos apenas o radical *ront-*. A variação dessa forma depende da indicação do paradigma a que pertence. Este dado é importante, como se compreende através do contraste entre formas próximas, mas conjugacionalmente muito diferentes, como *falir* e *falar* ou *remir* e *remar*.

No caso da morfologia derivacional, os paradigmas organizam as relações entre as bases, os afixos e os produtos (Corbin 1987; Rio-Torto 1993; 1998). Os paradigmas não são meramente indicações formais. São indicações formais e também semânticas. Tradicionalmente, concebe-se que o falante pode construir dois tipos de paradigmas essenciais na morfologia derivacional (Rodrigues 2008: 42-45). Um paradigma encontra-se organizado por bases (Corbin 1987). Outro paradigma está organizado por afixos (Plag 1999). Um e outro são atravessados por carateres semânticos que uniformizam os paradigmas.

A linguística habituou-se a observar esses dois paradigmas isoladamente como se fossem rivais ou como se a existência de um impedisse a existência de outro. Contudo, é possível postular que ambos existem e que se intersecionam sem rivalidade. A organização mental assim o permite (Rodrigues 2008; 2012; 2015; 2016).

1.5.4.1 Paradigmas organizados por bases

Os paradigmas podem ser organizados em função das bases em jogo, como se observa nos três quadros seguintes.

habilitação	'ação de habilitar'
desenvolvimento	'ação de desenvolver'
secagem	'ação de secar'
gritaria	'ação de gritar'
vingança	'ação de vingar'

Quadro I. 6. Nomes de evento deverbais

secador	'aquilo que seca'
trituradora	'aquilo que tritura'
desmaquilhante	'aquilo que desmaquilha'
saltão	'aquilo que salta'
dobadoura	'aquilo que doba'

Quadro I. 7. Nomes de agentes deverbais

manhosice	'qualidade do que é manhoso'
tristeza	'qualidade do que é triste'
solidez	'qualidade do que é sólido'
musicalidade	'qualidade do que é musical'
libertinagem	'qualidade do que é libertino'

Quadro I. 8. Nomes de qualidade deadjetivais

No Quadro I.6 encontramos nomes que têm base em verbos e que partilham a significação de 'evento de V'. No Quadro I.7 registam-se nomes que provêm de verbos e que designam 'aquilo que V'.

Se tivermos uma base verbal como *desratizar* e se quisermos formar um nome de 'ação', seguimos o paradigma mostrado no Quadro I.8 e construímos *desratização*. Se com a mesma base quisermos formar um nome que designe 'aquilo que desratiza', formamos *desratizante* e *desratizador*.

Cada paradigma é assim constituído por um conjunto de bases possíveis, uma relação semântico-categorial entre bases e produtos e um conjunto de afixos e de processos derivacionais que podem operar nessa relação (Corbin 1987; Rio-Torto 1993). No conjunto das bases possíveis está determinada a categoria lexical da base. Por exemplo, no paradigma que permite formar *desratização* com base em *desratizar*, as bases têm que pertencer à categoria dos verbos e não podem pertencer a outra categoria: por exemplo, *cadeira* não pode funcionar como base deste paradigma. Para além desta restrição, há a considerar uma série de outras restrições (cf. cap.

1: 1.5.3) que permitem ou impedem que um determinado verbo possa funcionar como base nesse paradigma e possa combinar-se com cada um dos operadores afixais.

Cada paradigma inclui a relação categorial e semântica entre bases e produtos. No quadro I.6 e no quadro I.7 as bases são verbos e os produtos são nomes. No entanto, o resultado semântico desses nomes é perfeitamente distinto, de tal modo que não incluiríamos *desratizador* no paradigma de *habilitação*. Da mesma maneira, no quadro I.10 os produtos são nomes, mas não significam 'evento de V', nem 'aquilo que V', nem se relacionam com uma base verbal. Logo, não se enquadram nos paradigmas representados nos quadros I.6 e I.7.

Designam-se por Regras de Formação de Palavras (RFPs) (Corbin 1993; Rio-Torto 1993; 1998) estes paradigmas (i) que se encontram organizados por bases com a mesma categoria lexical e (ii) que dão origem a produtos que partilham a mesma categoria lexical e o mesmo tipo de semantismo, através de um conjunto de afixos.

> *RFP:* relação entre um tipo léxico-semântico de base e um tipo léxico-semântico de produto através de um conjunto de afixos que operam essas relações.

As Regras de Formação de Palavras destacam o tipo de base e a relação desta com o produto. Nestas regras, os afixos são instrumentos ao serviço da construção de cada tipo de produto com base num tipo de derivante.

As Regras de Formação de Palavras, sendo formulações do linguista, pretendem descrever paradigmas de formação de palavras existentes na mente do falante. Não se trata de mero artifício do linguista, pois deverão ter uma relação com o modo como o falante opera mentalmente (com) os lexemas da sua língua.

1.5.4.2 Paradigmas organizados por afixos

Há outra forma de o falante construir paradigmas da formação de palavras da sua língua (Plag 1999). Observemos os dados presentes no quadro seguinte:

casacão	'casaco grande'
chorão	'aquele que chora muito'
bonitão	'muito bonito'
beliscão	'beliscadura grande'
carrão	'carro de gama alta'

Quadro I. 9. Derivados em *-ão*

Todos os produtos lexicais deste quadro têm uma significação de 'aumento/ intensidade'. Esse semantismo é da responsabilidade do sufixo *-ão*. No entanto, estes lexemas não podem ser integrados num mesmo paradigma organizado por bases, como acontecera nos dados dos quadros I.6-8. Assim, *carrão* e *casacão* são nomes derivados de nomes. *Bonitão* é adjetivo derivado de adjetivo. *Beliscão* e *chorão* são nomes derivados de verbos.

Quanto à significação dos produtos, *beliscão* designa 'evento de V', sendo possível integrá-lo no paradigma em que foram colocados *desratização, habilitação, desenvolvimento* e *secagem*. *Chorão* designa 'aquele que V', pertencendo, pois, ao paradigma de *secador, trituradora, desmaquilhante, saltão, dobadora* e *desratizador*. *Casacão, carrão* e *bonitão* pertencem ao paradigma que permite formar avaliativos, neste caso aumentativos. Estes são lexemas que partilham com a base a mesma categoria lexical. Assim, se a base é um nome, o produto é também um nome; se a base é um adjetivo, o produto é também ele um adjetivo.

No quadro I.9 existem lexemas de três RFPs distintas. Contudo, todos têm em comum o semantismo de 'aumento/intensidade' devido ao sufixo -*ão*. Deve-se ao sufixo a homogeneidade semântica observável entre os vários produtos. O semantismo do sufixo pode servir, pois, de núcleo congregador dos paradigmas (Plag 1999).

1.5.4.3 Interseção de paradigmas

Do acima exposto advêm questões teórico-metodológicas que se prendem com a uniformidade semântica dos produtos, por um lado, e com a heterogeneidade categorial entre bases e derivados, por outro, que impede a inserção destes objetos no mesmo paradigma organizado por bases. Teoricamente há várias soluções para solucionar esta situação: (i) considerar que existem três sufixos homónimos -*ão*, cada um deles operando em sua RFP; (ii) considerar que se trata de um único sufixo -*ão* que se anexa a várias categorias lexicais; (iii) considerar que a organização mental da formação de palavras se faz em simultâneo segundo dois eixos principais: 1) a organização por afixos; 2) a organização por bases.

A primeira solução é empiricamente falível: os produtos em -*ão* partilham o semantismo de 'aumento/intensidade', independentemente do tipo de base a que se junta o sufixo, ou seja, independentemente da RFP em que o produto foi formado. Significa isto que multiplicar em homónimos um -*ão* que é uniforme é demasiado artificial.

A segunda solução, de dar apenas importância ao semantismo do sufixo e deixar de lado a partilha quer categorial, quer semântica entre as bases, esquece algo que empiricamente é saliente: os paradigmas das RFPs.

A terceira solução é a mais adequada quer empírica, quer teoricamente, desde que tenhamos em consideração que a mente do falante tem capacidade de estruturar funções em várias dimensões e não apenas numa (Rodrigues 2015; 2016).

Se fizermos um exercício de organização de grupos com os lexemas *velhice, amabilidade, robustez, livraria, calmaria, refinaria, passarada, barbearia, mulherio, moagem*, é certamente possível formar grupos distintos de acordo com dois eixos.

Um eixo baseia-se na relação entre o tipo de base e o tipo de produto. Neste eixo são tidos em conta os seguintes aspetos, mesmo que implicitamente: categoria da base, categoria do produto, semantismo do produto em relação com a base. Obtemos assim os seguintes grupos:

(i) *velhice, amabilidade, robustez, calmaria*
(ii) *livraria, passarada, mulherio*
(iii) *refinaria, moagem, barbearia*

No primeiro grupo, há nomes que designam 'qualidade', formados a partir de adjetivos. No segundo grupo estão nomes que designam 'coletivo', formados a partir de nomes. No terceiro grupo estão nomes que designam a 'atividade' e 'local onde se faz a atividade', formados a partir de verbos.

Um segundo eixo leva-nos a formar outro grupo: *calmaria, livraria, refinaria, barbearia*.

Este grupo tem como ponto de suporte o sufixo *-ari-*, partilhado pelos lexemas. Esta partilha não é só formal, ou seja, não é só a forma em *-ari-* aquilo que une estes lexemas. Em todos eles existe um semantismo de 'quantidade' moldado de acordo com as bases a que se junta o sufixo. Em *livraria* o semantismo de 'quantidade' é literal, na medida em que uma livraria tem necessariamente uma quantidade apreciável de livros. Em *refinaria, barbearia* 'quantidade' revela-se na multiplicação do designado pelas bases, que desemboca numa 'atividade' e no 'local onde se faz essa atividade'.

A mente do falante tem capacidade para organizar diferentes paradigmas, baseados em parâmetros distintos. A descrição dos dois tipos de paradigmas e não de apenas um por parte do linguista revela-se mais de acordo com os dados empíricos (Rodrigues 2008).

1.5.4.4 Formação 'cruzada' (ing. cross-formation)

Existem lexemas que se relacionam com outros lexemas, mas para os quais não é possível encontrar uma relação derivacional direcionalmente marcada (Plag 2003: 182-187).

Se tivermos em conta o nome *desratização* e o verbo *desratizar*, facilmente observamos que os morfemas do verbo estão contidos no nome (*des+rat+iz+a*). Em termos semânticos, também o semantismo do nome 'ação de desratizar' está dependente do semantismo do verbo. Por conseguinte, quer os dados formais, quer os semânticos mostram que a direção derivacional entre o nome e o verbo é V > N.

O problema surge em situações do tipo de *elegante* e *elegância*. Comparem-se estes com *desmaquilhante, solvente, solvência, radiância*. Em *desmaquilhante, solvente, solvência, radiância* podemos estabelecer relação com *desmaquilhar, solver, radiar*. Mas *elegante* teria relação morfológica com que base?

O mesmo ocorre com *elegância*, que se relaciona paradigmaticamente com *solvência* e *radiância*. Mas *radiância* correlaciona-se com *radiar*, *solvência* com *solver*.

Todavia, *elegância* e *elegante* não possuem uma base de que derivem. Uma solução consiste em recorrer à história destes lexemas. Neste caso, o problema fica resolvido, pois *elegante* e *elegância* provêm das formas latinas ELEGANTE- e ELEGANTIA-. Maior problema surge quando os lexemas se encontram relacionados entre si, mas não são empréstimos de outra língua. Encontram-se nesta situação *pesporrência/pesporrente*. Foram estes lexemas formados em português? Com que matéria-prima?

Estes exemplos enquadram-se na chamada formação cruzada (*cross-formation* (Becker 1993: 8-18)). Trata-se de uma formação paradigmática de lexemas para os quais não existe a suposta base. Os produtos gerados através de sufixação encontram-se correlacionados entre si, partilhando a mesma base hipotética. A formação destes lexemas faz-se ativando dois paradigmas genolexicais, neste caso o de formação de nomes em -*nci*- e o de formação de nomes em -*nt*-. A relação entre *pesporrência* e *pesporrente* faz-se bidirecionalmente. Não é possível considerar um deles como base do outro, visto não haver direcionalidade morfológica entre eles. Ocorre uma comutação entre os afixos. São produzidos através deste processo paradigmático *barbiturismo/barbitúrico, hedonismo/hedonista, mercearia* e *merceeiro*, por exemplo.

1.6 Processos de formação

Os processos de formação de palavras correspondem a mecanismos formais de criação de lexemas (Mel'čuk 2000; Rio-Torto 1998c). Os processos podem ser de vária ordem:

i) junção de afixo a uma base lexical;
ii) junção de pelo menos duas bases lexicais;
iii) mutação da categoria da base lexical sem junção de constituinte derivacional;
iv) alterações na estrutura fonológica/prosódica da base.

1.6.1 Afixação

A afixação designa a formação de palavras através da junção de um afixo a uma base. De acordo com a posição do afixo relativamente à base lexical (cf. cap. 1: 1.2.), estamos perante prefixação, sufixação, circunfixação e infixação. A interfixação designa a inclusão de um elemento sem semantismo no meio da base (cf. cap. 1: 1.6.1.4.).

Analisam-se de seguida as principais caraterísticas de cada um dos processos de afixação (Hall 2000; Spencer 2015).

1.6.1.1 Prefixação

A prefixação ocorre quando o afixo se junta à esquerda da base. É o caso de *re+tomar*, *anti+coagulante*, *en+tort(ar)*, etc.

Ao contrário dos sufixos, os prefixos não alteram a acentuação da palavra base, se mantiverem no produto a mesma categoria lexical da base: *amor* > *desamor*. Já num produto prefixado como *entortar*, gerado a partir do adjetivo *torto*, o acento é alterado, de modo a conciliar-se com o padrão prosódico da categoria (verbo) resultante.

A anexação de um elemento à direita da base requer o reajustamento prosódico do formato do produto de maneira a que este se configure com o padrão geral de acentuação. Nas palavras sufixadas, a posição do acento no produto é muitas vezes diferente da da base: *ca*sa, *ca*sei*ro*, *ca*so*ta*, *ca*va*lo* /*cavali*nho, *pape*l, *papelão*).

Outra caraterística muitas vezes apontada relativamente ao prefixo é a de que este não altera a categoria lexical da palavra base. Contudo, esta caraterística não se verifica em alguns prefixos: *a-*, *en-*, *es-*, que formam verbos a partir de adjetivos e de nomes, promovem alteração da categoria da base (*torto* > *entortar*; *terra* > *aterrar*). Por sua vez, também há sufixos que não alteram categorialmente o produto em relação à base: assim acontece com *mulher* > *mulherio*, *pássaro* > *passarada*, por exemplo, assim como os avaliativos (*bonito* > *bonitão*; *gato* > *gatinho*; *saltar* > *saltitar*).

Comparando ainda prefixos e sufixos, os primeiros apresentam menos constrições de anexação às bases do que os segundos. Por exemplo, *re-* parece ser agregável a qualquer base verbal, desde que esta designe um evento 'reversível' (*reler, reprogramar, reabrir*; mas *remorrer, *rematar no sentido de 'tornar a matar'). No que diz respeito aos sufixos, o mesmo se verifica apenas em relação aos avaliativos (*-inh-* parece agregar-se a qualquer base nominal e adjetival).

Os prefixos não apresentam uma seletividade categorial tão notória como os sufixos: *ante-* agrega-se a nomes (*antessala*), a adjetivos (*anteverde*), a verbos (*antepor*). Embora o mesmo se verifique em alguns sufixos (e.g. *-ari(a)* seleciona verbos (*gritaria*), nomes (*livraria*) e adjetivos (*calmaria*)), não parece ser uma caraterística tão marcada quanto nos prefixos.

Uma das diferenças mais sensíveis entre sufixos e prefixos é a seguinte: com exclusão da prefixação heterocategorial, os prefixos não modificam as classes temáticas das bases. Assim, *voto > pré-voto*; *possível > impossível*; *caro >supercaro*; *amizade > inimizade*. O mesmo não se verifica nos sufixos (*leve > leveza, pedir > pedinchar*).

Os prefixos prototipicamente não alteram as categorias morfossintáticas das bases, mantendo o mesmo género e possibilidade de flexão em número (*o feliz, os felizes; o infeliz, os infelizes*). Também não alteram categorias morfossemânticas (*honra > desonra* mantém-se incontável). Em 1.6.1.4 apresentam-se mais dados acerca da composição e da prefixação.

1.6.1.2 Sufixação

A sufixação é, nas línguas românicas, a grande responsável pela recategorização de produtos lexicais. Para além da mudança de categoria lexical, a sufixação é também responsável por outro tipo de mudança do produto em relação à base: uma mudança de natureza semântica, que inscreve o denotado pelo derivado numa classe ontológico-referencial diferente da da base.

Atentemos nos seguintes exemplos:

Bases e nomes sufixados	Bases e nomes/adjetivos prefixados
casa > casario *folha > folhagem* *livro > livraria* *pena > penugem* *punhal > punhalada*	*amor > desamor* *felicidade > infelicidade* *sala > antessala* *normal > anormal* *ligar > religar*

Quadro I.10. Bases e produtos sufixados e prefixados

Nos produtos sufixados do Quadro I.10, a categoria lexical da base permanece igual no produto. O mesmo acontece nos exemplos prefixados. No entanto, a categoria semântica da base não se mantém nos nomes sufixados, mas mantém-se em grande parte dos derivados prefixados. *Casario, penugem, folhagem* designam entidades que não pertencem às mesmas instâncias de *casa, pena* e *folha*. Estas designam unidades singulares; as primeiras designam unidades coletivas. *Punhal* designa entidade concreta; *punhalada* designa evento. *Livro* designa entidade concreta singular e *livraria* designa um local e um conjunto.

Nos produtos prefixados, *desamor, infelicidade* designam o mesmo tipo de instâncias denotadas por *amor* e *felicidade*. O mesmo acontece entre *sala* e *antessala*, designando ambos locais, assim como entre *normal* e *anormal*, que designam atributos, ou entre *ligar* e *religar*, que designam eventos.

Uma vez mais, também na sufixação é possível a manutenção da categoria semântica no par base-produto, como se observa nos avaliativos. Contudo, ela é dominante na prefixação. Na sufixação não ocorre repetição do mesmo operador: **punhaladada, *contabilizizar*. A exceção reside, de novo, em alguns avaliativos (cf. cap. 5).

Os sufixos são responsáveis pelos seguintes tipos de produtos:

nominalização	adjetivalização	verbalização
(i). **deverbal** (*avaliar* > *avaliação*); (ii). **deadjetival** (*triste* > *tristeza*); (iii). **denominal** (*cristal* > *cristaleira*); (iv). **avaliativa** (isocategorial) (*bicho* > *bichinho*)	(i). **deverbal** (*amar* > *amável*); (ii). **denominal** (*seda* > *sedoso*); (iii). **avaliativa** (isocategorial) (*verde* > *verdinho*)	(i). **denominal** (*guerra* > *guerrear*); (ii). **deadjetival** (*global* > *globalizar*); (iii). **avaliativa** (isocategorial) (*pedir* > *pedinchar*).

Quadro I.11. Padrões de produtos formados por sufixação

Alguns sufixos têm a capacidade de introduzir nos seus produtos estrutura argumental. Isto acontece com os sufixos verbalizadores, mas também com alguns nominalizadores, como se observa nos derivados em *-ção*, *-ment-*, etc. Outros sufixos deverbalizadores nominais, como *-ão*, não apresentam essa capacidade.

1.6.1.3 Circunfixação

O termo circunfixação (Mel'čuk 1982: 84; Mel'čuk 2000: 528) substitui, porque clarifica, o de parassíntese. O termo parassíntese é tradicionalmente utilizado para referir dois fenómenos derivacionais distintos:

a) a formação de palavras através de um afixo descontínuo que se anexa à esquerda e à direita da base em simultâneo (*entontecer*);
b) a existência de uma unidade lexical constituída por um prefixo e um sufixo (*infelizmente*).

Em a), estamos perante um único processo de formação de palavras. O elemento da esquerda não se junta àquela base sem o elemento da direita (**entontar*), nem o elemento da direita se junta à mesma base sem o elemento da esquerda (**tontecer*). Significa, pois, que para a formação de *entontecer* concorreram em simultâneo duas partes de um constituinte descontínuo. Estamos perante um processo de circunfixação: o afixo circunda a base (*en-velh-ec*(*er*) vs. **en-velhar*; **velhecer*).

No caso b), não se trata de um só processo de formação de palavras. O prefixo *in-* agrega-se a *felizmente*. O sufixo *-ment*(*e*) agrega-se a *infeliz*. Ou, de outra forma possível, o sufixo *-ment*(*e*) agrega-se a *feliz*, o prefixo *in-* agrega-se a *felizmente*. Ou seja, existem as palavras constituídas somente pelo afixo da esquerda e pelo afixo da direita. Para que exista o lexema *infelizmente*, não é necessário que à base *feliz* se juntem obrigatoriamente e em simultâneo *in-* e *-ment*(*e*). Em b) não há circunfixação, mas sucessivas afixações (*feliz* > *infeliz* > *infelizmente*; *feliz* > *felizmente* > *infelizmente*).

A circunfixação, em português, ocorre apenas na formação de verbos denominais e deadjetivais (cf. cap. 4: 4.3.3.4.). É necessário um esclarecimento em relação a este processo.

Observem-se os verbos: *envelhecer, entortar, divinizar, falar*. Apenas *envelhecer* exemplifica a circunfixação. O verbo *entortar* tem como base o adjetivo *torto*, ao qual se junta o prefixo *en-*. É este prefixo que é responsável pela recategorização do adjetivo em verbo. Não é a VT *-a* (*entortar*) que é responsável pela derivação verbal, nem o morfema *-r* do infinitivo. O facto de o infinitivo ser a forma citacional nas línguas românicas não lhe confere estatuto lexical derivacional. Quanto à VT, se fosse responsabilidade desta a formatação do lexema como verbo, as formas gramaticais que a não apresentam estariam desprovidas de categoria verbal (*canto, cante*, etc.).

Verifique-se ainda que tanto a VT, como qualquer morfema flexional de MTA, ocorre com qualquer verbo, seja derivado ou não derivado. Assim, nos verbos acima listados, *falar* apresenta a mesma VT de *entortar*, embora seja não derivado. Mais em verbos derivados por sufixação, como *divinizar*, ocorre a mesma VT ao lado de um sufixo responsável pela derivação (-*iz*-). Destas observações se conclui que:

1. a VT não é responsável pela derivação. Se assim fosse, não se explicaria a sua presença ao lado de sufixos derivacionais, como em *divin+iz+a(r)*;
2. se a VT fosse responsável pela derivação, não poderia ocorrer em verbos não derivados, como *amar, correr, ouvir*.

Assim, formas como *entortar* não são produtos de circunfixação. Não se trata da anexação de um constituinte descontínuo (***en-...-ar*) a uma base. Trata-se da anexação de um prefixo (*en*-) a uma base correspondente ao radical do adjetivo (*tort*-) e da sequente colocação dos morfemas de flexão inerentes à categorial lexical entretanto formatada.

1.6.1.4 Interfixação e infixação

Os interfixos (Haspelmath 2002: 86; Bauer 2004; Mel'čuk 2000: 528) e os infixos (Plag 2003: 11; Haspelmath 2002: 19; Bauer 2004; Mel'čuk 2000: 528; Moravcsik 2000) são constituintes que ocupam uma posição medial dentro do produto. A distinção entre interfixos e infixos faz-se tendo em conta o caráter semanticamente vazio do primeiro, por oposição ao caráter semântico do segundo. O interfixo não apresenta carga semântica. A sua presença deve-se a necessidades mórficas. Pelo contrário, o infixo acarreta um contributo semântico para o produto.

Os interfixos correspondem aos constituintes morfológicos que se seguem à base e precedem outra base, no caso de composição (*rabirruivo*). No caso da afixação, os interfixos localizam-se entre a base e o afixo derivacional (*tecelão*) Os interfixos têm um caráter meramente morfológico, isto é, detêm um papel funcional, mas não semântico, na formação do novo lexema.

Tradicionalmente, os interfixos são designados por vogais/consoantes de ligação ou epentéticas (*fumívoro, chaleira*) e os infixos são designados por sufixos, no caso dos avaliativos (*facalhão, lambarão*). As funções a que se prestam os interfixos, de caráter morfómico (Aronoff 1994), são sobretudo de ordem fonológica:

1) evitam o aparecimento de hiatos (*casarão*; *chaleira*; *comilão*; *tecelão*; *tecelagem*);
2) preservam a identidade morfológica da base (*tecelão* vs. **teção*; *lãzinha* vs. **lãinha*; *corpanzil* vs **corpanil* ou **corpãoil*).

Os infixos possuem funcionalidade semântica. Em português, ocorrem na formação de avaliativos. A infixação distingue-se da situação em que há recursividade sufixal. Neste último caso, não se trata de adjunção de um infixo, mas de um sufixo que se sucede a outro em fases diferentes da formação de unidades lexicais diferentes. Por exemplo, *burriquito* tem origem no derivado *burric(o)*. A forma *burrico* é autónoma em relação a *burriquito*. Já em *zangarrão* existe um verdadeiro infixo (*-arr-*) que precede o sufixo *-ão*. Não está disponível a forma **zangarro*, a que se pudesse unir o sufixo *-ão*. Por isso se considera que o processo não é sequencial, ou seja, não se trata de recursividade derivacional. Trata-se de, em simultâneo, se colocar um infixo entre a base e o sufixo. Repare-se que não é possível considerarmos uma só unidade afixal *-arrão* (cf. cap. 5). As unidades *-arr-* e *-ão* existem autonomamente (*bocarra*) e *-ão* combina-se com outros infixos (*benzilhão, sabichão*).

1.6.2. Composição

Composição designa o processo de formação de palavras em que se juntam dois ou mais constituintes que podem funcionar como bases (Fabb 1998): *girassol, papa-formigas*. Esta é uma caraterística que separa a composição da afixação, dado que os afixos não se podem combinar entre si como se fossem eles mesmos bases. (*antirrugas* vs. **antiar, *reanti, *desantiar, *anteanti*).

Ao contrário do sintagma, o composto é morfologicamente sólido, no sentido em que pode integrar o léxico de modo estável (Olsen 2000: 898; 2015).

As caraterísticas do composto habitualmente apontadas são: as formas são dominadas por um acento primário comum, que em português corresponde ao da sílaba acentuada da base mais à direita (*guarda-chuva*); as formas não podem ser separados por outro constituinte [**girarápidosol*]; o resultado semântico não se subsume na simples adição dos semantismos das bases (*e.g. aguardente* não é uma água que arde, ou qualquer água que arde).

A distinção entre composição e afixação nem sempre é simples. A maior dificuldade reside na classificação de um elemento como afixo ou como base. Esta questão coloca-se relativamente a duas entidades: os prefixos e os constituintes dos compostos neoclássicos.

O problema dos prefixos reside no seguinte: a maioria dos prefixos das línguas românicas corresponde historicamente a preposições, ou seja, a unidades com autonomia formal, mas com funcionalidade semântica restrita. Prefixos como *en- a-*, *es-* são exemplos dessa mutação de preposições em elementos prefixais (cf. cap. 4). Em gramáticas históricas (vg. Diez 1874; Meyer-Lübke 1895), os prefixos são tratados no capítulo da composição.

Alguns autores falam de pseudo-afixos ou afixoides (Herculano de Carvalho 1984: 547-555). Não será necessário utilizar esta designação se tivermos em conta que há sempre entidades menos centrais do que outras. Em todo o caso, estes constituintes situam-se numa fase de transição entre o estatuto de bases e o de afixos.

São as seguintes as caraterísticas destes constituintes (ten Hacken 2000: 355):

a) produtividade crescente;
b) diminuição da especificidade semântica;
c) relação etimológica e formal com uma base.

Sob o ponto de vista paradigmático, os afixoides estão em distribuição complementar com afixos. Sintagmaticamente, os afixoides têm distribuição diferente das bases.

Em relação ao português, alguns prefixos encontram-se já numa fase perfeitamente consolidada dessa transição. Encontram-se nessa situação *a-*, *en-*, *es-*, por exemplo. Já os exemplos de *ante-*, *pós-*, *sobre-*, *sub-* mostram uma fase de transição.

Para se comprovar que estes constituintes possuem o estatuto de prefixos em lexemas como *anteaurora*, *pós-moderno*, *submundo*, recorremos aos critérios antes apontados (secção 1.1.4.), segundo os quais o afixo se distingue de uma preposição pelas possibilidades sintagmáticas que a segunda acarreta.

a) o afixo não admite alteração na sua posição em relação à base (*a aurora ante a qual me vi era belíssima/vi-me ante uma aurora belíssima* vs. *a anteaurora era belíssima/*a aurora ante era belíssima.*).
b) o afixo não admite inclusão de outros constituintes entre si e a base, nomeadamente de determinantes ou quantificadores (*o período pós-moderno* vs. **o período pós de moderno*).

Para além disso, o prefixo apresenta diferenças semânticas em relação à preposição:

c) o resultado semântico do produto não é linear relativamente ao do sintagma. Assim, o *submundo* não é um mundo sob o mundo; os *pré-rafaelitas* não são situados cronologicamente antes de Rafael; a *anteaurora* não está antes da aurora, mas nesta incluída.

Não nos parece bom critério considerar que estes elementos são bases, ou seja, operadores de composição e não de prefixação, pelo simples facto de apresentarem acento prosódico. Em primeiro lugar, trata-se de um acento secundário (Pereira 2000). Em segundo lugar, nada impede que um afixo possua acento. Vários sufixos (*-íssim-*, *-ção*) alteram a acentuação da palavra. Recorde-se que os prefixos não alteram a acentuação da base, a não ser que se trate de prefixação heterocategorial: *pré-rafaelita* apresenta acento primário em /li/.

As bases preservam autonomia semântica. Há prefixos que têm autonomia fonológica, mas não têm autonomia semântica, nem lexical. Por isso não funcionam como bases.

Estes traços que pretendem caraterizar *ante-*, *sob-*, *pré-*, etc. como elementos de prefixação e não de composição podem aparentemente ser usados do mesmo modo para os constituintes dos compostos neoclássicos. Contudo, em relação aos constituintes dos compostos neoclássicos, o problema coloca-se ao contrário. Estamos perante unidades que contêm formatação semântica referencial, mas que não apresentam autonomia formal. Ou seja, não ocorrem como palavras. A questão que se coloca é a seguinte: elementos como *geo-*, *bio-*, *-eletro-*, são prefixos ou são bases?

Os constituintes dos compostos neoclássicos apresentam caraterísticas diferentes das dos prefixos:

(i) carga semântica autónoma, referencial;
(ii) possibilidade de alternar posição (*eletromagnético*; *hidro-elétrico*; *antropólogo* vs. *filantropo*. vs **aurora-ante*) (Scalise 1984);
(iii) possibilidade de ocorrerem combinados entre si (*geologia*, *hidrófobo*), enquanto os prefixos não podem combinar-se

entre si para formarem um lexema (*antessub, *antipró, *contrassobre);

(iv) ocorrem em lexemas cujas bases só por eles é preenchida: em *caseína, caseoso, caseificar, elétrico*, os derivados contêm uma base não autónoma a que se junta um sufixo. Trata-se de lexemas para os quais não é possível apontar um correspondente em latim.

O facto de muitos dos constituintes dos compostos neoclássicos não existirem como bases autónomas não interfere no seu caráter lexical de base. Muitos são os processos afixais cujas bases são não autónomas.

O problema de delimitação da natureza dos constituintes verifica-se também em relação aos advérbios em *-ment(e)*, devido à mudança ocorrida no caráter deste constituinte: *-mente* correspondia ao nome *mens, -entis* (cf. cap. 6). No entanto, no português atual, não é possível considerar que os produtos em *-mente* correspondam ao adjetivo no feminino mais o nome (Detges 2015). Para além de *-mente* ter perdido a carga semântica que continha em latim, ou que contém o nome *mente*, bem como a identidade com esse nome, os produtos em *-mente* são advérbios, enquanto *mente* é um nome. O mesmo acontece em inglês. Por exemplo, adjetivos como *helpless, hopeless*, integram o elemento *-less* que semanticamente não corresponde ao advérbio *less*. Não podemos parafrasear *hopeless* por *less hope*. (Plag 2003: 72-73).

Observaremos em seguida diferentes tipos de compostos.

Um composto é constituído pelo menos por duas bases. Como já vimos, essas bases são autónomas semanticamente e podem ser formalmente não autónomas. Uma das bases pode funcionar como núcleo do composto (Bauer 1983: 28-31; Matthews 1974: 82-101). O núcleo é o constituinte que determina a categoria lexical do produto, bem como a sua categoria semântica. Assim, uma *andorinha-dos-beirais* é um tipo de andorinha. O semantismo do produto funciona como um hipónimo do núcleo. A categoria lexical é a de nome, correspondente à categoria do núcleo (*andorinha*). Este tipo de composto é designado tradicionalmente por composto endocêntrico (Haspelmath 2002: 87; Matthews 1974: 90-92).

Os compostos exocêntricos, ou, na terminologia sânscrita, *bahuvrihi* (Bauer 1983:30), são aqueles em que nenhuma das bases funciona como núcleo semântico (Matthews 1974: 90-92; Haspelmath 2002: 88). Por exemplo: um *rabirruivo* não é um tipo de rabo, é uma ave. É um hipónimo de um referente não designado no composto, não é hipónimo do núcleo. A exocentricidade é semântica. Na realidade, o composto tem um núcleo interno: a categoria lexical é determinada pelo Nome (Plag 2003:146).

Noutros compostos os constituintes mantêm uma relação de copulatividade. Estes podem ser apositivos (*autor-cantor*) e coordenativos ou *dvandva* (Bauer 1983:30), na terminologia sânscrita, (*austro-húngaro*).

Um composto pode encerrar uma relação entre os constituintes de tipo núcleo/modificador (*carro elétrico*, *estrela polar*), argumento/predicador (*guarda-chuva*, *quebra-cabeças*), aposição (*autor-cantor*, *tradutor intérprete*). Por este motivo, a composição é por alguns autores (Bauer 1988: 100-104; Lees 1960; Nevi 1978) encarada como do domínio da sintaxe. Contudo, o comportamento dos compostos tem mais relações com o léxico devido:

(i) à impossibilidade de se introduzir um constituinte estranho entre os constituintes do composto, ao contrário do que acontece num sintagma (*coruja-do-mato* vs. **coruja castanha do mato*);

(ii) ao facto de o semantismo do composto não resultar da adição dos semantismos das partes (*girassol* designa uma planta e não qualquer objeto que gira ao sol);

(iii) ao comportamento diferenciado da flexão: em compostos como *guarda-chuva*, apenas o segundo elemento recebe marca de flexão (*os guarda-chuvas*), ao contrário do que aconteceria numa frase: *os guardas da prisão*.

1.6.3. Conversão

Existem mecanismos de formação de novas unidades lexicais que não utilizam a junção de elementos, nomeadamente de operadores afixais a uma base (Bauer 2005; Kastovsky 2005, Don & Trommelen & Zonneveld 2000). Com efeito, a morfologia derivacional opera com alterações categoriais no léxico sem que haja vestígio formal direto dessa alteração, ou sem que haja um morfema responsável por essa mudança. A gramática tradicional serve-se das seguintes designações para esse mecanismo: derivação 'regressiva' e derivação 'imediata', integrando-se ambas naquilo que é designado por derivação 'imprópria' (Nunes [1919] 1989: 358-361). A derivação 'regressiva' é a designação utilizada para referir produtos nominais que têm base num verbo, como *passeio* de *passear*, *boquejo* de *boquejar*, *grito* de *gritar*. A derivação 'imediata' é a designação da gramática tradicional para os produtos verbais denominais como *açucarar* de *açúcar*, *ancorar* de *âncora*, *olear* de *óleo*. Estas designações são, no entanto, desadequadas, na medida em que apontam para mecanismos derivacionais que não estão na origem destes produtos (Rodrigues 2001: 34-37, Rodrigues 2002 e 2004b).

Como não existe nenhum morfema responsável pela conversão, ou seja, pela construção de um derivado a partir de uma base sem recurso à afixação ou à adição de bases (Anderson 1992: 21-22; Rodrigues 2001), quer isto dizer que a conversão não é um processo de formação de palavras ou que não é um processo morfológico de formação de palavras (Valera 2015)?

Em português, é possível que se transmute em nome qualquer sintagma verbal, na frase, desde que coloquemos antes da forma do infinitivo do verbo um determinante, como exemplificado em (41).

(41) *O ler muitos livros é sinal de cultura.*

A formação dos nomes conversos *rogo* e *voo* e dos verbos conversos *açucarar* e *relvar* não se faz na sintaxe, como acontece com (41). Nestes produtos trata-se, de facto, de um verdadeiro mecanismo de formação de palavras.

Os argumentos a favor desta posição são os seguintes:

1) para se tratar de um fenómeno sintático, os derivados limitar-se-iam a sofrer uma mutação meramente cotextual. É isto que ocorre com *o ler, o escrever, o olhar*. A mudança é visível apenas pelas combinatórias cotextuais (ocorrência de determinante à esquerda do nome; ausência de flexão em modo-tempo-aspeto). Mas a flexão em número-pessoa mantém-se possível:

(42) *O leres muitos livros dá-te mais cultura.*
(43) *O escrevermos a carta não nos desculpa da má ação.*

Ora, os conversos *rogo* e *voo* não apresentam capacidade de manterem flexão típica de verbo, porque, na verdade, a mudança para nome está inscrita no léxico e não na sintaxe (Rodrigues 2013).

2) Poder-se-ia alegar que a mudança se dá na sintaxe e que, como tal, estamos perante um radical que é atualizado na sintaxe como nome, se lhe for agregado um índice temático nominal, ou como verbo, se lhe for anexado uma vogal temática verbal. Todavia, a inserção do constituinte temático, seja do verbo, seja do nome, não é feita a nível sintático, mas a nível lexical. Se ela tivesse lugar na sintaxe, seria possível converter qualquer verbo em nome e

qualquer nome em verbo. Repare-se que a utilização do infinitivo como nominal é possível para qualquer verbo. Mas tal não se verifica nos derivados conversos. Existem restrições que impedem que determinados verbos sejam convertidos em nome. Essas restrições não são aleatórias. Estão antes relacionadas com parâmetros estruturais morfológicos e léxico-conceptuais-argumentais bem definidos (Rodrigues 2004; 2009).

3) Se se tratasse de uma mutação na sintaxe e não no léxico, o semantismo dos conversos seria previsível e linear em relação ao semantismo da base. Por exemplo, em (41), *o ler ... é sinal de cultura*, *ler* significa apenas 'ação de ler'. Ora, os conversos têm uma multiplicidade de semantismos, não se limitando a designar 'a ação de' (Rodrigues 2001). Em *rogo*, por exemplo, temos o semantismo de 'prece'; em *remendo* o semantismo de 'pedaço de tecido que se cose a outro'; em *caça* 'conjunto dos animais caçados', para além da designação de evento. *Respiro* designa 'orifício que deixa sair e entrar o ar'.

Ora, nenhum destes significados pode ocorrer nas mutações em sintaxe:

(44) a. **O respirar (d)o forno é muito apertado.* vs. *O respiro do forno é muito apertado.*
 b. **O rogar (d)a menina tinha erros.* vs. *O rogo da menina tinha erros.*
 c. **O remendar (d)a saia é branco.* vs. *O remendo da saia é branco.*

A conversão é, pois, um processo não sintático, mas que dá origem a novos lexemas. Trata-se de um processo morfológico com consequências notórias ao nível morfológico. A conversão do radical verbal em nominal acarreta alterações a nível da formatação formal, o mesmo acontecendo quando o radical nominal ou adjetival se converte em verbal. Desde logo, o tipo de constituinte temático que se anexa ao radical é diferente consoante a categoria lexical do radical. Os morfemas de flexão vão ser necessariamente também diferentes. Isto significa que a morfologia opera com morfemas ou com processos que dão azo a alterações formais flexionais e estas só podem ocorrer se tiver havido alterações categoriais e subcategoriais sob o domínio daquela categoria lexical.

Acresce que as alterações operadas são semanticamente idiossincráticas e obedecem a restrições: nem todo o verbo dá origem a um nome, nem todo o nome dá origem a um verbo. Por último, as mudanças ao nível das categorias e sucategoriais indiciadas morfologicamente estão dependentes de mudanças na categoria lexical. O facto de a ocorrência em sintaxe do infinitivo como nominal admitir a flexão em número-pessoa mostra que a alteração categorial não se deu no léxico, ao contrário do que acontece na conversão.

1.6.3.1 Verbos conversos

O que está na origem de verbos como *açucarar* é a mutação da base nominal em base verbal. A hipótese de o responsável por esta mutação ser a terminação *-ar* não é adequada, uma vez que os constituintes flexionais não têm poderes categoriais (cf. cap. 4: 4.3.1.1. e 4.3.3.1.). A intervenção da marca do infinitivo na formação de verbos é nula. Mais: não é esta marca que dá ao lexema a categoria de verbo. Se assim fosse, uma forma como *açucarei* não pertenceria à categoria dos verbos, porque não tem a marca do infinitivo. O mesmo se pode dizer em relação à VT. A VT verbal ocorre em qualquer verbo, independentemente de ser derivado ou não, ou de ter um sufixo responsável pela sua formação. Para além do mais, há formas gramaticais em que não ocorre a VT e não é a presença/ausência desta que determina a categoria de verbo ou não verbo.

Nestes casos, em que não ocorre nenhum afixo responsável pela recategorização da base, considera-se que o radical da base sofreu essa recategorização no léxico. Assim: *açúcar* N > *açúcar* V. Após esta recategorização, as formas de flexão podem anexar-se à base com a nova categoria.

1.6.3.2 Nomes deverbais conversos

Outro tipo de formação que não se socorre de afixação é a designada pela gramática tradicional por 'derivação regressiva'. Esta designação é ainda mais equívoca do que a de 'derivação imediata'. 'Derivação regressiva' aponta para um mecanismo de formação que na verdade não se deteta nestes produtos.

'Derivação regressiva' refere um mecanismo em que o produto resultaria da operação de supressão de constituintes à base. Ou seja, a gramática tradicional encara que, para se formar *abraço* a partir de *abraçar*, se tomou a forma do infinitivo à qual se retira a marca do infinitivo mais a VT. Restando o radical, iria depois colocar-se o índice temático do nome, segundo um esquema do tipo *abraçar* > *abraç* > *abraço*. O produto resultante, na forma citacional, é mais curto do que a base, também na forma citacional. Daqui advém a noção de 'derivação regressiva'.

Depois de (i) termos alertado para o estatuto não fixo e não derivacional tanto do morfema do infinitivo como da VT e de (ii) termos entendido que na nossa mente o léxico se encontra organizado por paradigmas com formas gramaticais de cada lexema que podem não ocorrer como formas de palavras, é fácil perceber que a 'derivação regressiva' é um equívoco. Falamos da designação e do processo pressuposto por esta designação.

Se compararmos este mecanismo com processos aditivos, constatamos quão pouco atenta é a perspetiva que continua a utilizar essa designação, ainda presente em alguns trabalhos universitários.

Um deverbal sufixado como *moagem* é construído a partir da base verbal na forma do radical. Repare-se que, nestes casos, a gramática tradicional não toma o infinitivo verbal como base à qual tem primeiro que se retirar o infinitivo e a VT, para depois se juntar o sufixo derivacional à forma restante dessa operação subtrativa. Para a gramática tradicional, em *moagem*, a base é o radical ao qual se anexa o sufixo *-agem*.

Por que razão, então, tomar o infinitivo como forma de base nos casos em que não ocorre afixação? Se para *moagem*, *arborização*, *envelhecimento* estão disponíveis três formas diferentes da base (radical, tema do presente, tema do particípio, respetivamente), por que não se observa da mesma maneira a formação de *abraço*, *voo*, *desmaio*, etc.?

A designação de 'derivação regressiva' apoia-se numa visão concatenativa e superficial da morfologia.

Observemos estes produtos adequadamente: *abraço/abraçar*, *voo/voar*, *desmaio/ desmaiar* apenas partilham o radical, pelo que a base de derivação é o radical. É desta mesma maneira que consideramos que em *moagem* o sufixo é *-agem* e a base é o radical de *moer* (*mo-*).

A base de *abraço* é, então, *abraç-*. Porque este radical ocorre em sintaxe como verbo, é necessário que seja recategorizado como nome, para que se lhe possam juntar os morfemas flexionais de nome, bem como um índice temático que permita a sua integração na sintaxe.

Reequacionado o mecanismo de formação destes nomes, surge uma primeira questão: por que não considerar que o IT é o responsável pela recategorização de verbo em nome?

Todos os argumentos que utilizamos para mostrar que a VT do verbo não é responsável pela categoria verbal do mesmo verbo servem para explicar que o índice temático do nome não é responsável pelo facto de este ser um nome:

(1) o IT ocorre em nomes derivados e não derivados (*casa, rato, vinho, pente*);
(2) o IT pode ocorrer em nomes derivados por sufixação, em que, portanto, o sufixo é o responsável pela categoria de nome (*deslumbramento, tristeza, desmaquilhante*);
(3) nos advérbios ocorre IT *-e* e não é por esse facto que o lexema se volve em nome (*agradavelmente*);
(4) os mesmos ITs ocorrem em adjetivos.

Se retiramos a um morfema a capacidade derivacional, como explicamos a derivação entre base e produto? A derivação dá-se através da conversão, ou seja da mutação, laborada mental e paradigmaticamente, sem auxílio de operador derivacional, entre base e produto. O mesmo mecanismo que está na origem de verbos denominais, como *açucarar*, está na origem de nomes deverbais como *abraço*.

Desta estipulação advém outra questão: se se trata de conversão, ou seja de uma recategorização em que não intervêm operadores afixais, por que não se considera que essa conversão se dá na sintaxe e não no léxico? É que, aparentemente, a mudança de nome/verbo parece depender da cotextualização em que o radical se insere. Assim, se colocarmos um determinante à esquerda do radical, temos um nome (*o abraço*); se colocarmos o radical a concordar com um sujeito, temos um verbo (*O João abraça a Maria todos os dias*).

Esta perspetiva não é sustentável, pois não basta a simples integração de uma forma em determinado cotexto para aquela se comportar ou como um verbo, ou como um nome. Exemplos como *janelou, *salou, *cadeirou assinalam isso. Os semantismos de **salar/*janelar/*cadeirar* não estão determinados no léxico. *Salou fica sem interpretação, enquanto *janelou* e *cadeirou* oscilam entre a interpretação de 'estar em cadeira/janela' e 'fazer cadeira/janela'. Já exemplos como *açucarar, ancorar* não sofrem do mesmo problema.

Uma das caraterísticas da formação no léxico é a idiossincrasia que semanticamente os produtos adquirem. Assim, o significado de qualquer produto possui caráter particular, na medida em que não se limita a uma paráfrase do significado da sua base. Por exemplo, *martelar* não significa 'pôr martelo em' e *açucarar* não significa 'utilizar açúcar para'. Um indivíduo que ponha uma pasta de açúcar no cabelo para fixar um penteado, não está a *açucarar* o cabelo. Um indivíduo que pouse um martelo para prender um papel que voa com o vento, não está a *martelar*; mas um indivíduo que prenda a âncora para fixar o navio, está a *ancorar*.

Nos produtos deverbais nominais, ocorrem semantismos muito variados (cf. secção 2.4.1. do cap. 2) que não são previsíveis à partida. *Passeio*, por exemplo, designa o evento de passear, mas também o local onde se passeia. *Grito* designa o evento, mas não o local. *Sega* designa evento, mas *lixa* designa evento e instrumento. Como seria possível formatar na sintaxe todos este semantismos que muitas vezes variam dentro do mesmo tipo semântico da base? Estas variação e riqueza semânticas só são possíveis no léxico, ou seja, num domínio mental em que se arquiteturam esquemas que permitem esta variabilidade.

Para além disso, se esta recategorização ocorresse na sintaxe, seria possível um nome converso de qualquer verbo, pois a sintaxe não está sujeita às exceções a que está a morfologia. Como veremos na secção 2.4.3., este tipo de formação de nomes apresenta muitas restrições de seleção das bases verbais. Significa isto que nem todos os verbos podem dar origem a um nome converso.

Há, no entanto, um tipo de nominalização que ocorre na sintaxe. Trata-se da simples nominalização em que ocorre determinação de um sintagma. Exemplo: *Não me agrada o 'vou não vou' da Rita. O 'quero ir ao museu' da Ana fez-me levantar do sofá. O estudares profundamente a matéria traz-te muita segurança*. São facilmente identificáveis estas nominalizações que tomam apenas um verbo no infinitivo (*O estudar traz-te segurança*). Estas nominalizações podem ocorrer sem restrições. Observe-se que são nominalizações em que não há imprevisibilidade na significação. A única diferença reside na construção sintática conseguida pela determinação. Nestes casos, qualquer verbo pode sofrer nominalização (Rodrigues 2013).

Outra questão levantada pela conversão é a seguinte: se não existem operadores formais responsáveis pela formação do produto, se não está presente no produto um morfema que indique que ele é derivado, como distinguir se, num par N/V, é o verbo ou o nome o derivado? Vejam-se os seguintes pares *muro/murar, mura/murar*. A observação da estrutura fonológica e morfológica não deixa perceber em que situações é que o nome é derivado ou derivante.

Os critérios que permitem essa identificação (Rodrigues 2001; Rodrigues 2009) são:

1) o nome é derivado e o verbo derivante se estiverem presentes os prefixos *a-, en-, es-* . Dado que são prefixos que operam apenas na formação de verbos, deduz-se que não podemos estar perante *ruga*$_N$ > *enruga*$_N$ > *enrugar*$_V$, mas sim perante *ruga*$_N$ > *enrugar*$_V$ > *enruga*$_N$;

2) se o nome tiver apenas semantismos de caráter concreto, o nome é derivante e o verbo derivado (*muro* 'estrutura que separa um terreno' > *murar* 'prover de muro'). Se, para além de semantismos concretos, o nome apresentar significação abstrata de evento, o nome é derivado (*murar* 'caçar ratos, o gato' > *mura*$_N$ 'evento de o gato caçar ratos'; *colher* 'apanhar' > *colha*$_N$ 'evento de apanhar').

3) se o nome tiver acentuação esdrúxula, ou seja, não coincidente com a acentuação geral dos nomes do português, o nome é derivante (*âncora* > *ancorar, acúmulo* > *acumular*).

4) se o nome tiver estrutura argumental, o nome é derivado (*a colha do morango pelos trabalhadores* vs. **o muro de pedra pelo João*).

5) se o verbo for de tema em *-e* ou *-i*, o verbo é derivante, porque a formação de novos verbos faz-se com a VT *-a* [11]. Mas se o verbo for de tema em *-a*, não se determina a direcionalidade da derivação através deste critério.

1.6.4. Morfologia não concatenativa: cruzamento vocabular, truncação, reduplicação, siglação/acronímia

Existem mecanismos de formação de unidades lexicais, nos quais não intervêm constituintes morfológicos, em que operam mecanismos de natureza fonológica/prosódica ou gráfica. Estes processos são os seguintes:

Cruzamento vocabular (*blending*) (*diciopédia*; *portunhol, burrocracia, pilantropia*): resulta da junção de duas bases lexicais que podem ser encurtadas ou sobrepostas (Plag 2003: 121-126; Aronoff & Fudeman 2005: 113-114; Cannon 2000; Fradin 2015).

Existem dois padrões de cruzamento vocabular, que decorrem da (dis)semelhança fónica entre as bases. Quando não se verifica semelhança fónica entre as bases, há encurtamento, resultando a forma nova da junção do material segmental pretónico da primeira base e da sílaba tónica e sequência postónica da segunda (*dicio[nário] [enciclo]pédia*). Nos casos em que há semelhança fónica entre as bases, as formas sobrepõem-se, geralmente incorporando-se a forma mais curta na base mais longa, resultando numa sequência com diferença fónica mínima relativamente a esta (*pilantr[a] [f]ilantropia*).

---

[11] À exceção dos verbos formados com os sufixos *-ec-* e *-esc-*, que escolhem a VT *-e*. Estes, no entanto, não funcionam como bases destes nomes.

Truncação (Plag 2003: 116-121; Aronoff & Fudeman 2005: 115; Steinhauer 2015): a nova unidade resulta do encurtamento de segmentos fonológicos da unidade primeira, mantendo-se o semantismo, bem como a categoria lexical do lexema de origem (*prof, cusco, proleta*). A nova unidade apresenta diferenças de uso relativamente à unidade original: aquela que resulta de encurtamento é mais própria de um uso informal. Contudo, há casos em a unidade encurtada substituiu a palavra original como forma de uso mais frequente, levando a que a maioria dos falantes não tenha consciência de que se trata de formas truncadas (poucos falantes saberão que *pneu* é um encurtamento de *pneumático* e que *cinema* é um encurtamento de *cinematógrafo*). Nestes casos, o efeito discursivo de 'informalidade' não está presente nas formas encurtadas.

No padrão mais frequente de truncação, o apagamento segmental dá-se no limite direito da palavra-base, mantendo-se uma estrutura bissilábica (*neura*) ou trissilábica (*anarca*).

Nem todas as formas truncadas resultam da aplicação de princípios fonológicos. Em certos casos (*foto, mini, otorrino*), a unidade reduzida corresponde a um constituinte morfológico da palavra original, obrigatoriamente complexa.

A truncação é um dos processos mais frequentes de formação de hipocorísticos. Nestes casos, os padrões de redução são mais variados, podendo as formas ser monossilábicas (*Quim*) ou bissilábicas (*Nando*) e o apagamento de segmentos da base ser à esquerda (*Quim, Nando*) ou à direita (*Isa, Bia*).

Reduplicação: a unidade lexical resulta da repetição de uma unidade lexical ou de parte de uma unidade lexical previamente existente (Rio-Torto 1998c; Wiltshire & Marantz 2000; Schwaiger 2015). Não é um processo de utilização muito frequente em português, se excetuarmos a hipocorização (*Zezé, Nonô, Sissi, titi, vovô*). No léxico não marcado ocorrem formas de reduplicação total (*cai--cai, chupa-chupa, bombom, lufa-lufa*).

Existem, sobretudo na linguagem infantil, unidades formadas por redobro de sequências segmentais que não podem enquadrar-se neste processo, uma vez que não resultam da repetição de (parte de) uma unidade léxica (*cocó, babá, totó, xexé*), podendo ter um efeito onomatopaico (*memé, popó, reco-reco*).

Siglação/acronímia: processo que forma unidades através da extração do primeiro segmento de cada uma das palavras que constituem a expressão simplificada (Steinhauer 2015).

A manipulação das unidades gráficas/fonológicas da sequência original, no entanto, pode variar, em função da intenção de criar uma sequência grafo-fónica particular, sendo frequente a seleção de vários segmentos das bases.

A distinção entre sigla e acrónimo assenta essencialmente na forma como são pronunciadas as unidades reduzidas, que decorre dos mecanismos usados para a sua criação (quantos e quais os segmentos extraídos das formas de base). A sigla (*GNR* 'Guarda Nacional Republicana') tem uma pronúncia alfabética: é uma sequência dos nomes da letras; o acrónimo (*IVA, EPAL*) tem pronúncia silábica (as sequências de grafemas são pronunciadas como uma palavra do léxico comum).

As siglas/acrónimos substituem a sequência sintagmática de origem, não conhecendo os falantes, muitas vezes, essa estrutura. Algumas formas acronímicas estão lexicalizadas (*sida* 'Síndrome de ImunoDeficiência Adquirida'; *óvni* 'Objeto Voador Não Identificado'), nomeadamente alguns empréstimos, como *Nato* (North Atlantic Treaty Organisation), *radar* (RAdio Detecting and Ranging), *laser* (Light Amplification by Stimulated Emission of Radiation).

Estas formas funcionam como uma unidade lexical em português, com uma estrutura fonológica, uma categoria lexical e uma estrutura semântica. No entanto, admitem mais irregularidades fonológicas do que o léxico não marcado (estruturas silábicas irregulares, não redução de vogais átonas). O cap. 9 trata com detalhe este tipo de formações.

1.7 História da língua

Embora este livro seja dedicado à descrição da formação de palavras do português contemporâneo, é necessário fazermos algumas considerações acerca da mudança que a estrutura da língua foi sofrendo historicamente. Além das mudanças que se verificam entre o latim e o português, há alterações internas a esta língua românica que são responsáveis pela existência de lexemas e formas de palavras que hoje parecem afastadas de regularidades.

Como já foi afirmado, a língua portuguesa tem numerosos constituintes eruditos e/ou sensíveis a este traço, sejam afixos ou radicais lexicais, cuja opacidade (*argênteo*, *dióspiro*, *odontólogo*, *plumitivo*, *pirotécnico*, *quiromante*) dificulta a interpretação por parte dos falantes não formalmente instruídos nessa matéria. Estes exemplos mostram que a formação de palavras pode recorrer a constituintes introduzidos de modo explícito e consciente por falantes que seguem o propósito de nomeação de novos referentes ou de referentes já existentes através de expressões propositadamente cultas (recorde-se o episódio anotado por Bluteau relativamente à palavra *pirilampo*, aqui enunciado em 1., nota 1). Nestes lexemas, o falante instruído nessas matérias possuirá paradigmas mentais em que se estruturam, por exemplo, formas como *pirotécnico*, *pirilampo*, *pirobalística*, *piroclástico*, *piróforo*, pela partilha do componente *pir-* 'fogo'. Atente-se, no entanto, que este componente não está disponível para a criação produtiva de formas como *pirificar, *pirão, *pirinho. Pelo contrário, a partir de elementos como *flor* são facilmente construídos produtos como *florificar*, *florão*. Note-se que *-ific-* (cf. cap. 4: 4.3.3.3.4) escolhe muitas vezes alomorfes eruditos (*petrificar*). Contudo, estes necessitam de estar implantados de modo ativo na mente do falante para poderem ser usados na formação de novas palavras.

O problema dos constituintes de *argênteo*, *dióspiro*, *odontólogo*, *plumitivo*, *pirotécnico*, *quiromante* está no facto de não estarem ativamente inscritos na mente do falante e não propriamente no facto de serem eruditos. Aliás, é comum encontrarem-se explicações erróneas sobre os constituintes de *dióspiro* como sendo *dios* + *pyros* 'fogo' 'fogo de deus', quando, na realidade, o segundo elemento é *puron* 'fruto, alimento', ou seja 'alimento de deus', o que revela a não interpretabilidade destes constituintes.

O mesmo ocorre com constituintes situados no pólo oposto destes eruditos: formatos arcaicos e rústicos como *auga* por *água*, *giolho* por *joelho* não se encontram disponíveis para gerar ativamente lexemas (e.g. **giolhada*, **giolheira*), não obstante haver ainda hoje falantes que produzem *auga* em vez de *água e giolho* por *joelho*. Isto não impede, no entanto, que um falante entendido nestas matérias produza, com uma intenção discursiva específica, *giolhada*, *giolheira*. É certo que estas formas têm menos probabilidade de se instalarem na língua do que as formas consideradas eruditas. Mas isso decorre de fatores sociolinguísticos e não de fatores estruturais.

Em todo o caso, a interpretabilidade destas formas está dependente de um conhecimento explícito, de caráter histórico, não acessível ao falante comum. Não é esta a situação dos mecanismos genolexicais ativos numa dada sincronia. Neste caso, o falante tem acesso implícito e inconsciente aos materiais de que se serve para formar palavras, sendo que estas podem, inclusivamente, ser coincidentes com palavras correspondentes na língua-mãe. Lexemas como *declaração* e *pescador* são apontados nos dicionários como possuindo uma etimologia latina. De facto, encontram-se atestadas as formas latinas DECLARATIONEM e PISCATOREM. Contudo, os constituintes de *declaração* (o tema do verbo *declarar* + sufixo -*ção*) e os de *pescador* (tema do verbo *pescar* + sufixo -*dor*) estão disponíveis na mente do falante, que deles possui um conhecimento analítico implícito para, através dos mecanismos genolexicais ativos na sincronia atual, ou seja, na gramática mental dos falantes, proceder à formação online destes e de outros lexemas. Assim, neste livro, e em consonância com o exposto, palavras deste tipo, passíveis de serem interpretadas como construídas em português, não serão consideradas apenas como importações do latim.

É importante que se tenha em atenção que na evolução de uma língua não são apenas as palavras como elementos isolados que se alteram. A visão de que a evolução da língua é a perda de umas palavras e o surgimento de outras é extremamente redutora. Para a formação de palavras, apenas nos importam as variações lexicais e morfológicas e não, por exemplo, as sintáticas. Contudo, mesmo a nível do léxico e da morfologia, deve ter-se em conta que as alterações se fazem por estruturas e não por unidades isoladas. Nas secções seguintes daremos conta de alguns desses fenómenos. Não pretendemos fazer uma listagem exaustiva de todos os fenómenos diacrónicos que afetam os paradigmas morfológicos e lexicais do português, mas apenas dar alguns exemplos.

1.7.1 Perda de paradigmas

No léxico atual do português existem lexemas que mostram uma regularidade não produtiva ou pouco produtiva. Esses lexemas integram constituintes morfológicos que o falante identifica como tal. Contudo, na formação de novos lexemas, esses constituintes não são utilizados (Haspelmath 2002: 51-52; Rainer 2015). É este o caso do feminino em *-triz*, em *geratriz, imperatriz*, face ao masculino *-dor* (*gerador, imperador*). Atualmente, o feminino faz-se através do segmento *-a* que se anexa a *-dor*. É possível encontrar duplos como *geratriz/ geradora; embaixatriz/embaixadora*. A distinção entre os seus significados é convencional. *Embaixatriz* designa 'mulher do embaixador ; *embaixadora* 'a que tem o cargo político'.

Outro exemplo de paradigma perdido é o dos particípios em *-ud-* dos verbos de tema em *-e*. No português medieval, os particípios de *conhecer, saber, perder* eram *conheçudo, sabudo* e *perdudo*, respetivamente (cf. Maia ([1986] 1997: 749-752). Hoje, essa forma resta apenas em expressões cristalizadas como *teúda e manteúda, conteúdo*.

No que diz respeito à morfologia derivacional, a perda do paradigma é gradativa. No âmbito dos nomes em *-or, queimor* atesta que é possível encontrar derivados com este sufixo, mas a sua produtividade é escassa (cf. cap. 1: 1.5.1. e 1.5.2.).

1.7.2 Coalescência. Reanálise

A coalescência é um processo em que se dá a união de dois constituintes morfológicos num só. Ou seja, o falante perde a noção de que se trata de dois constituintes e passa a vê-los como um único constituinte (Haspelmath 2002: 53-54). Em português, a coalescência está na origem das formas do condicional (*contaria*) e do futuro imperfeito do indicativo (*contarei*). Historicamente, estas formas correspondiam ao infinitivo do verbo principal, mais o verbo auxiliar *haver* conjugado nas formas contraídas (*Contar hei, Contar hás, Contar hia, Contar hias*...). A inclusão do verbo *haver* no morfema modo-aspeto-temporal dá origem a um morfema modo-aspeto-temporal uno (*-re/-rá; -ria*) [12].

Um processo de coalescência em curso é acompanhado de reanálise da preposição *de*, por parte de muitos falantes que produzem *hadem* e *hades* em vez de *hão de* e *hás de*, respetivamente. A preposição é sentida como pertencendo ao radical verbal e por isso os morfemas de número-pessoa são colocados na fronteira direita daquele.

A criação de um sufixo a partir da junção de dois existentes anteriormente (Haspelmath 2002: 56) é exemplificada por *-nci-*.

---

[12] Em relação às formas contraídas, veja-se Nunes ([1919] 1989: 298).

Em latim o sufixo -*nt*- formava o particípio presente: INDULGĒNTE-, particípio presente de INDULGĔO. O sufixo -IA anexava-se ao particípio presente e formava nomes de qualidade: INDULGENTĬA. Historicamente, os dois sufixos sofreram um processo de reanálise: deixam de ser dois constituintes e passam a ser um constituinte: -*nci*-. Repare-se que o processo é acompanhado por mudanças de caráter fonético-fonológico. O segmento /t/, seguido de segmento vocálico palatal /i/, deixa de ser oclusivo e passa progressivamente a sibilante /s/[13].

Em português, o constituinte -*nci*- funciona como um sufixo uno. Se tomarmos o tema verbal *radia*-, anexamos-lhe -*nci*-, e assim obtemos *radiância*. Não existe o processo do latim segundo o qual temos o radical de *radiante*, ao qual se junta -*ia*. Se assim fosse, a forma obtida seria *radiântia*.

1.8 Hierarquia entre constituintes

Um lexema pode ser constituído por vários morfemas. No entanto, esses morfemas podem não estar diretamente envolvidos na formação desse lexema (Spencer 1991: 397-420). Vejamos os seguintes exemplos:

(45)*incandescer, receber, conceção*

Nos exemplos 45 encontramos as seguintes constituições em morfemas (excluem-se os morfemas flexionais): *in+cand+esc; re+ceb; con+cep+ção*.

Ainda que consigamos segmentar estes constituintes, vemos que a sua junção não é passível de se dar em português. Não reconhece-

---

[13] Trata-se de um processo longo que passa por várias fases. Cf. Maia ([1986] 1997: 438-468 e 620-623), Silva (1991: 85-86 e 91-96) e Teyssier (1993: 9-11 e 49-52).

mos os constituintes *cand-*, *-ceb-* e *-cep-* (cf. cap. 1: 1.3.) Mesmo que relacionemos *cand-* com *cand-* em *candeeiro, candeia, candelabro*, não interpretamos como autónomo o semantismo desse constituinte.

O mesmo ocorre para *-ceb-* e *-cep-* que, como já vimos, são recorrentes em *conceber, conceção, deceção* (mas não **deceber*, embora exista em inglês *deceive*), *perceção, perceber*. Não obstante, o falante comum não atribui um semantismo autónomo a esse constituinte, ou seja, não apreende qual o contributo semântico que esse constituinte dá para o todo do lexema.

Estes exemplos mostram que pode haver uma constituição morfemática, sem que seja obrigatoriamente morfológica. Quer isto dizer que um lexema pode ser complexo, mas os seus constituintes não são semanticamente transparentes. Os constituintes morfemáticos não contribuíram para a construção do lexema na língua de chegada ou no estado atual dessa língua. Situação diversa ocorre com os exemplos (46):

(46) *embarrilagem, ressoador, aprofundamento*.

Nestes, os constituintes são: *en+barril+agem*; *re+soa+dor*; *a+profunda+ment(o)*

Esta constituição em morfemas não equivale à hierarquia pela qual os morfemas foram anexados entre si. Para se formar *embarrilagem* não se procedeu à junção de *en-* e *-agem* ao radical *barril*. Para se formar *ressoador*, não se juntaram *re-* e *-dor* ao tema *soa-*. Para *aprofundamento* não se juntaram *a-* e *ment-* ao tema *profunda-*. A junção dos morfemas segue uma hierarquia que obedece às relações estabelecidas entre tipos de bases e tipos de produtos nas RFPs de palavras. Essa hierarquia está formatada sob o ponto de vista formal, mas também semântico.

A própria significação dos produtos deixa perceber essa hierarquia. As relações semânticas a ter em consideração devem resultar de uma análise linguística e não de mera impressão do falante.

Assim, para formarmos *embarrilagem* juntamos o sufixo *-agem* à base *embarril-*. A relação semântica entre a base e o produto mostra-se em 'ação de embarrilar'. O prefixo *em-* é anexado à base *barril* numa fase anterior, dando origem ao verbo *embarrilar*.

Na formação de *ressoador*, anexa-se o sufixo *-dor* à base *ressoa-*. O prefixo *re-* fora anexado anteriormente ao verbo *soar*.

Para a formação de *aprofundamento*, juntou-se o sufixo *-ment-* à base *aprofunda-*. O prefixo *a-* juntara-se antes à base adjetival *profund-* para formar o verbo *aprofundar*.

Temos, assim, os seguintes percursos e as seguintes relações derivacionais:

(47) *a. em+barril > embarrilar* 'pôr em barril'
   b. embarril+agem > embarrilagem 'ação de embarrilar'
(48) *a. re+soar > ressoar* 'tornar a soar'
   b. ressoa+dor > ressoador 'aquilo que ressoa'
(49) a. *a+profund > aprofundar* 'tornar profundo'
   b. aprofunda+ment(o) > aprofundamento 'processo de aprofundar'

Esta hierarquia entre os constituintes de um lexema não contradiz o que antes foi afirmado sobre o dinamismo do léxico mental. Quando dizemos que para construirmos o lexema *aprofundamento* temos de ter primeiro a base verbal *aprofundar*, tal não implica que o verbo tenha que existir histórica e cronologicamente antes de *aprofundamento*. No entanto, tem que existir enquanto lexema potencial gerável através de um padrão ou esquema mental. Tal não anula também o que ficou dito a respeito da formação online dos lexemas. Podemos gerar *aprofundar* online no momento em que geramos também online *aprofundamento*. O tempo de realização destas construções é ínfimo. Mas o processo é organizado hierarquicamente.

CAPÍTULO 2 FORMAÇÃO DE NOMES

Graça Rio-Torto
Alexandra Soares Rodrigues[14]

Neste capítulo analisa-se a formação de nomes em português, descrevendo-se os nomes formados a partir de bases adjetivais (cf. 2.1), nominais (cf. 2.2) e verbais (cf. 2.4.). Para a análise de cada produto tem-se em conta (i) a categoria lexical da base, (ii) a significação genérica obtida, (iii) o processo e (iv) o afixo gerador, quando existe.

Os nomes derivados do português podem ter por base adjetivos (*ruim > ruindade*) (secção 2.1), nomes (*livro > livraria*; *pata > patada*) (secção 2.2) e verbos (*solidificar > solidificação*) (secção 2.4). Neste capítulo não nos dedicaremos ao estudo dos avaliativos (*casa > casota*), que serão analisados em capítulo próprio (cap. 5), nem ao estudo de nomes prefixados gerados com base em nomes, como *amor > desamor*, que são descritos no cap. 7, dedicado à prefixação. Três secções específicas deste capítulo são consagradas à formação de nomes por conversão de radicais (cf. 2.3., 2.4.3.1) e de palavras (2.4.3.2).

Os nomes derivados podem apresentar significações que se situam em níveis mais abstratos ou mais concretos. Esta variação

---

[14] Alexandra Soares Rodrigues é autora da secção 2.4 Nomes deverbais. O demais texto é da autoria de Graça Rio-Torto.

resulta, em primeiro lugar, do tipo de base a partir do qual se forma o produto, do tipo de afixo, do processo e da regra de formação envolvidos. Porque no âmbito de uma mesma regra há processos mais e menos polissémicos, procuraremos em cada secção mostrar quais as significações que podem surgir em cada tipo de produto.

2.1 Nomes deadjetivais

Os nomes deadjetivais sufixados construídos com base em radicais adjetivais são conhecidos por nomes de "qualidade" ou nomes de "propriedade", porque denotam propriedades, qualidades ou caraterísticas expressas pela base adjetival (*a dureza/salinidade da água*) e/ou o estado caraterizado por essa propriedade (*a gravidez da Sofia*). Por metonímia, alguns destes nomes denotam atitudes (*as loucuras, as tontices que o João fez!*) e entidades (*eram raras as beldades/personalidades presentes no evento; os francesismos deste texto; toda a realeza assistiu à jubilação*) caraterizadas por tais propriedades.

Nesta secção excluem-se nomes construídos por derivação em latim, como *confusão, conexão, extensão, exaustão, perfídia*. Embora relacionáveis com as bases *confus-, extens-, exaust-, perfid-*, não se trata de palavras construídas da língua portuguesa, mas de unidades lexicais por esta importadas.

No quadro seguinte podem observar-se nomes formados por adjunção de sufixos nominalizadores a radicais adjetivais:

Sufixos	Nomes
-eir(a)	*asneira, baboseira, bandalheira, cegueira, doideira, magreira, snobeira, sujeira, tonteira*
-ez	*altivez, aridez, avidez, estupidez, fluidez, gaguez, invalidez, pacatez, pequenez, rapidez, robustez, solidez, sordidez, surdez, tacanhez, timidez, vetustez*

-ez(a)	avareza, braveza, crueza, delicadeza, destreza, dureza, esbelteza, esperteza, estreiteza, firmeza, franqueza, grandeza, justeza, largueza, leveza, ligeireza, miudeza, pobreza, pureza, riqueza, rudeza, singeleza, subtileza, tristeza, vagueza
-i(a)	acefalia, alegria, anomalia, autonomia, cinefilia, cortesia, fidalguia, ousadia, rebeldia, sabedoria, teimosia, valentia
-ic(e)	bizantinice, calaceirice, casmurrice, chinesice, chatice, doidice, gabarolice, garridice, malandrice, maluquice, meiguice, parvoíce, patetice, pedantice, pelintrice, pirosice, teimosice, tontice, velhice
-idad(e)	agilidade, amenidade, combatividade, comicidade, espiritualidade, estabilidade, falsidade, fatalidade, frontalidade, interioridade, modernidade, oleosidade, perenidade, pluralidade, ruralidade, senilidade, serenidade, simplicidade, suavidade, subjectividade
-idão	aptidão, certidão, devassidão, escravidão, exactidão, gratidão, lentidão, mansidão, obscuridão, prontidão, rouquidão, sofreguidão, vastidão
-ism(o)	brilhantismo, casticismo, centralismo, cultismo, fatalismo, infantilismo, gradualismo, heroísmo, ignorantismo, mecanicismo, pluralismo, provincianismo, realismo, relativismo, rotativismo, ruralismo, sedentarismo, simplismo, vedetismo, voluntarismo
-ur(a)	brancura, bravura, desenvoltura, doçura, espessura, estreitura, frescura, gostosura (PB), largura, lisura, loucura, secura, sumidura, tristura, verdura

Quadro II.1. Sufixos formadores de nomes deadjetivais

A estes sufixos acrescem os sufixos não disponíveis -ão (precisão[15]), -at(o) (anonimato), -íci(a) (malícia), -íci(e) (calvície, imundície), -nci(a) (arrogância, elegância), -or (amargor, frescor, negror, torpor, verdor), -um(e) (azedume, negrume, pesadume, pretume) e -itud(e), presente em eruditismos como altitude, amplitude, beatitude, decrepitude, longitude, latitude, magnitude, negritude, plenitude, quietude, solicitude. Muitas das palavras em que ocorrem são eruditas (amplitude, arrogância, calvície, imundície, longitude, magnitude, tolerância), tendo muito provavelmente provindo diretamente do latim para o português, pelo que não terão sido

---

[15] Este nome significa 'rigor' (precisão de traço, de mãos; precisão na gestão de património), necessidade (cf. letra de música de Luiz Marenco 'Das precisão pra viver' «Não preciso quase nada pra vida de peão [...] Cavalo forte altaneiro, boa rédea, boa cabeça Que se lembre se eu me esqueça das precisão de campeiro»). No PE o sentido de 'necessidade', em ter precisão de cf. «o João vive em situação de precisão» é usado por falantes menos jovens.

construídas nesta língua. Não se trata portanto de sufixos eruditos do português, mas de sufixos presentes em palavras de origem grecolatina que a língua portuguesa incorporou.

De acordo com Moita et al. (2010) [16], os sufixos disponíveis distribuem-se do seguinte modo em termos de produtividade (a este conjunto falta *-eira(a)*, ausente no estudo citado):

1.-*idade* (52,5%)	3.-*ismo* (7,7%)	5.-*ez* (4,3%)	7.-*idão* (2,4%)
2.-*ia* (21%)	4.-*ice* (6,4 %)	6.-*eza* (3,6%)	8.-*ura* (2,2,%)

Os sufixos *-idad(e)*, *-ism(o)* e *-i(a)* são os mais internacionais, no sentido de translinguísticos. Os sufixos *-ic(e)*, *-ez*, *-ez(a)* são autóctones, nomeadamente da língua portuguesa, tendo origem no latino -ITĬA-.

Na secção seguinte caraterizam-se as bases quanto à sua estrutura morfológica e quanto às propriedades combinatórias com os sufixos mais representativos deste domínio de formação de palavras. Descrevem-se, depois, os aspectos fundamentais da semântica dos nomes deadjetivais em causa, na sua correlação com as bases e os sufixos.

2.1.1 Bases e sufixos

As bases dos nomes em apreço são sempre radicais e podem ser morfologicamente simples (*alegr-*: *alegria*) ou complexas. Enquanto complexas, podem ser sufixadas (*angolan-*: *angolanidade*; *brasileir-*: *brasileirismo*; *tropical*: *tropicalismo*) ou compostas (*caboverdian-*: *caboverdianidade*; *cenograf-*: *cenografia*; *chico-esperto*: *chico--espertismo*; *tardo-medieval*: *tardo-medievalismo*):

---

[16] Para uma panorâmica sobre a formação de nomes de qualidade ver Correia (2004).

Sufixos	N com bases simples	N com bases complexas
-eir(a)	asneira, cegueira, doideira, magreira, snobeira, sujeira, tonteira	baboseira, bandalheira, caturreira
-ez	aridez, avidez, estupidez, gaguez, pacatez, pequenez, rapidez, robustez, solidez, surdez, timidez, vetustez	altivez, honradez, limpidez, malcriadez, sisudez, tartamudez
-ez(a)	avareza, braveza, crueza, destreza, dureza, esbelteza, esperteza, estreiteza, firmeza, franqueza, grandeza, justeza, largueza, leveza, miudeza, pobreza, pureza, riqueza, rudeza, tristeza, vagueza	descaradeza, emproadeza, safadeza, sisudeza
-i(a)	alegria, rebeldia	acefalia, autonomia, burguesia, cardiologia, cinefilia, cortesia, farmacologia, fidalguia, malfeitoria, ousadia, sabedoria, teimosia, valentia
-ic(e)	chatice, doidice, malandrice, maluquice, meiguice, parvoíce, pelintrice, tontice, velhice	alcoviteirice, bizantinice, caloteirice, chinesice, curandeirice, fanfarronice, gabarolice, pedinchice, parvo-alegrice, sem-vergonhice, teimosice
-idad(e)	agilidade, amenidade, falsidade, interioridade, serenidade, simplicidade, suavidade	caboverdianidade, combatividade, espiritualidade, familiaridade, frontalidade, maleabilidade[17], oleosidade, preciosidade, subjectividade
-idão	amarelidão, aptidão, certidão, escravidão, escuridão, gratidão, lentidão, mansidão, prontidão, rouquidão, vastidão	sofreguidão
-ism(o)	cultismo, fatalismo, heroísmo, pessimismo, simplismo, snobismo, vedetismo	afrotropicalismo, brilhantismo, casticismo, centralismo, chico-espertismo, classicismo, ignorantismo, materialismo, parlamentarismo, parvo-alegrismo, porreirismo, provincianismo, rotativismo, sedentarismo, termalismo, voluntarismo
-ur(a)	brancura, bravura, doçura, espessura, estreitura, frescura, largura, lisura, loucura, secura, tristura, verdura	compostura, formosura

Quadro II.2. Radicais adjetivais simples e complexos selecionados pelos sufixos nominalizadores

O facto de um mesmo sufixo poder selecionar bases simples ou complexas mostra que não há combinatórias impositivas e obriga-

---

[17] O sufixo -vel da base sofre alomorfia, reconfigurando-se em -bil-, na presença doutro sufixo.

tórias entre os sufixos mencionados e uma estrutura morfológica específica da base. Há, contudo, casos de uma maior preferência por um ou outro tipo de base, como se pode constatar a seguir.

Com efeito, o quadro anterior permite observar que:

(i) os sufixos *-idão* e *-ur(a)* agregam-se quase exclusivamente a bases simples;
(ii) *-ez* e *-ez(a)* selecionam dominantemente bases simples[18];
(iii) os sufixos *-i(a)*, *-ic(e)*, *-idad(e)* e *-ism(o)* selecionam dominantemente bases complexas.

Dos sufixos que se combinam com bases complexas, *-i(a)* é o que mais tendência revela para selecionar compostos morfológicos de cunho erudito, terminados por exemplo em *-crat(o/a)*, *-crom(o/a)*, *-gog(o/a)*, *-graf(o/a)*, *-log(o/a)* que, uma vez nominalizados, apresentam a configuração *-cracia* (*aristocracia, autocracia, cleptocracia, democracia, tecnocracia*), *-cromia* (*policromia*), *-gogia* (*demagogia, pedagogia*), *-grafia* (*geografia, tipografia*), *-logia* (*astrologia, lexicologia*). Alguns destes nomes denotam atividades e/ou disciplinas científicas (*pedagogia, agronomia*), mas também doenças (*acefalia*). Mas este sufixo também se combina com bases sufixadas, nomeadamente que denotam comportamento e atitudes (*idolatria, mediania, ousadia, rebeldia, teimosia, valentia*).

No conjunto dos nomes deadjetivais, *-ic(e)*, *-idad(e)* e *-ism(o)* são sufixos que se combinam facilmente com adjetivos denominais. O Quadro II.3 apresenta exemplos dessa realidade, evidenciando a compatibilidade entre os sufixos das bases adjetivais (coluna da esquerda) e os sufixos nominalizadores.

---

[18] Até ao século XVII *-ez* e *-eza* funcionaram em variação mais livre. A partir de então, *-ez* tende a ocorrer em nomes cuja base tem três ou mais sílabas, como **altivez, estupidez, fluidez, robustez, sisudez** (ainda que com excepções, como **gaguez, surdez**); *-eza* tende a combinar-se com bases de duas ou mais sílabas (**braveza, dureza, firmeza, grandeza**).

Sufixos adjetivalizadores das bases	Derivados em -ic(e)	Derivados em -idad(e)	Derivados em -ism(o)
-al	sensacionalice	materialidade superficialidade	sensacionalismo, triunfalismo
-an-	americanice mundanice	mundanidade urbanidade	cartesianismo, provincianismo
-ar	parlamentarice	familiaridade	parlamentarismo
-eir-	caloteirice faceirice	femeeiridade	bandoleirismo caloteirismo
-ês	francesice burguesice	portuguesidade	francesismo burguesismo
-ic-	pinderiquice sumoliquices[19]	dramaticidade historicidade periodicidade	academicismo biblicismo historicismo
-(t)iv-	negativice	combatividade impulsividade	combativismo comparativismo
-os-	mentirosice teimosice	animosidade perigosidade	rigorosismo nereosismo
-bil-	---	amabilidade razoabilidade	miserabilismo notabilismo

Quadro II.3. Sufixos *-ic(e)*, *-idad(e)* e *-ism(o)* e tipo morfológico de bases que selecionam

Neste quadro, o espaço não preenchido significa ausência de dados, como no caso de derivados em *-bilice*. Em teoria, nenhuma das possibilidades combinatórias está vedada à língua portuguesa, mas a verdade é que *-idad(e)* e *-ism(o)* são, dos três sufixos, os mais usados e os claramente mais flexíveis sob o ponto de vista combinatório A grande versatilidade combinatória destes dois sufixos, quer em relação à natureza simples ou complexa das bases, quer em relação à semântica destas, explica a significativa produtividade e disponibilidade destes operadores.

2.1.2 Semântica dos nomes deadjetivais formados por sufixação

Descrevem-se nesta secção as relações semânticas desencadeadas pela combinatória dos sufixos mais representativos na formação de

---

[19] Nome formado com base no radical de sumólico, adjetivo neológico do PE para denotar os amantes de bebida denominada Sumol. Em vez da combinatória em *-icice*, a língua opta por manter o som [k] do radical em *-ic-*, em casos como *caloriquices, catoliquices, pandoriquices*.

nomes deadjetivais, como *-idad(e)*, *-i(a)*, *-ic(e)*, *-ism(o)*, e também dos menos produtivos. Essas relações têm em conta a semântica das bases e as propriedades específicas de cada sufixo.

Os nomes deadjetivais que denotam propriedades ou estados funcionam tipicamente como nomes abstratos. Quando assim é, os nomes ocorrem normalmente no singular e não admitem pluralização ou quantificação (cf. Rio-Torto & Anastácio 2004): *avareza, dureza, cegueira, honradez* ou *sedentarismo*, que denotam propriedades, não são pluralizáveis ou quantificáveis (cf. **quatro cegueiras, *duas avarezas, *as honradezes, *muitos sedentarismos*), inscrevendo-se portanto na classe dos nomes massivos ou [-contável].

Quando denotam atitudes próprias ou caraterísticas de quem apresenta a propriedade adjetival de base, podem encontrar-se na forma pluralizada (cf. *as pirosices/piroseiras que vocês dizem!*; *o avô ficou sensibilizado com as amabilidades/cortesias da neta*; *a população está supreendida com os radicalismos dos manifestantes*), admitindo por vezes também quantificação (cf. *o médico deu duas alegrias ao doente: benignidade do tumor e dispensa de cirurgia*; *ele cometeu várias infantilidades*), pelo que deixam de ser analisados como nomes massivos e adquirem o traço [+contável].

2.1.2.1 Nomes sufixados em *-idad(e)*

O sufixo *-idad(e)* [20] combina-se com bases adjetivais de estrutura simples, mas também com bases morfológica e semanticamente complexas. Nestas destacam-se as derivadas denominais (cf. *angularidade, atomicidade, causalidade, cristalinidade, esponjosidade, familiaridade, festividade, fiscalidade, heroicidade, masculinidade,*

---

[20] Combinado com algumas bases, o sufixo tem a configuração *-dad-* (*beldade, crueldade, lealdade, maldade*) que, sendo menos representada, não é a mais prototípica.

normalidade, ociosidade, opalinidade, perigosidade, porosidade, secularidade, vulcanicidade) e as deverbais (*combativo/combatividade, dilatável/dilatabilidade, traficável/traficabilidade, variável/variabilidade*), como se ilustra no quadro seguinte. A sequência *-eiridade* não é muito comum.

Sufixo da base	Nomes deadjetivais cujas bases são denominais ou deverbais
-al	*causalidade, fiscalidade, normalidade*
-ar	*angularidade, familiaridade, secularidade*
-ic-	*atomicidade, heroicidade, vulcanicidade*
-in-	*cristalinidade, masculinidade, opalinidade*
-iv-	*combatividade, festividade*
-os-	*esponjosidade, ociosidade, perigosidade, porosidade*
-bil-[21]	*dilatabilidade, variabilidade*

Quadro II.4. Sufixos presentes nas bases selecionadas por *-idad(e)*

O sufixo *-idad(e)* não é portador de traços semânticos específicos como *-ism(o)* (cf. 2.1.2.3), nem marca desfavoravelmente o nome, como acontece com *-ic(e)* (cf. 2.1.2.2). É portanto um sufixo semanticamente neutro face aos dois mencionados.

As bases preferenciais deste sufixo não são obrigatória nem especialmente marcadas sob o ponto de vista axiológico, no sentido positivo ou negativo. Algumas (*disponível, permeável*) admitem uma marca favorável ou desfavorável, consoante o ponto de vista e os valores do falante. Alguns radicais de base são portadores de sentidos técnicos, como por exemplo *combinatorialidade, inflamabilidade, opalinidade, vulcanicidade*.

O contraste entre derivados portadores de *-ism(o)* e de *-idad(e)* que têm em comum uma mesma base (por exemplo *exclusivismo* 'maneira de ser exclusivista; intolerância' e *exclusividade* 'qualidade do que é exclusivo', em *regime/contrato de exclusividade*) evidencia o traço de 'sistematicidade e/ou de excesso' associado a *-ism(o)*, face ao caráter mais neutro do nome sufixado em *-idad(e)*.

---

[21] *-bil-* é a aloforma de *-vel* quando este se encontra na base derivante de um produto.

2.1.2.2 Nomes sufixados em -*ic(e)*

O sufixo -*ic(e)* forma nomes que denotam atitudes (cf. *alcoviteirice, charlatanice, criancice, mariquice, pacovice, pieguice, pandoriquices*), modos de ser/estar (cf. *calaceirice, matreirice*), estados (cf. *furibundice, meninice, velhice*).

Quando a base destes nomes é o radical de um adjetivo étnico ou gentílico, que significa 'natural, originário, procedente, habitante de', o derivado em -*ice* denota atitudes, modos de ser/estar ou produtos provenientes ou representativos de um dado lugar, ou universo cultural/civilizacional, codificado pela base (cf. *americanice(s), brasileirice(s), francesice(s), espanholice(s), portuguesice(s)*). As bases dos adjetivos são, por sua vez, formadas a partir de bases nominais toponímicas.

A muitos dos nomes sufixados em -*ic(e)* está associada uma marca negativa ou desfavorável, em alguns casos também presente na base, como por exemplo em *alcoviteirice, calaceirice, charlatanice, curandeirice, foleirice, javardice, parvo-alegrice, pirosice, teimosice*. Já quando as bases adjetivais denotam 'originário ou natural de', como acontece com os radicais de *americano, brasileiro, chinês, espanhol, francês* ou *português*, elas não são forçosamente marcadas nem positiva nem negativamente; todavia, os derivados em -*ic(e)* (*americanice, chinesice*) são-no, denotando propriedades estereotípicas vistas como negativas associadas a uma dada cultura. O mesmo ocorre com bases não negativas, como *bizantino, parlamentar, sensacional*, pois os derivados *bizantinice, parlamentarice, sensacionalice* são marcados negativamente. Assim sendo, e por contraste com a semântica dos outros sufixos em análise, o sufixo -*ic(e)* veicula muitas vezes, ainda que não sistematicamente, uma significação desfavorável ou negativa, que se reflete na semântica do nome em que ocorre. Este seu valor explica a sua utilização em situações marcadas pela expressividade depreciativa.

Como se descreve em 2.4.1.11, *-ic(e)* combina-se também com bases verbais (*aldrabice, bajulice, bisbilhotice, chafurdice, coscuvilhice, palrice, rabujice, rapinice, resmunguice*), e os nomes apresentam idêntico valor depreciativo.

2.1.2.3 Nomes sufixados em *-ism(o)*

O sufixo *-ism(o)* forma nomes de movimentos ideológicos/científicos/artísticos, de sistemas doutrinais/científicos/de mentalidades, ou ainda nomes de constructos epistemológicos relacionados com o que a base denota, como *ambientalismo, espiritualismo, figurativismo, fraternalismo, fundamentalismo, gradualismo, justicialismo, luteranismo, medievalismo, republicanismo, narcisismo, mercantilismo, naturalismo, newtonianismo, partidarismo*, entre muitos outros (cf. Barbosa 2012). Este sufixo agrega-se frequentemente a bases adjetivais derivadas de antropónimos, como em *luteranismo* e *newtonianismo* (*luterano* e Lutero, *newtoniano* e Newton), mas também a bases deverbais sufixadas em *-dor* (*amadorismo, empreendedorismo*), em *-nt(e)* (*brilhantismo*) e em *-vel/bil* (*imobilismo, probabilismo, razoabilismo, vulnerabilismo*).

O sufixo *-ism(o)* forma também nomes que denotam manifestação/praxis com caráter sistemático daquilo que a base expressa. O traço de "sistematicidade" encontra-se associado a qualidades, atitudes, ou comportamentos que assim passam a ser marcados como habituais. Se aquilo que a base denota é marcado negativa ou desfavoravelmente num dado sistema cultural, o derivado também o é, como se verifica em *beijoqueirismo, caloteirismo, canibalismo, cinzentismo, contrabandismo, cretinismo, curandeirismo, decandentismo, donjuanismo, ignorantismo, obscurantismo, pato-bravismo, pieguismo, pilantrismo, primarismo, radicalismo, sectarismo, servilismo, triunfalismo, vedetismo*. Quando não, o produto derivado não é portador de marca semântica desfavorável, como o comprovam *cavalheirismo, companheirismo, desportivismo, empreendedorismo, missionarismo, naturalismo*. Se, num dado universo cultural, o que a base denota pode ser negativamente encarado, então este traço perpetua-se no derivado (*aventureirismo, conformismo, conservadorismo, gregarismo*). Assim, e diferentemente de *-ic(e)*, o sufixo *-ism(o)* não é responsável por uma leitura marcadamente desfavorável dos derivados. Mas o traço de sistematicidade, de repetitividade, de excessividade, acaba por poder contaminar alguns derivados portadores deste sufixo, como se observa em *adeptismo, amiguismo, belicismo, biblicismo, economicismo, eleitoralismo, especiosismo, favoritismo, financeirismo, habitualismo, imediatismo, imobilismo, indiferentismo, infalibilismo, intuicionismo, literatismo, mediatismo, militarismo, ordeirismo, partidarismo, ritualismo, secretismo, securitismo, tolerantismo*.

Os derivados em *-ism(o)* cujas bases remetem para um adjetivo detoponímico ou relacionado com local, denotam 'expressão própria, típica de', como *arabismo, brasileirismo, dialetalismo, grecismo, italianismo, tecnicismo, regionalismo*.

Este sufixo combina-se também com bases nominais (*basismo, clubismo, desenvolvimentismo, divorcismo, gananismo, ginasismo, inquilinismo, machismo, milagrismo, rigorismo, segredismo, rotulismo, sigilismo, tabaquismo, umbiguismo*: cf. cap. 2: 2.2.11), com bases nominalizadas (*apriorismo*) e com bases verbais (*bisbilhotismo, consumismo, facilitismo, rabujismo, transformismo*). Os nomes assim formados têm valores idênticos aos que acabam de ser descritos.

2.1.2.4 Nomes sufixados em *-i(a)*

No conjunto dos sufixos nominalizadores deadjetivais, *-i(a)* combina-se menos com bases simples (*alegria, minoria, rebeldia*) e mais com bases complexas, sufixadas (*burguesia, cortesia, ousadia, sabedoria, teimosia*) e sobretudo compostas (*farmacologia*). Este sufixo é o que mais seleciona compostos morfológicos de cunho erudito, terminados por exemplo em *-crata, -crom-, -gog-, -graf-, -log-* que, uma vez nominalizados através da adjunção de *-i(a)*, apresentam a configuração *-cracia* (*aristocracia, autocracia, cleptocracia, democracia, tecnocracia*), *-cromia* (*policromia*), *-gogia* (*demagogia, pedagogia*), *-grafia* (*geografia, tipografia*), *-logia* (*astrologia, lexicologia*).

O sufixo não é portador de um sentido específico, de cunho depreciativo, como *-ic(e)*, ou especializado, como *-ism(o)*, sendo portanto neutro do ponto de vista semântico, o que lhe permite funcionar como o mais apto para a formação de nomes de propriedade (*anomalia, autonomia, cinefilia*), de prática (*cleptocracia, demagogia*), de atividade (*astrologia, geografia, lexicologia*), de doença (*acefalia, psicopatia*) relacionada com o que a base denota.

Quando se combina com adjetivos de semantismo menos técnico, como *alegria*, os nomes podem denotar comportamento e atitudes (*idolatria*) e, nessa medida, ser objeto do mesmo tipo de valoração positiva (*sabedoria, valentia*) ou negativa (*teimosia*) da base, uma vez que o que esta denota também pode ser valorado favorável ou desfavoravelmente (*mediania, ousadia, rebeldia*).

2.1.2.5 Nomes sufixados em *-eir(a)*

Um sufixo singular no conjunto dos nominalizadores deadjetivais é *-eir(a)*; este ocorre em nomes que denotam propriedades (*magreira*), estados por elas caraterizadas (*cegueira, sujeira*) e sobretudo atitudes, como *asneira, baboseira, bandalheira, caturreira, doideira, gagueira, maluqueira, maroteira, parvoeira, snobeira, tonteira*.

Muitos destes nomes têm uma marca pejorativa, mas esta deve ser imputada às bases, não ao sufixo (cf. *cegueira*). O sufixo é usado em situações de familiaridade e de expressividade (*caturreira, doideira*), sendo diafasicamente marcado, como o ilustra o contraste com os nomes corradicais também deadjetivais, e portadores de outros sufixos, como *gagueira* e *gaguez*, *magreira* e *magreza*, *snobeira* e *snobismo*. Já *sujeira* se aplica a situações morais, por contraste com *sujidade*, apenas usada para realidades físicas. Em comparação com o nome derivado em *-ic(e)*, tendencialmente depreciativo, o derivado em *-eir(a)* é portador de uma marca de expressividade mais acentuada (*bandalheira, bandalhice; caturreira, caturrice; maluqueira, maluquice; maroteira, marotice; tonteira, tontice*). A natureza expressiva deste sufixo permite que ele se acople, ainda que raramente, a bases nominais (cf. *preguiceira*), denotando intensidade (*barulheira*), e também a bases verbais (cf. *canseira*). O mesmo sentido intensivo e expressivo está presente em *focinheira, pescoceira* 'focinho/pescoço volumoso, desconforme'.

2.1.2.6 Nomes sufixados em *-idão*, *-um(e)*, *-ur(a)*

O sufixo *-idão* combina-se com bases que denominam propriedades cromáticas, como *amarelidão, branquidão, negridão, pretidão, roxidão, vermelhidão*; mas outras bases também são selecionadas, como se observa em *aptidão, devassidão, escravidão, exactidão, gratidão, lentidão, mansidão, prontidão, rouquidão, sofreguidão, vastidão* (cf. Quadro II.1.).

O sufixo *-ur(a)* seleciona adjetivos simples (*altura, brancura, bravura, doçura, frescura, friura, lindura, lonjura, travessura, tristura*) e particípios passados desflexionados (*abertura, compostura, desenvoltura, fartura, polidura, soltura*), muitos dos quais exprimem propriedades físicas e/ou atitudinais.

O contraste entre nomes corradicais em *-ez(a)* e em *-ur(a)* (como *baixeza* e *baixura*, *fineza* e *finura*, *frieza* e *friúra*, *lindeza* e *lin-*

dura, *profundeza* e *profundura*) mostra que os nomes em -*ur*(*a*) denotam predominantemente qualidades físicas, enquanto os nomes em -*ez*(*a*) denotam predominantemente propriedades.

Escassamente abonado, o sufixo -*um*(*e*) não está também disponível no presente. Os exemplos atestados são *agrume*, *azedume*, *negrume*, *pesadume*, *pretume*. Ainda que raramente, este sufixo combina-se também com bases verbais, como o atestam *chorume* e *queixume* (cf. cap. 2: 2.4.1.)

2.2. Nomes denominais

Os nomes denominais formados por sufixação têm por base um radical nominal, autónomo ou não. Base e produto derivacional são unidades lexicais isocategoriais. Os exemplos *despesismo*, *eleitorado*, *laranjal*, *pianista*, *retrosaria*, *tinteiro*, *vinhedo*, derivados das bases nominais *despes-*, *eleitor-*, *laranj-*, *pian-*, *retros-*, *tint-*, *vinh-* ilustram esta realidade.

Como se observa nas secções seguintes, as classes semânticas dos nomes denominais (EVENTO, INDIVÍDUO, LOCAL, CAUSA/ FONTE, RESULTADO/PRODUTO) coincidem, em parte, com as que se elencam no domínio dos nomes deverbais, o que permite sublinhar a coesão interna do sistema de formação de palavras da língua portuguesa.

2.2.1 Introdução: bases, sufixos, nomes derivados

Ascendem a duas dezenas os sufixos que formam nomes denominais. As classes semânticas das bases e dos nomes derivados são igualmente numerosas e o grau de disponibilidade dos sufixos é também diverso. Quando são usados os sufixos -*eir*- e -*ist*(*a*) que dão origem a denominações de profissionais, estas podem variar em género (*cabeleireiro/a, doceiro/a, jardineiro/a, jornaleiro/a, peixeiro/a*) ou, porque uniformes, ser ambígenas/comuns de dois géneros (*o/a artista, o/a jornalista*). Nos demais casos (*-ad(a)*, *-ad(o)*, *-agem, -al, -am(a), -am(e), -ari(a), -ári(o), -at(o), -ed(o)*, *-ês, -ia, -il, -ism(o), -ist(a)*), os sufixos dão origem a denominações de género fixo e independente do dos nomes a cujos radicais nominais se acoplam.

No âmbito dos sufixos de nominalização denominal há alguns que possuem um semantismo unívoco e preciso, como por exemplo os que formam denominações técnico-científicas (*-at(o), -et(o), -it(o), -in(a), -it(e), -os(e)*). Também assim acontece com os nomes em *-ão*, a maior parte dos quais de formação recente, e que denotam uniformemente "objeto contentor de x"/"objeto onde se deposita, para reciclagem, x" (*pilhão, plasticão*). A maior parte dos sufixos de nominalização denominal é marcada por uma significativa amplitude de significações, formando nomes de classes semânticas diversas. Por exemplo, os nomes em *-eir-* podem denotar árvores (*pereira*), objetos (*bomboneira, camiseiro, chaveiro, papeleira*), local onde existe grande quantidade (*areeiro, marmoreira, pedreira*), profissional de atividade (*armeiro, cesteiro/a*). Também os nomes em *-ad(a)* denotam conjunto (*garotada*), golpe (*facada*), evento (*abrilada*), preparado à base de (*cebolada*). Aos nomes em *-ist(a)* estão associadas significações mais aparentadas entre si, como "especialista em *x*" (*paisagista, toxicologista*), "profissional de x" (*camionista, equilibrista*), "actante relacionado com x" (*articulista, artista, ceramista, equilibrista, jornalista*), em que x representa o que a base denota.

As bases dos nomes denominais derivados por sufixação podem ser radicais simples ou complexos, qualquer que seja o sufixo ativado e a significação que imprime ao derivado, como se pode observar no quadro seguinte:

Sufixos	Bases simples	Bases complexas
-ad(a,o)	consulado, ducado, facada, garotada, papelada, tomatada	arcebispado, arciprestado, carreirada, catecumenado, cavaleirado, comissariado, estudantada, foguetada, patronato, patriarcado, peixeirada, pontificado, preceptorado, provincialado, tabelionado
-agem	folhagem	criadagem, milhagem, quilometragem
-al	areal, arrozal, batatal, toural	penhascal, pinheiral, salitral
-am(e,a)	cordame, mourama, velame	sardinhame, vasilhame
-ão	papelão, pilhão, rolhão, vidrão	eletrodomesticão, plasticão
-ari(a)	doçaria, papelaria	tinturaria
-ári(o)	preçário, reptilário	questionário
-at(o)	baronato, colonato	canonicato, cavaleirato
-ed(o)	arvoredo, vinhedo	figueiredo
-eir(a,o)	fruteira, roupeiro, saleiro	azeitoneira, compoteira
-eir-	ceifeiro/a, jardineiro/a	cabeleireiro/a
-ês	economês, eduquês, jornalês	maternalês, mimalês, sociologuês
-i(a)	capitania, freguesia	burguesia, fidalguia
-il	cabril, gatil, touril	
-i(o)	mulherio, rapazio	compadrio
-ism(o)	bombismo, darwinismo	carreirismo, clientelismo, quatrocentismo
-ist(a)	artista, humorista, taxista	automobilista, toxicologista

Quadro II.5. Sufixos formadores de nomes denominais

Os nomes denominais constituem um conjunto heterogéneo de derivados, no qual se incluem nomes coletivos e/ou locativos, nomes de agentes profissionais ou de atividade, nomes de objeto continente, de evento, entre outros. Essa heterogeneidade espelha a grande diversidade de nexos semânticos que se podem estabelecer entre as bases nominais que denotam uma vasta gama de realidades e os nomes delas derivados sufixalmente.

Em alguns casos existem notórias interferências semânticas entre classes de nomes denominais: assim acontece com os locativos que, não raro, acumulam um sentido coletivo, como se observa em *coelheira, enfermaria, leprosaria, orquidário, pedreira, vacaria*, por exemplo. Mas outras classes de nomes ilustram a possibilidade de congregar vários sentidos: *internato* denota 'escola onde os alunos têm alimentação e residência; situação de um aluno interno; conjunto dos internos de um colégio; tirocínio por que passam os médicos ou os estudantes de medicina, depois de formados, trabalhando em hospitais'; *vicariato* denota 'função ou exercício da função de vigário; tempo que dura esse exercício; território sob a jurisdição de um vigário'.

Em outros casos, a semântica dos nomes não apresenta relações com nomes denominais de outras classes, como acontece com os nomes de infeções (*amigdalite, apendicite, gengivite*) e doenças (*furunculose, silicose*), ou com os nomes de "golpe" ou de "pancada" com um objeto/instrumento ou parte do corpo (*cacetada, cotovelada, facada, patada, paulada*).

Três ordens de razões se conjugam para que a descrição dos nomes denominais se faça à luz das classes semânticas destes:

(i) o facto de a natureza semântica das classes nominais das bases desempenhar, em conjunção com a semântica dos sufixos, um papel determinante no sentido dos nomes sufixalmente construídos;

(ii) o facto de o semantismo dos derivados se organizar em classes léxico-conceptuais estruturantes da gramática da língua portuguesa, como sejam as de QUANTIDADE, de LOCATIVIDADE, de AGENTIVO, na sua manifestação de 'profissional de atividade', e ainda de FONTE (vegetal), de objeto CONTENTOR, de CONTEÚDO, de EVENTO, de INSTRUMENTO, etc.

(iii) a heterogeneidade de comportamento dos sufixos, nomeadamente o facto de alguns apresentarem um semantismo diverso em função da natureza semântica das bases a que se acoplam e o de outros possuírem um semantismo bem definido.

Assim, a descrição dos nomes denominais sufixalmente derivados é feita com base nas classes semânticas que eles codificam e associam-se, em cada caso, os sufixos que concorrem para a codificação de tais valores.

2.2.2 Nomes de quantidade

Os nomes coletivos sufixalmente derivados denotam conjuntos plurais e homogéneos de entidades codificadas pelo radical nominal de base.

Os nomes de quantidade têm por base radicais simples e radicais complexos e podem ser formados pela adjunção de vários sufixos, tais como *-ad(a,o)*, *-ari(a)*, *-agem*, *-ed(o)*, *-et(o)*, *-alh(a,o)*, *-am(e,a)*, *-ári(o)*, *-at(o)*, *-i(a)*, *-i(o)*. Os sufixos *-ad(a)* e *-agem* são os mais produtivos. Não se referem aqui sufixos menos representados com este valor, como *-eir-* (cf. *piolheira*), pois alguns derivados em que ocorre denotam não já a quantidade, mas, por metonímia, o 'produto' que a contém (cf. *cabeleira*, por exemplo), apresentando portanto um sentido cristalizado.

Sufixos	Bases simples	Bases complexas
-ad(a,o)	bispado, boiada, cilindrada, ducado, garotada, guitarrada, papelada, passarada, pequenada	comissariado, eleitorado, estudantada, padralhada, professorado, proletariado, trastalhada, vidralhada
-agem	folhagem, ladroagem, plumagem, tubagem	fadistagem, quilometragem
-alh(a,o)	cangalho, cascalho, politicalha	criançalha
-am(e,a)	cordame, mourama, mulherame, velame	vasilhame
-ari(a)	escadaria, louçaria	leprosaria, cinturaria
-ári(o)	balsamário, preçário, reptilário, temário, vocabulário	mobiliário
-at(o)	baronato, colonato, inquilinato, patronato, pensionato, sultanato	cavaleirato
-ed(o)	arvoredo, folhedo, fraguedo, lajedo, mosquedo, silvedo, vinhedo	figueiredo
-ia [22]	directoria	burguesia, fidalguia
-io [23]	mulherio, rapazio	comadrio, compadrio, cunhadio

Quadro II.6. Sufixos formadores de nomes denominais coletivos

1. Sufixo *-ad(a,o)*

O sufixo *-ad(a)* seleciona radicais que denotam seres humanos (*criançada, filharada*), animais (*boiada, passarada*), ou objetos

---

[22] De origem grega, este sufixo nominalizador deadjetival foi adotado pelo latim eclesiástico e científico.

[23] Este sufixo tem origem latina e já nesta língua formava alguns coletivos (Pharies 2002).

diversos, como *farrapada, papelada* ou *trastalhada*. Exemplos de nomes masculinos são *eleitorado, operariado, professorado, proletariado, voluntariado*. O sentido coletivo atesta-se, por exemplo, em *a criançada/o operariado vai manifestar-se no dia da greve*.

Em alguns casos, o derivado remete para um evento/um espetáculo que pressupõe a presença de um conjunto de entidades do mesmo tipo; assim acontece com *tourada*, em que é protagonista o animal que a base denota; *guitarrada*, concerto de guitarras.

Os nomes *bifalhada, cangalhada, intrigalhada, livralhada, negralhada, padralhada, pretalhada, trastalhada, versalhada, vidralhada* são formados a partir duma base derivada em *-alh-* (cf. Rio-Torto 1993: 446-457), com valor pejorativo, que se mantém nos nomes coletivos.

2. Sufixo *-agem*

O sufixo *-agem* seleciona radicais nominais que podem denotar seres humanos (*criadagem, fadistagem, gatunagem*), "objetos" naturais (*folhagem, plumagem*), artefactos (*aparelhagem, farrapagem*) e unidades de medida (*quilometragem, voltagem*).

Os nomes de seres humanos acumulam um sentido coletivo e depreciativo (*gatunagem*), muitas vezes herdado da base.

3. Sufixo *-alh(a,o)*

Os nomes portadores de *-alh(a,o)* denotam entidades massivas, tipicamente não contáveis, e são marcados pelo traço depreciativo quando remetem para denominações de humanos (*gentalha, politicalha*). As bases a partir das quais se formam os derivados denotam conjuntos de seres humanos (*criançalha, politicalha*) ou objetos, materiais, substâncias (*cangalho, cascalho*).

4. Sufixo *-am(e,a)*

Os nomes de quantidade em *-am(e,a)* podem ter por base radicais de nomes que denotam seres humanos (*mourama, mulherame,* *sopeirame*), objetos ou artefactos (*cadeirame, cordame, dinheirama, vasilhame*). Alguns produtos derivados são marcados por depreciação, como *sopeirame, mulherame*, por vezes porque a base também o é, como *sopeira*, denotando (PE), na primeira metade do séc. XX, uma 'criada, serviçal'.

5. Sufixo -*ari(a)*

Os nomes sufixados em -*ari(a)* tomam por base radicais de nomes que denotam ser humano (*enfermaria*), animais (*gataria*), materiais naturais (*pedraria*), mas as bases preferenciais são as que denotam artefactos (*escadaria, frascaria, maquinaria*).

A leitura quantitativa observa-se em exemplos como *a enfermaria agradeceu, emocionada, aos médicos*, ou *tanta gataria junta não cabe num espaço tão pequeno*, ou *sograria* 'conjunto das sogras', neologismo de Mia Couto.

6. Sufixo -*ári(o)*

Os nomes derivados em -*ári*(o) denotam grande quantidade do que as bases representam: produtos intelectuais ou ficcionais (*temário, poemário, vocabulário*), produtos naturais e vegetais (*balsamário, ervário* [24], *orquidário*), objetos (*mobiliário, preçário, sepulcrário, tarifário*).

7. Sufixo -*at(o)*

Os nomes em -*at*(o) têm por base radicais nominais com o traço [+humano] e denotam coletividades (cf. *patronato*) e sistemas organizacionais (cf. *baronato, colonato, concubinato, inquilinato, sindicato*). Regista-se, presentemente, alguma extensão do âmbito semântico das bases, como se comprova, por exemplo, em *porcelanato* 'conjunto das porcelanas'.

---

[24] O nome *herbário* tem origem no latim *herbarĭu*-, derivado a partir do radical *herb*-.

Alguns destes nomes têm também sentido locativo: *pensionato* 'casa de educação, colégio que recebe alunos internos; internato'; *sultanato* 'território governado por sultão', *vicariato* 'território sob jurisdição de um vigário'.

8. Sufixo -*ed*(o)

O sufixo -*ed*(o) combina-se com bases radicais de nomes que denotam seres humanos (*mulheredo, putedo*), animais (*mosquedo, passaredo*), plantas, árvores, espécies vegetais (*arvoredo, bosquedo, figueiredo, vinhedo*) e, mais raramente, matérias naturais (*fraguedo, lajedo*).

Quando a base é um nome de árvore, de espécie vegetal ou de matéria natural, o derivado em -*edo* denota 'grande quantidade' e/ou 'espaço, sem limites claros, que contém grande quantidade' do que a base nominal explicita. O significado locativo está presente em, por exemplo, *o engenheiro veio do vinhedo animado com a colheita* e em *o milho está a secar no lajedo*.

9. Sufixo -*i*(a)

Os nomes de quantidade em -*i*(a), como *burguesia, diretoria, fidalguia, freguesia*, têm por base radicais de nomes com o traço [+humano], respetivamente de *burguês, diretor, fidalgo, freguês*.

A interpretação coletiva de alguns desses nomes é ilustrável pelos exemplos seguintes: *a diretoria encontra-se em reunião há várias horas*; *a freguesia* [conjunto de fregueses] *daquela velha mercearia é-lhe sempre fiel*.

10. Sufixo -*i*(o)

Os nomes de quantidade em -*i*(o) têm por base radicais nominais com o traço [+humano] (*comadrio, compadrio, cunhadio, mulherio, rapazio*) e objeto natural (*penedio*). Este sufixo nominalizador não se encontra disponível no português contemporâneo.

11. Sufixo *-et(o)*

Este sufixo, de feição erudita, ocorre em nomes de quantidade construídos com base em nominais numerais, como os radicais de (um) *duo*, (um) *terço*, (um) *quarto*, (um) *quinto*, (um) *sexto*, em *dueto*, *terceto*, *quarteto*, *quinteto*, *sexteto*, respetivamente. Cada um destes nomes sufixados denota uma entidade coletiva (um conjunto musical, uma agremiação, por exemplo) cuja cardinalidade é explicitada pela base ('conjunto de dois, três, quatro, cinco, seis ... elementos ou unidades').

2.2.3 Nomes locativos

Os nomes denominais locativos são formados a partir de radicais, a que se juntam diversos sufixos (cf. Quadro II.7). Estes nomes denotam lugares ou espaços onde permanecem ou se albergam determinados seres ou objetos. Trata-se de nomes de espaços naturais ou de espaços configurados em torno daquilo que a base nominal denota e que normalmente existe em grande quantidade nesses espaços ou lugares (*canil, choupal, coval, pedreira*). Por isso, as fronteiras entre a leitura locativa e coletiva de alguns destes nomes são por vezes relativamente ténues.

Os nomes que designam 'local onde existe uma grande quantidade do que a base representa' são tipicamente sufixados em *-al*, *-ari(a)*, *-ári(o)*, *-ed(o)*, *-eir(o, a)*, *-i(a)*, *-il*, sendo *-al*, *-ari(a)* e *-eir(o, a)* os mais produzidos.

Sufixos	Nomes
-ad(o)	*ducado, laicado, notariado, protetorado, provincialado*
-al	*areal, arrozal, batatal, beiral, cadeiral, caniçal, choupal, coval, faval, funchal, lamaçal, lameiral, laranjal, morangal, palmeiral, pantanal, penhascal, pinheiral, salitral, tojal, toural*
-ari(a)	*cestaria, coudelaria, doçaria, frutaria, judiaria, leprosaria, luvaria, mouraria, pastelaria, peixaria, perfumaria, sapataria, serralharia, tesouraria, tinturaria*

-ári(o)	aviário, berçário, borboletário, fraldário, infantário, orquidário, ossário, ranário, reptilário, serpentário, solário
-ed(o)	arvoredo, ervedo, figueiredo, lajedo, silvedo, vinhedo, urzedo
-eir(o,a)	coelheira, cristaleira, fogueira, galinheiro, garrafeira, gesseira, lameiro, marmoreira, palheiro, papeleira, pedreira, penhasqueira, vinagreira
-i(a)	capitania, feitoria, procuradoria, reitoria
-il	bovil, cabril, canil, gatil, poldril, touril

Quadro II.7. Sufixos formadores de nomes denominais locativos

Observe-se que, em função do contexto, alguns nomes, como *berçário, enfermaria* ou *galinheiro*, podem ter, a par com a leitura locativa, uma leitura coletiva:

(1) leitura locativa: *o ministro visitou o berçário antes de o inaugurar; a enfermaria fica na ala sul do hospital; o galinheiro foi reparado numa tarde*;
(2) leitura coletiva: *o berçário estava divertido com os palhaços; a enfermaria reivindica melhores cuidados médicos; o galinheiro desatou a cacarejar estridentemente.*

Para uma mesma leitura concorrem, por vezes, vários sufixos, como se observa através dos seguintes exemplos:

Semantismo dos nomes derivados	Sufixos					
(i) local onde existem ou estão reunidos:	-al	-ari(a), -ári(o)	-ed(o)	-eir(o,a)	-ad(o) -i(a)	-il
. animais: pombal; vacaria; serpentário; coelheira; galinheiro; gatil	+	+		+		+
. seres humanos, identificados pelo estado físico (enfermaria), pela etnia (judiaria), pela idade (infantário)		+				
. espécies vegetais: arrozal, arvoredo, choupal, faval, frutaria, orquidário, vinhedo	+	+	+			
. matérias/substâncias naturais: areeiro, lajedo, lameiro, pantanal, pedreira, penhascal, salitral	+		+	+		

. objetos fabricados ou locais construídos: beiral, cadeiral, fraldário, ossário, sapataria	+	+			
(ii) espaço onde se desenvolve atividade, função ou cargo centrados no que a base denota: cestaria, coudelaria, notariado, pastelaria, procuradoria, reitoria, solário	+			+	

Quadro II.8. Distribuição dos sufixos por subclasses semânticas dos nomes derivados

Dos sufixos elencados, os que se encontram disponíveis para a formação de novos nomes são *-ári(o)* (cf. *fluviário, oceanário, orquidário, reptilário*), *-ari(a), -al* e, em menor escala, *-ed(o), -eir(o, a), -ad(o), -i(a)* e *-il*. De salientar que *-il* só se combina com nomes de animais, *-eir(o, a)* com nomes de matérias ou substâncias naturais, *-ad(o)* e *-i(a)* com nomes de ser humano (*notariado, reitoria*). O sufixo *-ed(o)* combina-se com bases que denotam espécies vegetais e matérias naturais e os demais sufixos (*-ári(o), -ari(a), -al*) são os mais versáteis no que à semântica das bases diz respeito.

2.2.4 Nomes de profissionais de atividade

Os nomes denominais de profissionais ou de agentes de atividade têm na base um radical e são essencialmente sufixados em *-ári(a/o)* (não disponível, no presente), em *-eir(a/o)* e em *-ist(a)*, significando "profissional relacionado com o que a base denota":

Sufixo	Nomes
-ári (o/a)	escriturário, ferroviário, latifundiário, mesário, onzenário
-eir (a/o)	armeiro, banqueiro, boieiro, cabeleireiro, carroceiro, ceifeiro, cesteiro, correeiro, doceiro, falcoeiro, feiticeiro, faroleiro, fazendeiro, ferreiro, jardineiro, jornaleiro, marinheiro, mineiro, mochileiro, pedreiro, peixeiro, porteiro, queijadeiro, rendeiro, santeiro, sapateiro, seareiro, serralheiro, sorveteiro, vidraceiro

| -ist(a) | acordeonista, aderecista, alfarrabista, artista, automobilista, balconista, camionista, caricaturista, cardiologista, carteirista, desportista, humorista, jornalista, lojista, maquinista, mineralogista, musicista, neurologista, paisagista, patologista, pianista, sexologista, taxista, toxicologista, trompetista, velocipedista, vitrinista |

Quadro II.9. Sufixos formadores de nomes denominais de profissional

Aos nomes em *-ist(a)* pode estar associada uma significação de 'especialista em *x*' (*musicista* 'especialista em música'), em que *x* remete para a denotação do radical de base. Essa significação não se encontra presente em denominações de atividades que requerem menor especialização, como *balconista, florista, lojista*, por exemplo. As denominações que têm por base nomes de instrumentos musicais, como *acordeonista, baixista, baterista, flautista, guitarrista, pianista, saxofonista, trompetista*, não remetem para especialistas teóricos, mas para instrumentistas. *Contrabandista* e *carteirista* não são atividades profissionais legalmente reconhecidas, embora na prática por vezes tenham caráter sistemático.

Os nomes derivados em *-eir(a/o)* estão tendencialmente associados a atividades, funções e ofícios de cariz mais tradicional e artesanal (*boieiro, ceifeiro, cesteiro, correeiro, guarda-soleiro, pedreiro, peixeiro, seareiro, serralheiro*) e negativamente conotados, se a base também o é (*caloteiro*). Mas tal não se aplica a nomes como *banqueiro* ou *engenheiro*, que denotam profissionais de atividades socialmente prestigiadas. Recentemente, e por contraste com *-ista*, *-eir-* tem sido usado com valor depreciativo (cf. *os blogueiros, os festivaleiros, os politiqueiros, os twiteiros*).

A base dos nomes que denotam profissionais pode ser o radical de um nome

(i) de objeto: *adereço*, em *aderecista*; *camion*, em *camionista* (PE) ou *camioneiro* (PB); *cesto*, em *cesteiro*; *porta*, em *porteiro*; *sapato*, em *sapateiro*; *velocípede*, em *velocipedista*; *violino*, em *violinista*;
(ii) de animal: *boi*, em *boieiro*; *peixe*, em *peixeiro*;

(iii) de matéria: *mármore*, em *marmorista*; *pedra*, em *pedreiro*;
(iv) de substância: *aguarela*, em *aguarelista*; *ferro*, em *ferreiro*;
(v) de atividade: *ceifa*, em *ceifeiro*; *desporto*, em *desportista*;
(vi) de instituição: *banca*, em *banqueiro*;
(vii) de área ou atividade científica ou especializada: *cardiologia*, em *cardiologista*; *neurologia*, em *neurologista*; *sexologia*, em *sexologista*.

2.2.5 Nomes de 'continente/contentor'

Os nomes denominais de 'continente/contentor' denotam artefactos que funcionam como recipientes, recetáculos ou 'contentores/continentes' de *x*, onde *x* pode estar depositado ou guardado, e em que *x* representa objetos (*agulha, chave, garrafa, papel, pilha, sapato*) ou matérias ou substâncias várias (*açúcar, cinza, fruta, óleo, sal, tinta, vinagre*). Estes nomes têm por base radicais nominais e são formados com os sufixos *-ão*, *-ári(o)* e *-eir(a/o)*.

Sufixos	Nomes
-ão	*eletrão, ersucão, oleão, papelão, plasticão, pilhão, rolhão, viarão*
-ári(o)	*adagiário, hostiário, incensário, lampadário, preçário, relicário*
-eir (o, a)	*açucareiro, azeitoneira, chaveiro, cigarreira, cinzeiro, cristaleira, ficheiro, fruteira, garrafeira, louceiro, paliteiro, papeleira, roupeiro, saboneteira, saladeira, saleiro, sapateira, tinteiro*

Quadro II.10. Sufixos formadores de nomes denominais de continente/contentor

O sufixo disponível para a formação destes nomes é *-eir(a/o)*. Este sufixo forma nomes de sentido relacional que poderão ser encarados composicionalmente como 'containers' (cf. *caneleira, cotoveleira, dedeira, joelheira, nadegueira, narizeira* (para natação), *perneira, pescoceira, tornozeleira*), que, todavia, adquiriram sentidos mais lexicalizados não tanto de 'contentores', mas de 'objetos adstritos a N, que revestem N, que protegem N'.

Nas últimas décadas o sufixo *-ão* tem sido usado para a formação de nomes de objetos onde se depositam matérias diversas para reciclagem, como *eletrão, ersucão* (de ERSUC, instituição de "Resíduos sólidos do centro, S.a.", de Portugal, que disponibiliza contentores para recolha de lixo), *oleão, papelão, pilhão, plasticão, rolhão, vidrão*, cujos radicais de base remetem para (material) elétrico, óleo, papel, plástico, pilhas, vidro. Este sufixo é essencialmente avaliativo (cf. cap. 5), explicitando 'intensidade elevada de alguma(s) propriedade(s) do que a base denota' (*amigão, casacão*). Terá sido este seu valor aumentativo que serviu de base para este seu uso na formação de nomes de contentor, em regra de dimensões apreciáveis.

2.2.6 Nomes de "fonte" vegetal

O sufixo *-eir(a/o)* combina-se com radicais de nomes de plantas, de flores ou de frutos (*caju, castanha, coco, cravo, jasmim, pêra, rosa*) e de plantas arbustivas (p.e., *alecrim, capim, giesta*), dando origem a denominações das árvores e/ou das plantas arbustivas que produzem o que a base denota (cf. Quadro seguinte):

Sufixo	Nomes
-eir(a, o)	*abacateiro, alecrinzeiro*[25], *algodoeiro, amendoeira, azinheira, cajueiro, capinzeiro, castanheiro, cidreira, coqueiro, craveiro, diospireiro, feijoeiro, figueira, giesteira, groselheira, jasmin(z)eiro, laranjeira, limoeiro, loureiro, marmeleiro, palmeira, pereira, pessegueiro, pinheiro, roseira, tamareira, tomateiro, videira*

Quadro II.11. Sufixo formador de nomes denominais de "fonte" vegetal

---

[25] Os nomes que apresentam *-z-* antes de *-eir-*, como *alecrinzeiro, capinzeiro, jasminzeiro*, são nomes atemáticos terminados em vogal nasal acentuada.

2.2.7 Nomes de 'conteúdo'

Por nomes de conteúdo entendem-se os nomes denominais sufixados em -*ad*(*a*) que denotam 'porção contida em *x*', 'o que está contido em *x*', 'conteúdo de *x*', em que *x* representa uma variável que designa aquilo que o referente da base pode conter, sejam matérias ou entidades. Assim, uma *cabazada* é o que está contido ou pode estar contido num cabaz (*uma cabazada de cebolas*), uma *garfada* o que, em matéria comestível, pode ser comportado por um garfo, uma *ninhada* é o que está contido num ninho.

Sufixo	Nomes
-ad(*a*)	*abada, barrigada, cabazada, caldeirada, cilindrada, colherada, fornada, garfada, ninhada, panelada, tachada, tigelada*

Quadro II.12. Sufixos formadores de nomes denominais de conteúdo

Em alguns casos, e por metonímia, estes nomes denotam 'produto manufacturado em *x*', em que *x* representa o contentor, tendo portanto conexões semânticas com os nomes descritos na secção seguinte (2.2.8). Assim, *tigelada* denota 'preparado feito em *x*' e, mais especificamente, doce caseiro feito antigamente numa *tigela*; *fornada* denota o conjunto de pães cozidos num forno e também o produto dessa cozedura (*a próxima fornada sai daqui a cinco minutos*).

2.2.8 Nomes de preparação/preparado à base de

O sufixo -*ad*(*a*), acoplado a um radical nominal, forma nomes de produto ou de "preparação à base de *x*", como *arrozada* e *cebolada*. São nomes denominais cujas bases radicais denotam a substância suscetível de entrar numa preparação alimentar, o ingrediente dominante do produto:

Sufixo	Nomes
-**ad**(*a*)	*arrozada, bananada, cabritada, cebolada, chispalhada, coentrada, feijoada, laranjada, limonada, marmelada, massada, pessegada, tripalhada*

Quadro II.13. Sufixo formador de nomes denominais de preparação/ preparado à base de

Estes nomes apresentam um sentido que envolve grande concentração de *x*, uma vez que o preparado 'obtido à base de *x*' exige que o produto alimentar que *x* representa nele esteja contido em dose não mitigada.

2.2.9 Nomes de golpe/impacto

Com esta designação identificam-se nomes denominais formados com o sufixo *-ad(a)* que significam 'golpe, marca ou ferimento feitos com o que a base denota', 'ato, movimento enérgico realizado com o objeto que a base denota'. Neste último caso, pressupõe-se a intervenção dum instrumento.

Sufixo	Nomes
-**ad**(*a*)	*alfinetada, bicada, biqueirada, bolada, bordoada, cabeçada, caudada, chinelada, chicotada, cotovelada, dentada, facada, machadada, navalhada, palmada, pantufada, patada, pedrada, pincelada, sapatada, tacada, tesourada, unhada*

Quadro II.14. Sufixo formador de nomes denominais de golpe/impacto

Como base destes nomes pode ocorrer o radical de nomes que denotam:

(i) arma, instrumento suscetível de ferir ou de servir para aplicar um golpe: *faca*, em *facada*; *navalha*, em *navalhada*; *pedra*, em *pedrada*.

(ii) parte do corpo que pode servir de instrumento de agressão e/ou marca por ela deixada: *bico*, em *bicada*; *cotovelo*, em *cotovelada*; *unha*, em *unhada*.
(iii) objeto que serve de instrumento com o qual se exerce um movimento enérgico e rápido: *bola*, em *bolada*, *prancha*, em *pranchada*, *taco*, em *tacada*.

Em alguns casos, como *canelada*, o nome denominal denota não só 'ato, movimento enérgico realizado com o objeto que a base denota', mas também 'ato, movimento enérgico realizado no que a base denota', em que esta é portanto objeto afetado.

2.2.10 Nomes de evento situado espacial e/ou temporalmente

Por nomes de evento entendem-se os nomes com um significado genérico que pode ser descrito como 'evento ou ocorrência relacionado/a com *x*' e em que o evento pode manifestar-se sob a forma de uma revolta, uma revolução, uma movimentação, uma celebração.

Estes derivados, também sufixados em -*ad*(*a*), têm por base radicais de nomes de três tipos:

(i) de ser humano, como *cabano*, em *cabanada* (nome de uma sedição dos cabanos em Pernambuco e Alagoas, Brasil) e *pátria*, em *patriada* (ação ou rebelião malograda, como a dos índios chamados "pátrias", no Rio Grande do Sul, Brasil);
(ii) de topónimo, como em *belenzada*, 'revolta política ocorrida em Belém (do Pará)';
(iii) de nome de marco ou de período temporal, como *abrilada*, com origem na revolta liderada por D. Miguel de Portugal, sucedida em abril; *entrudada*, folgança carnavalesca que tem

lugar por ocasião do entrudo; *janeirada*, revolta absolutista contra D. João VI de Portugal, que ocorreu em janeiro.

No conjunto dos nomes de evento inscrevem-se também os sufixados em *-at(a)*, como *discursata, negociata, tocata*. Apenas *conspirata* e *passeata* são necessariamente deverbais. Nomes como *bailata, dançata, discursata, jogata, mamata, negociata, tocata* podem ter também origem denominal.

No português do Brasil surgiram formações recentes — *apitaço, buzinaço, cadeiraço, panelaço* – que denotam 'um evento, uma manifestação produzida com x'. Nomes deste tipo revelam a polivalência semântica do sufixo *-aç-*, muito usado no Brasil quer como aumentativo (*bonitaço, talentaço, tarifaço*), quer como denotador de 'golpe praticado com/em x' (*batocaço, chifraço, pistolaço*), ao mesmo tempo que revelam a permeabilidade entre os sentidos de 'golpe/impacto com x' e de 'evento, manifestação produzida com x'. Ademais, não é claro se *apitaço* e *buzinaço* são denominais ou deverbais.

2.2.11 Nomes de sistema doutrinal, ideológico, científico, de mentalidades

O sufixo *-ism(o)* combina-se com radicais nominais de nomes próprios antroponímicos (Quadro II.15 (i)) e de nomes comuns (Quadro II.15 (ii)):

Sufixo	Nomes
-ism(o)	(*i*) *bandarrismo, budismo, calvinismo, chavismo, darwinismo, donjuanismo, franquismo, leninismo, lulismo, marxismo, quixotismo, platonismo, petrarquismo, pintassilguismo, sadismo, salazarismo, sebastianismo, sionismo*
	(*ii*) *alcoolismo, aparelhismo, caprichismo, clientelismo, despesismo, humorismo, machismo, mecenatismo, partidismo, rigorismo, sexismo, tabaquismo, terrorismo, tiismo, vampirismo*

Quadro II.15. Sufixo formador de nomes denominais que denotam sistema doutrinal, ideológico, científico, de mentalidades

Os nomes sufixados em *-ism(o)* que têm por base nomes próprios antroponímicos denotam o sistema conceptual, doutrinal, de pensamento, de mentalidades, religioso, ideológico, filosófico, científico relacionado com o que a base denota (*budismo, calvinismo, darwinismo, hitlerismo, marxismo, petrarquismo*). Mas assim também acontece quando a base denota uma época e sua cultura (*quatrocentismo, setecentismo*) e/ou as correntes estéticas ou culturais a elas associadas (cf. Barbosa 2012).

Quando a base corresponde ao radical de um nome comum, o derivado denota uma tendência para pôr em prática de forma sistemática ou regular algo relacionado com o que a base significa (*despesismo, documentarismo*), culto excessivo do que a base denota (*aparelhismo, basismo, clubismo, clientelismo, inquilinismo, machismo, milagrismo*), simpatia ou inclinação persistente para com o que a base denota (*alcoolismo, desenvolvimentismo, divorcismo, partidismo, rigorismo, rotulismo, segredismo, sigilismo, tabaquismo, umbiguismo*). Porque estão associados à marca de excesso, estes nomes podem ser marcados negativamente. A grande disponibilidade para formar nomes com este sufixo constata-se pela possibilidade de se combinar com algumas bases verbais, como em *concentrismo, deambulismo, transformismo*, e até com bases nominalizadas (*apriorismo*).

Aos nomes em *-ism(o)* que denotam prática ou atividade desportiva (*alpinismo, atletismo, campismo, canoismo, caravanismo, pára-quedismo, surfismo*) ou técnico-científica (*cateterismo*) não estão associadas marcas de polaridade negativa ou positiva. Assim acontece também com os nomes de patologia, como *tiroidismo, prostatismo, timpanismo, uterismo*, ou quando o nome de base é favoravelmente conotado, como em *missionarismo*.

2.2.12 Nomes técnico-científicos

Há um conjunto de sufixos que se juntam a bases nominais vernáculas ou neo-clássicas para formar derivados. Estes sufixos são usados essencialmente para formar nomes da esfera das técnicas/ciências, nomeadamente das ciências médicas, da química e da mineralogia. As bases podem ser radicais presos eruditos (por exemplo, do gr. *hemat-* 'sangue', *glic-* 'doce', *necr-* 'morte', ou do lat. *lact-* 'leite'), ou radicais de palavras usadas como autónomas no léxico do português, tais como *ácido, amígdala, cálculo* (renal), *conjuntiva, fibra, furúnculo, mármore, púrpura, retina, sílica* (cf. Quadro seguinte).

Sufixos	Nomes
-at(o)	*borato, carbonato, clorato, manganato, nitrato*
-et(o)	*carboneto, cloreto, fosforeto*
-in(a)	*anilina, cafeína, cocaína, purpurina, hematina*
-ism(o)	*artritismo, tiroidismo, prostatismo, timpanismo, uterismo*
-it(e)	*amigdalite, apendicite, conjuntivite, gengivite, meningite*
-it(o)	*clorito, nitrito, sulfito*
-om(a)	*fibroma, granuloma, hematoma, papiloma*
-os(e)	*acidose, calculose, fibrose, furunculose, retinose, silicose*

Quadro II.16. Sufixos formadores de nomes denominais técnico-científicos

Os sufixos *-it(e), -om(a) -os(e)* selecionam radicais nominais para derivar, respetivamente, nomes de inflamações (*-it(e)*) associadas a enfermidades, nomes de tumores (*-om(a)*) e nomes de doenças não inflamatórias (*-os(e)*). O significado dos nomes técnicos com eles formados nem sempre é linearmente apreensível, sendo necessário recorrer a dicionários para o identificar. Por exemplo, *lactose* denomina 'açúcar do leite resultante da união de uma molécula de glucose com uma molécula de galactose'. A *sacarose* é o nome científico do 'composto principal componente do açúcar' (do gr. *sakkaros*). A *lenhite* ou *lignite*, do radical latino *lignu-* 'madeira', denota 'carvão fóssil, em que se reconhecem ainda os restos de vegetais, de cor castanha ou negra, que arde com muito fumo'.

O sufixo *-it(e)* combina-se também com radicais de nomes comuns (*álcool, assembleia, bricolagem, clube, pacote* (económico)), tais como em *alcoolite, assemblite, bricolagite, clubite, pacotite*, e os derivados denotam 'mania, obsessão por aquilo que a base representa'. Com este sentido o sufixo combina-se, ainda que esporadicamente e com valor expressivo, com radicais verbais (*bricolite, reunite, surfite* 'obsessão por bricolar/reunir/surfar').

Os sufixos *-at(o), -et(o)* e *-it(o)* combinam-se com radicais de nomes de matérias naturais, como *carbono, cloro, fósforo* e formam derivados que denotam sais: *carboneto, clorato, cloreto, clorito, fosfato*. O sufixo *-in(a)* combina-se com radicais de nomes de matérias naturais (cf. *anil, café, coca*) e dá origem a nomes de alcaloides e de álcalis artificiais, como *anilina, cafeína, cocaína*.

Por último, o sufixo *-ism(o)* forma nomes de patologias (*adenoidismo, artritismo, tiroidismo, prostatismo, timpanismo, uterismo*) ou de intoxicação assentes no que o radical de base denota (*cantaridismo, nicotinismo*).

A estes pode ainda acrescentar-se *-oide*, que forma nomes técnicos, de significado não totalmente homogéneo, e com base em denominações elas mesmas também já portadoras de informação especializada, como se observa através das descrições extraídas da *Infopédia* [Em linha]. Porto: Porto Editora, 2003-2013 de *albuminoide* 'proteína que não é solúvel em água nem em dissolventes e apresenta uma estrutura fibrosa', *cristaloide* 'botânica: substância albuminosa, em forma de cristal, que faz parte dos grânulos de aleurona (nas plantas); anatomia: cápsula envolvente do cristalino (do globo ocular), *trapezoide* 'segundo osso da segunda série do carpo, a partir do lado do dedo polegar, com forma de trapézio'. Estes nomes denotam entidades que representam uma versão algo atípica ou distorcida das denotadas pela base (cf. *planetoide* 'pequeno planeta; asteroide'; *vacinoide* 'falsa vacina'), ou um tipo diferenciado (cf. *crinoide, deltoide, diamantoide, hemisferoide, metaloide, meteoroide, tangentoide*) e por vezes mais abstrato que o da base (*predicatoide, prefixoide, sufixoide, textoide*). É provável que alguns nomes provenham da nominalização dos adjetivos, como *albuminoide, amiantoide, argiloide, balsamoide, cactoide, cerebroide, coraloide, cuboide, esferoide, hemisferoide, meniscoide, resinoide, tangentoide, tifoide.*

2.2.13 Nomes de 'linguagem hermética'

Nas últimas décadas, a língua portuguesa tem assistido a uma nova utilização do sufixo *-ês*; matricialmente adjetivalizador denominal (cf. *francês, genovês*), este sufixo *-ês* passou a formar nomes denominais de 'linguagem ou do idioma hermética/o relacionada/o com o que as bases denotam'. Estas são radicais de nomes de pessoas (*Coelho/coelhês, Sampaio/sampaiês*, políticos portugueses da segunda metade do século XX*)* de instituições (*Benfica, Sporting*, clubes de futebol portugueses), de atividades profissionais com algum grau de especialização (por exemplo: do mundo do jornalismo, da economia, da informática, da educação, da política, etc.), e cuja linguagem técnica nem sempre é acessível a não especialistas. No quadro seguinte elencam-se alguns dos exemplos disponíveis.

Derivado em -ês: 'linguagem hermética'	Denotação associada à base:
benfiquês	profissionais ou adeptos do clube denominado Benfica
diplomatês	diplomatas
economês	economistas, profissionais de economia

eduquês	profissionais de ciências da educação
emigrês	emigrante, profissionais de emigração
europês	profissionais/adeptos da europa [comunidade europeia]
futebolês	profissionais de/do mundo do futebol
informatês	profissionais de informática
jornalês	jornalistas, profissionais do mundo jornalístico
lisbonês	classe intelectual e/ou política lisboeta
magalhanês	computador escolar magalhães
maternalês	agentes do ofício maternal (mães, amas, avós, educadoras)
mimalhês	mimalho/a
modernês	aquele/aquilo que é moderno
politiquês	profissionais de política
sampaiês	Jorge Sampaio
sociologuês	profissionais de sociologia

Quadro II.17. Sufixo formador de nomes de 'linguagem hermética'

Como se observa pelos exemplos do quadro anterior, nas bases destes nomes, surgidos nas últimas duas décadas, podem estar também denominações de variados tipos, como emigrantes (*emigrês*), profissionais de ofício maternal (*maternalês*), de tudo o que é moderno (*modernês*), da classe intelectual ou política de uma capital (*lisbonês*), tendo também nestes casos um sentido depreciativo. Em Maio de 2012, a propósito da utilização infeliz de "o coiso", por parte de um ministro, como denominação substitutiva de 'isso tudo, ou seja, tudo o que dissera antes', surgiu o neologismo *coisês*.

2.2.14 Conspecto geral

Apresenta-se, no quadro seguinte, uma panorâmica geral da distribuição dos sufixos nominalizadores denominais pelas classes semânticas de nomes que ajudam a construir.

Sufixos / Classes de nomes derivados	ato	ama ame	io	ia, edo	aria	ad	ário	eir	ista	ão	al il	ismo	ês
quantidade	+	+	+	+	+	+	+						
locativo				+	+	+	+	+			+		
agente profissional							+	+	+				
continente							+	+		+			
fonte vegetal								+					
conteúdo, golpe, evento					+								
sistema, patologia												+	
linguagem hermética													+

Quadro II.18. Distribuição dos sufixos formadores de nomes denominais por classes semânticas

A observação deste quadro permite extrair as seguintes considerações:

(i) há uma grande dispersão sufixal no âmbito da expressão da quantidade, sendo este o domínio servido por um grande número de sufixos (9 em 16); a dispersão é também acentuada nos nomes locativos, sufixados em -i(a), -ari(a), -ed(o), -ad(a), -ári(o), -eir(o/a), -al e -il (8 em 16 sufixos).

(ii) dos sufixos presentes no quadro, há uma significativa coincidência entre os que denotam quantidade e locatividade, sendo -i(a), -ari(a), -ed(o), -ári(o) e -eir(o/a) comuns a ambos os valores;

(iii) -ári(o) e -eir(o/a) são os sufixos semanticamente mais polivalentes: -ári(o) está ao serviço da formação de nomes de quantidade, de local, de continente e de profissional; -eir(o/a) está ao serviço da formação de nomes de local, continente, profissional e fonte vegetal.

(iv) o sufixo *-ad(a)* também se apresenta como bastante versátil, pois forma nomes de subclasses várias (conteúdo, preparado à base de, evento, golpe, impacto), em função da natureza semântica da base a que se adjunge.

(v) a formação de nomes de agente de atividade recorre também a três sufixos, *-eir(o/a)*, *-ist(a)* e *-ári(o/a)*; a estes acresce, no âmbito da composição, o constituinte *-log-*, que forma nomes de 'estudioso de, especialista em' (*gemólogo, musicólogo, sismólogo*), por vezes ainda sufixado em *-ist(a)* (*musicologista*).

(vi) os sufixos menos polifuncionais, do ponto de vista das classes semânticas de nomes que formam, são *-ism(o)*, *-ist(a)*, *-ês* e *-ão*. Em todo o caso, é importante ter em conta que *-ism(o)* se combina não só com radicais nominais como também com radicais adjetivais, que *-ês* forma numerosos adjetivos e que *-ão* funciona essencialmente como avaliativo.

2.3. Nomes conversos de Adjetivos

Muitos nomes da língua portuguesa têm origem num processo de conversão de adjetivos. Assim acontece em as *cervejeiras* 'as fábricas de cerveja', a *espiral* 'linha curva, ilimitada, descrita por um ponto que dá voltas sucessivas em torno de outro (polo), e do qual se afasta progressivamente; linha curva em forma (de) espiral', os *policiais* (PB) 'agentes da polícia', os *ferroviários* 'os trabalhadores das ferrovias', os *parlamentares* 'representantes eleitos que trabalham no parlamento'.

Estes nomes podem chamar-se 'nomes de relação', pois denotam entidades *lato sensu* relacionadas com o que a base significa.

São várias as classes de adjetivos que admitem nominalização.

No âmbito dos adjetivos graduáveis, que exprimem propriedades de indivíduo ou de processos concebidos como tendo valores numa dada escala, podem dar-se exemplos de adjetivos dinâmicos (*trabalhador*), estativos (*preguiçoso*) e valorativos (*famoso*).

No âmbito dos não graduáveis, os estativos depatronímicos, como *brasileiro, canadense* (PB), *canadiano* (PE), *francês, guineense, havaiano, polonês* (PB), por exemplo, também nominalizam. Mas outras subclasses admitem a conversão nominal, vindo a denotar classes variadas de entidades ou situações caraterizados pela propriedade focalizada e nominalizada.

Admitem nominalização adjetivos factivos (no sentido de que têm origem em verbos que pressupõem a verdade do seu complemento frásico), como *aborrecido, agradável, angustiante, animador, censurável, emocionante, fundamental, imperdoável, impressionante, lamentável, maçador, ocioso, perigoso, perturbador, reprovável*, não factivos, como *complicado, custoso, urgente* e epistémicos, como *ideal*.

Também adjetivos psicológicos não epistémicos, como *ansioso, esperançoso, impaciente, responsável* admitem nominalização.

Em função da semântica do adjetivo de base, os nomes conversos podem denotar propriedades (o *agradável*, o *angustiante*, o *complicado*, o *custoso*, o *fundamental*, o *ideal*, o *lamentável*, o *perturbador* da questão é que ...), classes de seres ou de objectos (os *moletes* 'denominação de um tipo de pão, na região do Porto'), classes de estados (as *melhoras*) ou seres caraterizados pelas propriedades codificadas (os *ansiosos, os esperançosos, os impacientes, os responsáveis*, as *noviças*, as *primeiriças*).

Os adjetivos que admitem nominalização podem ser, pois, sob o ponto de vista da sua estrutura morfológica, deverbais e denominais.

No âmbito dos deverbais destacam-se os sufixados em -*d*-, como (o) *agregado* (familiar), (uma) *assoalhada*, (o) *bordado*, (secção dos) *classificados*, (o) *colorido*, (o) *comprimido*, (o) *cozido*, (a) *consoada*, (a) *criada*, (o) *criado*, (o) *duplicado*, (o) *edificado* (urbano), (o) *embutido*, (o) *legado*, (a) *morada*, (a) *namorada*, (o) *namorado*, (o) *ouvido*, (o) *penteado*, (a) *privada*, (o) *refogado*, (o) *rugido*, (os) *sentidos*, (o) *sombreado*, (a) *torrada*, (o) *vestido*, entre muitos outros.

No âmbito dos denominais, destacam-se os que denotam:

- **agente de atividade** (*aeroportuário, ferroviário, medievalista, metalúrgico, protésico, sanitarista, sinaleiro*)
- **natural, habitante de localidade** (*açoreano, aveirense, baiano, coimbrão, lisboeta, mirandês, paulista, uberlandense*), **país** (*angolano, brasileiro, espanhol, francês, israelita, timorense*), **região**, **estado** (*alentejano, algarvio, beirão, matogrossense, nordestino*), **continente** (*americano, asiático, europeu*)
- **agente de instituição** (*académico, bancário, banqueiro, parlamentar*), de setor profissional (*metalúrgico*);
- **simpatizante ou praticante de sistema ideológico, religioso, civilizacional** (*budista, fundamentalista, jesuíta, maometano, positivista*) e político (*monárquico, republicano*)
- **entidade carcacterizada por uma propriedade ancorada em uma individualidade ou divindade** (*capricorniano, lazarento, maquiavélico, petrarquista, queirosiano, satânico, sebastianista, socrático*);
- **ser humano** (*barrigudo, caloteiro, ciumento, diabético*, (*os*) *familiares, interesseiro humanoide, liceal, manobrista, mentiroso, nervoso, palermoide, trintão, quarentão*);
- **evento** (*centenário, saturnais*), estado (*friacho*);
- **objeto caraterizado em função de intervalo temporal** (*diário, periódico, semanário*) ou por outra propriedade (um *exemplar*, uma *espiraloide*, uma *serpentina*, um *submarino*);
- **matéria, substância** (*albuminácea, amiantáceo*), parte do corpo (o *cristalino*, o *folhoso* [dos ruminantes]);
- **espécie animal** (*bacteriáceo, bacteriano*), vegetal (*arbustivo, tulipáceo*), frutífera (uma *marroquina*, uma *tangerina*);
- **atividade científica ou artística** (*africanística; dicionarística*), **estilo artístico** (*manuelino, pombalino, vicentino*);
- entidade caraterizada por denumeral **ordinal** (*décimo, vigésimo, trigésimo, nonagésimo, milésimo*), **fracionário** (*oitavo,*

trintavo, quarentavo) ou **multiplicativo** (*triplo, quádruplo, quíntuplo*).

2.4 Nomes deverbais

Em função das suas significações, os nomes deverbais podem ser distribuídos por duas classes semânticas: a dos eventos e a dos indivíduos. Cada uma destas classes corresponde a "Regras de Formação de Palavras" distintas, em que cada uma das quais operam afixos distintos, que são em grande parte responsáveis pelo resultado semântico do produto. Os nomes deverbais eventivos possuem como significação primeira a de 'evento'. Os nomes deverbais de indivíduo apresentam como significação primeira uma 'entidade' de caráter concreto que pode situar-se em diferentes domínios denotacionais, tais como 'causa', 'instrumento', 'local', 'recipiente', 'parte de um corpo'. As causas podem ser humanos, animais, vegetais, máquinas, substâncias.

A divisão entre deverbais de indivíduo e deverbais de evento é uma divisão baseada nas significações primeiras que são construídas em cada RFP por cada tipo de afixo. Podem existir significações de 'indivíduo' em nomes cuja primeira significação é de 'evento'. Da mesma maneira, podem existir significações de 'evento' em nomes construídos com afixos que tendencialmente dão origem a significações de 'indivíduo'. Por exemplo, o sufixo -*ção* forma tipicamente nomes de 'evento', tais como *avaliação, trepidação, retaliação*. No entanto, um deverbal como *assombração* significa o 'evento de assombrar', mas também 'aquilo que assombra, fantasma'. Trata-se de um processo de polissemia. Como tal, não vamos considerar a existência de dois lexemas ASSOMBRAÇÃO[1] e ASSOMBRAÇÃO[2]. Dado que a significação de 'indivíduo' é menos representada e não sistemática nos produtos em -*ção*, considera-se que -*ção* opera na Regra de Formação de nomes de acção (evento), mas não na Regra de Formação de nomes de agente. Dentro de cada Regra de Formação de Palavras, há possibilidade de se gerarem significações várias que são dependentes semanticamente da significação primeira [26].

À excepção dos nomes formados com os sufixos *-id(o)*, *-d(a)*, *-ic(e)*, *-del(a)*, *-ç(o)*, os restantes foram alvo de estudo por Rodrigues (2008), onde se encontram elencados na sua totalidade. As significações apontadas foram retiradas do DLP.

As classes semântico-argumentais dos verbos de base utilizadas nesta secção encontram-se descritas em Rodrigues (2008: 165-204).

2.4.1 Nomes deverbais de evento: bases, sufixos, produtos

Os nomes deverbais de evento são geráveis por vários sufixos (cf. Quadro seguinte):

Sufixos	Produtos deverbais	Sufixos	Produtos deverbais
-agem	filtragem, moagem, recauchutagem	-eir(a)	canseira, chafurdeira, chieira, coceira, quebreira
-ari(a)	branquearia, destilaria, vozearia	-ic(e)	aldrabice, bisbilhotice, pedinchice
-ão	abanão, empurrão, puxão	-id(o)	estalido, estampido, rugido
-ção	combinação, contaminação, revelação	-ment(o)	desaparecimento, envolvimento, enlouquecimento
-ç(o)	andaço, cansaço, sumiço	-nç(a)	matança, poupança, vingança
-d(a)	abalada, chamada, topada	-nç(o)	falhanço, gabanço, rapinanço
-deir(a)	brincadeira, chiadeira, choradeira	-nci(a)	dominância, falência, presidência
-del(a)	caiadela, partidela, telefonadela	-tóri(o)	falatório, interrogatório, parlatório, peditório
-dur(a)	abotoadura, cercadura, faladura		

Quadro II.19. Sufixos nominalizadores e seus produtos deverbais

---

[26] O mesmo se aplica, *mutatis mutandis*, aos três nomes em *-dour(o)* que denotam 'evento repetido ou continuado' (*chiadouro, piadouro, zuidouro*), pois este sufixo forma essencialmente nomes de indivíduo.

Os sufixos *-um(e)* e *-at(a)* também se anexam a verbos para a geração de nomes. No entanto, a escassez destes produtos não justifica a inclusão de secções específicas para cada um deles. Com o sufixo *-at(a)* apenas se encontram os deverbais *conspirata, mamata, negociata, passeata, viajata*. Do sufixo *-um(e)* encontram-se somente os nomes *ardume* (de *arder*), *corrume* (de *correr*), *curtume* (de *curtir*), *queixume* (de *queixar*), *tapume* (de *tapar*) e *urdume* (de *urdir*).

Existem também nomes de evento produzidos através do processo de conversão, ou seja, sem operador afixal, como *abraço, grito, lavra*.

O 'evento' pode ser concebido e formatado de diferentes formas (no seu decurso, nos seus subeventos, na sua efetivação, na sua culminação), de acordo com o tipo de base e o sufixo presentes no produto. Os diferentes tipos de eventos são:

> (i) 'evento dinâmico, temporal e ontologicamente unitário ou homogéneo', como em congelação, avaliação; nos nomes assim formatados não é focado o decurso ao longo do eixo do tempo, mas a sua efectivização final (cf. a avaliação foi desgastante);
>
> (ii) 'evento dinâmico/processo, focado no seu decurso continuado no eixo do tempo e ao nível ontológico', como em amarelecimento, arrefecimento (cf. este arrefecimento inesperado destruiu as culturas);
>
> (iii) ação iterada: 'evento dinâmico, constituído por subeventos idênticos, repetidos em simultâneo ou em sequência, não culminado' (gritaria, zombaria);
>
> (iv) ação constituída por subeventos diferentes: 'evento dinâmico, constituído por subeventos distintos' (aterragem, alunagem);
>
> (v) ponto de chegada: 'evento dinâmico, focalizado no ponto de culminação do evento (chegada, grunhido).

Além das significações de evento, estes nomes podem também designar significações não eventivas de caráter mais ou menos concreto. São elas:

> (i) estado: 'não evento abstrato, não dinâmico; representa continuidade temporal e ontologicamente homogénea que resulta de um evento' (*atemorização, abafamento*);
>
> (ii) resultado: 'entidade concreta que resulta do evento' (*galadura, ondulação, declaração*).

Os deverbais de evento podem ainda acumular significações de 'indivíduo', como 'causa' (*aquecimento, guarnição*), 'agente humano' (*presidência, pilotagem*), 'locativo' (*agência, refinaria*). Não obstante, os sufixos que se apresentam nesta secção disponibilizam, em conjugação com as bases que selecionam, a significação de 'evento'. A par desta, ocorrem outras significações, que serão explicitadas em cada ocasião.

As classes semântico-sintáticas verbais referidas nesta secção encontram-se trabalhadas em Rodrigues (2008: 165-204).

2.4.1.1. Nomes sufixados em *-ção*

Este é o sufixo formador de nomes de evento com maior produtividade atual.

O sufixo *-ção* anexa-se ao tema verbal do particípio passado, como se comprova através dos deverbais formados a partir de verbos da 2.ª conjugação, como (***embeber***) ***embebido*** > *embebi+ção*, (***moer***) ***moido*** > *moi+ção*.

O sufixo *-ção* anexa-se a bases verbais que apresentam as seguintes estruturas morfológicas:

> (i) bases simples derivadas (verbos conversos), como *documentar/documentação, pavimentar/ pavimentação, resinar/resinação*;
>
> (ii) bases simples não derivadas (*caiar/caiação, trair/traição, vedar/vedação*);

> (iii) bases complexas não derivadas (*aplicar/aplicação, averiguar/averiguação, competir/competição, conservar/conservação*);
>
> (iv) bases complexas derivadas por <u>prefixação</u> (a*bafar/abafação*, **confra**-*ternizar/confraternização*, **en***cadernar/encadernação*, **es***cavar/escavação*, **re***finar/refinação*, etc.), por <u>sufixação</u> (*actual**izar**/actualização, bestial**izar**/bestialização, branqu**ear**/branqueação, folh**ear**/folheação, pront**ificar**/prontificação, sapon**ificar**/saponificação*) e por <u>circunfixação</u> (***a**guerr**ear**/aguerreação*, *es**carnificar**/escarnificação*).[27]

Destaca-se a ausência de bases que contêm -*ec*- e -*esc*- quer como sufixos, quer como constituintes de um circunfixo (e.g. **amareleceção*; **ruboresceção, *envelheceção*).

O sufixo -*ção* não mostra preferência por estruturas ou de caráter erudito ou não erudito, sendo compatível com ambas.

Sob o ponto de vista sintático-semântico, as bases dos deverbais em -*ção* são sobretudo verbos transitivos causativos (*agravar>agravação, sedar>sedação, libertar>libertação*), indicadores de um desempenho (*governar>governação, coordenar>coordenação, decretar>decretação*), resultativos (*caramelizar>caramelização, cristalizar>cristalização, gaseificar> gaseificação*), ornativos, significando 'prover de, aplicar' (*amamentar>amamentação, nomear>nomeação, taxar>taxação*) e locativos (*acamar>acamação, entronizar>entronização, catalogar>catalogação*). Também existem produtos em -*ção* a partir de verbos inergativos (*nidificar>nidificação, raciocinar>raciocinação, tiritar>tiritação*) e inacusativos (*culminar>culminação, inchar>inchação, ulcerar> ulceração*), mas em número muito menor do que os que são formados com base em verbos transitivos (Rodrigues 2008: 313-314).

Os semantismos dos nomes em -*ção* são:

---

[27] Estes são os operadores que se destacam numericamente dos que constituem as bases dos deverbais em -*ção*.

(i) evento, o sentido maioritário (*afinação, ancoração, deambulação, proliferação*, etc.);

(ii) estado, coincidente temporalmente com o ponto em que se efetua o evento e não concomitante com o decurso desse evento (*atemorização, consternação, inquietação*);

(iii) resultado (*conspiração, dissertação, declaração, ondulação, radiação*);

(iv) causa/agente (*governação, administração, alimentação, guarnição*);

(v) locativo (*arrecadação, arrumação, fundição, povoação*).

2.4.1.2 Nomes sufixados em -*ment(o)*

O sufixo -*ment(o)* é, a seguir a -*ção*, o que tem maior produtividade na atual sincronia. A forma da base verbal a que -*ment(o)* se junta é a do tema do particípio passado: *aparecimento, desenvolvimento* apresentam o tema do particípio (-*i*-), observável em *aparecido* e em *desenvolvido*.

As bases verbais, com estruturas de caráter erudito e não erudito, possuem as seguintes caraterísticas morfológicas:

(i) bases simples não derivadas (*atar/atamento, cair/caimento, sair/saimento, urdir/urdimento*);

(ii) bases simples derivadas (verbos conversos) (*cruzar/cruzamento, enxofrar/enxoframento, martelar/martelamento*);

(iii) bases complexas não derivadas (*empreender/empreendimento, induzir/induzimento, progredir/progredimento*);

(iv) bases complexas derivadas por prefixação (*apoderar/apoderamento, desmembrar/desmembramento, enfarinhar/enfarinhamento, esfarrapar/esfarrapamento*, etc.), por sufixação (*arejar/arejamento, bombardear/bombardeamento, florescer/florescimento, humedecer/humedecimento, planear/planeamento*) e por circunfixação (*apedrejar/apedrejamento, endoidecer/endoidecimento, entristecer/entristecimento*).

Destaca-se a ausência de bases que contêm -*iz*- e -*ific*-, como sufixos ou como constituintes de um circunfixo (e.g. **americanizamento*; **unificamento*). As raras exceções são *atemorizamento* e *arcaizamento*.

Relativamente ao tipo sintático-semântico das bases, estas são maioritariamente causativas (*apaziguar/apaziguamento, engrossar/engrossamento, enrijar/enrijamento*) e depois ornativas ('prover de') (*embalsamar/embalsamamento, enfarinhar/enfarinhamento, polvilhar/polvilhamento*), indicadoras de desempenho (*cometer/cometimento, jurar/juramento, pronunciar/pronunciamento*) e locativas (*abarracar/abarracamento, amontoar/amontoamento, internar/internamento*). Os verbos inergativos e os inacusativos também formam deverbais em -*ment*(*o*) (*balancear/balanceamento, desfalecer/desfalecimento, esmorecer/esmorecimento, luzir/luzimento, nascer/nascimento, zunir/zunimento*), embora em número reduzido comparativamente com os verbos transitivos.

Os semantismos dos produtos em -*ment*(*o*) são os seguintes:

> (i) evento (o semantismo com maior expressão), formatado tipicamente como processual, em decurso (*atropelamento, esbanjamento, manuseamento, policiamento*, entre outros);
>
> (ii) estado (*abafamento, esgotamento, casamento, arrebatamento, enternecimento*), algumas vezes designador de doenças (*crestamento, esquentamento, esfriamento, resfriamento, quebramento*);
>
> (iii) resultado (*arruamento, emparcelamento, retalhamento, seccionamento*);
>
> (iv) causa/agente (*acompanhamento, aquecimento*);
>
> (v) locativo (*acampamento, alojamento, estacionamento*).

2.4.1.3 Nomes sufixados em -*agem*

A forma da base verbal a que -*agem* se anexa é a do radical (*moer* > *moagem*, *vender* > *vendagem*). Estes exemplos de deverbais construídos a partir de verbos de tema em -e (*moagem* de *moer*, *vendagem* de *vender*) mostram que a configuração do sufixo é *-agem*.

O sufixo *-agem* anexa-se a bases verbais preferencialmente não eruditas e com as seguintes estruturas morfológicas:

> (i) bases simples derivadas (verbos conversos) (*estanhar/estanhagem, laminar/laminagem, albuminar/albuminagem, armazenar/armazenagem, martelar/martelagem*);
> (ii) bases simples não derivadas (*lavar/lavagem, lavrar/lavragem, moer/moagem, raspar/raspagem*);
> (iii) bases complexas derivadas formadas por prefixação (*a*bordar/*a*bordagem, *a*lunar/*a*lunagem, *a*marar/*a*maragem, *en*garrafar/*en*garrafagem, *en*gomar/*en*gomagem, etc.) e por sufixação (*enxamear/enxameagem, marear/mareagem*). Na base de dados consultada são escassos os sufixos encontrados: além de *-e-*, apenas ocorre um exemplo de *-iz-* (*cobaltizar/cobaltizagem*).
> (iv) As bases complexas não derivadas são extremamente escassas (*endereçar/endereçagem* e *reportar/reportagem*).

Os verbos circunfixados não estão disponíveis para a formação destes deverbais. A grande maioria das bases verbais é resultado do processo de conversão denominal.

Quanto ao tipo sintático-semântico das bases, o sufixo *-agem* prefere os verbos transitivos. São escassos os verbos inacusativos (*passar, parar*). Dos transitivos, os mais representativos são os ornativos 'prover de' (*niquelar, zincar, platinar, sulfatar, etiquetar, carimbar*), os instrumentais (*cinzelar, pincelar, esmerilar, espadelar*) e os indicadores de desempenho (*driblar, pilotar, tutelar*). Os verbos inergativos são em número reduzido (*arfar, cabotinar, guerrilhar, jardinar*). A maioria dos verbos designa atividades técnicas.

Os derivados deverbais em *-agem* têm diversas significações, de que se destaca a de evento. O sufixo *-agem* tem a particularidade de codificar eventos de caráter técnico. Como tal, o evento em *-agem* é formatado como sendo constituído por uma série de subeventos e por um ponto de culminação. O caráter técnico resulta na designação de atividades profissionais de tipo mecânico (*aramagem, betonagem, bobinagem, estucagem, estanhagem, recauchutagem, resinagem*, etc.). O evento designado pode também referir-se ao ponto de culminação do evento (*alunagem, aterragem, amaragem, ancoragem*).

Além de evento, registam-se os seguintes sentidos: imposto, pagamento, quantia (*carretagem, cubagem, desalfandegagem, portagem*); causa/agente (*arbitragem, pilotagem*); locativo (*moagem, paragem, passagem*); resultado/produto (*amostragem, legendagem, moagem, pilhagem, tatuagem*); instrumento (conjunto) (*agulhagem, aparelhagem, atrelagem, engrenagem*).

2.4.1.4 Nomes sufixados em -*dur(a)*

A forma da base verbal a que -*dur(a)* se anexa é a do tema do presente, como o evidenciam os deverbais *batedura, bebedura, benzedura, espremedura, mordedura, tecedura, tendedura, varredura*, entre outros, formados a partir de verbos da 2.ª conjugação. Esta constatação permite também verificar que o sufixo é -*dur(a)* e não -*ur(a)*. A ser -*ura*, /d/ faria parte do particípio passado e, nos deverbais construídos a partir de verbos da 2.ª conjugação, a forma da base deveria conter -*i*- (*batidura, *bebidura) e não -*e*-, como de facto se apresenta (*batedura, bebedura*).

O sufixo -*dur(a)* anexa-se a estruturas morfológicas de base dos seguintes tipos:

> (i) bases simples derivadas (verbos conversos) (*albardar/albardadura, grudar/grudadura, limar/limadura, rolhar/rolhadura, sachar/sachadura*);
> (ii) bases simples não derivadas (*correr/corredura, cortar/cortadura, coser/cosedura, cozer/cozedura, ferver/fervedura, roer/roedura*);

> (iii) bases complexas não derivadas (*perfumar/perfumadura, remeter/remetedura, represar/represadura, salgar/salgadura*);
> (iv) bases complexas derivadas por <u>prefixação</u> (*abafar/abafadura, abotoar/abotoadura, encabrestar/encabrestadura, encerar/enceradura, escorrer/escorredura, esgotar/esgotadura*), por <u>sufixação</u> (*coxear/coxeadura, cuspinhar/cuspinhadura, estoquear/estoqueadura, rastejar/rastejadura, varejar/varejadura, versejar/versejadura*) e por <u>circunfixação</u> (*agatanhar/agatanhadura*).

Este sufixo mostra preferência por estruturas de caráter não erudito. A maioria das bases é simples não derivada, seguindo-se as bases conversas e as prefixadas por *en-* e por *a-*.

Em relação ao tipo sintático-semântico das bases, estas são maioritariamente transitivas, mas também há bases inacusativas (*gretar/gretadura, inchar/inchadura*) e inergativas (*miar/miadura, ladrar/ladradura, roncar/roncadura, rosnar/rosnadura*). Das bases transitivas, as que apresentam maior disponibilidade são as causativas (*brunir/brunidura, chamuscar/chamuscadura, matar/matadura, moer/moedura, polir/polidura, quebrar/quebradura, tisnar/tisnadura*), as ornativas 'prover de' (*adubar/adubadura, enlamear/enlameadura, ensaboar/ensaboadura, estercar/estercadura, ferrar/ferradura*) e as instrumentais (*ligar/ligadura, pentear/penteadura, sachar/sachadura, serrar/serradura*).

As bases designam eventos concretos e não abstratos. Para a formação destes nomes não estão disponíveis verbos psicológicos.

Os produtos têm as seguintes significações:

> (i) evento: o sufixo *-dur(a)* tem a particularidade de referenciação do evento, ou seja, de identificação de uma ocorrência eventiva destacada do todo referencial (*faladura, miadura, revestidura, roncadura*); os eventos são de caráter concreto, mas não técnico, ao contrário dos denotados por *-agem*;
> (ii) resultado: as significações de resultado têm nestes produtos acepções de 'ferida' (*arranhadura, beliscadura, golpeadura, machucadura, picadura,*

> *pisadura, queimadura*), 'porção' (*enfiadura, ensaboadura, semeadura*), 'restos, resíduos' (*cevadura, corredura, limadura, serradura*), sendo que estas significações não se constroem a partir de verbos inergativos;
>
> (iii) partes de corpo: *embraçadura, enfiadura, sangradura, empunhadura*.

2.4.1.5 Nomes sufixados em *-nci(a)*

A forma da base verbal a que *-nci(a)* se anexa é a do tema do presente, como o revelam os deverbais formados a partir de verbos da 2.ª conjugação (***proceder/procedência***) e de 1.ª conjugação (***culminar/culminância***).

Nos nomes derivados de verbos de tema em *-i-* ocorre uma divergência fonológica relativamente ao expectável, pois verifica-se discrepância entre a VT do verbo base (*fluir, gerir, aderir, anuir*) e a que ocorre no nome em *-nci(a)*: *-e-* (*fluência, gerência, aderência* e *anuência*). Não é esta razão suficiente para se considerar que o sufixo tem o formato *-enci(a)*. Na realidade, estes nomes em correlação paradigmática com os verbos da 3.ª conjugação são herdados do latim. Nesta língua, os verbos que estão na origem dos verbos portugueses tinham tema em -E- 'breve'. Ora, estes verbos latinos convergiram, em português, com os verbos de tema em *-i-*, reduzindo-se as quatro conjugações latinas a apenas três, em português. Nomes como *fluência* mantêm o formato vocálico da vogal correspondente ao tema latino próximo do original, com /e/. A formação de nomes com este sufixo não é muito corrente atualmente a partir de verbos da terceira conjugação. No entanto, possíveis formações são geradas seguindo-se o esquema (cf. cap. 1: 1.5.4) ou paradigma representável por pares como o de *fluir/fluência*. Por isso, a formação a partir de *dormir* tem o formato *dormência* e não **dormíncia*. Recorde-se ainda que, em latim, os verbos de tema em *-i-* fazem o particípio presente (cuja forma neutra do plural -NTIA está na origem histórica de -*ncia*) em -IENS, IENTIS, razão que explica o formato de nomes como *impediência*, correlato de *impedir*, e *resiliência*, correlato de *resilir*. Esta circunstância reforça o poder analógico com -*e*- para as escassas formações em português a partir de verbos em -*i*-.

O sufixo -*nci*(*a*) anexa-se a bases verbais com as seguintes estruturas morfológicas:

> (i) bases complexas não derivadas (*congeminar/congeminância, preceder/precedência, recrudescer/recrudescência, transcender/transcendência*);
> (ii) bases simples não derivadas (*culminar/culminância, solver/solvência, tender/tendência, viver/vivência*);
> (iii) bases simples derivadas (verbos conversos) (*fulgurar/fulgurância, rapinar/rapinância, sindicar/sindicância*);
> (iv) bases complexas derivadas por <u>sufixação</u> (*arborescer/arborescência, florescer/florescência, fluorescer/fluorescência, fosforescer/fosforescência, verdejar/verdejância*), por <u>prefixação</u> (*escorrer/escorrência, excrescer/excrescência*) e por <u>circunfixação</u> (*ensurdecer/ensurdecência, revivescer/revivescência*).

Este sufixo mostra preferência por estruturas de caráter erudito. A maioria das bases é complexa não derivada, seguindo-se as bases simples não derivadas e as sufixadas em -*esc*-. Os circunfixos que aparecem nas bases contêm o elemento -*esc*-.

Quanto aos tipos sintático-semânticos das bases, o sufixo -*nci*(*a*) seleciona sobretudo verbos inacusativos. Os verbos inergativos e os intransitivos estão em pé de igualdade, mas num nível inferior aos inacusativos (cf. Rodrigues 2008: 306-309). Os verbos inacusativos são sobretudo designadores de estado/existência (*sobreviver/sobrevivência, subsistir/subsistência, tender/tendência, urgir/urgência, vagar/vagância, valer/valência, viger/vigência, viver/vivência*), incoativos (*arborescer/arborescência, arder/ardência, deliquescer/*

deliquescência, desfalecer/desfalecência, efervescer/efervescência, ensurdecer/ensurdecência, entumecer/entumecência) e indicadores de movimento com direção específica (*descender/descendência, exorbitar/exorbitância, proceder/procedência, reentrar/reentrância, transcender/transcendência*). Os verbos transitivos são sobretudo indicadores de desempenho (*dominar/dominância, traficar/traficância, vigilar/vigilância*) e causativos (*acrescer/acrescência, dissolver/dissolvência, solver/solvência*). Os verbos inergativos são de indicação de desempenho (*implicar/implicância, sindicar/sindicância*), de emissão de luz (*radiar/radiância, rutilar/rutilância, verdejar/verdejância*), de emissão de som (*dissonar/dissonância, planger/plangência, ressonar/ressonância, retumbar/retumbância, ribombar/ribombância, sibilar/sibilância*) e de emissão de cheiro (*recender/recendência*).

As bases são tendencialmente caraterizadas por não possuírem um sujeito controlador do evento, mas detentor de propriedades internas que lhe permitem o evento. Os verbos têm caráter durativo.

Os derivados têm as seguintes significações:

> (i) estado/qualidade/propriedade: *abundância, ardência, dependência, discrepância, incandescência, repugnância, vivência*;
>
> (ii) resultado: *equivalência, excrescência, intumescência, redundância, referência, sibilância*;
>
> (iii) evento, com caráter processual: *confluência, convergência, emergência, incidência*;
>
> (iv) período de tempo: *vacância*;
>
> (v) locativo: *agência, estância, urgência*.

Os produtos deste sufixo apresentam maior número de significações de estado e de resultado do que de evento. Trata-se de um sufixo utilizado em tecnoléxicos científicos.

2.4.1.6 Nomes sufixados em *-nç(a)*

A forma do verbo a que *-nç(a)* se anexa é a do tema do presente (*correr* > *corrença*).

Quanto à sua estrutura morfológica, as bases verbais com que o sufixo *-nç(a)* se combina são:

> (i) bases simples não derivadas (*andar/andança, correr/corrença, vingar/vingança*);
> (ii) bases simples derivadas (verbos conversos) (*costumar/costumança, esquivar/esquivança, fartar/fartança, liderar/liderança maridar/maridança*);
> (iii) bases complexas não derivadas (*comparar/comparança, confiar/confiança, perseverar/perseverança*);
> (iv) bases complexas derivadas por <u>prefixação</u> (***a**bastar/**a**bastança, **de**crescer/**de**crescença, **em**birrar/**em**birrança*).

Não se encontram bases sufixadas nem circunfixadas.

Este sufixo mostra preferência por estruturas não eruditas, sobretudo simples não derivadas.

Quanto aos tipos sintático-semânticos das bases, estas são dominantemente transitivas e inacusativas, embora as primeiras sejam em número superior. Os verbos transitivos são, na sua maioria, de indicação de desempenho (*embirrar/embirrança, gabar/gabança, governar/governança, liderar/liderança, ordenar/ordenança*), causativos (*bojar/bojança, criar/criança, demudar/demudança, destemperar/destemperança*) e verbos psicológicos, com sujeito experienciador (*confiar/confiança, crer/crença, embirrar/embirrança, esperar/esperança, querer/querença*). Nos verbos inacusativos destacam-se os verbos incoativos (*medrar/medrança, mingar/mingança, crescer/crescença*) e de existência/estado (*parar/parança, parecer/parecença, semelhar/semelhança, viver/vivença*). As bases inergativas são exemplificadas por *andar/andança, militar/militança*, entre outros.

Estes produtos têm semantismos de estado (*confiança, perseverança, temperança*), evento (*espreitança, matança, nascença, vingança*) e resultado (*lembrança, quebrança, crescença*).

2.4.1.7 Nomes sufixados em -*ão*

A forma do verbo a que -*ão* se anexa é a do radical (***tropeçar*** > ***tropeção***).

Na produção de nomes de evento, o sufixo -*ão* combina-se com bases verbais que, quanto à estrutura morfológica, são dos seguintes tipos:

> (i) bases simples não derivadas (*aleijar/aleijão, apagar/apagão, puxar/puxão, rasgar/rasgão, sacar/sacão*);
>
> (ii) bases complexas não derivadas (*escorregar/escorregão, estorcegar/estorcegão, recuar/recuão*);
>
> (iii) bases complexas derivadas por <u>prefixação</u> (*a*brasar/*a*brasão, *arr*astar/*arr*astão, *en*contrar/*en*contrão, *en*talar/*en*talão, *re*puxar/*re*puxão, *re*virar/*re*virão);
>
> (iv) bases simples derivadas (verbos conversos) (*borrar/borrão, estacar/estacão*).

Não se encontram bases nem sufixadas, nem circunfixadas.

Este sufixo mostra preferência por estruturas não eruditas, sobretudo simples não derivadas.

Para formar nomes eventivos, o sufixo -*ão* anexa-se sobretudo a bases transitivas que designam eventos que implicam contacto (*apalpar/apalpão, apertar/apertão, arranhar/arranhão, arrepelar/arrepelão, atracar/atracão, calcar/calcão*), mover através de força (*arrancar/arrancão, arrastar/arrastão, empurrar/empurrão*) e ferir (*aleijar/aleijão, beliscar/beliscão, entalar/entalão, escaldar/*

escaldão). As poucas bases inergativas designam sobretudo modo de moção (*escorregar/escorregão, tropeçar/tropeção*). As bases inacusativas são escassas (*recuar/recuão*).

Quando *-ão* se anexa a este tipo de bases verbais, os produtos têm as significações de evento culminado súbito e intenso (*empurrão, encontrão, puxão*) e de resultado (*aleijão, arranhão, beliscão, chupão, escaldão, rasgão*). Em 2.4.2.10 é tratada a formação de nomes de indivíduo gerados com este sufixo.

2.4.1.8 Nomes sufixados em *-ari(a)*

A forma da base verbal a que *-ari(a)* se anexa é a do radical (***gritar*** > ***grit**aria*).

O sufixo *-ari(a)* anexa-se a bases verbais dos seguintes tipos morfológicos:

> (i) bases simples não derivadas (*berrar/berraria, gritar/gritaria, serrar/serraria, voar/voaria, zombar/zombaria, zurrar/zurraria*);
> (ii) bases complexas derivadas por sufixação em *-e-* (*barbear/barbearia, branquear/branquearia, granjear/granjearia, tornear/tornearia, vozear/vozearia*).
> (iii) bases simples derivadas (verbos conversos) (*aceirar/aceiraria, albergar/albergaria, alquilar/alquilaria, sesmar/sesmaria*).
> (iv) Ocorrem escassas bases prefixadas (*amassar/amassaria, refinar/refinaria*).

Este sufixo não se anexa a bases complexas não derivadas ou bases circunfixadas, mostrando preferência por estruturas não eruditas, sobretudo simples não derivadas.

O sufixo anexa-se a bases transitivas e a bases inergativas, mas não a bases inacusativas. As bases transitivas são preferencialmente de indicação de desempenho (*alcovitar, amassar, blasonar, caçoar*), ornativas (*aceirar, pregar* 'pôr pregos', *acerar*) e causativas (*branquear, destilar, refinar*). As bases inergativas são sobretudo de emissão de som (*berrar, zurrar, gritar, roncar*).

Os produtos denotam eventos e locativos. O evento designado é constituído por uma iteração de subeventos iguais (*gritaria, palraria, roncaria*). Quando a base é transitiva, o derivado pode designar atividade profissional (*refinaria, marchetaria*). A significação de locativo só ocorre com bases transitivas (*albergaria, branquearia, destilaria, estamparia, hospedaria, refinaria, serraria*), mas não com bases inergativas.

2.4.1.9 Nomes sufixados em -*nç(o)*

A forma da base verbal a que -*nç(o)* se anexa é a do tema do presente (***armar*** > ***armanço***).

As bases verbais com que o sufixo -*nç(o)* se combina são, quanto às suas estruturas morfológicas:

> (i) bases simples não derivadas (*falhar/falhanço, gabar/gabanço, gamar/gamanço*);
> (ii) bases simples derivadas (verbos conversos) (*amigar/amiganço, palmar/palmanço, rapinar/rapinanço*);
> (iii) bases complexas derivadas por prefixação em *en*- e *es*- (*empinar/empinanço, entalar/entalanço, espalhar/espalhanço*);
> (iv) escassas bases complexas não derivadas (*habilitar/habilitanço*).

Não se encontram bases circunfixadas nem sufixadas.

Este sufixo mostra preferência por estruturas não eruditas, sobretudo simples não derivadas.

No que diz respeito aos tipos sintático-semânticos das bases, o sufixo tem preferência por bases transitivas e, em menor escala, por bases inacusativas. As bases inergativas são escassas. As bases transitivas são sobretudo indicadoras de captura/roubo (*gamar/ gamanço, palmar/palmanço, pescar/pescanço, pilhar/pilhanço, rapinar/rapinanço, surripiar/ surripianço*) e de desempenho (*falhar/ falhanço, mimar/mimanço, picar/picanço*). As bases inacusativas indicam colocação em configuração espacial (*espalhar-se/espalhanço, espetar-se/espetanço, esticar-se/esticanço*).

Os produtos apresentam os semantismos de evento processual (*gamanço, rapinanço, picanço*) e de evento que indica o ponto de culminação (*espalhanço, espetanço, esticanço*).

2.4.1.10 Nomes sufixados em -*id*(o)

Aparentemente, os produtos como *latido, gemido* parecem corresponder ao particípio dos verbos em -*i*- e -*e*-. No entanto, o facto de existirem nomes deste tipo a partir de verbos de tema em -*a*- legitima a existência do sufixo -*id*(o) (*ladrar > ladrido, rosnar > rosnido*). Trata-se de um sufixo extremamente homogéneo na seleção das bases e no contributo semântico para o produto final.

O sufixo anexa-se ao radical verbal (**grasnar > grasn**ido, **roncar > ronqu**ido) de bases simples não derivadas, como *ladrar/ladrido, zumbir/zumbido, mugir/mugido, roncar/ronquido*.

Em termos sintático-semânticos, o sufixo anexa-se a verbos inergativos de emissão de som (*bufar/bufido, carpir/carpido, estalar/ estalido, ganir/ganido, gemer/gemido, grasnar/grasnido*).

Os semantismos produzidos são de evento (emissão de som), denotando o produto emissão de som (*bufido, gemido, grasnido, estalido, zumbido*), e de resultado, sendo que o produto designa o próprio som resultante do evento. As duas significações podem distinguir-se em co-texto: em *O zumbido durou toda a noite*, o verbo aspetual durativo providencia a leitura eventiva; em *O zumbido é agudo*, o emprego do adjetivo *agudo* facilita a leitura resultativa.

2.4.1.11 Nomes sufixados em *-ic(e)*

O sufixo combina-se com o radical da base verbal (***aldrabar* > *aldrab*ice, *bisbilhotar* > *bisbilhot*ice**). O sufixo prefere bases não eruditas e não derivadas, como *chafurdar/ chafurdice, enzonar/enzonice, farfalhar/farfalhice, palrar/palrice, paparrotar/paparrotice, resmungar/resmunguice*, havendo também algumas bases simples derivadas, ou seja, conversas (*chicanar/chicanice, taramelar/taramelice*) e sufixadas (*pedinchar/pedinchice*).

Quanto aos tipos sintático-semânticos, as bases são inergativas e transitivas. Em comum a estes dois tipos está o semantismo de desempenho (*bisbilhotar/bisbilhotice, chafurdar/chafurdice, pedinchar/pedinchice*) ou de produção de ato de fala (*coscuvilhar/ coscuvilhice, resmungar/resmunguice, tagarelar/tagarelice*) marcados com um juízo de valor negativo. Também os produtos denotam um evento marcado como avaliado negativamente (*bisbilhotice, pedinchice, palrice*), como os demais nomes em *-ice* (cf. cap. 2: 2.1.2.2).

2.4.1.12 Nomes sufixados em *-d(a)*

O sufixo tem a configuração *-d(a)*. Quando a base é um verbo de tema em *-e-* ou em *-i-* preserva-se o tema do particípio verbal (***ouvida, mexida, saída***).

O sufixo *-d(a)* anexa-se a bases verbais que, quanto à sua estrutura morfológica, são dos seguintes tipos:

> (i) bases simples não derivadas (*bolçar/bolçada, caçar/caçada, ir/ida, miar/miada, mexer/mexida*);
>
> (ii) bases simples derivadas (verbos conversos) (*laçar/laçada, malhar/malhada, peneirar/peneirada, remar/remada*);

> (iii) bases complexas derivadas por prefixação em *a-* (*aportar/aportada, atirar/atirada*), *des-* (*descair/descaída, descamisar/descamisada, descorticar/descortiçada*), *en-* (*empalhar/empalhada, enfiar/enfiada*), *es-* (*espalhar/espalhada, esquentar/esquentada*), *re-* (*rebater/rebatida, recair/recaída, remexer/remexida*), por sufixação em *-e-* (*sapatear/sapateada, vozear/vozeada*), em *-ej-* (*marejar/marejada, vaquejar/vaquejada*) e por sufixação avaliativa (*chapinhar/chapinhada, chapiçar/chapiçada, chamuscar/chamuscada*);
> (iv) e, em menor número, bases complexas não derivadas (*anunciar/anunciada, consoar/consoada, cavalgar/cavalgada, despedir/despedida*).

Este sufixo mostra preferência por estruturas não eruditas, sobretudo simples não derivadas e complexas derivadas prefixadas. Ocorre uma base circunfixada (*amanhecer/amanhecida*).

Quanto aos tipos sintático-semânticos, as bases são sobretudo transitivas e inergativas, mas também existem bases inacusativas. As bases transitivas são preferencialmente designadoras de desempenho (*caçoar/caçoada, mamar/mamada, mastigar/mastigada, vencer/vencida*) e causativas (*cozinhar/cozinhada, debulhar/debulhada, ferver/fervida, fritar/fritada*). Dentro das causativas destacam-se as que denotam 'ferir' (*escornar/escornada, ferir/ferida, fustigar/fustigada, picar/picada*). Há ainda bases transitivas ornativas 'prover de' (*calçar/calçada*), de contacto por impacto (*abalroar/abalroada, acometer/acometida, nicar/nicada*) e de movimento em direção específica (*tirar/tirada, puxar/puxada, trazer/trazida*). As bases inergativas são sobretudo de emissão de som (*chiar/chiada, chilrear/chilreada, chinfrinar/chinfrinada, guinchar/guinchada*), de desempenho (*marrar/marrada, remar/remada*), de emissão de substância (*cuspinhar/cuspinhada, esguichar/esguichada, hissopar/hissopada*) e de modo de moção (*calcorrear/calcorreada, caminhar/caminhada*). As bases inacusativas são sobretudo de movimento em direção específica (*cair/caída, chegar/chegada, decair/decaída, descer/descida, ir/ida*).

Tal como o sufixo *-dur(a)* (cf. cap. 2: 2.4.1.4), o sufixo *-d(a)* tem a particularidade de referenciar o evento, codificando a identificação de uma ocorrência eventiva destacada do todo referencial. É esta caraterística semântica de 'referenciação', enquanto individualização do evento, que está na origem de semantismos como 'porção', também presente nos produtos em *-dur(a)*. O evento pode também ser apresentado como processual ou como ponto de culminação, em consonância com a estrutura eventiva do verbo base. Ainda que alguns nomes denotem 'evento rápido e negligentemente efetuado', como é o caso de *olhada*, este não é um traço inerente a *-d(a)*, no PE, como o atestam os exemplos *lavrada, malhada*. O semantismo de rapidez é usual no PB, nas numerosas construções em *DAR uma X-da* (dar uma *encerada*, dar uma *lida*, dar uma *olhada*, dar uma *pensada*, dar uma *piscada*, dar uma *saída*, dar uma *telefonada*) (Cf. Rodrigues 2014).

Os semantismos no PE podem ser muito diversos:

(i) evento que indica o ponto de culminação (*calcada, olhada, sacudida, tomada*);

(ii) evento processual (*caçada, escalada, queimada, segada*);

(iii) evento que é especificamente um golpe [28] (*escornada, marrada, nicada, palmatoada*);

(iv) evento constituído por repetição de subeventos iguais (*guinchada, roncada, zurrada*);

(v) resultado concreto (*ferida, lambuzada, picada*);

(vi) porção (*fritada* 'o que se frita de uma vez'; *chapada* 'porção de líquido que se atira de golpe'; *peneirada* 'o que se peneira de cada vez'; *pisoada* 'porção de qualquer substância (pano, lã, etc.) que se pisoa de uma vez');

(vii) aquilo que é Vdo (*bebida, comida, cortada, empreitada, queimada*);

(viii) locativos (*entrada, saída, jazida, pousada*);

---

[28] Para os produtos denominais, veja-se a secção 2.2.9.

> (ix) estado (*embrulhada, enrascada*);
>
> (x) período de tempo (*alvorada, consoada*);
>
> (xi) agente (*cavalgada* 'grupo de pessoas a cavalo', *revoada* 'bando de aves a voar');
>
> (xii) evento avaliativo (*baralhada, araviada* 'algaraviada').

2.4.1.13 Nomes sufixados em -ç(o)

Este sufixo anexa-se ao tema do particípio das bases (*inchado> inchaço, tolhido > tolhiço*).

Quanto à sua estrutura morfológica, as bases são simples não derivadas (*andar/andaço, cansar/cansaço, lançar/lançaço*) e complexas derivadas por prefixação (*estirar/estiraço*). O sufixo opta por estruturas não eruditas.

Em relação aos tipos sintático-semânticos, as bases são transitivas (*cansar/cansaço, lançar/lançaço*) e inacusativas (*andar/andaço, arrebitar/arrebitaço, sumir/sumiço*). Não se encontraram bases inergativas.

Os produtos denotam evento (*andaço, cagaço, estiraço, lançaço, sumiço*), estado (*cansaço*), resultado do evento (*inchaço, tolhiço*) e instrumento não mecânico (*tapiço* 'cobertura').

2.4.1.14 Nomes sufixados em -del(a)

O sufixo anexa-se ao tema do presente do verbo base (*encher > enchedela*).

Pode colocar-se a hipótese de se tratar do sufixo avaliativo -el(*a*) que se anexa ao radical do particípio passado (*olhada >olhadela, partida >partidela*). Esta hipótese vai ao encontro da significação destes produtos, que designam evento culminado ou processual, conforme o tipo eventivo da base verbal. Contudo, para a delimitação do sufixo como *-dela* contribuem os seguintes fatores: o facto de não ser possível formar nomes deste tipo a partir de qualquer nome em *-da* (*alvorada/*alvoradela, chapada/*chapadela, empreitada/ *empreitadela, ferida/*feridela*); o facto de a maior parte das formas correlatas de verbos de tema em *-e-* (*lamber, varrer*) terem *-e-* e não *-i-*; o facto de a par de *lambidela* e *partidela* coocorrerem *lambedela* e *partedela*.

Quanto à estrutura morfológica, dominantemente não erudita, as bases são dos seguinte tipos:

> (i) bases simples não derivadas (*bater/batedela, cuspir/cuspidela, dizer/ dizedela, esticar/ esticadela*);
> (ii) bases complexas derivadas por <u>prefixação</u> (*amansar/amansadela, **des**cair/descaidela, **des**cascar/descascadela, **em**palmar/empalmadela, **em**pinar/ empinadela, **es**caldar/ escaldadela, **es**preguiçar/espreguiçadela*) e por <u>sufixação avaliativa</u> (*beij**oc**ar/ beijocadela*);
> (iii) bases simples derivadas (*estrumar/estrumedela, fartar/fartadela, ferroar/ferroadela*).

No que aos tipos sintático-semânticos das bases diz respeito, o sufixo anexa-se a bases transitivas causativas (*tosquiar/tosquiadela, untar/untadela*) e de desempenho (*lavar/lavadela, limpar/ limpadela, pentear/penteadela, sachar/sachadela, tocar/tocadela, varrer/varredela*), inacusativas (*cair/caidela, fugir/fugidela, parir/ paridela, virar/viradela*) e inergativas (*grunhir/grunhidela, grasnar/grasnadela, miar/miadela, rosnar/rosnadela, tossir/tossidela*).

Devido ao caráter de 'evento rápido e negligente' do sufixo, paralelo em PE àquele que se verifica com o sufixo *-d(a)* em PB (cf. Rodrigues 2014), pode colocar-se a hipótese de este se agregar apenas a bases eventualmente culminadas. Mas não é isso que se verifica. Na verdade, o sufixo anexa-se a bases que são processos culminados (*arranjar/arranjadela, assar/assadela*), processos (*assobiar/assobiadela, borrifar/borrifadela*) e culminações (*arrancar/arrancadela, esmagar/esmagadela*). O sufixo exclui apenas verbos de estado (*amar/*amadela, existir/*existidela, morar/*moradela*).

Os produtos apresentam os seguintes semantismos:

> (i) evento rápido e/ou negligentemente efectuado (*raiadela, olhadela, paridela*);
>
> (ii) porção (*lambedela* 'o que se lambe de uma vez', *vessadela* 'porção de terra que se lavra num dia');
>
> (iii) resultado concreto (*amassadela* 'amolgadura', *arranhadela, borradela, escaldadela, queimadela*);
>
> (iv) restos (*lambuzadela* vestígios de comida ou bebida').

2.4.1.15 Nomes sufixados em *-tóri(o)*

Este sufixo constrói adjetivos, nomes de evento e nomes de indivíduo. Apesar de muitos lexemas que contêm este sufixo apresentarem correspondente em latim, o sufixo mantém-se ativo em português.

As bases, quanto à sua estrutura morfológica, são dos seguintes tipos: bases complexas não derivadas (*interrogar/interrogatório*); bases simples não derivadas (*berrar/berratório, lavar/lavatório, gabar/gabatório*); bases simples derivadas (verbos conversos) (*pasmar/pasmatório*); bases derivadas por prefixação (*destampar/destampatório*).

No que diz respeito aos tipos sintático-semânticos das bases verbais, estes são: (i) inergativos designadores de atos de fala e de emissão de som (*berrar/berratório, parlar/parlatório*); (ii) transitivos causativos (*lavar/lavatório, fumigar/fumigatório*) e transitivos de atos de fala ou performativos (*pedir/peditório, destampar/destampatório, interrogar/interrogatório*).

O semantismo de evento construído por este sufixo carateriza-se por um matiz de reiteração e avaliação (*falatório, palratório, berratório, pasmatório, lavatório, fumigatório, destampatório, gabatório*), que está ausente dos nomes de indivíduo formados pelo mesmo sufixo. Trata-se de um semantismo que parece produtivo atualmente em domínios não especializados.

2.4.1.16 Nomes sufixados em *-deir(a)*

O sufixo *-deir(a)* anexa-se ao tema do presente (***moer*** > ***moedeira***) e combina-se com bases verbais de estrutura não erudita das seguintes classes morfológicas: (i) bases simples não derivadas (*chorar/choradeira*) e (ii) bases simples derivadas (verbos conversos) (*mamar/mamadeira*). O sufixo não se combina com bases afixadas.

Os nomes de evento em *-deir(a)* têm por base verbos inergativos de emissão de som (*chiadeira, choradeira, fungadeira, ganideira, gritadeira*), de emissão de substância (*pingadeira*) e indicadores de desempenho (*brincadeira, dormideira, mamadeira*). Em menor número, formam-se nomes a partir de verbos transitivos causativos (, *quebradeira, carregadeira*), performativos (*bebedeira, comedeira, trincadeira*) e de estímulo-sujeito (*moedeira*).

2.4.1.17 Nomes sufixados em *-eir(o)*, *-eir*(a)

Os sufixos *-eir(o)* e *-eir*(a) caraterizam-se pela baixa representatividade na formação de nomes de evento.

O sufixo *-eir(a)* anexa-se ao radical (***zoar*** > ***zoeira***) e as bases são, no que à sua estrutura morfológica, diz respeito:

> (i) bases simples não derivadas (*cansar/canseira, chafurdar/chafurdeira, chiar/chieira*),
>
> (ii) bases simples derivadas (verbos conversos), como *chinfrinar/chinfrineira*;
>
> (iii) bases complexas derivadas por prefixação (*abafar/abafeira*).

Não estão atestadas bases circunfixadas, nem bases complexas não construídas. O sufixo opta por estruturas morfológicas não eruditas. Quanto aos tipos sintático-semânticos, as bases são: inergativas de emissão de som (*chinfrinar, farfalhar, grazinar, gritar*), de emissão de substância (*bafar, cuspinhar*), de desempenho (*chafurdar, trabalhar*); causativas (*abafar, cansar, torrar*). Não se encontraram bases inacusativas. Os produtos denotam 'evento reiterado/aumentativo' (*abafeira, chieira, cuspinheira, farfalheira, griteira, palreira*) e estado (*abafeira, canseira, chafurdeira, coceira, quebreira*).

O sufixo *-eir(o)* forma um nome de evento (*berreiro*) e está também presente no derivado *entorneiro* 'grande porção de líquido ou de substância entornada pelo chão', que denota um produto.

2.4.1.18 Conspecto geral

No quadro seguinte sumariam-se as significações mais salientes desenvolvidas por cada sufixo de formação de nomes deverbais de evento.

Sufixos nominalizadores de evento	Significações										
	ação	processo	ação iterada	ação com subventos diferentes	ponto de chegada	Estado	causa/ agente	Locativo	imposto, quantia pagamento	resultado	período de tempo
-ção	+					+	+	+		+	+
-dur(a)	+					+	+	+		+	
-agem				+	+	+	+	+	+	+	
-ari(a)			+					+			
-ment(o)		+				+	+	+		+	
-ão					+					+	
-id(o)	+									+	

	1	2	3	4	5	6	7	8	9	10
-d(a)	+	+		+	+	+	+		+	+
-nci(a)	+				+	+	+		+	+
-nç(a)	+				+	+	+		+	
-nç(o)	+			+	+				+	
-ic(e)	+	+								
-del(a)			+		+				+	
-um(e)	+								+	
-at(a)	+									
-ç(o)	+				+				+	

Quadro II.20. Distribuição de sufixos formadores de nomes deverbais de evento

Pela observação deste quadro pode depreender-se que:

a) a significação de 'evento' está presente em diversas significações eventivas, como as de 'ação', 'evento', 'ação iterada', 'ação constituída por subeventos diferentes', 'ponto de chegada';
b) além das significações eventivas, os produtos gerados com estes sufixos apresentam ainda semantismos de 'estado' e de 'resultado', bem como algumas significações secundárias de 'agente/causa', 'imposto/pagamento/quantia', 'período de tempo' e 'locativo';
c) os sufixos que disponibilizam maior variedade de significações são aqueles que apresentam maior produtividade na formação destes nomes;
d) a significação de 'resultado' anda a par com a de 'estado'. Assim, os sufixos cujos produtos apresentam o semantismo de 'estado' geralmente também disponibilizam o de 'resultado'. É este o caso de *-ment(o)*, *-dur(a)*, *-ção*, *-agem*, *-d(a)*, *-nci(a)*, *-nç(a)*, *-nç(o)* e *-ç(o)*. São exceção a esta correlação os produtos de *-ão* e de *-id(o)*.
e) os sufixos *-dur(a)* e *-ção* formam produtos cujas significações de 'evento' designam 'ações'; os sufixos *-ment(o)*, *-d(a)*, *-nci(a)*, *-nç(a)*, *-nç(o)*, *-ic(e)*, *-um(e)*, *-at(a)* e *-ç(o)* designam 'processos'; os produtos de *-agem* designam 'ação constituída por subeventos diferentes'; os nomes deverbais em *-ari(a)*

denotam eventos que são 'ações iteradas'; os produtos de -*d*(*a*) e -*ic*(*e*) também mostram 'ação iterada'.

No quadro seguinte condensa-se a informação relativamente às estruturas sintático-semânticas das bases escolhidas pelos sufixos.

Sufixos nominalizadores de evento	Tipos de bases		
	inergativas	transitivas	inacusativas
-*ção*	+	+	+
-*dur*(*a*)	+	+	+
-*agem*	+	+	+
-*ari*(*a*)	+	+	
-*ment*(*o*)	+	+	+
-*ão*	+	+	
-*id*(*o*)	+		
-*d*(*a*)	+	+	+
-*nci*(*a*)	+	+	+
-*nç*(*a*)	+	+	+
-*nç*(*o*)	+	+	+
-*ic*(*e*)	+	+	
-*del*(*a*)	+	+	+
-*um*(*e*)		+	+
-*at*(*a*)	+	+	
-*ç*(*o*)		+	+

Quadro II.21. Distribuição de sufixos formadores de nomes deverbais de evento por classes sintático-semânticos de bases

Alguns sufixos mostram preferência relativamente a algumas bases:

a) os sufixos -*ção*, -*dur*(*a*), -*agem*, -*ment*(*o*), -*ão*, -*d*(*a*), -*nci*(*a*), -*nç*(*a*), -*nç*(*o*), -*del*(*a*) anexam-se a qualquer tipo de base. No entanto, o sufixo -*ncia*(*a*), embora se anexe aos três tipos de bases, acopla-se a maior número de bases inacusativas e o sufixo -*ão*, na geração de nomes eventivos, adota preferencialmente verbos transitivos e inergativos;

b) o sufixo -*id*(*o*) apenas se anexa a verbos inergativos de emissão de som;

c) os sufixos -*ic*(e), -*ari*(a) e -*at*(a) excluem bases inacusativas;
d) os sufixos -*ç*(o) e -*um*(e) não se anexam a bases inergativas.

2.4.2 Nomes de indivíduo: bases, sufixos, produtos

Os nomes deverbais de indivíduo são formados por sufixos que, prototipicamente, dão origem a nomes com semantismos concretos [29]. Os sufixos que constroem estes semantismos são apresentados por ordem decrescente de representatividade:

Sufixos formadores de nomes deverbais de 'indivíduo'	Produtos	Sufixos formadores de nomes deverbais de 'indivíduo'	Produtos
-*dor*	amortecedor, dador, nadador, navegador	-*eir*(a)	ceifeira, coalheira
-*dor*(a)	escavadora, metralhadora	-*eir*(o)	calceteiro, trafegueiro
-*nt*(e)	arguente, corante, desmaquilhante, detergente	-*et*(a)	chupeta, escalfeta
-*dour*(o)	bebedouro, respiradouro	-*alh*(o)	espantalho, esfregalho
-*dour*(a)	espalhadoura, roçadoura	-*alh*(a)	acendalha, aralha
-*ão*	chorão, picão	-*elh*(o)	rapelho
-*vel*	dirigível, variável	-*ilh*(a)	cortilha, raspilha
-*deir*(o)	desfiladeiro, picadeiro	-*ilh*(o)	atilho, peguilho
-*deir*(a)	cantadeira, lançadeira	-*ulh*(o)	tapulho
-*óri*(a)/*tóri*(a)	conservatória, convocatória	-*tiv*(o)/*iv*(o)	comprovativo, sedativo
-*óri*(o)/*tóri*(o)	conservatório, lavatório	-*tiv*(a)/*iv*(a)	afirmativa, iniciativa
-*al*	estendal, tendal	-*tári*(o)/*ári*(o)	arrendatário, dispensário

Quadro II. 22. Sufixos formadores de nomes deverbais de 'indivíduo' e seus produtos

---

[29] Para a formação de adjetivos deverbais veja-se a secção 3.3.

Os produtos dos sufixos *-nt(e)*, *-dor*, *-dour(o)*, *-dour(a)*, *-dor(a)*, *-ão*, *-vel*, *-deir(o)*, *-deir(a)*, *-óri(a)/-tóri(a)*, *-óri(o)/-tóri(o)* e *-al* foram alvo de estudo em Rodrigues (2008), onde se encontram circunstanciadamente descritos.

Optámos por considerar as formas femininas (*-dour(a)*, *-deir(a)*) separadamente das masculinas (*dour(o)*, *-deir(o)*) pelo facto de o contraste de género nestes nomes deverbais corresponder muitas vezes a uma significação especializada, quer no masculino, quer no feminino [30]. A diferença entre *velejador/velejadora* e *metralhador/ metralhadora* ilustra esta realidade. Entre *velejador* e *velejadora* apenas ocorre alternância de género sem alteração no significado lexical. Quando assim acontece, registam-se apenas as formas masculinas, por corresponderem às não marcadas. Já em *metralhador* e *metralhadora* a significação de 'instrumento' da forma feminina não está presente na forma masculina *metralhador*. Nesta situação, são também consideradas as formas femininas, pois estão lexicalizadas.

Optámos também por destacar o marcador de classe em relação ao morfema do sufixo em si mesmo, colocando-o entre parênteses. Mesmo nas situações em que não ocorre variação de marcador de classe, como nos derivados em *-nt(e)*, deve respeitar-se a identidade fonológica do sufixo, mais visível em operações que envolvem a anexação de outros sufixos. Face a *corrent(e)*, em *corrent+inh(a)*, o *-e* final não se mantém no derivado, pelo que não pertence ao sufixo *-nt(e)*. Por outro lado, mantemos a presença desses marcadores de classe para facilitar a leitura dos lexemas em causa.

Os semantismos concretos apresentados pelos produtos destes sufixos são de vários tipos:

(i) agente humano: instigador humano de um evento (*avaliador, outorgante*);

---

[30] Também na tradição lexicográfica as formas não marcadas (geralmente o masculino) são tomadas como as representativas do todo e apenas se explicitam as femininas que se distanciam das primeiras por apresentarem semantismos próprios.

> (ii) agente/causa não especificado quanto ao caráter [±humano]: instigador de evento (*derivativo*) [31];
>
> (iii) substâncias: espécies de matéria (*adoçante, carburante*);
>
> (iv) vegetais: (*trepadeira* 'planta', *engatadeira* 'planta');
>
> (v) animais (*trepadeira* 'ave', *saltão* 'gafanhoto');
>
> (vi) instrumentos mecanizados (*escavadora, britadeira*);
>
> (vii) instrumentos não mecanizados (*abridor, frigideira*);
>
> (viii) experienciador (*lastimador, sofredor*);
>
> (ix) locativos (*corredor, passadeira*);
>
> (x) locativos causativos: trata-se de locais que instigam o evento (*germinadouro* 'lugar onde se faz germinar a cevada para o fabrico da cerveja', *incubadora*);
>
> (xi) partes de um corpo ou instrumento (*respiradouro* 'orifício destinado a deixar entrar e sair o ar', *ruminadouro* 'estômago dos ruminantes');
>
> (xii) recipientes/contentores (*defumador, esquentador*).

Um esclarecimento é ainda devido aos formatos dos pares *-tóri(o)/-óri(o)*, *-tiv(o)/-iv(o)*, *-ári(o)/-tári(o)* que optamos por tratar separadamente. Os membros de cada par têm origem no mesmo sufixo latino (Nunes ([1919] 1989: 371); Said Ali (1964: 238); Diez (1874: 327-328); Meyer-Lübke (1895: 579-583); Pensado (1999: 4487)) e a variação (com ou sem /t/) depende da forma do terceiro radical [32] a que cada um se unia. Optámos por considerar as duas formas separadamente como sufixos do português pelo facto de as duas servirem a construção de nomes em português, que não têm correspondente em latim.

---

[31] Causa/agente pode não coincidir obrigatoriamente com um argumento da estrutura argumental ou mesmo léxico-conceptual do verbo base, como se verifica através de *chovedor* ('aquilo que faz chover' e não '*aquilo que chove') ou *lambedor* ('aquilo que faz lamber' e não 'aquele que lambe').

[32] A propósito do *terceiro radical* veja-se Aronoff (1994: 31-59).

2.4.2.1 Nomes sufixados em *-dor*

A forma da base verbal a que *-dor* [33] se anexa é a do tema do presente (***beber*** > ***bebedor***). O sufixo *-dor* anexa-se a bases verbais eruditas e não eruditas com as seguintes estruturas morfológicas:

> (i) bases simples não derivadas (*bramir/bramidor, carpir/carpidor, coser/cosedor, dar/dador, doar/doador*);
> (ii) bases complexas não derivadas (*adquirir/adquiridor, concatenar/concatenador, remunerar/remunerador*);
> (iii) bases complexas derivadas por prefixação (***a****bafar/abafador*, ***a****rrasar/arrasador*, ***des****cascar/descascador*, ***en****caminhar/encaminhador*, ***es****cavar/escavador*, ***es****borralhar/esborralhador*, ***re****patriar/repatriador*, ***re****picar/repicador*, ***re****puxar/repuxador*), por sufixação (*bronze**ar**/bronzeador, gole**ar**/goleador, guerre**ar**/guerreador, fortale**cer**/fortalecedor, varej**ar**/varejador, versej**ar**/versejador, puri**fic**ar/purificador, falsi**fic**ar/falsificador, canaliz**ar**/canalizador, categoriz**ar**/categorizador*) e por circunfixação (***a****morte**cer***/amortecedor*, ***re****juvenes**cer***/rejuvenescedor*);
> (iv) bases simples derivadas (verbos conversos) (*capsular/capsulador, datar/datador*).

Relativamente aos tipos sintático-semânticos das bases, o sufixo *-dor* prefere bases transitivas, mas também se combina com bases inergativas e inacusativas. No conjunto das bases transitivas, as mais representadas são as indicadoras de desempenho (*administrar/administrador, coordenar/coordenador, correger/corregedor*), as causativas (*catalisar/catalisador, congelar/ congelador, liquidificar/liquidificador*), as ornativas 'prover de' (*estucar/estucador, estofar/estofador, povoar/povoador*), entre muitos tipos sintático-semânticos de grande representatividade.

---

[33] Veja-se cap. 2: 2.4.2.2 para a variação *-dor/-dor(a)*.

As bases inergativas são sobretudo indicadoras de desempenho (*boxear/boxeador, lutar/lutador, trabalhar/trabalhador*), de emissão de som (*cantar/cantador, chiar/chiador, chilrear/chilreador*), de modo de moção (*nadar/nadador, navegar/navegador, patinar/patinador*), entre outros. As bases inacusativas, embora menos representadas, são sobretudo verbos de estado/existência (*sustentar/sustentador, significar/significador*), mover-se em direção específica (*migrar/migrador, emigrar/emigrador*) e aparecimento (*deflagrar/deflagrador*).

Este sufixo carateriza-se pelo semantismo de [que tem a função de]. Os semantismos construídos através da sua atuação são:

(i) agente humano: *avaliador, corredor, mergulhador*;

(ii) experienciador: *admirador, amador*;

(iii) instrumento não mecânico: *andador, soprador, abridor*;

(iv) instrumento mecânico: *aspirador, hidroplanador, detonador*;

(v) agente animal [34]: *voador, corredor, galopador*.

(vi) recipientes/contentores: *cuspidor, defumador* 'vaso onde se queimam substâncias para defumar ou aromatizar';

(vii) recipientes/contentores causativos: *escalfador, esquentador, melificador* 'vaso em que se aquecem os favos para o mel se desprender';

(viii) substâncias: *acelerador* 'substância que aumenta a velocidade de uma reação química', *biocatalisador* 'substância (enzima ou hormona) existente nos tecidos vivos, de ação catalítica sobre reações indispensáveis à vida', *cintilador* 'substância capaz de produzir luminescência';

(ix) partes de corpo: *horripilador* 'músculo liso que existe na pele, e que, contraindo-se, obriga a levantar o pêlo a que está ligado', *abaixador* 'depressor (músculo)',

(x) locativos (em número muito escasso): *corredor, toucador*.

---

[34] A inclusão destes produtos que designam 'agente animal' na classe dos nomes é justificada pelo facto de funcionarem como epítetos designadores de supra-espécies (Rodrigues 2008: 509-510). Esta caraterística é visível em enunciados como *Esta ave é uma corredora*; *Esta ave é uma voadora*; *Este mamífero é um galopador*. Estas classes supra-espécie são formuladas pelo senso comum, não carecendo de formulação científica, para que assim possam ser encaradas.

O semantismo que o sufixo aporta aos produtos é de [que tem a função de], ou seja, de 'algo/ alguém que cumpre uma atividade'. Este traço justifica as seguintes particularidades semânticas:

> *(i) os recipientes/contentores são, na sua maioria, em simultâneo causadores do evento;*
>
> *(ii) são mais numerosas as designações de instrumentos do que as designações de substâncias;*
>
> *(iii) as designações de animais referem sempre um epíteto supra-espécie e não uma espécie;*
>
> *(iv) as partes do corpo referem-se sempre a partes com função por elas executadas;*
>
> *(v) os locativos são escassos.*

A diferença semântica entre pares corradicais, como *governador* (do Banco, do Reino) e *governante* 'pessoa que administra os recursos de uma região ou país', *servidor* (do Estado, servidor digital) e *servente* 'criado; subalterno da construção civil', *negociador* 'aquele que trata de uma negociação' e *negociante* 'pessoa que negoceia; comerciante' atesta os diferentes valores dos sufixos envolvidos (para -*nt*(*e*) ver 2.4.2.7). Em todo o caso, seria interessante verificar se as propriedades deste sufixo e de -*nt*(*e*) tendem a manter-se estáveis ou não, e se são comuns ao PE e ao PB atuais, na medida em que existem algumas divergências nas configurações adotadas, como por exemplo em *fumador* (PE) e *fumante* (PB), *amaciante* (PB) e *amaciador* (PE), *conservante/conservador, falante/falador, pedinte/pedidor*. A flutuação entre -*dor* e -*nte* faz-se sentir também no PE, como o ilustra o exemplo de «O ministro do Planeamento [....] revelou que o detonante para nacionalizar a companhia foi o défice..» (*Expresso*, Economia, 21.04.2012: 21). Em alternativa, muitos usariam o nome *detonador*.

2.4.2.2 Nomes sufixados em *-dor(a)*

Este sufixo apresenta semantismos diferenciados dos que são veiculados por *-dor*. Por isso os produtos em *-dor(a)* que ostentam essa dissemelhança semântica são tratados à parte dos produtos em *-dor*. Além da simples mudança masculino/feminino, evidenciada em relação a agentes animados (*velejador, velejadora*), a forma *-dor(a)* cumpre outras funções, nomeadamente de caráter semântico. Existem semantismos que são apresentados pelas formas em *-dor(a)* e que, pelo contrário, são escassamente representados pelos produtos em *-dor*. Assim, os produtos em *-dor(a)* aqui mencionados dizem apenas respeito aos lexemas que não apresentam variação masculino/feminino e que, por isso, têm a forma feminina lexicalizada com semantismo próprio.

A forma da base verbal a que *-dor(a)* se anexa é a do tema do presente (***coser*** > ***cosedora***).

Quanto às estruturas morfológicas das bases, estas podem ser

> (i) bases simples não derivadas (*cavar/cavadora, coser/cosedora, fechar/fechadora*);
>
> (ii) bases complexas não derivadas (*condensar/condensadora, debulhar/debulhadora, incubar/incubadora*);
>
> (iii) bases simples derivadas (verbos conversos) (*fresar/fresadora, granular/granuladora, metralhar/metralhadora*);
>
> (iv) bases complexas derivadas por prefixação (*aveludar/aveludadora*; ***des****filar/**des**filadora*, ***em****bobinar/**em**bobinadora*, ***es****cavar/**es**cavadora*).

Dos produtos em *-dor(a)* que não correspondem a formas femininas de *-dor*, ou seja que se apresentam lexicalizadas com semantismo próprio, não constam bases sufixadas nem circunfixadas.

Este sufixo agrega-se a estruturas quer eruditas, quer não eruditas, embora sejam em maior número estas últimas.

As bases dos produtos nominais em *-dor(a)* lexicalizados são de tipo transitivo. São sobretudo verbos causativos (*aveludar/aveludadora, condensar/condensadora, desfilar/ desfiladora*), indicadores de desempenho (*cavar/cavadora, escavar/escavadora, governar/ governadora*) e locativos (*embobinar/embobinadora, empilhar/ empilhadora*), entre outros.

Os produtos em *-dor(a)* denotam :

> (i) instrumento mecânico (*empilhadora, granuladora, escavadora, misturadora*) e
> (ii) agente humano que é uma profissional: *aveludadora* ('mulher que, nas fábricas têxteis, está encarregada de aveludar os tecidos'), *fechadora* ('mulher que fecha as caixas ou os pacotes, nas fábricas de tabaco'), *cosedora* ('mulher que cose velas, seiras de figos'), *auscultadora* ('religiosa que acompanhava outra ao locutório para ouvir a conversa').

Os restantes produtos em *-dor(a)*, porque representam o feminino das formas em *-dor*, não são aqui mencionados.

2.4.2.3 Nomes sufixados em *-deir(o)*

A forma da base verbal a que *-deir(o)* se anexa é a do tema do presente (**benzer** > **benzedeiro**). O sufixo *-deir(o)* combina-se preferencialmente com bases de estrutura não erudita.

Quanto à estrutura morfológica das bases verbais, estas são:

> (i) bases simples não derivadas (*bramar/bramadeiro, tragar/tragadeiro, vindimar/ vindimadeiro*);
> (ii) bases simples derivadas (verbos conversos) (*fiar/fiadeiro, maçar/maçadeiro, malhar/malhadeiro*);
> (iii) bases complexas não derivadas (*traduzir/traduzideiro, transpirar/transpiradeiro*);
> (iv) bases complexas derivadas por prefixação (*apear/apeadeiro, arribar/arribadeiro, atascar/atascadeiro,* **desfilar**/*desfiladeiro,* **despenhar**/*despenhadeiro*).

Não se encontram bases sufixadas nem circunfixadas.

Sob o ponto de vista sintático-semântico, as bases dos produtos em *-deir(o)* são sobretudo transitivas. Também existem bases inergativas e escassas bases inacusativas. As bases transitivas são indicadoras de desempenho (*comer/comedeiro, mandar/mandadeiro*), causativas (*cremar/cremadeiro, lavar/lavadeiro, picar/picadeiro*), de mover objeto em direção específica (*apear/apeadeiro, despenhar/despenhadeiro, esbarrondar/esbarrondadeiro*) e locativas (*atascar/atascadeiro, atolar/atoladeiro, pousar/pousadeiro*). As bases inergativas são de modo de moção (*desfilar/desfiladeiro, deslizar/deslizadeiro, resvalar/resvaladeiro*), de emissão de som (*palrar/palradeiro, piar/piadeiro, bramar/bramadeiro*), de emissão de substância (*mijar/mijadeiro, transpirar/transpiradeiro*), entre outros. As bases inacusativas são de mover-se em direção específica (*arribar/arribadeiro, cair/caideiro*) e de estado/existência (*parar/paradeiro*).

O semantismo de *-deir(o)* é 'que tem a funcionalidade de'. Por este motivo, os agentes humanos são indivíduos que têm a capacidade de efectuar o evento e de o fazer com frequência, como se observa também em produtos adjetivais como *namoradeira/o* (cf. cap. 3: 3.3.2). Os nomes denotam:

> (i) agente humano que é um profissional (*cevadeiro, fiadeiro, vindimadeiro*);
>
> (ii) agente humano que é marcado por uma funcionalidade que ativa frequentemente (*benzedeiro, rezadeiro, traduzideiro*).
>
> (iii) locativo instigador de evento (*atascadeiro, atoladeiro, despenhadeiro*);
>
> (iv) locativo (*apeadeiro, bramadeiro* 'lugar de reunião dos veados com cio', *cremadeiro, malhadeiro, paradeiro*);
>
> (v) recipiente/contentor instigador do evento (*assadeiro, cremadeiro* 'pira', *cevadeiro*);
>
> (vi) parte de corpo (*tragadeiro* '(pop.) goelas; (fig). voragem', *transpiradeiro* 'poro');

> (vii) animal (*piadeiro* 'ave', *lavadeiro* 'ratinho da América que lava o alimento antes de o comer' (DLP));
>
> (viii) instrumentos (escassos) não mecânicos (*moscadeiro* 'enxota-moscas', *arribadeiro* 'cabo que se ala do mar para a terra depois de lançada a rede de arrastar').

2.4.2.4 Nomes sufixados em *-deir(a)*

A forma da base verbal a que *-deir(a)* se anexa é a do tema do presente (***tecer*** > ***tecedeira***).

O sufixo *-deir(a)* anexa-se a bases verbais de estrutura não erudita e das seguintes classes morfológicas:

> (i) bases simples não derivadas (*bater/batedeira, beber/bebedeira, lançar/lançadeira, lavar/lavadeira*);
>
> (ii) bases complexas derivadas por <u>prefixação</u> (*amassar/amassadeira, amolar/amoladeira, **desc**ascar/descascadeira, **en**cartar/encartadeira, **en**cerar/enceradeira, **es**coar/escoadeira, espalhar/espalhadeira*) e por <u>sufixação</u> (*bastear/basteadeira, escarnicar/escarnicadeira, raspinhar/raspinhadeira, topejar/topejadeira*);
>
> (iii) bases simples derivadas (verbos conversos) (*espumar/espumadeira, estrelar/estreladeira, feltrar/feltradeira, fritar/fritadeira*);
>
> (iv) bases complexas não derivadas (*conversar/conversadeira, debulhar/debulhadeira*).

Quanto aos tipos sintático-semânticos das bases, o sufixo agrega-se sobretudo a bases transitivas. As bases inergativas e as inacusativas são escassas. As bases transitivas são causativas (*aguçar/aguçadeira, cerzir/cerzideira, cozer/cozedeira*), indicadoras de desempenho (*governar/governadeira, mamar/mamadeira, escrever/escrevedeira*), ornativas 'prover de' (*enxofrar/enxofradeira, salgar/salgadeira, sulfatar/sulfatadeira*), locativas (*enfardar/enfardadeira, enformar/ enformadeira, engarrafar/engarrafadeira*). As bases inergativas são especialmente de emissão de som (*ganir/ganideira, gritar/gritadeira, grunhir/grunhideira*), de modo de moção (*arruar/arruadeira, engatar/engatadeira*), de emissão de substância (*cuspir/cuspideira, escarrar/escarradeira, pingar/pingadeira*). As bases inacusativas denotam mover-se em direção específica (*arribar/arribadeira, descer/descedeira, subir/subideira*) e mover-se (*passar/passadeira*).

São muito variados os semantismos dos nomes deverbais em *-deir(a)*:

> (i) agente humano, mais especificamente uma profissional (*bordadeira, assedadeira, brunideira, cerzideira*, entre outros), ou alguém avaliado por frequentemente efetuar o evento designado pela base (*conversadeira, faladeira, rezadeira*). As profissões referem-se sobretudo aos têxteis tradicionais, atividades domésticas e agrícolas;
>
> (ii) instrumento não mecânico de caráter tradicional: *bulideira* ('pá com que se separam os pães no forno'), *zinideira* ('pedaço de verga espalmada, preso por um fio a um pau que os rapazes agitam para o fazerem zunir'), *apeadeira* ('poial ou escadinha que serve de degrau a quem monta ou desce do cavalo');
>
> (iii) instrumento mecânico: *encarretadeira* ('maquinismo das fábricas de fiação'), *enroladeira* ('maquinismo que enrola os tecidos nas fábricas de tecelagem'), *retorcedeira* ('máquina de torcer dois ou mais fios');
>
> (iv) animal: aves como *lavadeira* ('alvéola'), *cantadeira* ('cotovia') e *escrevedeira*;
>
> (v) recipientes/contentores instigadores de evento: *geladeira, guisadeira, secadeira, chocadeira*;
>
> (vi) recipientes/contentores: *tendedeira, amassadeira, salgadeira*;
>
> (vi) locativos: *conversadeira* ('banco de pedra junto a janela; cadeira dupla com assentos opostos');
>
> (viii) vegetal: *dormideira* 'planta herbácea, lactescente, da família das Papaveráceas, espontânea em Portugal, que tem propriedades sedativas e narcóticas, e da qual se extrai ópio'; *mijadeira* 'hipericão'.

2.4.2.5 Nomes sufixados em *-dour(o)*

O sufixo *-dour(o)* anexa-se ao tema do presente da base verbal (***comer** > **comedouro***). O valor semântico do sufixo é [propício a/ próprio para].

As bases verbais, preferencialmente de estrutura não erudita, a que o sufixo se anexa são, quanto à sua estrutura morfológica, dos seguintes tipos:

> (i) bases simples não derivadas (*mirar/miradouro, moer/moedouro, piar/piadouro, sorver/sorvedouro*).
> (ii) bases complexas derivadas por prefixação (***a**massar/**a**massadouro*, ***des**ovar/**des**ovadouro*, ***em**barcar/**em**barcadouro*, ***es**preguiçar/**es**preguiçadouro*, ***res**friar/**res**friadouro*), por sufixação (*fundear/fundeadouro, passear/passeadouro*) e por circunfixação (***a**bastec**er**/**a**bastec**e**douro*, ***es**poj**ar**/**es**poj**a**douro*);
> (iii) bases simples derivadas (verbos conversos), como *ancorar/ancoradouro, babar/babadouro, grudar/grudadouro, secar/secadouro*;
> (iv) bases complexas não derivadas (*absorver/absorvedouro, respirar/respiradouro*).

Quanto aos tipos sintático-semânticos das bases com que se combina, estas são, na sua maioria, transitivas, mas também existem bases inacusativas e inergativas. As bases transitivas são sobretudo indicadoras de desempenho (*beber/bebedouro, comer/comedouro, calcar/calcadouro*), causativas (*lavar/lavadouro, enxugar/enxugadouro, puir/puidouro*), ornativas 'prover de' (*chumbar /chumbadouro*), entre outras. As bases inacusativas são de estado/existência (*parar/paradouro, pousar/pousadouro*), incoativas (*coalhar/coalhadouro, germinar/germinadouro*), aparecimento (*assomar/assomadouro, nascer/nascedouro, surgir/surgidouro*). As bases inergativas são de modo de moção (*correr/corredouro, passear/passeadouro*), de emissão de som (*piar/piadouro, chiar/chiadouro*), de emissão de substância (*suar/suadouro, cuspir/cuspidouro*).

Quanto às suas significações, os nomes sufixados em *-dour(o)* denotam:

> (i) locativo instigador do evento (*escorregadouro, corredouro*);
> (ii) locativo (*bailadouro, pastadouro, espolinhadouro*);
> (iii) instrumento não mecânico (*esborralhadouro, assucadouro*);
> (iv) parte do corpo: *pousadouro, cilhadouro* ('sítio do corpo das bestas onde se aperta a cilha'), *pegadouro* ('parte por onde se pega num objeto');
> (v) recipiente/contentor (*bebedouro, comedouro*).

Não se encontraram nomes portadores deste sufixo que designem agente humano ou animal, ou seja, que apresentem agentes 'controladores do evento'.

O sufixo *-dour(o)* não corresponde univocamente nem a argumento da base verbal, nem a uma função sintática. Há produtos que correspondem a argumentos internos-sujeito (*fervedouro*), a argumentos internos-objeto (*embarcadouro*) e a argumentos externos (*ruminadouro*).

A comparação dos nomes sufixados em *-dor, -deir(o)* e *-dour(o)* permite observar que os derivados em *-dor* são os mais vocacionados para o semantismo de 'instigador de evento', assim se explicando que denotem muitos agentes humanos e animais. Nos produtos em *-dour(o)*, o indivíduo designado encontra-se relacionado com o evento, por ser a este propício. Mas, ao contrário de *-dor*, não é instigador desse evento, apenas propício à sua ocorrência. Este dado justifica a ausência de agente humano e animal, bem como de instrumentos mecânicos. Quanto a *-deir(o)*, este encontra-se num nível intermédio entre os outros dois sufixos.

2.4.2.6 Nomes sufixados em *-dour(a)*

O sufixo *-dour(a)* anexa-se ao tema do presente da base verbal (***varrer*** > ***varredoura***) e acopla-se preferencialmente a bases de estrutura não erudita.

O sufixo combina-se com bases verbais com as seguintes estruturas morfológicas: (i) bases simples não derivadas (*cantar/ cantadoura, correr/corredoura, dobar/dobadoura, lavar/lavadoura, levar/levadoura*); e (ii) bases complexas derivadas por prefixação (**espalhar**/*espalhadoura*, **respigar**/*respigadoura*). Não se encontraram bases formadas por sufixação, por circunfixação, nem bases simples derivadas (verbos conversos) ou bases complexas não derivadas.

Quanto aos tipos sintático-semânticos das bases, estas são, na sua maioria, transitivas, mas também existem bases inergativas. Não se encontraram bases inacusativas. As bases transitivas são sobretudo causativas com uso de instrumento (*aguçar/aguçadoura, torcer/ torcedoura, varrer/varredoura*), mover através de força (*puxar/ puxadoura, tirar/tiradoura*) e mover objeto sem alteração espacial (*torcer/torcedoura, tornar/tornadoura*). As bases inergativas são verbos de emissão de som (*cantar/cantadoura*) e de modo de moção (*correr/corredoura*).

Os nomes denotam: instrumento não mecânico (*aguçadoura, rapadoura, roçadoura, levadoura, tangedoura, tapadoura*); recipiente/contentor (*manjedoura*); locativo (*corredoura*); evento (*varredoura* 'grande morticínio ou destruição).

Estão ausentes agentes humanos e animais, bem como instrumentos mecânicos. Comparativamente com os derivados em -*dour*(*o*), que são maioritariamente locativos, nos nomes em -*dour*(*a*) predominam as significações de instrumento. O sufixo -*dour*(*a*) não corresponde univocamente nem a argumento da base verbal, nem a uma função sintática objeto, como acontece com o seu congénere masculino.

2.4.2.7 Nomes sufixados em -*nt*(*e*)

O sufixo -*nt*(*e*) anexa-se ao tema do presente da base verbal (**reger** > **regente**).

O sufixo combina-se com bases verbais preferencialmente não eruditas que, quanto às suas estruturas morfológicas, são dos seguintes tipos:

> (i) bases simples não derivadas (*lançar/lançante, laxar/laxante, ler/lente*);
> (ii) bases complexas não derivadas (*pretender/pretendente, absorver/ absorvente, imigrar/imigrante*);
> (iii) bases simples derivadas (verbos conversos) (*feirar/feirante, oxidar/ oxidante, parodiar/parodiante*);
> (iv) bases complexas derivadas por sufixação (*esteri**liz**ar/ esterilizante, ferti**liz**ar/fertilizante, forti**fic**ar/fortificante, passear/passeante, veranear/ veraneante*) e por prefixação (***a**doçar/**a**doçante, **a**ssaltar/**a**ssaltante, **des**coagular/descoagulante, **des**colorar/descolorante, **des**infetar/desinfetante*).

Não se encontraram bases formadas por circunfixação.

No que diz respeito aos tipos sintático-semânticos das bases, estas são maioritariamente transitivas, seguindo-se as bases inacusativas e, por último, as inergativas. Das bases transitivas destacam-se as indicadoras de desempenho (*manifestar/manifestante, mercar/mercante, ministrar/ ministrante, negociar/negociante*), as causativas (*corar/corante, descoagular/descoagulante, descolorar/descolorante, desinfectar/desinfectante, despolarizar/ despolarizante*) e as declarativas e de atos de fala (*anunciar/anunciante, apelar/ apelante, arguir/arguente, argumentar/ argumentante*). Nas bases inacusativas encontram-se, por exemplo, verbos de existência/estado (*circunstar/circunstante, constar/constante*), de mover-se em direção específica (*chegar/chegante, retroceder/ retrocedente, descer/ descente*), verbos incoativos (*convalescer/convalescente, crescer/ crescente*), de aparecimento (*incidir/incidente, nascer/nascente*), etc. Nas bases inergativas encontram-se indicadoras de desempenho (*militar/militante, oficiar/oficiante*), de modo de moção (*navegar/ navegante, viajar/viajante, viandar/viandante*), de emissão de som (*chiar/chiante, estridular/estridulante*), de emissão de luz (*brilhar/brilhante, fulminar/fulminante*) e de emissão de substância (*espumar/espumante*).

O semantismo deste sufixo é [que tem a propriedade de]. Com este traço, o sufixo formata indivíduos denotadores de uma propriedade intrínseca que lhes possibilita a sua relação com o evento, sem serem dele controladores. A isto se deve o grande número de produtos que designam substâncias e a escassez de produtos designadores de instrumentos. Aliás, não se encontrou nenhum nome de instrumento mecânico. É também devido a este traço que nas bases destes produtos existe maior número de verbos inacusativos do que nas bases dos produtos em *-dor*, por exemplo.

Os nomes em *-nte* denotam

> (i) agente humano (*debutante, presidente, veraneante*). Dentro deste conjunto destacam-se os grupos sociais organizados, como os seguidores de correntes religiosas (os *protestantes*, os *flagelantes* 'membros de uma seita religiosa do séc. XIII que se flagelavam em público');
>
> (ii) substâncias: *adoçante, corante, desmaquilhante, reagente, solvente*. Neste domínio este sufixo é muito usado no tecnoléxico da Química, pelo facto de as substâncias serem evidenciadas por uma propriedade inerente (*coagulante, reagente, comburente*);
>
> (iii) experienciador (*amante, crente, padecente*);
>
> (iv) animal (*ruminante, reptante, estridulante, amarelante* 'ave');
>
> (v) locativo (*vazante, vertente*);
>
> (vi) locativo instigador de evento (*escoante, lançante, restaurante*);
>
> (vii) instrumento não mecânico (*tirante* e *trinchante*).

É possível que, com a evolução da língua, e com a lexicalização de alguns nomes, se esbata a diferenciação semântica expectável entre produtos corradicais em *-nt(e)* [que tem a propriedade de] e em *-dor* [que tem a função de], como *lavrante* e *lavrador*, *negociante* e *negociador*, *amante* e *amador*, *gerente* e *gerador*. Nestes casos, nem todos os nomes em *-nt(e)* denotam [que tem a propriedade de] e nem todos em *-dor* [que tem a função de], como se verifica em *amante* e *amador*, *negociante* e *negociador*, pois *amador* denota 'não profissional' e *negociador* 'aquele que trata de uma negociação' e *negociante* 'pessoa que negoceia; comerciante'.

O sufixo não coincide com um argumento da base verbal. Pode ter relação com um argumento externo (*gerente*) ou com um argumento interno (*imigrante*). O que há em comum entre os elementos com que o sufixo se correlaciona é que esse elemento corresponde àquele que tem propriedade intrínseca designada pela base. Trata-se do elemento da estrutura léxico-semântica com maior proeminência na hierarquia temática.

2.4.2.8 Nomes sufixados em *-vel*

Comparativamente com os adjetivos, são escassos os nomes formados com *-vel*. O sufixo anexa-se ao tema do pretérito. Na ausência de um nome formado a partir de um verbo da 2.ª conjugação, recorre-se a um adjetivo (***bebível***).

Para formar nomes, o sufixo, cujo traço semântico é [possível de], anexa-se a bases verbais que apresentam as seguintes estruturas morfológicas:

> (i) bases complexas não derivadas (*consumir/consumível, dirigir/dirigível, submergir/submergível*);
>
> (ii) bases simples não derivadas (*miserar/miserável, variar/variável*).

O facto de se encontrarem somente estas bases não significa que os restantes tipos estejam interditos à formação de nomes, uma vez que estão disponíveis para a geração de adjetivos com o mesmo sufixo (cf. cap. 3: 3.3.16).

Quanto aos tipos sintático-semânticos das bases, só se encontram atestados nomes formados a partir de bases transitivas. Estas indicam moção de objeto (*dirigir/dirigível*), moção de objeto em direção específica (*submergir/submergível*), causativas (*consumir/consumível*) e de experienciador-sujeito (*miserar/miserável*).

Quanto aos semantismos destes produtos, os exemplos encontrados mostram que o sufixo se correlaciona com o elemento da estrutura léxico-semântica da base menos proeminente na hierarquia temática. Os nomes denotam: (i) instrumento mecânico (*dirigível, submergível*); (ii) objeto genérico (*consumível, variável*); (iii) objeto humano/animado (*miserável*).

2.4.2.9 Nomes sufixados em -*al*

O sufixo -*al* forma escassos produtos nominais com base em verbos. Anexa-se ao radical da base (***estender* > *estendal***) e as estruturas morfológicas das bases compreendem os seguintes tipos:

> (i) bases simples não derivadas (*passar/passal, tender/tendal*);
>
> (ii) bases simples derivadas (verbos conversos) (*firmar/firmal* 'espécie de broche com que se prendiam os vestidos');
>
> (iii) bases complexas derivadas por prefixação (*estender/estendal*).

Quanto aos tipos sintático-semânticos das bases, o sufixo anexa-se a verbos transitivos e inergativos. Os verbos transitivos podem ser causativos (*firmar/firmal*), de moção de objeto (*passar/passal*) e de configuração espacial (*tender/tendal, estender/estendal*). Nos verbos inergativos encontram-se bases de moção (*tremer/tremedal*).

O semantismo aportado pelo sufixo aos produtos é sintetizável por [relativo a/próprio de]. Os nomes deverbais denotam: locativo (*estendal, passal* 'propriedade agrícola anexa à igreja ou residência paroquial para rendimento do pároco'), *tendal* ('(engenhos de açúcar) lugar onde se assentam as formas'); locativo instigador de evento (*tremedal* 'campo lamacento'); parte de corpo (*firmal* 'pontas do cabresto'); evento (*estendal* 'alarde; ostentação; exposição de coisas; explanação fastidiosa'). Também 'objeto onde se estende roupa' (*estendal*).

2.4.2.10 Nomes sufixados em -*ão*

O sufixo anexa-se ao radical da base (***lamb****er* > ***lamb****ão*).
Quando o sufixo forma nomes de indivíduo, as estruturas morfológicas das bases são preferentemente não eruditas e dos seguintes tipos:

> (i) bases simples não derivadas: *pingar/pingão, mergulhar/mergulhão, queimar/queimão*;
> (ii) bases simples derivadas (verbos conversos): *babar/babão, badalar/badalão, feirar/feirão*;
> (iii) bases complexas derivadas por <u>prefixação</u> (*es**garrar**/es**garrão**, **des**garrar/desgarrão, **re**filar/refilão, **re**mexer/remexão, **re**pontar/repontão*) e por <u>sufixação</u> (*car**rejar**/carrejão, cor**ricar**/corrição, guer**rear**/guerreão, pe**dinchar**/pedinchão*);
> (iv) bases complexas não derivadas (*demandar/demandão, resmungar/resmungão*).

Não se encontram bases circunfixadas para estes produtos.
Quando forma produtos de indivíduo, o sufixo -*ão* opta por bases transitivas e inergativas. Nas transitivas encontram-se verbos indicadores de desempenho (*beberrar/beberrão, chuchar/chuchão*), causativos (*picar/picão, pisar/pisão, queimar/queimão*), declarativos e atos de fala (*gabar/gabão, perguntar/perguntão, responder/res-*

pondão, rezar/rezão), de perceção (*espiar/espião, mirar/mirão*), de pedir (*demandar/demandão, pedinchar/pedinchão*), entre outros. Nas bases inergativas encontram-se verbos de emissão de som (*berrar/berrão, chiar/chião, chorar/chorão*), de desempenho (*mandriar/mandrião, marrar/marrão, turrar/turrão*), de modo de moção (*corricar/corricão, gingar/gingão, mancar/mancão*), declarativos e atos de fala (*palrar/palrão, ralhar/ralhão, refilar/refilão*). Não se encontraram verbos inacusativos como bases destes produtos.

Os nomes denotam:

> (i) agente humano (*bailão, berrão, chorão, fungão, palrão, ralhão, refilão*) e, por vezes, profissional (*feirão, ceifão, remendão*);
>
> (ii) animal: *saltão* (espécie de insecto 'gafanhoto'), *tremão* (espécie ictiológica 'tremelga'), *chião, chorão* (denominações populares de espécies de ave e peixe), *rinchão, corricão* e *mancão* (aves);
>
> (iii) vegetal (*chorão, mamão, queimão*);
>
> (iv) instrumento não mecânico (*calcão, esfregão, picão, podão, segão, trinchão*) e instrumento mecânico (*carretão, pisão*).

O indivíduo é avaliativamente individualizado pela frequência e intensidade com que efetua um evento. Esse evento é de caráter comezinho, concreto e doméstico. Estão excluídas destas bases verbos inacusativos e verbos que indiquem evento efetuado através de força impulsiva. Estas condições servem para a formação de produtos em *-ão* de evento (cf. cap. 2: 2.4.1.7).

2.4.2.11 Nomes sufixados em *-tóri(o)*

Além de servir a formação de nomes de 'evento' (2.4.1.15), o sufixo *-tóri(o)* opera também na construção de adjetivos e na de nomes de 'indivíduo'.

Na formação de nomes de 'indivíduo', este sufixo anexa-se a bases complexas não derivadas (*transpirar/transpiratório*), mas também a bases simples não derivadas (*orar/oratório, sanar/ sanatório*), a bases simples derivadas (*blasfemar/blasfematório*) e a bases complexas derivadas por sufixação (*purificar/purificatório*). As bases complexas não derivadas encontram-se sobretudo nos produtos que designam indivíduo. Saliente-se que este facto se prende com a significação de teor técnico que muitos destes produtos apresentam, pois muitos verbos de estrutura complexa não derivada funcionam em tecnoléxicos.

Quanto aos tipos sintático-semânticos das bases verbais, estes são: (i) inergativos de desempenho (*dormir/dormitório, libar/libatório*), de atos de fala (*orar/oratório*), de emissão de substância (*defecar/ defecatório, exsudar/exsudatório*); (ii) transitivos causativos (*conservar/conservatório, cremar/crematório, escorificar/escorificatório, lavar/lavatório, purgar/purgatório, purificar/purificatório*) e de configuração espacial (*reclinar/reclinatório*).

Os produtos nominais de indivíduo designam locativo 'onde se V' (*dormitório, oratório, parlatório*) e locativo instigador do evento 'local para V' (*purgatório, sanatório*), recipiente/contentor (*escorificatório* 'vaso de escorificar metais', *libatório* 'vaso para libações', *reclinatório* 'aquilo que serve para alguém se reclinar') e instigador do evento (*purificatório, separatório*), substância (*exsudatório, transpiratório*), agente humano (escasso) (*famulatório*).

As significações de indivíduo localizam-se em domínios referenciais específicos (cf. *conservatório* [de estudo artístico], *crematório, escorificatório* 'vaso de escorificar metais', *invitatório* 'antífona no princípio das matinas', *libatório* 'vaso para libações', *transpiratório* 'sudorífero'), funcionando como nomes especializados. Ao contrário do que ocorre nos produtos de evento deste sufixo, os de indivíduo não são caraterizados por traços semânticos avaliativos.

2.4.2.12 Nomes sufixados em -óri(o)

Historicamente, -óri(o) e -tóri(o) representam variantes do mesmo sufixo em latim, dependendo da formatação da base - o terceiro radical - a que se agregava (Nunes ([1919] 1989: 371); Said Ali (1964: 238); Diez (1874: 327-328); Meyer-Lübke (1895: 579-583); Pensado (1999: 4487)). No entanto, as duas formas apresentam-se ativas em português, razão por que se consideram os dois sufixos como independentes.

Na produção de nomes, o sufixo -óri(o) prefere bases com as seguintes estruturas morfológicas: bases complexas não derivadas (*consultar/consultório, dejectar/dejectório*); bases complexas derivadas por prefixação (*desinfectar/desinfectório*); e bases simples não derivadas (*velar/velório, casar/casório*).

Quanto aos tipos sintático-semânticos, as bases são verbos transitivos de desempenho (*consulta/consultório, casar/casório, velar/velório*) e causativos (*desinfectar/desinfectório*).

Os semantismos dos produtos são locativo (*consultório, desinfectório, velório*), recipiente/contentor (*dejectório*) e evento (*casório*).

Na formação isocategorial (cf. cap. 5), o sufixo mostra maior produtividade (*alegrório, escadório, estudantório, finório, farelório, foguetório*, etc.).

2.4.2.13 Nomes sufixados em -tóri(a)

Quanto à suas estrutura morfológica, as bases são bases complexas não derivadas (*convocar/convocatória, declinar/declinatória, dedicar/dedicatória*) e bases simples não derivadas (*jacular/jaculatória, orar/oratória, oscilar/oscilatória*). Apenas foram encontradas bases não construídas. O sufixo, muito usado na linguagem jurídica e eclesiástica, prefere bases com estruturas eruditas.

Sob o ponto de vista sintático-semântico, as bases são temas de verbos (i) transitivos, sobretudo declarativos e indicadores de atos de fala (*dedicar/dedicatória, objurgar/objurgatória, revocar/revocatória*) e de pedir (*invocar/invocatória, rogar/rogatória*), causativos (*eliminar/eliminatória, revogar/revogatória*); (ii) inacusativos de mover-se em direção específica (*declinar/ declinatória, escapar/escapatória*); (iii) inergativos de modo de moção (*oscilar/oscilatória*) e atos de fala (*orar/oratória*).

Os nomes denotam:

> (i) causa (*convocatória, declinatória, eliminatória, recordatória, inibitória*),
>
> (ii) locativo instigador de evento (*conservatória*),
>
> (iii) locativo (*escapatória* 'zona alargada numa pista de corridas de automóvel para evitar acidentes em casos de despiste'),
>
> (iv) arte/técnica (*oratória, rogatória*),
>
> (v) vegetal (*oscilatória* 'planta microscópica, cianófita, da fam. das Oscilatoriáceas (género Oscillatoria), que apresenta movimentos caraterísticos, também denominada oscilária'),
>
> (vi) instrumento não mecânico (*declinatória* 'instrumento semelhante à bússola, empregado nos levantamentos topográficos').

2.4.2.14 Nomes sufixados em *-eir(o)*

O sufixo *-eir(o)* seleciona o radical verbal (***caminhar* > *caminheiro***) e combina-se preferencialmente com bases não eruditas, das quais se salientam as sufixadas com avaliativos.

As estruturas morfológicas das bases verbais são as seguintes:

> (i) bases simples não derivadas (*guiar/guieiro, lograr/logreiro, nascer/nasceiro, palrar/palreiro*);
>
> (ii) bases simples derivadas (verbos conversos) (*chocar/choqueiro, decilitrar/decilitreiro, faiscar/faisqueiro, gadanhar/ gadanheiro*);

> (iii) bases complexas não derivadas (escassas): *trafegar/trafegueiro*;
>
> (iv) bases complexas derivadas por sufixação avaliativa, que são dominantes (*chapinhar/chapinheiro, choramingar/choramingueiro, fervilhar/fervilheiro, golelhar/golelheiro, lambiscar/lambisqueiro, patinhar/patinheiro, pedinchar/pedincheiro*), por prefixação (*atascar/atasqueiro, empreitar/empreiteiro, encomendar/encomendeiro, entornar/entorneiro, esgotar/esgoteiro, espreguiçar/espreguiceiro, rebuscar/rebusqueiro, recovar/recoveiro, remendar/remendeiro*) e por escassa sufixação não avaliativa (*granjear/granjeeiro, negacear/negaceiro*).

Não se encontram bases circunfixdas.

Quanto aos tipos sintático-semânticos, as bases podem ser: (i) transitivas, e estas são sobretudo causativas (*ceifar/ceifeiro, chocar/choqueiro, remendar/remendeiro, rilhar/rilheiro*), performativas (*alcovitar/alcoviteiro, aldrabar/aldrabeiro, baldrocar/baldroqueiro, beijocar/beijoqueiro*); (ii) inergativas de emissão de som/ato de fala (*bisbilhotar/bisbilhoteiro, coscuvilhar/coscuvilheiro, golelhar/golelheiro, palrar/palreiro, rezingar/rezingueiro, taramelar/tarameleiro*), de emissão de substância (*gear/geeiro, chapinhar/chapinheiro*), de emissão de luz (*faiscar/faisqueiro*), de modo de moção (*andar/andadeiro, caminhar/caminheiro, patinhar/patinheiro*); (iii) raras bases inacusativas de aparecimento (*nascer/nasceiro*) e de mover-se em direção específica (*pousar/pouseiro*).

O sufixo atribui aos produtos um semantismo de 'frequente'. Estes denotam:

> (i) agente humano: *alanzoeiro, andeiro, badaleiro, bisbilhoteiro*. Pode ser profissional: *albergueiro, ceifeiro, calceteiro, capineiro, gadanheiro*;
>
> (ii) locativo instigador do evento: *atasqueiro, atoleiro, chapinheiro, patinheiro*;
>
> (iii) locativo: *choqueiro* 'sítio onde a galinha choca os ovos', *espojeiro, geeiro* 'lugar onde geralmente se forma geada', *rilheiro* 'lugar onde os ratos juntam e rilham o que furtam; celeiro';

> (iv) recipiente/contentor: *esgoteiro* 'reservatório de água junto de cada compartimento cristalizador, nas salinas'; *trafegueiro* 'pequeno barco';
>
> (v) instrumento não mecânico: *tempereiro* 'peça do tear que se fixa às ourelas do pano para que ele não encolha; cada um dos paus fixos à nora, na direção do eixo'.

2.4.2.15 Nomes sufixados em -*eir*(*a*)

O sufixo anexa-se ao radical (***costurar*** > ***costureira***) e as bases podem ser, no que à sua estrutura morfológica, diz respeito:

> (i) bases simples não derivadas (*coalhar/coalheira*);
>
> (ii) bases simples derivadas (verbos conversos) (*cirandar/cirandeira, enxofrar/enxofreira, gadanhar/gadanheira*);
>
> (iii) bases complexas derivadas por sufixação avaliativa (*cuspinhar/ cuspinheira, mexericar/mexeriqueira*) e por prefixação (*encabar/encabeira*).
>
> (iv) Não estão atestadas bases circunfixadas nem bases complexas não construídas.
>
> (v) O sufixo opta por estruturas não eruditas.

Quanto aos tipos sintático-semânticos, as bases são: inergativas de desempenho (*cirandar, mexericar, piscar*), de emissão de substância (*bafar, cuspinhar*) e de modo de moção (*trepar*); e transitivas de desempenho (*espetar, gadanhar, rapar, regatar*), causativas (*abafar, cansar, coalhar, torrar*), ornativas (*enxofrar*), locativas (*encabar*). Não se encontraram bases inacusativas.

Os semantismos dos produtos são:

> (i) agente humano (*bufeira, cirandeira, mexeriqueira*; também profissional: *costureira, cozinheira, escabicheira* 'mulher que apanha as algas que o mar arroja à praia');
>
> (ii) animal (*trepeira* 'ave (trepadeira)')

> (iii) instrumento não mecânico (*bafareira* 'parte superior da serpentina de alguns alambiques'; *espeteira* 'gancho, nos armários, para pendurar carne, vasilhas, etc.'); instrumento mecânico (*gadanheira*);
>
> (iv) locativo (*enxofreira* 'lugar de onde se extrai enxofre; vulcão que expele gases sulfurosos');
>
> (v) parte do corpo (*coalheira* 'última cavidade do estômago dos ruminantes').

2.4.2.16 Nomes sufixados em -(t)ári(o)

O sufixo -*tári(o)* anexa-se a bases de tema em -*a*-, combinando-se com o radical (**pactu**ar > **pactu**ário, **arrenda**r > **arrenda**tário). Se fizesse parte do tema, o segmento /a/ não seria acentuado.

O sufixo -(t)ári(o) opta pelos seguintes tipos de estruturas morfológicas de bases:

> (i) bases simples derivadas (verbos conversos) (*alvorar/alvorário*);
>
> (ii) bases complexas não derivadas (*adjudicar/adjudicatário, dispensar/dispensário*);
>
> (iii) bases complexas derivadas por prefixação (*arrendar/arrendatário*);
>
> (iv) bases simples não derivadas (*enxertar/enxertário*).

Quanto aos tipos sintático-semânticos, as bases são sobretudo verbos transitivos de desempenho.

Os produtos denotam agente humano (*arrendatário, adjudicatário, alvorário* 'doidivanas') e instrumento não mecânico (*enxertário* 'reunião dos cabos que atracam a verga ao mastro').

2.4.2.17 Nomes sufixados em -ilh(o) e em -ilh(a)

Estes sufixos anexam-se ao radical (**amassa**r > **amass**ilho, **corta**r > **cort**ilha) e combinam-se com bases com as seguintes estruturas morfológicas: bases simples não derivadas (*atar/atilho, cortar/ cortilha, pagar/paguilha, trocar/troquilha, pegar/peguilho, rapar/ rapilho, raspar/raspilha*) e bases complexas derivadas por prefixação (*amassar/amassilho, recortar/recortilha*). Os sufixos preferem bases não eruditas. Quanto aos tipos sintático-semânticos das bases, estas são transitivas de desempenho e causativas.

Os produtos denotam: agente humano (*paguilha* 'pagador', *troquilha* 'pessoa que negoceia por meio de trocas'); instrumento não mecânico (*amassilho, atilho, cortilha, raspilha, recortilha*); porção (*amassilho* 'porção de farinha que se amassa de cada vez'); locativo (*esconderilho*); causa genérica (*peguilho* 'aquilo que pega, cola, prende ou estorva'); vegetal (*rapilho, mondilho*).

2.4.2.18 Nomes sufixados em -*alh*(o), -*alh*(a), -*elh*(o) e -*ulh*(o)

O sufixo -*alh*(o) anexa-se ao radical da base (*escorrer* > *escorralho*) e combina-se com bases morfologicamente simples não derivadas (*escarvar/escarvalho, esfregar/esfregalho, espantar/ espantalho, pregar/pregalho*) e com bases complexas derivadas por prefixação (*escorrer/escorralho, remoer/remoalho, revirar/reviralho*). O sufixo opta por bases não eruditas que, quanto aos tipos sintático-semânticos, são transitivas de desempenho e causativas.

Os nomes sufixados denotam: instrumento não mecânico (*esfregalho, espantalho, pregalho* 'cabo que serve de adriça aos toldos das embarcações'); parte de um corpo que é um resultado concreto (*escarvalho* 'cavidade que surge na parte interna dos canhões'); restos (*escorralho, rebotalho* 'o que fica depois de escolhido o melhor'); resultado concreto (*remoalho* 'bolo alimentício que os ruminantes fazem vir do estômago à boca para o remoerem'); evento (*reviralho*).

Com o sufixo -*alh*(a) apenas se atestam os nomes *acendalha* e *aralha* 'novilha de dois anos que já pode arar'. Os sufixos -*elh*(o) e *-ulh(o)* só foram encontrados nos nomes *rapelho* 'bicha-cadela' e *tapulho* 'peça com que se tapa'.

2.4.2.19 Nomes sufixados em *-et(a)*

O sufixo anexa-se ao radical (***chupar*** > ***chup**eta*).

Quanto à estrutura morfológica das bases, estas são simples não derivadas: *cheirar/cheirreta, chilrar/chilreta, chupar/chupeta, escalfar/escalfeta, forrar/forreta, gorgolar/gorgoleta*. O sufixo opta, pois, por bases de estruturas não eruditas. Os tipos sintático-semânticos das bases são (i) transitivos de desempenho, de perceção; (ii) inergativos de emissão de som.

Os produtos denotam:

> (i) agente humano (*cheireta, forreta*);
>
> (ii) ave (*chilreta* 'churreca (ave palmípede)')
>
> (iii) instrumento não mecânico (*chupeta, escalfeta, picareta, tapeta*);
>
> (iv) recipiente/contentor (*gorgoleta* 'bilha de barro com gargalo de ralo por onde a água, ao passar, produz ruído').

2.4.2.20 Nomes sufixados em *-tiv(o)*, *-tiv(a)* e *-iv(o)*

Os sufixos *-tiv(o)* e *-tiv(a)* anexam-se ao tema das bases (*depurar* > *depurativo, estimar* > *estimativa*) e combinam-se com bases preferencialmente de estrutura erudita e dos seguintes tipos morfológicos:

> (i) bases complexas não derivadas (*apelar/apelativo, comparar/comparativo, confortar/confortativo, depurar/depurativo, derivar/derivativo, estimar/estimativa*) e
>
> (ii) bases simples não derivadas (*curar/curativo, estar/estativo, fugir/fugitivo, tentar/tentativa*).

O sufixo *-tiv(a)* carateriza-se pelas mesmas seleções que *-tiv(o)*. Quanto aos tipos sintático-semânticos das bases, estes são: (i) transitivos, sobretudo causativos (*lenir/lenitivo, paliar/paliativo, refrigerar/refrigerativo*); (ii) inacusativos (*fugir/fugitivo, supurar/supurativo, estar/estativo*). Não foram encontradas bases inergativas.

Os semantismos dos nomes em *-tiv(o)* são caraterizados por denotarem entidades com a [propriedade de]:

> (i) substância (*confortativo, espoliativo, lenitivo, paliativo, sedativo*);
> (ii) categoria gramatical (*apelativo, aumentativo, comparativo*);
> (iii) agente/experienciador humano (*contemplativo, fugitivo*);
> (iv) causa genérica (*derivativo, preservativo*);
> (v) parte de corpo/instrumento (*estativo* 'parte mecânica de alguns aparelhos, como o microscópio').

Os semantismos dos nomes em *-tiv(a)* são: proposição, produto linguístico/conceptual (*afirmativa, estimativa, intimativa, justificativa, narrativa, rogativa*); faculdade/capacidade (*contemplativa, especulativa, imaginativa*); agente coletivo (*cooperativa*); evento (*alternativa, classificativa, expectativa, iniciativa, tentativa*).

No que diz respeito aos nomes em *-iv(o)*, apenas foram encontrados os nomes *abrasivo, abortivo, vomitivo* e *processivo*.

Como observável por alguns dos lexemas apresentados, este sufixo opera também na formação adjetival (cf. 3.3.10 e 3.3.11).

2.4.2.21 Conspecto geral

O quadro seguinte expõe a distribuição dos semantismos de 'indivíduo' por operadores sufixais.

Sufixos formadores de N deverbais de 'indivíduo'	significações										
	Agente humano	Causa não especificada caráter [humano]	Substância	Vegetal	Animal	Instrumento mecanizado	Instrumento não mecanizado	Experienciador	Locativo	Parte de corpo ou instrumento	Recipiente/contentor
-nt(e)	+		+		+		+	+	+		
-dor(a)	+				+						
-dor	+		+		+	+	+	+		+	+
-dour(o)							+		+	+	+
-dour(a)							+		+		+
-ão	+			+	+	+	+				
-vel					+						
-deir(o)	+				+		+			+	+
-deir(a)	+			+	+	+	+		+	+	+
-óri(a)/-tóri(a)		+		+			+	+			
-óri(o)/-tóri(o)	+		+						+		+
-al									+	+	
-eir(a)	+			+	+	+			+	+	
-eir(o)	+					+					+
-et(a)	+			+		+					+
-alh(o)							+			+	
-alh(a)			+	+							
-elh(o)	+										
-ilh(a)	+						+				
-ilh(o)		+		+			+		+		
-ulh(o)							+				
-tiv(o)/ivo	+	+	+					+		+	
-tiva/iv(a)		+									
-tário/-ário(o)	+							+			

Quadro II.23. Relação entre sufixos formadores de nomes deverbais de indivíduo e suas significações.

A observação do quadro mostra que as significações de indivíduo se encontram repartidas pelas seguintes classes: i) agente humano (*arrumador, presidente*); ii) agente/causa não especificado quanto ao caráter [+-humano] (*derivativo*); iii) substâncias (*desmaquilhante*); iv) vegetais (*trepadeira* 'planta'); v) animais (*saltão* 'gafanhoto'); vi) instrumentos mecanizados (*metralhadora*); vii) instrumentos não mecanizados (*assador*); viii) experienciador (*pensador*); ix) locativos (*passadeira*); x) locativos causativos (*incubadora*); xi) partes de um corpo ou instrumento (*cingideira* 'o dedo médio, nas aves de rapina') e xii) recipientes/contentores (*amassadeira*).

Os dados aqui sintetizados apontam para uma correlação entre os sufixos mais produtivos e a diversidade de significações. Assim, sufixos como *-dor* ou *-nt(e)*, que são dos mais produtivos do português (cf. Almeida 2009), apresentam grande diversidade de significações, enquanto sufixos como *-alh(o)* ou *-et(a)* não dispersam as suas significações por tantos subtipos semânticos.

A distribuição destes sufixos por tipos sintático-semânticos de bases condensa-se no quadro seguinte.

Sufixos formadores de nomes deverbais de 'indivíduo'	Tipos de bases		
	transitivas	inergativas	inacusativas
-nt(e)	+	+	+
-dor(a)	+		
-dor	+	+	+
-dour(o)	+	+	+
-dour(a)	+	+	
-ão	+	+	
-vel	+		
-deir(o)	+	+	+
-deir(a)	+	+	+
-óri(a)/tóri(a)	+	+	+
-óri(o)/tóri(o)	+	+	
-al	+	+	
-eir(a)	+	+	
-eir(o)	+	+	+
-et(a)	+	+	
-alh(o)	+		
-alh(a)	+		
-elh(o)	+		
-ilh(a)	+		
-ilh(o)	+		
-ulh(o)	+		
-tiv(o)/ivo	+	+	+
-tiva/iv(a)	+		+
-tário/ári(o)	+		

Quadro II.24. Distribuição de sufixos formadores de nomes deverbais de indivíduo por tipos sintático-semânticos das bases

Pela análise do quadro, conclui-se que:

a) os sufixos *-nt(e), -dor, -dour(o), -ão, -deir(o), -deir(a), -óri(a)/ tóri(a) -eir(o), -tiv(o)/ivo* podem agregar-se a bases transitivas, inergativas e inacusativas;
b) os sufixos *-dor(a), -vel, -alh(o), -alh(a), -elh(o), -ilh(a), -ilh(o), -ulh(o)* e *-tário/ári(o)* apenas ocorrem em produtos com bases transitivas;
c) os sufixos *-et(a),-dour(a), -al, -eir(a), -óri(o)/tóri(o)* e *-ão* só selecionam bases transitivas e inergativas;
d) *-tiva/iv(a)* só foi registado com bases transitivas e inacusativas.

2.4.3 Deverbais não sufixados

Como se disse no início deste capítulo, os nomes deverbais podem ser formados sem o auxílio de afixos. Trata-se de nomes que na gramática tradicional são designados por "derivados regressivos" e cujo mecanismo de formação foi analisado em 1.6.3.

Nesta secção observaremos os tipos de semantismos gerados por este mecanismo, bem como as restrições de seleção das bases verbais.

Começa-se pelos nomes, como *abraço, rego*, que resultam da conversão do radical verbal em radical nominal (2.4.3.1) e depois (2.4.3.2) descrevem-se os nomes que resultam da conversão de uma forma de palavra (ou palavra gramatical) (*o siga, o pica*).

2.4.3.1 Deverbais que resultam da conversão do radical

A conversão de radicais verbais em nominais ocorre a partir das 3 conjugações. Assim, existem deverbais conversos a partir de verbos de tema em *-a-* (*abraçar > abraço*), em *-e-* (*morder > mordo*) e em *-i-* (*curtir > curte*). Ao radical já converso anexa-se um marcador de classe *-a, -e* ou *-o*. A relação entre o marcador de classe e o tema do verbo é aleatória, como se verifica no Quadro II.24. Verbos de tema em -*a*- dão origem a deverbais com marcador de classe -*a* (*malhar* > *malha*), -*e* (*ajustar* > *ajuste*) e -*o* (*regalar* > *regalo*). Verbos de tema em -*e*- também originam deverbais com marcador de classe -*a* (*colher* > *colha*), -*e* (combater > combate) e -*o* (*sorver* > *sorvo*). Verbos de tema em -*i*- apresentam deverbais com marcador de classe -*a* (*zurzir* > *zurza*), -*e* (*curtir* > *curte*) e -*o* (*zumbir* > *zumbo*).

Deverbal	marcador de classe -a	marcador de classe -e	marcador de classe -o
Verbo 1.ª conj.	abraçar > abraço	sacar > saque	recuar > recuo
Verbo 2.ª conj.	recolher > recolha	combater > combate	sorver > sorvo
Verbo 3.ª conj.	zurzir > zurza	curtir > curte	cuspir > cuspo

Quadro II.25. Relação entre marcador de classe de nomes conversos formados a partir de verbos das três conjugações e a VT destes

Uma vez que a vogal temática da base não se mantém no produto, a base verbal destes produtos é o radical.

As vogais finais dos deverbais têm a função de integrar o produto na categoria dos nomes. A mesma função ocorre nos marcadores de classe de nomes não derivados como *roda*, *feixe*, *jato* (cf. cap. 1: 1.2.2.2).

Verificam-se os seguintes tipos de estruturas morfológicas das bases: (i) bases simples não derivadas (*miar>mio, jantar>janta, fungar>fungo, sacar>saque*); (ii) bases complexas derivadas por prefixação (***a****camar>****a****cama,* ***a****linhar>****a****linho,* ***a****frontar>****a****fronta;* ***de****bagar>****de****baga,* ***des****abelhar>* ***des****abelha,* ***des****camisar>****des****camisa, **en***cabeçar>**en**ceço, **em***perrar>**em**perro, **en***faixar>**en**faixa, **es***forçar>**es**forço, **es***galhar>**es**galha, **re***bolar>**re**bolo, **re***cuar>**re**cuo*), por sufixação (*barat**ear**>barat**eio**, cox**ear**>cox**eio**, pestan**ejar**>pestan**ejo**, forc**ejar**>forc**ejo**, saltar**ilhar**>saltar**ilho**, lamb**iscar**>lamb**isco***) e por circunfixação (*aboquejar>aboquejo, acarrear>acarreio, espinotear>espinoteio*). (iii) bases simples derivadas (conversos): *balançar>balanço, enxofrar>enxofra, galar>gala*; (iv) bases complexas não derivadas (*conversar>conversa, pernoitar>pernoita*).

Estes deverbais não tomam por base verbos em *-esc-, -ec-*. Apenas se encontrou um deverbal converso a partir de um verbo em *-iz-* (*vocalizo*) e não se encontrou nenhum deverbal a partir de verbos em *-ific-*. Este mecanismo de formação de nomes prefere estruturas não eruditas.

Quanto aos tipos sintático-semânticos das bases verbais, estas são (i) bases transitivas, sobretudo causativas (*podar, lavar*) e de desempenho (*escovar, escavar*); (ii) bases inergativas de emissão de som (*gritar, grasnar, roncar*), emissão de substância (*mijar, cuspir*), emissão de luz (*bruxulear, brilhar*), modo de moção (*coxear, rastejar*). Não se encontram bases inacusativas.

A conversão de verbos em nomes requer que as bases possuam estruturas prosódicas particulares. Assim, este mecanismo exige que a base verbal tenha no radical pelo menos uma vogal que funcione como núcleo de sílaba, que será a sílaba acentuada. Assim, verbos como *ver, dar, ler* não produzem estes deverbais (Cf. Rodrigues 2004; Rodrigues 2009).

Os semantismos dos nomes conversos situam-se essencialmente em áreas tradicionais, como a agricultura, a pecuária, a pesca, ou em domínios domésticos de estrato familiar (Rodrigues 2004: 129-185). São os seguintes os semantismos dos nomes deverbais conversos:

(i) evento, dependendo da estrutura eventiva do verbo base (*arremesso, começo, apara, degelo, tosquia*). Muitos dizem respeito a tarefas agrícolas (*lavra, malha, descamisa*);

(ii) estado: *sufoco, zanga, afogo, aconchego, amuo*;

(iii) resultado concreto: *aceno, abraço, afago, alinhavo, chapinho*;

> (iv) instrumento não mecânico: *abafo, abrigo, adorno, agasalho, aguça, amarra, calça, espinça, estira* 'ferramenta para descarnar couros', *fisga, grateia* 'instrumento para limpar o fundo dos rios', *lixa, liga, mira, raspa, trincha*;
>
> (v) agente humano: *achego, bufo, desinço, esfervelho* 'pessoa inquieta e travessa', *pilho* 'gatuno', *visita*;
>
> (vi) causa genérica: *amparo, atravanco, empeço, encanto*;
>
> (vii) locativo: *abordo, abrigo, alojo, apoio, arrumo, assento, atalho*;
>
> (viii) resíduos: *alimpas* 'resíduos dos cereais depois de serem joeirados', *debulho* 'resíduos dos cereais depois de debulhados', *apara* 'limalha', *inço* 'conjunto de plantas que não foram ceifadas, permanecem no terreno para futura propagação; restos';
>
> (ix) objeto do evento: *arranca* 'pernada ou haste que se arrancou', *caça, chucha, cria*;
>
> (x) porção: *ensancha* 'porção de pano a mais para alargar posteriormente', *estiva* 'primeira porção de carga que se mete nos navios', *aguante* 'porção de velame que o navio pode aguentar';
>
> (xi) vegetal: *atrepa* 'trepadeira', *carrega* 'planta';
>
> (xii) instrumento mecânico: *desdobro* 'máquina própria para desdobrar';
>
> (xiii) animal: *saltarico* 'gafanhoto';
>
> (xiv) substância: *empanque* 'substância para vedar as juntas das máquinas'.

Quando uma base verbal apresenta significação eventiva abstrata e concreta, o deverbal converso apenas possui a significação de evento concreto (cf. Rodrigues 2009). Por exemplo, *cria* só é aplicável a entidades concretas: *a cria de gado pelo João* vs. **a cria de uma hipótese pelo João*. Compare-se com o deverbal sufixado *criação*, em que as duas possibilidades são viáveis: *a criação de gado pelo João* vs. *a criação de uma hipótese pelo João*.

2.4.3.2 Nomes deverbais conversos de forma de palavra

Outra possibilidade de construir deverbais consiste na conversão de uma forma gramatical verbal em nome. Por exemplo, *olhar* >

olhar. No entanto, nem só do infinitivo se alimenta este formato da conversão. Atentemos nas seguintes formas, designadoras de 'indivíduo': *atiça, barafusta, caça, cheira, chora, chupa, crava, rapa, espalha, endireita, pendura, engraxa, esfola, fura, grazina, guarda, guia, intruja, mirra, palra, pedincha, penetra, pica, rapa, rezinga, ronca, terlinta, tremelica, vigia,* entre outras. Trata-se de formas ou masculinas ou de dois géneros, mantendo o formato da palavra (*o intruja/a intruja*).

Algumas destas formas de 'indivíduo' contrapõem-se aos corradicais de evento com base em contrastes de género. Por exemplo, *o caça* 'avião' vs. *a caça* 'evento de caçar', *o barafusta* 'aquele que barafusta' vs. *a barafusta* 'evento de barafustar'. Neste último caso, como nos demais que designam agente humano, a forma nominal é de dois géneros. Vejam-se exemplos como *o/a crava, o/a endireita, o/a guarda, o/a guia, o/a pedincha, o/a penetra, o/a vigia,* entre outras.

Todavia, o género feminino deste item (*a barafusta: esta mulher é uma barafusta!*) não se confunde com o item de género inerente que designa o evento (*a barafusta durou muito tempo.*).

Estas formas que designam 'indivíduos' resultam da conversão da palavra gramatical correspondente à 3.ª pessoa do singular do presente do indicativo verbal em nome. A forma gramatical é convertida em nome. A colocação de determinante à esquerda da palavra assim o demonstra (*O João barafusta muito/O barafusta acabou de chegar.*)

As significações destes deverbais são de agente humano e de instrumento mecânico. No primeiro caso trata-se da focalização de um evento que passa a caraterizar um indivíduo/agente humano que o realiza com frequência. Este mecanismo é muito usado na construção de alcunhas, como em *o siga*: alcunha de um jovem delinquente contemporâneo.

Algumas destas palavras mantêm a relação com argumentos sem mediação de preposição, como no verbo derivante. É este o caso de *o crava cigarros* e de o *pica bilhetes* (cf. cap. 7: 7.3.2., para este tipo de compostos).

Atente-se na diferença em relação ao deverbal de evento, em que a mediação entre o deverbal e o seu argumento só ocorre através de preposição:

O Rui não acaba com a crava de cigarros.
* *O Rui não acaba a crava cigarros.*

Outras formas, que parecem mais estabelecidas no léxico, ocorrem já com mediação de preposição: *O guarda do palácio* vs. **o guarda palácio*. No entanto, a forma com o argumento no plural é aceitável (*o guarda palácios*) e parece estar na origem de um composto.

CAPÍTULO 3. FORMAÇÃO DE ADJETIVOS

Graça Rio-Torto
Alexandra Soares Rodrigues[35]

Este capítulo é dedicado à formação de adjetivos denominais (3.1.), denumerais (3.2.) e deverbais (3.3.).

Os adjetivos denominais e denumerais formados por sufixação têm por base um radical. Os adjetivos deverbais formam-se através da combinação do sufixo a um tema verbal. Excetuam-se os adjetivos deverbais sufixados em -ão, que têm por base um radical verbal [36]. Para além da sufixação, a formação de adjetivos recorre também ao mecanismo da conversão (cf. secções 3.3.19 e 3.3.20 deste cap.).

Sendo o adjetivo «uma classe de palavras de natureza essencialmente gregária, adjuntiva, no sentido em que tem de estar associado a um Nome ou a um Verbo, no caso necessariamente predicativo» (Rio-Torto 2006: 104), a semântica dum adjetivo denominal ou deverbal tem em conta não apenas a semântica da base que nele se encontra incorporada, como também a do Nome que o adjetivo modifica.

---

[35] Alexandra Soares Rodrigues é autora da secção 3.3 Adjetivos deverbais. As demais secções são da autoria de Graça Rio-Torto.

[36] Os adjetivos deadjetivais avaliativos (*bonitão*: bonit-$_{RadA}$+*ão*; *limpinho*: limp-$_{RadA}$ + *inho*; *tristonho*: trist-$_{RadA}$+*onho*) e z-avaliativos (*levezinho/a*: leve+zinh-) são descritos no capítulo 5.

3.1 Adjetivos denominais: bases, sufixos, produtos

Os adjetivos denominais derivados por sufixação são conhecidos por "adjetivos de relação" por duas ordens de razões:

(i) pelo facto de estabelecerem com as suas bases uma conexão semântica genericamente parafraseável por 'que está relacionado com x', 'que é relativo a x', em que x representa o que a base denota: *alfandegário* 'relativo a alfândega', *comercial* 'que está relacionado com o comércio'; *mineira* [atividade, indústria] 'que está relacionado com as minas';
(ii) pelo facto de, na sua qualidade de adjetivos, predicarem aquilo que o nome a que se associam denota e de, portanto, estabelecerem também uma conexão semântica com o N do grupo nominal em que se inserem.

A semântica dum adjetivo denominal reflete, necessariamente, a semântica da sua base, mas também as idiossincrasias semânticas do sufixo ativado. Os adjetivos *penal* e *penoso*, ambos construídos com base no radical nominal *pen-*, de *pena*, denotam 'relativo a pena' e 'que comporta pena' (cf. *direito penal* vs. *decisão penosa*); o mesmo se aplica a *carnal* e *carnudo*, que significam, respetivamente, 'que diz respeito à carne, por oposição ao espírito' e 'que tem carne/polpa (em fruto) consistente, carnoso'.

Do mesmo modo, pode haver variação no semantismo do adjetivo em função do N que este modifica: em *jóia familiar* o adjetivo equivale a 'da família', em que esta é a possuidora, e em *ambiente familiar* o adjetivo equivale a 'típico de família, acolhedor e/ou conhecido'.

No quadro que se segue apresentam-se alguns sufixos com os quais se derivam adjetivos denominais e respetivos produtos. Uma vez que o número dos sufixos adjetivalizadores denominais ascende a mais de quarenta (cf. Quadro 6, em 3.1.3.7. deste capítulo), mencionamos apenas alguns dos mais representativos do português:

Sufixo	Adjetivos
-áce-	amiantáceo, azuláceo, bacteriáceo, campanuláceo, coralináceo, cornáceo, coroláceo, fareláceo, fermentáceo, larváceo, magnoliáceo, sebáceo, tulipáceo, turbináceo, welwitschiáceo
-ad-	azulado, frutado, iodado, mentolado, salmonado
-al	acidental, carnal, dental, imperial, mortal, normal, sentimental, teatral, trimestral
-an-	açoreano, africano, paulistano, pessoano, serrano, tijucano
-ar	clientelar, exemplar, familiar, lapidar, medular, plantar
-ári-	dentário, lendário, mamário, panfletário, partidário, rodoviário
-e-	hercúleo, purpúreo, térreo
-eir-	aventureiro, caloteiro, certeiro, interesseiro, traiçoeiro
-ense	almadense, berlinense, ovarense, sintrense, timorense, viseense
-ent-	barrento, bolorento, calorento, ciumento, peçonhento, sum(ar)ento
-esc-	animalesco, cavalheiresco, dantesco, folhetinesco, livresco, simiesco
-ês	burguês, chinês, cortês, francês, montanhês, pedrês
-ic-	artístico, calórico, diabético, granítico, metódico, melancólico, metálico, tsunâmico
-in-	andino, cristalino, manuelino, pombalino, purpurino, vicentino, uterino
-ista	autista, bombista, budista, carteirista, cubista, grecista, miguelista
-oide	animaloide, cameloide, esferoide, espiraloide, humanoide, ovoide
-os-	amoroso, chuvoso, esplendoroso, estiloso, gelatinoso, melindroso, mentiroso, pantanoso, venenoso, ventoso
-ud-	barrigudo, cabeludo, carnudo, peludo, sisudo, sortudo, trombudo

Quadro III.1. Sufixos formadores de adjetivos denominais

A alguns adjetivos denominais (cf. os povos *africanos*, uma água *cristalina*, o doente *diabético*, o pulmão *folhoso*, o portal *manuelino*) correspondem nomes que possuem a mesma base (cf. os *africanos* jovens, ter o *cristalino* opacificado, um *diabético* imobilizado, o *folhoso* dos ruminantes, o *manuelino* escalabitano). Neste capítulo são apenas tidos em conta os adjetivos.

Em 3.1.1. caraterizam-se os radicais nominais que estão na base dos adjetivos denominais e descrevem-se algumas das propriedades combinatórias das bases e dos sufixos adjetivalizadores. Em 3.1.2. descrevem-se os valores semânticos dos sufixos e dos produtos derivados.

3.1.1 Condições de combinatória entre bases e sufixos

Os sufixos que formam adjetivos denominais combinam-se com radicais morfologicamente simples, com radicais morfologicamente complexos (*ginasta/ginástico, auxílio/auxiliar*), sejam derivados ou compostos, pelo que não há correlações impositivas entre a estrutura morfológica da base e o sufixo adjetivalizador usado.

Sufixo	Bases simples	Bases derivadas	Bases compostas
-al	carnal, epocal	centesimal, empresarial	autoestradal, poligonal
-an-	craniano	paulistano	microbiano
-ar	anelar, hospitalar	celular, milenar	triangular, intervalar
-ári-	lendário, mamário	centenário, partidário	aeroportuário, ferroviário, rodoviário
-eir-	certeiro	borralheiro	bancarroteiro
-enh-	açorenho, ferrenho	ferreirenho	costarriquenho, portorriquenho
-ens-	madeirense, ovarense	chamusquense, ferreirense, matosinhense	copacabanense, crucilandense, matogrossense, uberlandense
-ent-	bolorento, calorento	lamacento, olheirento, ternurento	colibacilento, sarrabulhento
-ic-	fílmico, pélvico	artístico, periodístico	ortográfico, radiológico
-ista	clubista, portista	materialista, sanitarista	automobilista, manobrista, terceiromundista
-os-	nervoso, rigoroso	condimentoso, membranoso	espalhafatoso, sarrabulhoso
-ud-	cabeludo, sortudo	faceirudo, ramalhudo	pernaltudo, sobrancelhudo

Quadro III.2. Adjetivos denominais formados a partir de bases simples e complexas

Alguns sufixos têm a possibilidade de se combinar com bases derivadas elas mesmas portadoras de sufixos vários. Como se observa no quadro III.3, os adjetivos denominais em *-ic-* podem ter por base radicais [37]sufixados em *-at(o), -en(o), -i(o), -ist(a), -it(a)*,

---

[37] Este sufixo, como muitos outros, também se acopla, ainda que em menor escala, a adjetivos (cf. *entusiasta/entusiástico*).

-*it*(*e*), -*it*(*o*), destacando-se os sufixados em -*ist*(*a*), por este ser um operador muito disponível e produtivo na atualidade.

Sufixo	Base: radical sufixado de	Derivado em -ic-
-*ato*	*mecenato*	*mecenático*
-*eno*	*nafteno*	*nafténico*
-*io*	*urânio*; *volfrâmio*	*urânico*; *volfrâmico*
-*ista*	*africanista*; *diarista*; *dicionarista*; *galerista*; *hispanista*; *jornalista*; *montanhista*; *mutualista*; *nacionalista*; *partidarista*; *ritualista*; *seminarista*; *tenista*; *urbanista*; *violinista*	*africanístico*; *diarístico*; *dicionarístico*; *galerístico*; *hispanístico*; *jornalístico*; *montanhístico*; *mutualístico*; *nacionalístico*; *partidarístico*; *ritualístico*; *seminarístico*; *tenístico*; *urbanístico*; *violinístico*
-*ita*	*islamita*; *jesuíta*	*islamítico*; *jesuítico*
-*ite*	*ferrite*; *magnesite*; *octaedrite*	*ferrítico*; *magnesítico*; *octaedrítico*
-*ito*	*meteorito*; *quartzito*	*meteorítico*; *quartzítico*

Quadro III.3. Bases sufixadas e respectivos adjetivos derivados em -*ic*-

Também não existem condições impositivas de natureza semântica que regulem a adjunção de um sufixo adjetivalizador à sua base. Frequentemente um mesmo sufixo pode combinar-se com bases de significação muito variada. Assim acontece com -*ic*-. No Quadro III.5 dão-se exemplos de adjunção deste sufixo a bases que denotam matérias/substâncias, objetos/artefactos, partes do corpo, processos fisiológicos, personalidades/divindades, agente de atividade profissional, instituições/ciências/artes/setores de atividade, processo/técnica científica, sistema ideológico, religioso, civilizacional, político, entidade ou produto intelectual, sentimentos, fenómenos/estados atmosféricos, *habitats* geomorfológicos, o que aliás faz deste sufixo um dos de maior versatilidade no português (cf. Rio-Torto 2012).

Base: radical nominal	Adj. sufixado em -*ic*-	Base: radical nominal	Adj. sufixado em -*ic*-
academi- (academia)	*académico*	humoris- (humorista)	*humorístico*
anedot- (anedota)	*anedótico*	melancol- (melancolia)	*melancólico*
basalt- (basalto)	*basáltico*	metafor- (metáfora)	*metafórico*
caucas- (cáucaso)	*caucásico*	milimetr- (milímetro)	*milimétrico*

desert- (deserto)	*desértico*	octaedr- (octaedro)	*octaédrico*
encefal- (encéfalo)	*encefálico*	poet- (poeta)	*poético*
esquelet- (esqueleto)	*esquelético*	ritm- (ritmo)	*rítmico*
fung- (fungo)	*fúngico*	semáfor- (semáforo)	*semafórico*
gongor- (gôngora)	*gongórico*	sism- (sismo)	*sísmico*

Quadro III.4. Adjunção de *-ic-* a diferentes tipos semânticos de base

O quadro seguinte evidencia que os diferentes tipos semânticos de bases que se elencam neste capítulo em 3.1.2 e que denotam matérias/substâncias, objetos/artefactos, partes do corpo, processos fisiológicos, personalidades, agente de atividade profissional, instituições, ciências/artes/setores de atividade, processo/técnica científica, sistema ideológico, religioso, civilizacional, político, entidade ou produto intelectual, sentimentos, fenómenos/estados atmosféricos, *habitats* geomorfológicos, podem ser sufixadas por diversos sufixos adjetivalizadores. No quadro III.5 apenas se apresentam alguns dos sufixos mais representativos e disponíveis, como *-an-*, *-al*, *-ar*, *-il*, *-ári-*, *-eir-*, *-ent-*, *-ic-*, *-ist-*, *-os-*. Os sufixos *-áce-*, *-ense* e *-ês* figuram na mesma coluna por terem escassa disponibilidade e quase não partilharem classes de bases comuns (com exceção das que denotam artefactos). Os sufixos *-ic-* (*motociclístico*, *surfístico*, *twíttico*) e *-ist(a)* (*bloguista*, *coisista*) são os sufixos mais versáteis, seguindo-se-lhes *-al*, *-ar*, *-os-*, *-eir-*, *-ári-*, *-ent-* e *-an-*.

Semântica da base	-áce-, -ens-, -ês	-an-	-al, -ar -il	-ári-	-eir-	-ent- -os-	-ic-	-ist-
Substância	sebáceo				corticeiro, salineiro	albuminoso barrento	basáltico	
ser vivo	bacteriáceo tulipáceo	bacteriano	floral florestal	parasitário		juncoso pulguento	fúngico espórico	
objeto, artefacto	turbináceo castrense		ornamental	ferroviário	torpedeiro		fílmico	
forma geométrica			octogonal triangular				cúbico	

parte do corpo			cerebral muscular	ma- mário	dedeira	membra- noso nari- guento	ovárica	
estado			febril		ordeiro	amoroso ciumento	colérico	terrorista
evento					traiçoei- ro	birrento escanda- loso		
meteoroló- gico			solar		grani- zeira	chuvento chuvoso	desértico sísmico	
ciência/ arte			arquite- tural medicinal				ballético	jazzista
personali- dade, sis- tema		maome tano pessoa- no					islâmico napoleó- nico	budista miguelista
entidade intelectual							**anedó- tico** satírico	alegorista
instituição			ministerial parlamen- tar	ban- cária			autárqui- co	bolsista cartelista
agente							artístico	governista
localidade	sintren- se fran- cês	africano			brasi- leiro			paulista
intervalo de tempo			milenar primaveril outonal	diário		abrilento invernoso	cíclico	medieva- lista
unidade de medida							milimé- trico	quilome- trista

Quadro III.5. Distribuição de sufixos por tipos semânticos de bases

À grande flexibilidade na adjunção de sufixos adjetivalizadores a bases de natureza diversa, quer morfológica, quer semântica, acresce a possibilidade de uma mesma base ser combinável com vários sufixos: umas vezes os produtos são equivalentes (*açórico, açoreano, açorenho, açorense, baamense, baamiano, baamês, costa-riquenho, costa-riquense*), outras vezes assim não acontece, porque os adjetivos são gerados em épocas diferentes e/ou porque entretanto adquiriram sentidos mais específicos e diferenciados, como *brasílico* ('diz-se do povo e das coisas indígenas do Brasil') e *brasileiro* (natural, habitante do Brasil), *japónico* e *japonês*, ambos 'relativo ao Japão'.

Em outras situações, e fruto da informação semântica específica de cada sufixo, o adjetivo adquire sentidos diferenciados, como em *informação oficiosa* vs. *informação oficial* ou *muscular* e *musculoso*, em *treino muscular* e *jovem musculoso*: a diferença entre *muscular* e *musculoso* reside no facto de *muscular* codificar uma relação de consubstancialidade (Rio-Torto 1991), de inerência, entre músculo(s) e o sistema a partir destes constituído, e no facto de *musculoso* codificar a existência de músculos bem desenvolvidos.

Não existindo padrões de correlação impositivos entre um sufixo adjetivalizador e uma estrutura morfológica de base, verificam-se todavia algumas tendências, não sistemáticas, de combinação preferencial entre determinados sufixos adjetivalizadores e alguns tipos morfológicos de bases. Assim, por exemplo:

(i) os sufixos *-al* e *-ári-* combinam-se frequentemente com bases nominais terminadas em *-ção* ou em *-(s)são* que, em contexto derivacional, se reconfiguram alomorficamente em *-cion-* ou *-(s)sion-*: *ascensão, ascensional; condição, condicional; demissão, demissionário; emoção, emocional; profissão, profissional; tradição, tradicional; torsão, torsionário*;

(ii) os sufixos *-al, -ári-* e *-in-* estão presentes em muitas palavras herdadas do latim que mantêm a configuração formal das respetivas bases: por exemplo, em *gradual* e *manual* a base mantém *-d-* e *-n-* intervocálicos que com a evolução da língua sofreriam síncope (cf. *grau, mão*); em *tumultuário* e *usuário* preserva-se a vogal *-u-*; como em latim, em *albino, aprilino, feminino, viperino*, as bases replicam a configuração latina (*albin-, aprilin-, femin-, viperin-*), e não a portuguesa que lhes viria a corresponder (lat. *alb-* 'branco', port. *alv-*, em *alvo/a*; lat. *april-*, port. *abril-*, em *abril*; lat. *viper-*, port. *vibor-*, em *víbora*; lat. *femin-* 'mulher', port. *feme-*, em *fêmea*) (sobre a alomorfia cf. 1.1.3.2 deste livro);

(iii) o sufixo *-os-* está presente em muitos derivados de origem latina, como *afetuoso, frutuoso, insultuoso, tumultuoso*, como se observa pela manutenção da vogal *-u-* da base latina.

No conjunto dos sufixos adjetivalizadores denominais, há uns mais marcados como eruditos, quer pela sua configuração, quer pela das bases a que se acoplam, e outros não. Pela sua forma divergente face ao étimo comum, têm configuração erudita *-an-* (*camiliano, toledano*) face a *-ão* (*coimbrão*), *-ense* (*bracarense, lisbonense*) face a *-ês* (*francês, mirandês*) e *-ári-* (*agrário*) face a *-eir-* (*brasileiro*).

Como em outras circunstâncias derivacionais (Rodrigues 2008), os sufixos adjetivalizadores denominais mais eruditos, como *-e-* (*hercúleo, purpúreo*) e *-in-* (*purpurino, saturnino*), têm tendência a acoplar-se a bases eruditas e/ou menos comuns, verificando-se a situação inversa com os não eruditos.

Muitos outros sufixos adjetivalizadores denominais combinam-se com bases de estrutura [±erudita]; entre eles contam-se alguns de grande produtividade, como *-ent-* (*barrento, mimento, quezilento, sonolento, sumento*), *-ic-* (*finalístico, fúngico, granítico, metálico, mimético, periodístico, platónico, plínico, querubínico*), *-ist(a)* (*aparelhista, epicurista, hedonista, retalhista, salinista*), *-os-* (*albuminoso, ferruginoso, mentiroso, pluvioso, poroso, sumptuoso, untuoso*), *-ud-* (*cabeçudo, orelhudo*).

3.1.2 Semântica das bases dos adjetivos denominais

Os muitos sufixos adjetivalizadores combinam-se com bases que denotam uma variadíssima gama de entidades, objetos, matérias, eventos, atividades, sistemas conceptuais, elencada em Rio-Torto (2013) e que aqui se retoma.

Essas bases são radicais de nomes que denotam:

1. matéria, substância (*albuminoso, amiantáceo, asfáltico, basáltico, barrento, benzénico, cálcico, cevádico, corticeiro, ebânico, ferroso, fosfórico, granítico, insulínico, nafténico, salino, sebáceo, urânico, volfrâmico*)
2. ser vivo (*bacteriáceo, bacteriano, fúngico, parasitário, simiesco, arbustivo, espórico, juncoso, floral, florestal, tulipáceo, urtigoso*)
3. objeto, artefacto (*barométrico, ferroviário, fílmico, fotográfico, livresco, ornamental, palimpséstico, pórtico,* [implante] *protésico, semafórico, telefónico, turbináceo*)
4. forma geométrica (*cúbico, cilíndrico, esférico, octaédrico, octogonal, paralelepipédico, pentagonal, piramidal, triangular*)
5. parte do corpo (*brônquico, cerebral, encefálico, esofágico, esquelético, genómico, laríngico, mamário, membranoso, muscular, neurónico, orelhudo, ovárica, pancreático*)
6. estado, sentimento (*amoroso, ciumento, colérico, corajoso, febril, friorento, furioso, melancólico, ordeiro, paraplégico* (<*paraplegia*), *sonolento, terrorista*), propriedade (*belezuda*)
7. evento (*escandaloso, traiçoeiro*);
8. fenómeno/estado atmosférico, habitat geomorfológico (*ciclónico, chuvoso, desértico, equinocial, meteórico, meteorítico, oceânico, pantanoso, planáltico, sísmico, vulcânico*)
9. ciência/arte, (setor de) actividade científica/artística (*arquitetural, bacterológico, ballético, cinematográfico, embriológico, ginecológico, medicinal, metalúrgico, museológico, musical, neurológico, oftalmológico*), processo, técnica científica (*abdominoscópico, fisioterápico*)
10. sistema ideológico, religioso, civilizacional (*budista, fundamentalista, islâmico, islamita, jesuíta, maometano, positivista*) e político (*esquerdoide, monárquico, republicano*)

11. entidade/produto intelectual (*algorítmico, anedótico, dialógico, ensaístico, estereótipo, irónico, metafórico, paragógico, prototípico, satírico, sígnico*)
12. instituição ([praxe] *académica, arcádica, autárquico, bancária, camarário, ministerial, parlamentar*), setor profissional (*metalúrgico, tauromáquico*)
13. agente de atividade profissional (*acrobático, africanística, arquivística, artístico, humorístico, jornalístico, náutico, propagandístico, tenístico, terapêutico*)
14. personalidade (*dantesco, gongórico, hamlético homérico, lazarento, maquiavélico, napoleónico, petrarquista, queirosiano, salomónico, sebastiânico, socrático*), entidade, divindade (*capricorniano, ciclópico, faraónico, icárico, satânico, saturnino*);
15. localidade (*açoreano, aveirense, coimbrão, lisboeta, mirandês, paulista*), país (*açórico, angolano, brasileiro, brasílico, espanhol, francês, israelita, itálico, japónico* (arroz), *timorense*), região (*alentejano, algarvio, beirão, caucásico, escandinávico, ibérico, siberiano, tirolês*), continente (*africano, asiático, europeu*), zona/ponto cardeal (*nortenho, ocidental, oriental, polar, sulista*)
16. período/intervalo temporal, epocal (*diário, cíclico, episódico, fásico, invernoso, milenar, periódico, primaveril, outonal, rítmico, semanal, semestral, sistólico*) ou civilizacional (*medievalista, renascentista*)
17. unidade de medida (*milimétrico, quilométrico, voltaico*)

3.1.3 Morfologia e semântica dos adjetivos sufixados

Na secção anterior atesta-se que um mesmo sufixo se pode combinar com bases semanticamente muito diversas e que vários sufixos podem atribuir um mesmo semantismo às bases a que se juntam.

3.1.3.1 Adjetivos sufixados em -*an(o/a)*, -*ári(o/a)*, -*eir(o/a)*, -*ens(e)* e -*ês*

Na atual sincronia, os sufixos -*an(o/a)*, -*eir(o/a)*, -*ens(e)* e -*ês* são os mais disponíveis e produtivos para a formação de adjetivos gentílicos, pátrios ou étnicos (cf. quadro III.6), como o atestam os exemplos -*an(o/a)* (*africano, americano, cubano, paulistano, peruano*), -*eir(o/a)* (*brasileiro, pantaneiro, poveiro*), -*ens(e)* (*alcobacense, berlinense, funchalense, timorense*), -*ês* (*chinês, polonês, sudanês, tirolês*), entre muitos outros. A consulta do *Dicionário de Gentílicos e Topónimos* (www.portaldalinguaportuguesa.pt) confirma esta assunção. Deve contudo registar-se a crescente representatividade de -*ist(a)* na formação de gentílicos, no Brasil, mas também em Angola e até em Portugal (Areán Garcia 2007: 287-299).

Já -*ári(o/a)* não forma adjetivos detoponímicos, mas combina-se com nomes de classes semânticas variadas (*alfandegário, bilionário, dentário, diário, embrionário, ferroviário, fragmentário, latifundiário, lendário, mamário, minifundiário, panfletário, partidário, rodoviário, tributário*).

3.1.3.2 Adjetivos sufixados em -*ent(o/a)*, -*os(o/a)* e -*ud(o/a)*

Outros sufixos encontram-se mais acantonados na expressão de posse (de algo ±alienável) de manifestação de uma propriedade, como -*ent-* (*ciumento, lamacento, sum(ar)ento*), -*os-* (*brioso, espaçoso*) e -*ud-* (*raçudo, sisudo, sortudo*), por exemplo, a que se associa por vezes a de "que causa x" (*prazeroso, ternurento*). Aos derivados em -*ud-* acresce a marca de intensidade e/ou de excessividade [38], de tal

---

[38] Esta marca, aplicada a propriedades, permite ao sufixo combinar-se com algumas bases adjetivais, como (PB) *boazuda, gostosuda*.

modo que *barrigudo, peludo, rabudo, sortudo* denotam 'que tem uma barriga demasiado proeminente', 'que tem pelos em excesso' e 'que tem muita sorte'. A avaliação pode ser positiva, como em *bunduda* (PB), *rabuda, popozuda* (PB), denotando alguém que tem 'bunda' (PB) ou um traseiro [popó] grande e bem feita/o. Em virtude do semantismo que codificam, estes sufixos combinam-se com bases que denotam matérias, substâncias (*argiloso, barrento, catarrento, gelatinoso, lamacento, leitoso, sum(ar)ento, venenoso*), estados/ sentimentos (*amoroso, ardiloso, ciumento, pesaroso, ternurento*), propriedades susceptíveis de serem alocadas a uma entidade (*brioso, coceguento, presunçoso, vergonhoso*). O sufixo -*ud*- combina-se com nomes de partes do corpo (*barrigudo, beiçudo, cabeçudo, mamudo, narigudo, orelhudo, peludo, rabudo, trombudo*), o que não acontece com os demais. Em função da semântica da base, alguns adjetivos em -*ent*- (*birrento, peçonhento*) significam 'que causa, que faz". O contraste entre alguns adjetivos corradicais em -*ent*- e em -*os*-, com *catarrento, catarroso, ciumento* e *ciumoso, piolhento, piolhoso*, parece indicar que -*os*- tem um sentido mais intensivo e/ou expressivo que -*ent*-. De acordo com Teixeira (2009), num estudo levado a cabo sobre a interpretação semântica, por adultos e crianças, de sufixos adjetivalizadores, -*os*- parece estar associado no PB a um valor mais positivo (*brigoso, cheiroso, gorduroso, gostoso, seboso*) e -*ent*- a um valor mais negativo (*briguento, gordurento, sebento*).

3.1.3.3 Adjetivos sufixados em -*eng(o/a)*, -*i(o/a)* e -*iç(o/a)*

Os adjetivos sufixados em -*eng(o/a)* (*mulherengo*) e -*iç(o/a)* (*outoniço, palhiço*) denotam propensão, disposição. Em alguns casos (*avoengo, realengo, solarengo*) o sentido de similitude que -*eng(o/a)* também possui encontra-se lexicalizado. Estes sufixos encontram-se presentemente não disponíveis para a produção de novos lexemas. Os sufixos -*i*(*o*/*a*) (*gentio, doentio, baixio*) e -*iç*(*o*/*a*) (*castiço, enfermiço, mortiço*) combinam-se com bases quer nominais (radical de *gente*) quer adjetivais (radical de *casto, enfermo, morto, primeiriça* 'diz-se de fêmea que é mãe pela primeira vez'). Em *enfermiço* e *mortiço* o sufixo denota 'propensão' e em *doentio* o sufixo denota similitude e/ou causatividade.

3.1.3.4 Adjetivos sufixados em -*esc*(*o*/*a*), -*oid*(*e*), -*áce*(*o*/*a*)

Exprimem similitude -*esc*(*o*/*a*) e -*óid*(*e*) (*animalesco, animaloide*). A estes dois sufixos estão associadas marcas negativas, observáveis em *burlesco, dantesco, fradesco, livresco, quixotesco* e em *animaloide* ou *parvoide*, sendo que em alguns casos as próprias bases já são marcadas negativamente (cf. radicais de *burla* e *parvo*). Todavia, as marcas disfóricas não são sistemáticas, como se observa em *principesco* e em muitos adjetivos cultos da esfera científica, como *ov*(*al*), *ovoide, trianguloide*, não depreciativos. Também -*áce*(*o*/*a*) denota similitude, mas aproximativa, e é usado sobretudo em termos técnicos da botânica (*coroláceo, magnoliáceo, tulipáceo, welwitschiáceo*) ou das ciências biológicas (*bacteriáceo, larváceo*). Os nomes equivalentes denotam espécimes animais ou vegetais (*larváceos, magnoliáceas*).

3.1.3.5 Adjetivos sufixados em -*ist*(*a*)

Um sufixo com um sentido relativamente especializado é -*ist*(*a*), pois forma adjetivos cuja significação pode ser descrita como 'especialista em', como por exemplo em *médico urologista, técnico anestesista*. Quando a base é o radical de um nome próprio, como Darwin, o adjetivo exprime uma relação de adesão ou de apoio intelectual, de simpatia ou de inclinação intelectual/afetiva, de partidário de sistema conceptual, ideológico, filosófico de Darwin. Muitos destes adjetivos em -*ist(a)* nominalizam com alguma frequência, funcionando portanto como nomes: *os anestesistas, os urologistas, os darwinistas reuniram-se em congresso*. Este sufixo é um dos mais disponíveis e produtivos na atual sincronia (*adventista, afonsista, arsenalista, bolsista, cartelista, desenvolvimentista, despesista, divorcista, financista, fundista, futurista, governista, imediatista, intriguista, livre-cambista, miniaturista, narcisista, panfletarista, pragmaticista, primeiranista, progressista, quinhentista, sexista, sigilista, vicentista, vorticista*, associando-se não apenas a nomes, mas também a adjetivos para formar novos adjetivos.

Uma das razões da sua grande disponibilidade prende-se com a grande diversidade de classes semântico-referenciais das bases nominais com que se combina, que denotam entidades humanas (*afonsista, narcisista, vicentista*), mas também instituições (*arsenalista, bolsista, cartelista, governista*), eventos, processos, atividades (*intriguista, livre-cambista*), estados (*adventista, despesista, divorcista, futurista, imediatista, progressista, sigilista, vorticista*), com os quais os demais sufixos adjetivalizadores, com exceção de -*ic*-, não mantêm uma especial propensão combinatória.

O sufixo -*ist(a)* carateriza-se por uma significativa versatilidade combinatória, pois, além de se combinar dominantemente com bases nominais (cf. cap. 2: 3.1.3), também se acopla a algumas bases verbais (cf. cap. 3: 3.3.14) e a algumas adjetivais. Neste conjunto se inscrevem os seguintes adjetivos deadjetivais, em que o produto apresenta um sentido idêntico ao que ocorre nos demais casos, ou seja, de 'apoiante de, simpatizante de, partidário de, especialista em': *absolutista, absurdista, africanista, casualista, coletivista, corporativista, destrutivista, dualista, estruturalista, funcionalista, hegelianista, humanitarista, imperialista, integralista, intimista, introspetivista, mentalista, mercantilista, minimalista, modernista, municipalista, neutralista, oportunista, otimista, perpetuísta, preciosista, presidencialista, sentimentalista, simplista, sonambulista, tropicalista, vigarista*.

Sob o ponto de vista morfológico, as bases adjetivais podem ser simples (*intimista, otimista, oportunista, simplista*) ou complexas (*hegelianista, tropicalista*), e também podem corresponder a adjetivos graduáveis (*moderno, simples*) ou não (*estrutural, mental, municipal, presidencial*).

3.1.3.6 Adjetivos sufixados em *-al*, *-ar*, *-eir(o/a)* e *-ic(o/a)*

Estes sufixos, entre os quais se encontram alguns dos mais disponíveis para a produção de adjetivos denominais, como *-al* (*artesanal, autoestradal, caricatural, fenomenal, semestral, sentimental, teatral*), *-ar* (*angular,* (carro) *celular, espetacular, familiar, medular, milenar, modular, nodular, pendular, perpendicular, polar, protocolar*), *-eir-* (*aventureiro, certeiro, vidreira* [*indústria*]) e, acima de todos, *-ic-* [39] (*académico, alcoólico, algébrico, anedótico, basáltico, caucásico, desértico, encefálico, esquelético, fúngico, gongórico, humorístico, melancólico, metafórico, metálico, metódico, milimétrico, octaédrico, rítmico, semafórico, sísmico*), não possuem sentido específico e permanente que os possa diferenciar de forma sistemática, sendo assim portadores dum semantismo genérico, de 'relativo a', adaptável em função das informações semânticas adstritas às bases com que se concatenam. Em *bebida alcoólica* o adjetivo informa da presença significativa de teor de álcool, mas em *coma alcoólico*, o adjetivo equivale a 'provocado pelo álcool'. Já em *trabalho artesanal* o adjetivo equivale a 'feito por artesão, de forma não industrial', mas em *trabalho semestral* o adjetivo equivale a 'que dura um semestre'. Em *pessoa sentimental* o adjetivo equivale

---

[39] O sufixo *-ic-* combina-se até mesmo com bases adjetivais, nomeadamente com muitas portadoras de *-ist-*, como em *altruístico, alarmístico, amadorístico, apologístico, clubístico, conceptualístico, culturístico, darwinístico, expansionístico, lobístico, militarístico, triunfalístico*.

a 'que manifesta facilmente e/ou intensamente os seus sentimentos, que se emociona facilmente'. Em *jovem aventureiro* o adjetivo equivale a 'que gosta da aventura'; e em *indústria vidreira* o adjetivo equivale a 'cuja matéria-prima é o vidro'. Estes exemplos abonam em favor da não especialização semântica de muitos dos sufixos adjetivalizadores denominais e da sua ductilidade em função do semantismo da base e do nome nuclear que modificam.

Todavia, *-eir-* em *comportamento eleiçoeiro, interesses eleitoreiros, atitude politiqueira* veicula sentido depreciativo.

3.1.3.7 Adjetivos detoponímicos e adjetivos denominais

Uma derradeira manifestação da grande amplitude combinatória e ao mesmo tempo do grau de (in)especificidade semântica de muitos dos sufixos adjetivalizadores denominais consubstancia-se através da comparação (cf. Quadro III.6) do comportamento de vários sufixos na formação de adjetivos denominais e na de um seu subconjunto: o dos adjetivos gentílicos, todos nominalizáveis, que predicam uma propriedade em função do país, da região, da província, da localidade de nacimento ou de procedência.

No quadro que se segue, parcialmente retomado de Rio-Torto (1988: 223-230), arrolam-se adjetivos denominais gentílicos (coluna da direita) e adjetivos denominais cujas bases são não toponímicas (coluna do meio), a fim de se verificar em que medida há ou não tendência para uma distribuição disjunta ou não de um mesmo sufixo pelos dois conjuntos.

Sufixos	Adjetivos denominais	Adjetivos gentílicos
1.-*ach*-	*friacho; verdacho*	*corvacho; pegacho; riacho*
2.-*ac*-	*dionisíaco; maníaco*	*austríaco*
3.-*ad*-	*barbado; dentado; labiado; mentolado; rosado; salmonado*	------

4.-aic-	farisaico; prosaico	judaico; pirinaico
5.-al	ambiental; artesanal; conjugal; fundamental; repertorial; semestral; sentimental; teatral; triunfal	provençal
6.-an-	camoniano; luterano; parnasiano; queirosiano; pessoano	africano; alagoano; angolano; iraniano; iraquiano; kuwaitiano; murciano; romano; trancosano; tanzaniano; valenciano
7.-ão	cardão; gargantão; pancão	barrosão; braganção; coimbrão; ilhavão; leirião; marinhão; palmelão; sesimbrão; setubalão; sintrão; sousão
8.-ar	complementar; espectacular; exemplar; familiar; medular	angolar; insular; kosovar
9.-ári-	alfandegário; dentário; diário; ferroviário; fragmentário; latifundiário; lendário; mamário; numerário; panfletário; partidário; rodoviário; tributário	------
10.-at-	sensato, timorato	felgarato; larinhato; maiato
11.-eir-	aventureiro; certeiro; cervejeiro; costumeiro; femeeiro; interesseiro; pesqueiro	brasileiro; buarqueiro; cartaxeiro; machiqueiro; mineiro; poveiro; sanjoaneiro; seixaleiro; soajeiro
12.-ej-	castrejo	alcoutinejo; colarejo; crastejo fianejo; marvanejo, sertanejo
13.-eng-	mulherengo; solarengo	mertelengo; sumarengo
14.-enh-	ferrenho	açorenho; barranquenho; belizenho; cacelenho; estremenho; ferreirenho; lagoenho; nortenho; quadrasenho; quintenho
15.-en-	terreno	chileno; nazareno; madrileno
16.-ens-	forense, hortense, nortense	aveirense; berlinense; bracarense; farense; leiriense; macaense; ovarense; parisiense; portuense; sanjoanense; setubalense; timorense; torreense; viseense
17.-ent-	barrento; catarrento; ciumento; peçonhento; sum(ar)ento	------
18.-e-	férreo; purpúreo	------
19.-ês	cortês; pedrês	dinamarquês; escocês; francês; holandês; irlandês; japonês; luxemburguês; mirandês; ruandês; sudanês; tirolês
20.-esc-	animalesco; burlesco; folhetinesco; fradesco; livresco; quixotestco;	------
21.-estr-	pedestre	campestre; terrestre
22.-et-	forreta	catarineta; fonteta; lisboeta
23.-eu	ilhéu	europeu; guinéu
24.-i-	gentio, tardio	algarvio
25.-iç-	enfermiço; palhiço; roliço	aranhiço; campaniço

26.-íci-	natalício; adventício	------
27.-ic-	alegrico (reg.); tontico (reg.)	mafarico; minderico
28.-ic-	alegórico; algébrico; artístico; calórico; granítico; metódico; melancólico	açórico; brasílico; balcânico; itálico
29.-il	febril; primaveril; senhoril	------
30.-in-	castorino; cristalino; manuelino; pombalino; purpurino; uterino	amarantino; flandrino; londrino; marroquino; pontevedrino
31.-isc-	mourisco	flandrisco
32.-ist-	budista; carreirista; terrorista	alfamista; cabindista; dondista; freixinista; huambista; ipiranguista; macaista; malaquista; paranista; paulista; pembista
33.-it-	ismaelita	israelita; moscovita; vietnamita
34.-oid-	animaloide; esferoide; ovoide	------
35.-ol	--	espanhol
36.-onh-	medonho; enfadonho; risonho	------
37.-orr-	beatorro	nisorro
38.-os-	amoroso; brioso; gelatinoso; leitoso; venenoso; vergonhoso	------
39.-ot-	patriota	cairota; gafanhoto; marinhoto; minhoto; paivoto; penaguioto; vilachoto
40.-ud-	abelhudo; barrigudo; cabeludo; pontudo; sortudo; trombudo	------

Quadro III.6. Comportamento dos sufixos adjetivalizadores denominais na formação de adjetivos denominais gentílicos e não gentílicos

Dos quarenta sufixos aqui listados, apenas *-ol* e *-orr-* não ocorrem na formação de outros adjetivos que não os gentílicos. De *-ol* pode acrescentar-se que forma nomes, como *tintol, urinol*, e de *-orr-* que funciona como avaliativo, em *beatorra, velhorro*. A base do adjetivo *patriota*, ainda que não seja um topónimo (razão pela qual não figura na coluna da direita), é um nome de território.

No total de quarenta sufixos, apenas onze (*-ad-, -ári-, -ent-, -e-, -esc-, -íci-, -il, -óid-, -onh-, os-, -ud-*) não se combinam com bases toponímicas. A estes poder-se-ia acrescentar *-el-*, que ocorre em alguns adjetivos avaliativos, como *doidela/o, magre-*

lo, magricela, e num adjetivo detoponímico: *corvelo*, da ilha do Corvo, presentemente substituído por *corvense* (Rio-Torto 1993: 437-439).

Se excetuarmos o sufixo erudito *-e-* (*purpúreo, róseo*) e *-il* (*infantil, juvenil, pueril, varonil*), presentes sobretudo em palavras de origem ou de traça erudita, e *-onh-*, também indisponível, restam essencialmente os sufixos tipicamente associados à expressão de posse (*-ent-, -os-, -ud-*) e/ou de similitude pejorativamente encarada (*-esc-, -oid-*), e por isso alheados da adjetivalização gentílica. Existe contudo o topónimo *Capeludos de Aguiar*, no concelho de Vila Pouca de Aguiar, distrito de Vila Real, que tem por base o radical de Capelo, o qual também está na origem do conhecido Vulcão dos *Capelinhos*, localizado na Ponta dos Capelinhos, freguesia do Capelo da Ilha do Faial (Açores).

3.2 Adjetivos denumerais

Os adjetivos denumerais têm por base radicais numerais. Os sufixos usados podem ser comuns aos adjetivos denominais, assim acontecendo em *-al* (*centesimal, decimal*), e podem ser específicos da subclasse dos adjetivos denumerais, como *-av-* (*oitavo*).

Em função do sufixo usado, o adjetivo pode ter valor intensivo ou pode funcionar como adjetivo e/ou como numeral ordinal, multiplicativo e fracionário.

Os adjetivos sufixados em *-ão* têm por base radicais de numerais cardinais (radical *trint-, quarent-, cinquent-*, em *trintão, quarentão, cinquentão*) e significam 'que tem ou aparenta ter, de foma bem marcada/intensa, os anos que a base denota', carreando assim a marca de intensidade presente em *-ão*.

Os adjetivos sufixados em *-al* que têm por base radicais de numerais ordinais, como *decim-, centesim-*, em *decimal, cen-*

tesimal, significam 'relativo ao número que a base denota' (cf. *sistema centesimal*).

Os denumerais que funcionam como numerais ordinais (*décimo, vigésimo, trigésimo, nonagésimo, milésimo*) são palavras eruditas importadas do latim. Também de origem e de estrutura erudita são os denumerais *unitário, binário, ternário, quaternário*.

O valor fracionário é codificado por *-av-* (*oitavo, trintavo, quarentavo*), significando cada um 'dividido em, ou que contém *x* partes, frações' e em que *x* representa o que a base denota. Nos demais casos o sufixo ganhou autonomia lexical, assumindo-se como palavra lexical autónoma, como se observa em *onze/treze/ catorze/vinte/trinta avos*.

Para a formação de adjetivos numerais com valor multiplicativo recorre-se a *-(u)pl-* (*quádruplo, quíntuplo, sêxtuplo, séptuplo, óctuplo, nônuplo, décuplo, cêntuplo*), que significam '*x* vezes mais o que a base denota'. Trata-se, em todos os casos, de palavras de origem e de estrutura eruditas.

3.3 Adjetivos deverbais: bases, sufixos, produtos

Os adjetivos deverbais do português são formados por dois tipos de mecanismos: a sufixação (cap. 3: 3.3.1-17) e a conversão (cap. 3: 3.3.18-20), seja esta do radical (*pisco*), do tema (*penetra*) ou do particípio passado (*casado*).

Em cada subsecção de 3.3 descrevem-se os sufixos e as bases (sob os pontos de vista morfológico e sintático-semântico) que estes selecionam, assim como as significações que ambos aportam aos adjetivos. Os sufixos apresentam-se por ordem decrescente de representatividade.

Em Português, os adjetivos deverbais são formados com os seguintes sufixos (neste quadro por ordem alfabética):

-ão (refilão, resmungão)	*-ist(a) (consumista, trocista)*
-az (mordaz, tragaz)	*-iv(o/a) (processivo)*
-deir (o/a) (caideiro, i)	*-nt(e) (aterrorizante, glorificante)*
-diç (o/a) (espantadiço, esquecediço)	*-óri(o/a) (expulsório, relambório 'preguiçoso')*
-di (o/a) (escorregadio, lavradio)	*-os(o/a) (queixoso, zeloso)*
-dor (cumpridor, reparador)	*-tiv(o/a) (despertativo, refrigerativo)*
-dour (o/a) (casadouro, valedouro)	*-tóri(o) (bajulatório, circulatório)*
-eir (o/a) (beijoqueiro, erreiro)	*-vel (contável, prestável)*
-ent (o/a) (embirrento, resmunguento)	

Quadro III.7. Adjetivos deverbais e respetivos sufixos

Muitos dos sufixos que dão origem a adjetivos deverbais estão também presentes na formação de nomes deverbais (cf. secção 2.4.2).

Nos adjetivos, a flexão em género não representa alteração de significação; por isso não elencamos separadamente as formas femininas dos sufixos. A alternância de genéro de masculino para feminino faz-se, no caso dos adjetivos em *-deir*(o), *-eir*(o), *-tóri*(o), *-óri*(o), *-tiv*(o), *-iv(o/a)*,[40] *-ent*(o), *-diç*(o), *-di*(o), *-dour*(o), *-ão*, *-os*(o), através da comutação do marcador de classe *-o* por *-a*. Nos adjetivos, as formas femininas ilustram apenas uma alternância de flexão e não uma mudança lexical. Isto deve-se ao facto de não haver valor semântico distinto entre a forma masculina do adjetivo e a forma feminina. Na formação de nomes, a alternância de género acarreta, por vezes, valor semântico diferente. Por isso, nesse caso, as formas femininas são consideradas autonomamente em relação às formas masculinas.

As significações destes produtos adjetivais são genericamente as seguintes:

(i) qualidade de 'agente/causa' ('que V'), que pode ser aplicada a humanos (*bebé chorão, homem trabalhador*), a animais (*ca-*

---

[40] Para a delimitação de *-tóri*(o), *-óri*(o), *-tiv*(o), *-iv*(o), veja-se o que foi referido na secção 2.4.2 a propósito dos produtos nominais.

valo trotador, cão guardador, animal hospedeiro), a plantas (*planta trepadeira*), a instrumentos (*aparelho aparador*), a substâncias (*produto adstringente*), ou não ser específica quanto a esta aplicação.

(ii) qualidade de 'objeto'[41] ('que é Vdo'): *lavável, contornável, assado, congelado*.

3.3.1 Adjetivos sufixados em -*dor*

A forma da base verbal a que -*dor* se anexa é a do tema do presente (*esclarecedor, cumpridor*). A forma feminina é -*dora*.

As estruturas morfológicas dos verbos a que o sufixo -*dor* se junta são as seguintes:

(i) bases simples não derivadas (*cumprir> cumpridor, madrugar> madrugador*);

(ii) bases simples derivadas (verbos conversos) (*batalhar> batalhador*);

(iii) bases complexas não derivadas (*conversar>conversador, preservar>preservador*);

(iii) bases complexas derivadas formadas por prefixação (***apa**drinhar> **apa**drinhador;* ***des**frutar> **des**frutador;* ***em**baraçar> **em**baraçador;* ***es**farrapar>**es**farrapador;* ***re**filar>**re**filador; **re**ssoar>**re**ssoador*), sufixação (*ame**niz**ar>ame**niz**ador;*

---

[41] A distinção entre adjetivos que designam 'agente/causa' e 'objeto' aqui utilizada corresponde à que Rainer (1999: 4597-4610) faz entre adjetivos ativos e passivos. A nossa opção vinca de modo mais direto as relações entre o significado do produto adjetival e o esquema léxico-conceptual do verbo base. Os subgrupos que Rainer estabelece (ativos: puros, potenciais, disposicionais; passivos: potenciais, deônticos, participais) dizem respeito às significações que variam em produtos com o mesmo sufixo. Neste trabalho, descreve-se o contributo de cada sufixo na abordagem específica dos seus produtos.

cortejar> cortejador; *escurecer> escurecedor*; *pacificar> pacificador*; *parafrasear> parafraseador*) e por <u>circunfixação</u> (***embrutecer>*** *embrutecedor*; ***esclarecer>****esclarecedor*).

Tal como na formação de nomes, este sufixo agrega-se a bases eruditas e não eruditas.

No que diz respeito aos tipos sintático-semânticos de bases, o sufixo *-dor* anexa-se preferencialmente a bases transitivas, a que se seguem as inergativas e inacusativas.

Das bases transitivas, as mais numerosas são as indicadoras de desempenho (*cometer>cometedor, esbanjar>esbanjador, escrever>escrevedor*), as causativas (*desbravar>desbravador, desagravar>desagravador, harmonizar>harmonizador*) e as ornativas (*guarnecer>guarnecedor, ornamentar>ornamentador, polinizar>polinizador*). Existem muitos outros tipos transitivos como bases destes produtos (Rodrigues 2008).

As bases inergativas são sobretudo indicadoras de desempenho (*batalhar>batalhador, gesticular>gesticulador*), de emissão de som (*choramingar>choramingador, gemer>gemedor, rosnar>rosnador*), de modo de moção (*flutuar>flutuador, passear>passeador, trepar>trepador*), entre outros. As bases inacusativas são sobretudo de verbos de estado/existência (*predominar>predominador, sofrer>sofredor*), mover-se em direção específica (*migrar>migrador*) e aparecimento (*deflagrar>deflagrador*).

Os sentidos dos produtos adjetivais sufixados em *-dor* são parafraseáveis por 'que V', pelo que os adjetivos designam 'causa'. O contributo semântico do sufixo para estes produtos é o mesmo que ocorre na formação dos nomes (cf. cap. 2: 2.4.2.1.), ou seja, é de [que tem a função de]. Nesta medida, os adjetivos que são formados através deste sufixo designam, matricialmente, a qualidade de exercer a função denotada pelo verbo base. Assim, *pessoa batalhadora* designa alguém que *batalha*, no exercício dessa função, e independentemente de ter ou não essa capacidade; *aparelho sorvedor* de poeiras é o que tem por função sorver, mas um *produto solvente* tem a propriedade de solver; uma *bóia flutuadora* tem por função flutuar, enquanto um *hotel flutuante* é aquele que, como um cruzeiro, tem a capacidade de flutuar (cf. cap. 3: 3.3.4). Por contraste com os adjetivos em *-dor*, que designam 'qualidades concernentes ao exercício de uma função', sem indicação de capacidade para tal, os adjetivos em *-deir-* (moça *namoradeira*) indicam a qualidade dependente de uma funcionalidade, ou seja, uma capacidade de efetuar o evento descrito pelo verbo (cf. cap. 3: 3.3.2). É possível que se esteja a esbater a diferença existente entre o valor de *-dor* e o de *-nte*, pois em várias circunstâncias os produtos corradicais são usados como equivalentes (potência *administradora* e potência *administrante*, fenómeno *atemorizador* e *atemorizante*, debate *problematizador* e *problematizante*).

Nos adjetivos em *-dor*, a significação de 'que tem a função de V' pode corresponder ao argumento externo de verbos inergativos (*homem blasfemador, cão ladrador*) e de verbos transitivos (*momento inspirador, sono reparador*). No entanto, também se encontram significações de 'causa' que não correspondem a nenhum dos argumentos da base verbal (*químico chovedor* 'que faz chover'; *exercício suador* 'que faz suar'), tal como acontece na formação de nomes através deste sufixo (cf. cap. 2: 2.4.2.1.)

A significação de 'que tem a função de' pode ainda corresponder ao argumento interno de verbos inacusativos (*ave migradora*), mas não ao argumento interno de verbos transitivos (*indivíduo bebedor* vs. **vinho bebedor*).

Assim, o sentido de [que tem a função de] pode ocorrer em produtos em *-dor* com base em verbos cuja estrutura léxico-conceptual não contém um elemento causativo definido, como é o caso de verbos como *morar, migrar* [42]. No entanto, não ocorre com base em verbos que apenas contêm um Objeto [-ativo, +afetado], como *morrer* ou *nascer*. Por esse motivo, os verbos inacusativos que servem de base a estes produtos não são os de tipo incoativo, mas de movimento e de estado/existência.

Tal como na formação de nomes, não existe relação direta entre um argumento da base verbal e a significação do produto em *-dor*. O adjetivo *deflagrador* [*aparelho deflagrador*] qualifica uma 'causa'. No entanto, o verbo *deflagrar* é inacusativo, pelo que não tem na sua estrutura argumental um argumento que seja preenchido léxico-conceptualmente por Causa.

3.3.2 Adjetivos sufixados em *-deir(o/a)*

O sufixo *-deir(o/a)* anexa-se ao tema do presente da base verbal (***trazer*** > ***traze****deiro*) e tem preferência por bases de estrutura não erudita.

São as seguintes as estruturas morfológicas das bases verbais a que o sufixo *-deir-* se anexa: (i) bases simples não derivadas (*andar>andadeiro, cair>caideiro, ganhar> ganhadeiro*); (ii) bases simples conversas (*casar>casadeiro, fiar>fiadeiro, malhar> malhadeiro*); (iii) bases complexas derivadas, formadas por prefixação: *agasalhar> agasalhadeiro, arrastar>arrastadeiro*. Não se encontram bases sufixadas nem circunfixadas.

As bases dos produtos em *-deir-* são sobretudo transitivas. As bases transitivas são indicadoras de desempenho (*comer> comedeiro, mandar>mandadeiro, trabalhar>trabalhadeiro*),

---

[42] Trata-se de verbos, por vezes de dois lugares, como *morar, suportar*, em que o argumento que ocupa a função sintática de sujeito não é preenchido por um papel léxico-conceptual de 'causa', nem interna, nem externa. (Rodrigues 2008: 274; Levin & Rappaport Hovav 1995: 120).

causativas (*assar>assadeiro, lavar>lavadeiro, podar>podadeiro*), resultativas (*urdir>urdideiro*), de mover objeto em direção específica (*arrastar>arrastadeiro*). As bases inergativas são indicadoras de desempenho (*fumar>fumadeiro, namorar>namoradeiro*), de emissão de som (*palrar>palradeiro*), de modo de moção (*bailar>bailadeiro, trepar> trepadeiro*), de emissão de substância (*cuspir>cuspideiro*). As bases inacusativas são de mover-se em direção específica (*cair>caideiro*) e de mudança de estado (*casar>casadeiro*).

Os semantismos dos produtos adjetivais em *-deir-* são de dois tipos:

(i) 'agente/causa': qualidade de um instigador de um evento (*parideira, poedeira*);
(ii) 'objeto': qualidade de um objeto do evento, coincidente com o argumento interno na função de sujeito de verbo inacusativo (*casadeira*), ou com argumento interno na função de objeto de verbo transitivo (*caçadeira*).

Os adjetivos que designam 'agente' ou 'causa', conforme aplicados a entidades [+/-humanas], coincidem semanticamente com o argumento externo do verbo base, que pode ser transitivo ou inergativo[43]. São produtos de verbos transitivos que têm significação de 'causa/agente' os seguintes exemplos: [*galinha*] *poedeira*, [*mulher*] *varredeira*, [*mulher*] *parideira*, [*animal*] *lavradeira*, [*homem*] *comedeiro*, [*objeto*] *roçadeiro*, etc. São produtos de verbos inergativos com significação de 'agente/causa' produtos como [*planta*] *trepadeira*, [*moça*] *bailadeira*, [*rapaz*] *andadeiro*, [*rapaz*] *namoradeiro*, [*papagaio*] *palradeiro*, [*homem*] *rezadeiro*, etc.

---

[43] Não se encontraram em Rodrigues (2008) produtos adjetivais em *-deir-* que designem qualidade de 'causa/agente' ou 'objeto' não coincidente com um argumento do verbo base, ao contrário do que ocorre nos produtos nominais (cf. 2.4.2.2. e 2.4.2.3 deste livro).

Os adjetivos que designam 'objeto' podem corresponder ao argumento interno de verbos transitivos e de verbos inacusativos. São exemplos de adjetivos que manifestam correspondência com o argumento interno de verbos transitivos produtos como [*casaco*] *trazedeiro*, [*ave*] *caçadeira*, [*caminho*] *andadeiro*, [*alimento*] *assadeiro*, entre outros.

São exemplos de adjetivos que manifestam correspondência com o argumento interno de verbos inacusativos produtos como: [*edifício*] *caideiro*, [*moça*] *casadeira* e [*planta*] *alastradeira*.

Repare-se que a mesma base verbal pode dar origem a significações de 'agente/causa' e de 'objeto' em simultâneo. É este o caso de *caçadeira* que designa 'qualidade daquilo que é próprio para ser caçado' e 'qualidade daquilo que caça', bem como de *andadeiro* que significa 'qualidade de caminho que é fácil de andar' e 'qualidade daquele que anda muito'. Esta duplicidade deve-se ao contributo semântico de [que tem a funcionalidade de] do sufixo. Em contraste com os adjetivos em -*dor*, que designam 'qualidades concernentes ao exercício de uma função', sem indicação de capacidade para tal, os adjetivos em -*deir*- indicam a qualidade dependente de uma funcionalidade, ou seja, uma capacidade de efetuar o evento descrito pelo verbo. Nesta medida, é natural a extensão de 'frequente' que ocorre nestes produtos (*e.g. andadeiro, bailadeiro, rezadeiro*), tal como também se verifica para os produtos nominais (cf. cap. 2: 2.4.2.2 e 2.4.2.3).

Atente-se na distinção entre *mulher trabalhadora* e *mulher trabalhadeira*. O primeiro designa, na sua significação composicional, uma mulher 'que tem a função de trabalhar', enquanto o segundo aponta uma mulher 'que tem a capacidade de trabalhar', ou seja, que tem as caraterísticas necessárias para efetuar o evento. O mesmo ocorre em relação aos objetos. Uma *roupa trazedeira* é uma roupa 'que tem as caraterísticas necessárias para se poder trazer quotidianamente'. É este traço semântico que possibilita que os produtos em *-deir-* designem não só 'agente/causa', mas também o 'objeto' de verbos transitivos. Nos produtos em *-dor*, o 'objeto' corresponde ao argumento interno de verbos inacusativos, mas não ao argumento interno de verbos transitivos. Saliente-se que os verbos inacusativos que estão na base dos produtos em *-dor* referidos são, semanticamente, de movimento em direção específica, estado/existência.

3.3.3 Adjetivos sufixados em *-dour(o/a)*

O sufixo *-dour(o/a)* anexa-se ao tema do presente da base verbal (***morrer* > *morre*dour*o***) e forma adjetivos que significam [propício a/próprio para].

Este sufixo prefere bases de estruturas não eruditas e anexa-se a bases verbais com as seguintes estruturas morfológicas: (i) bases simples não derivadas (*amar>amadouro, temer>temedouro, valer>valedouro, vender>vendedouro*); e (ii) bases simples derivadas (verbos conversos) (*casar>casadouro*).

Os adjetivos portadores deste sufixo são construídos com base em verbos transitivos e inacusativos. As bases transitivas são as mais representadas, com tipos semânticos de indicação de desempenho (*comer> comedouro, marcar> marcadouro, vessar> vessadouro*), causativos (*lavar> lavadouro*), de experienciador-sujeito (*amar> amadouro, temer>temedouro*). As bases inacusativas[44] são sobretudo de estado/existência (*aturar>aturadouro, valer>valedouro,*

---

[44] Em Bluteau (1712-1728) o verbo *valer* encontra-se ainda registado apenas na construção inacusativa. A construção transitiva é posterior e manifesta a inclusão da causa externa (cf. Chierchia 2004). O verbo *aturar* possui dois argumentos internos, na aceção de Levin & Rappaport Hovav (1995), sendo por isso, apesar de diádico, inacusativo, dado que o argumento que ocupa a função de sujeito não manifesta semanticamente 'causa'. É essa ausência de 'causa' que permite a classificação de *viver* também como inacusativo.

viver>vivedouro) e de desaparecimento (*morrer>morredouro*, *perecer>perecedouro*). Não se encontram produtos adjetivais com base em verbos inergativos.

Os adjetivos em *-dour-* apresentam as significações de 'objeto' e de 'causa'. As de 'causa' são exemplificadas por *roçadouro, varredouro* e *vessadouro*. Nestes produtos, o significado corresponde à qualidade da causa que preenche o argumento externo das bases. As significações de 'objeto' são mais numerosas e podem corresponder ao argumento interno de verbos transitivos, como *amadouro, comedouro, entregadouro, lavadouro, marcadouro, segadouro, semeadouro, temedouro, vendedouro*. Nestes casos os produtos são parafraseáveis por 'que está/tem (em) condições de ser Vdo'. Um *alimento comedouro* 'está em condições de ser comido', um *indivíduo amadouro* 'é digno de ser amado', uma criatura *temedoura* 'tem condições para ser temida'.

As significações de 'objeto' podem ainda corresponder ao argumento interno de um verbo inacusativo, como *morredouro, perecedouro, rendedouro, valedouro, vivedouro*. Neste caso, os adjetivos são parafraseáveis por 'que está/tem (em) condições de V'. Um *indivíduo vivedouro* 'está/tem (em) condições de viver muito tempo'; um *negócio rendedouro* 'está/tem (em) condições de render muito dinheiro'.

Existem produtos que correspondem ao primeiro argumento interno de um verbo inacusativo de dois lugares, como *aturadouro* ou *duradouro*. Mais uma vez se verifica que não há ligação unívoca entre os semantismos dos produtos e um argumento ou papel léxico-conceptual do verbo base. Assim, o denominador comum aos adjetivos em *-dour-* é devido ao contributo semântico do sufixo, que definimos como [propício a/próprio para]. Um *campo semeadouro* 'é propício para ser semeado', um instrumento *roçadouro* 'é próprio para roçar', uma *erva segadoura* 'está própria para ser segada'.

3.3.4 Adjetivos sufixados em -*nt(e)*

O sufixo -*nt(e)* anexa-se ao tema do presente da base verbal (***correr*** > ***corrente***) e forma adjetivos (*material absorvente*) que significam [que tem a propriedade de].

O sufixo, que tem preferência por bases de estruturas não eruditas, anexa-se a bases verbais com as seguintes estruturas morfológicas: (i) bases simples não derivadas (*citar>citante, correr>corrente, pender>pendente*); (ii) bases simples conversas (*anestesiar>anestesiante, pactuar>pactuante, principiar>principiante*); (iii) bases complexas não derivadas (*dissolver>dissolvente, implorar>implorante, remanescer>remanescente*); (iv) bases complexas derivadas formadas por <u>sufixação</u> (*certificar>certificante, evangelizar>evangelizante, hebraizar>hebraizante, lubrificar>lubrificante*) e por <u>prefixação</u> (*atenuar>atenuante, cooperar>cooperante, englobar>englobante, descolorar>descolorante*). Não foram encontradas bases formadas por circunfixação.

O sufixo anexa-se maioritariamente a verbos transitivos. Seguem-se os verbos inacusativos e, por último, os inergativos. Como exemplos de bases transitivas podem mencionar-se verbos indicadores de desempenho (*atacar>atacante, celebrar>celebrante, dominar>dominante, licitar>licitante*), causativos (*intrigar>intrigante, judaizar>judaizante, justificar>justificante, moralizar>moralizante, reconfortar> reconfortante*) e declarativos e de atos de fala (*citar> citante, contestar> contestante, criticar> criticante*). São bases inacusativas, por exemplo, os verbos de existência/estado (*equivaler>equivalente, expectar>expectante*), mover-se em direção específica (*confluir>confluente, transcender>transcendente*), incoativos (*crescer>crescente, minguar>minguante*), aparecimento (*incidir>incidente, resultar>resultante*). São bases inergativas os verbos indicadores de desempenho (*militar>militante*), de modo de moção (*cavalgar>cavalgante, rodar>rodante, rodopiar>rodopiante*), de emissão de som (*estridular>estridulante, soar>soante*), de emissão de luz (*brilhar>brilhante*) e de emissão de substância (*espumar>espumante*), como se descreve circunstanciadamente em Rodrigues (2008).

Os adjetivos em *-nt(e)* designam uma propriedade intrínseca assente na relação entre os indivíduos que a detêm e o evento designado pela base. Não se encontram semantismos conectáveis com argumentos internos de verbos transitivos, mas apenas com argumentos internos de verbos inacusativos e com argumentos externos de verbos transitivos e inergativos. Existe uma relação entre os semantismos e o argumento que ocupa sintaticamente a função de sujeito do verbo base. Contudo, essa ligação é semântica. Esta relação deve-se ao facto de historicamente o sufixo *-nt(e)* ter origem num morfema flexional do particípio do presente (Nunes [1919] 1989: 303-304 e Said Ali 1964: 146). Esta função é ainda visível no português atual em expressões como *homem temente a Deus, homem amante de um bom vinho*.

O traço do sufixo é [que tem a propriedade de V], pelo que um *astro brilhante* 'tem a propriedade de brilhar', um *tiro fulminante* 'tem a propriedade de fulminar', um *material absorvente* 'tem a propriedade de absorver'. Este traço explica que, quando um verbo apresenta alternância inacusativa, o produto mostra a significação correspondente à inacusativa, desde que o sujeito desta seja detentor de 'propriedade de V'. Por exemplo, verbos como *minguar* dispõem de uma construção transitiva, como em *a baixa temperatura minguou a massa*, e de uma construção inacusativa (*a massa minguou*). O produto *minguante* 'aquilo que mingua' corresponde ao sujeito da construção inacusativa. Tal deve-se ao facto de ser este a deter a propriedade associada ao evento designado pelo verbo.

No caso de verbos transitivos com alternância inacusativa como *corar, relaxar* não se verifica o mesmo. *Corante* e *relaxante* correspondem ao argumento externo da construção transitiva, dado que são estes que têm 'a propriedade de V': *a tinta corou o tecido/ o tecido corou*; *a tinta corante*, mas não **o tecido corante*. Este comportamento distinto mostra que o sufixo se anexa a componentes semânticos da base (o elemento susceptível de possuir a 'propriedade de V') e não a constituintes formatados sintaticamente, ainda que possam ter correspondência com estes.

Os componentes semânticos escolhidos por este sufixo prendem-se com o elemento mais proeminente da estrutura léxico-conceptual da base. Numa hierarquia temática (Levin & Rappaport Hovav 2005: 154-185; Alsina 1996: 38-43), os papéis mais proeminentes são aqueles que possuem traços semânticos de Proto-Agente. Seguindo Dowty (1991), o Proto-Agente é caraterizado por ser 'causativo', 'controlador', 'ativo' e 'sensivo'. Num verbo que seja base de um adjetivo em *-nt(e)*, o elemento da estrutura conceptual que mais traços de Proto-Agente contiver é aquele que mais compatível se revela com o semantismo do derivado deste sufixo. Tenha-se em conta que os traços não funcionam em blocos, mas em feixes, pelo que alguns poderão estar ou não presentes num dado papel-temático.

A distinção entre os adjetivos construídos com o sufixo *-dor* e com o sufixo *-nt(e)* é saliente na significação dos produtos. Um *material absorvente* tem a 'propriedade de absorver', ou seja, possui caraterísticas intrínsecas que lhe conferem essa propriedade. Exemplos como *falante e falador, desmagnetizante e desmagnetizador, tratante e tratador* ilustram a diferença. Um *indivíduo falador* é um indivíduo 'que fala muito'; um *indivíduo falante* 'tem a propriedade de V'. Um *produto desmagnetizante* 'tem a propriedade de desmagnetizar'; um *aparelho desmagnetizador* 'tem a função de desmagnetizar'. O significado de *tratante* passa de 'pessoa que trata, negoceia' a 'pessoa que faz negócios com ardil' e daí a 'pessoa que age ardilosamente': em suma, 'pessoa que tem a propriedade de'. Um *indivíduo tratador* 'tem a função de V' e não a 'propriedade'.

O evento depende da propriedade do indivíduo e não do indivíduo que, por esse facto, é muitas vezes não controlador do evento. Como tal, os produtos em *-nt(e)* mostram extensões de significado em direção a 'passivo', embora este semantismo não seja comum a todos os produtos.

O traço [que tem a propriedade de] explica a grande quantidade de adjetivos em *-nt(e)*, e também de nomes (cf. cap. 2: 2.4.2.7.), que qualificam agentes químicos de acordo com as propriedades dos mesmos, como *absorvente, adoçante, adstringente, coagulante, diluente*, entre outros.

3.3.5 Adjetivos sufixados em *-ão*

A forma da base verbal a que *-ão* se anexa é a do radical (***responder*** > ***respondão***). No feminino, o sufixo adjetival toma a forma *-ona*.

O sufixo *-ão* anexa-se a bases verbais preferencialmente não eruditas e com as seguintes estruturas morfológicas: (i) bases simples não derivadas (*aldrabar>aldrabão, chorar>chorão, trotar>trotão*); (ii) bases simples conversas (*martelar>martelão, marrar>marrão, sujar>sujão*); (iii) bases complexas não derivadas (*demandar>demandão, resmungar>resmungão*); (iv) bases complexas derivadas por prefixação (***des****garrar>****des****garrão*, ***es****garrar>****es****garrão*, ***re****filar>****re****filão*, ***re****mexer>****re****mexão*) e por sufixação (*carrejar>carrejão, corricar>corricão, guerrear>guerreão, pedinchar>pedinchão*). Não se encontraram bases circunfixadas para estes produtos.

Na formação de adjetivos, o sufixo *-ão* anexa-se a bases transitivas e inergativas. Entre as bases transitivas encontram-se verbos indicadores de desempenho (*lamber>lambão, mandar>mandão, papar>papão*), causativos (*remendar>remendão*), declarativos e atos de fala (*perguntar>perguntão, responder>respondão*), de pedir (*pedinchar>pedinchão*), entre outros. Nas bases inergativas encontram-

-se verbos de emissão de som (*palrar>palrão, relinchar>relinchão, roncar>roncão*), de desempenho (*brincar>brincão, bulhar>bulhão, mangar>mangão*), de modo de moção (*gingar> gingão, pinchar> pinchão*), declarativos e atos de fala (*ralhar>ralhão, refilar>refilão*). Não se encontraram verbos inacusativos como bases destes produtos.

A significação desenvolvida por estes produtos é de 'causa/ agente', ou seja, de 'instigador de um evento', quer se trate de um evento formatado através de um verbo transitivo, quer se trate de um evento enformado por um verbo intransitivo inergativo. No primeiro caso, o 'instigador do evento' coincidirá com uma 'causa externa' que é responsável pela alteração do estado de coisas num objeto (e. g. *escrever, cozer*). No segundo caso, o 'instigador' coincide com uma 'causa interna' que desencadeia um evento que não alcança um objeto externo a esse instigador (e. g. *tossir, trotar*).

O sufixo *-ão* permite a construção de adjetivos em que se destaca uma avaliação do indivíduo tendo em conta o caráter frequente e intenso com que efetua o evento designado pelo verbo base. Um *indivíduo resmungão* é um indivíduo 'que resmunga frequente e intensamente'; uma *criança chorona* é uma criança 'que chora frequente e intensamente'.

Os adjetivos deverbais em *-ão* funcionam na sua maioria como atributos de seres animados, humanos ou não. São escassos os adjetivos em *-ão* que servem para qualificar indivíduos não animados. Encontraram-se, no entanto, *esgarrão, desgarrão* (ambos referentes a *vento*) e *queimão* (referente a *pimento*).

Quanto aos adjetivos qualificadores de animais, surgem, por exemplo, *relinchão* (*cavalo* 'que relincha muito'), *trotão* (*cavalo* 'que trota muito/bem'), *turrão* (animal 'que turra ('marra') muito'), *zornão* (*burro zornão* 'que zorna ('zurra'). Trata-se sobretudo de adjetivos que indiciam a emissão de som ou o modo de locomoção ou de movimento do indivíduo.

Quanto aos adjetivos qualificadores de humanos, existem exemplos como *bailão* ('que baila muito'), *berrão* ('que berra muito'), *chorão* ('que chora muito'), *pedinchão* ('que pedincha muito'), *ralhão* ('que ralha muito'), *resmungão* ('que resmunga muito'), *rezão* ('que reza muito'), entre outros. Também nestes se destacam os adjetivos que indicam a emissão de som, o modo de locomoção e comportamental do indivíduo que, por serem frequentes e intensos neste, o tipificam.

3.3.6 Adjetivos sufixados em *-tóri(o/a)*

Muitos lexemas que apresentam este sufixo correspondem a adjetivos latinos. Contudo, o sufixo permite formar lexemas em português (cf. cap. 2: 2.4.2.11), preferindo bases de caráter erudito.

As bases, quanto à sua estrutura morfológica, são dos seguintes tipos: (i) bases simples não derivadas (*abonar>abonatório, negar>negatório, obrigar>obrigatório*); (ii) bases simples derivadas (verbos conversos) (*circular>circulatório, seringar>seringatório*); (iii) bases complexas não derivadas (*exclamar>exclamatório, exonerar>exoneratório, perturbar>perturbatório, reprovar> reprovatório*); (iv) bases complexas derivadas por sufixação (*justificar>justificatório, purificar> purificatório*) e por prefixação (***re**conciliar>reconciliatório, **trans**migrar>transmigratório*).

O sufixo anexa-se a bases na sua maioria transitivas, depois inergativas e por último inacusativas. No âmbito das bases transitivas encontram-se muitos verbos indicadores de desempenho (*congratular>congratulatório, notificar>notificatório, recriminar> recriminatório*), causativos (*agravar>agravatório, purificar>purificatório, secar>secatório*), declarativos e de atos de fala (*abjurar>abjuratório, admoestar>admoestatório, apelar>apelatório, convocar>convocatório*). No âmbito das bases inergativas, encontram-se verbos de modo de moção (*oscilar>oscilatório, perambular>perambulatório, vacilar> vacilatório*) e de emissão de substância (*defecar>defecatório, exsudar>exsudatório, transpirar>transpiratório*). Como bases inacusativas, que são escassas, registam-se verbos de movimento em direção específica (*emigrar>emigratório, imigrar>imigratório*).

Os adjetivos em -*tóri*- não qualificam seres animados, de tipo humano ou não (**homem abjuratório*, **homem bajulatório*, **homem blasfematório*, **homem condenatório*). Podem, no entanto, qualificar atitudes ou atos de seres humanos, como ato *abjuratório*, ato *bajulatório*, ato *blasfematório*, ato *condenatório*, entre outros.

Para além de designarem atributos de atos/atitudes humanos, muitas vezes de caráter jurídico (*ato adjudicatório, declinatório*), são também numerosos os adjetivos em -*tóri*- que servem para qualificar substâncias químicas (*substância vesicatória, transpiratória, expurgatória*).

Existem produtos em -*tóri*- de 'causa' com correspondência com os argumentos externos de verbos transitivos e inergativos, como *circulatório, giratório, ondulatório, oscilatório, purificatório, refrigeratório*.

Há também adjetivos correspondentes ao argumento interno de verbos inacusativos (*emigratório, escapatório*) e transitivos (*alienatório, aspiratório, transplantatório*). Tal facto mostra que o sufixo não se correlaciona univocamente com funções sintáticas, nem com formatações argumentais. O adjetivo *transplantatório* comprova-o, pois designa 'causa' 'que possibilita a transplantação' e em simultâneo 'objeto' 'que pode ser transplantado'.

A semântica comum a estes produtos é parafraseada por 'relativo a/próprio de'.

Os produtos adjetivais deste sufixo detêm caráter técnico e erudito.

3.3.7 Adjetivos sufixados em -óri(o/a)

O sufixo anexa-se ao radical da base verbal (***relamber>relambório***) e forma adjetivos que significam 'que é relativo a/próprio de'.

Os adjetivos em -óri- têm notória correspondência com lexemas latinos, como também acontece com os nomes em -óri- (2.4.2.12.) e em -tóri- (2.4.2.11.). Apenas *relambório* 'preguiçoso; reles; insípido' não apresenta essa correspondência e possui um caráter não erudito. Os restantes caraterizam-se por caráter erudito.

As bases são morfologicamente: (i) bases complexas não derivadas (*expulsar>expulsório*); (ii) bases simples não derivadas (*executar>executório, ustir>ustório, vomitar >vomitório*); (iii) bases complexas derivadas (***relamber>relambório***); (iv) bases simples conversas (*transitar>transitório*).

O sufixo combina-se com bases transitivas de desempenho (*executar>executório, requisitar>requisitório, vomitar>vomitório*) e causativas (*ustir>ustório*) e com bases inacusativas de movimento (*transitar>transitório*).

O único produto adjetival em -óri- aplicável a seres humanos encontrado é *relambório* 'preguiçoso'. Os restantes aplicam-se a atos (*ato requisitório, executório*) e a substâncias (*substância vomitória, ustória*). Tal como os demais adjetivos em -tóri-, estes significam também 'que é relativo a/próprio de'.

3.3.8 Adjetivos sufixados em -eir(o/a)

O sufixo anexa-se ao radical da base verbal (***palrar> palreiro***) e forma adjetivos como *beijoqueiro, coscuvilheiro, debiqueiro, galreiro, lambisqueiro*.

Sob o ponto de vista morfológico, as bases são: (i) bases simples não derivadas (*errar>erreiro, gear>geeiro, galgar>galgueiro*);

(ii) bases simples derivadas (*cumprimentar>cumprimenteiro*); (iii) bases complexas sufixadas *corricar>corriqueiro, lambarar> lambareiro*). Não se encontram bases complexas não derivadas, assim como derivadas com sufixos de caráter erudito.

Na base destes adjetivos há sobretudo verbos inergativos e transitivos. Dos verbos inergativos destacam-se os que designam desempenho (*choramingar>choramingueiro*), atos de fala (*palrar>palreiro, rezingar>rezingueiro, taramelar>tarameleiro*), modo de moção (*caminhar>caminheiro, trotar>troteiro*). Dos verbos transitivos destacam-se também os que designam desempenho (*ceifar>ceifeiro, costurar>costureiro, lamber>lambeiro*). Encontrou-se um verbo inacusativo (*vergar>vergueiro*)[45].

Os adjetivos em *-eir-* apresentam significações de causa e possuem muitas vezes uma carga avaliativa a que não é alheio o próprio significado do verbo base. Produtos como *beijoqueiro, coscuvilheiro, debiqueiro, galreiro, lambisqueiro, palreiro* representam qualidades de indivíduos que se destacam pela frequência/intensidade com que efetuam o evento designado pela base.

3.3.9 Adjetivos sufixados em *-os(o/a)*

O sufixo *-os(o/a)* anexa-se ao radical das bases (***queixar>queix****oso*) e forma adjetivos (*humilhoso, imaginoso, necessitoso*) que denotam sobretudo qualidades de tipo psicológico ('qualidade daquele que V'). Trata-se de um sufixo muito comum na formação de adjetivos denominais (cf. cap. 3: 3.1.3.2). Contudo, formas como *humilhoso*,

---

[45] Em Bluteau (1712-1728) o verbo *vergar* encontra-se registado apenas na construção intransitiva. Como referido por Chierchia (1989), os verbos inacusativos sem construção transitiva original tendencialmente desenvolvem essa construção, manifestando a inclusão de uma causa externa que, na forma inacusativa, não é inerente ao verbo. Por esse motivo, no português contemporâneo o verbo exibe alternância transitiva/intransitiva.

imaginoso, necessitoso, para as quais não estão disponíveis bases nominais, mostram que também se agrega a verbos. Adjetivos como *elogioso, enredoso, zeloso*, por exemplo, podem ser formados com base no radical verbal de *elogiar, enredar, zelar* ou no radical nominal de *elogio, enredo, zelo* (cf. secção 1.6.3. do cap. 1).

Morfologicamente, as bases verbais a que -*os*- se pode anexar são: (i) bases simples não derivadas (*aceitar>aceitoso, chorar>choroso, humilhar>humilhoso*); (ii) bases simples conversas (*babar>baboso, cobiçar>cobiçoso, estimular>estimuloso*); (iii) bases complexas derivadas por <u>prefixação</u> (**a**fadigar>**a**fadigoso, **a**frontar>**a**frontoso, **a**gravar>**a**gravoso, **em**baraçar>**em**baraçoso, **en**fastiar>**en**fastioso, **en**redar>**en**redoso). Não se encontraram bases com afixos eruditos.

No que diz respeito aos tipos sintático-semânticos das bases, este prefixo tem preferência por bases verbais transitivas de sujeito--estímulo com experienciador-objeto, como *afadigar>afadigoso, aliviar>alivioso, assustar>assustoso, injuriar>injurioso*, mas também de experienciador-sujeito (*recear>receoso, suspeitar>suspeitoso*) e inergativos de emissão de som (*chorar>choroso, ciciar>cicioso, estrepitar>estrepitoso, murmurar>murmuroso, suspirar> suspiroso*). Os verbos inacusativos são raros, como *murchar> murchoso*. Repare-se que, na sua maioria, os verbos estão relacionados genolexicalmente com um nome (*injúria, inveja, lástima, zelo*), de que também pode advir o adjetivo em -*os*-, que designa um 'estado psicológico'.

Os produtos adjetivais designam 'qualidade daquele que V', ou seja, possuem uma significação de 'causa': *assombroso* 'que assombra', *enganoso* 'que engana', *agravoso* 'que agrava', *assustoso* 'que assusta'. Existem alguns adjetivos com base em verbos transitivos com significação de 'objeto', como *aceitoso* 'que é de aceitar', *lastimoso* 'que é de lastimar'. Verbos inacusativos como *murchar* dão origem à significação 'que V' correspondente ao argumento interno da base (*murchoso* 'que murcha').

3.3.10 Adjetivos sufixados em -*tiv*(o/a)

Muitos dos adjetivos portadores deste sufixo têm correspondência com formas latinas que lhes podem servir de étimo; mas alguns adjetivos em -*tiv*- [46], como *desenjoativo, despertativo, refrigerativo*, não se encontram nessa situação, pois não existem as formas latinas de que possam provir. Os adjetivos designam causa: *curativo* equivale a 'que cura', *desenjoativo* a 'que desenjoa', *fugitivo* 'que foge', *qualificativo* 'que qualifica'.

O sufixo anexa-se à forma do tema da base verbal (***preparar***>***prepara****tivo*).

Morfologicamente, as bases verbais a que -*tiv*- se pode anexar são: (i) bases simples não derivadas (*curar*>*curativo, fugir*>*fugitivo*; *sedar*>*sedativo*); (ii) bases complexas não derivadas (*indicar*> *indicativo, preparar*>*preparativo, refrigerar*> *refrigerativo*); (iii) bases complexas derivadas por prefixação (***des****enjoar*>*desenjoativo*).

No que diz respeito aos tipos sintático-semânticos das bases, o sufixo anexa-se a bases transitivas, especialmente causativas (*aumentar*>*aumentativo, curar*>*curativo, desenjoar*> *desenjoativo, preservar*>*preservativo*). Encontrou-se uma base intransitiva (*fugir*>*fugitivo*).

3.3.11 Adjetivos sufixados em -*iv*(o/a)

As escassas formas em -*iv*- apresentam as mesmas significações presentes nos adjetivos em -*tiv*-. Mais uma vez, estamos perante adjetivos com formato latino. Contudo, a existência de *processivo*, sem contraparte em latim, prevê a possibilidade de formação de adjetivos com sufixo sob a forma de -*iv*- em português. *Abrasivo*,

---

[46] Para a formatação -*tivo*/-*ivo* veja-se a secção 2.4.2 20 e Nunes (s/d: 371).

abortivo, vomitivo são os restantes adjetivos encontrados, que todavia têm contraparte latina. Em *vomitivo* e *abortivo* a causa não coincide com nenhum argumento da base verbal. *Vomitivo* designa 'que faz vomitar' e não 'que vomita'; e *abortivo* 'que faz abortar' e não 'que aborta'.

3.3.12 Adjetivos sufixados em -*diç(o/a)*

Este sufixo anexa-se ao tema do verbo (***espantar*>*espanta***diço).
Alguns adjetivos em -*diç*- parecem poder ser analisados como portadores do sufixo -*iç*- que se anexaria ao radical do particípio passado, como em ***espantado*>*espantadiço***. Três ordens de razões fazem-nos preferir a hipótese de se tratar de derivados em -*diç*-. A primeira tem que ver com o facto de existirem muito poucos adjetivos deverbais em -*diç*- em comparação com a quantidade de adjetivos conversos do particípio e com a agramaticalidade que resulta da sufixação em -*iç*- em formas como **cozinhadiço, *estudadiço, *solidificadiço*. Em segundo lugar, existem exemplos como *namoradiço*, em que o significado do produto não coincide com o referente do particípio *namorado*. Em *namorado* o significado é de 'que é Vdo', enquanto em *namoradiço* o significado é de 'que V'. O mesmo ocorre em *chovediço*. O particípio passado de *chover* não é convertível em adjetivo, pelo facto de se tratar de um verbo sem argumento interno. Em todo o caso, o produto *chovediço* designa 'que ameaça chuva' e não 'que é Vdo', pelo que não está conforme ao significado do particípio passado. Em terceiro lugar, os produtos em apreço anexam-se, na sua maioria, ao tema do presente (***chover*>*chove***diço, ***correr*>*corre***diço, ***esquecer*>*esquece***diço) e não ao radical do particípio *chovido/chovediço, corrido/corrediço, esquecido/esquecediço*), como se observa pela configuração da vogal temática.

Os produtos *nascidiço* e *perdidiço*, que parecem contrariar o anteriormente postulado, coexistem com as formas *nascediço* e *perdediço*. A favor da hipótese -iç- encontram-se ainda os produtos deverbais *esgueiriço*, *tolhiço* e o denominal *outoniço*. Estes exemplos parecem apontar para uma hesitação na própria delimitação do sufixo no seu uso. Pelo facto de serem em maior número os exemplos que apontam para a configuração em -diç-, opta-se aqui por esta hipótese [47].

Os tipos de bases morfológicas, preferencialmente não eruditas, são:

(i) bases simples não derivadas (*achacar> achacadiço, nascer> nascediço, perder> perdediço*);
(ii) bases simples derivadas (verbos conversos) (*contentar> contentadiço*);
(iii) bases complexas não derivadas (*intrometer> intrometediço*);
(iv) bases complexas derivadas por prefixação (***a**bafar>abafadiço,* ***a****comodar> acomodadiço,* ***a****frontar>afrontadiço,* ***des****manchar> desmanchadiço,* ***des****moronar>desmoronadiço,* ***en****fastiar> enfastiadiço, enojar>enojadiço,* ***es****caldar>escaldadiço,* ***es****quentar>esquentadiço*).

A única base complexa não derivada encontrada foi *intrometer> intrometediço*.

No que diz respeito aos tipos sintático-semânticos das bases, o sufixo prefere bases transitivas causativas (*abalar>abaladiço, achacar>achacadiço, afogar>afogadiço, desmanchar>desmanchadiço, escaldar>escaldadiço, espantar>espantadiço, quebrar> quebradiço*) e

---

[47] A ambiguidade formal não deve ser estranhada. No percurso do latim para o português, muitos são os sufixos que naquela língua se anexam ao radical do supino e que, em português, se autonomizam criando uma unidade com o segmento daquele. A este facto não deve ser alheia a formatação de sílaba com ataque com esse segmento do supino. Apontem-se os casos de *-dura, -deiro, -dor, -douro*, entre outros.

inacusativas (*cair>caidiço, embarcar>embarcadiço, enjoar>enjoadiço*[48], *escapar>escapadiço, morrer>morrediço, nascer>nascediço, sumir> sumidiço*). As bases transitivas e inacusativas designam, na sua maioria, eventos negativos (*enganar>enganadiço, enojar>enojadiço, perder> perdediço, quebrar>quebradiço*). Ocorrem ainda as bases inergativas *chover>chovediço* e *namorar>namoradiço*.

Os produtos formados a partir de bases inacusativas e transitivas têm uma significação de 'objeto' 'que é Vdo', a que acresce o matiz de 'facilmente'. Assim, *unhas quebradiças* 'quebram-se facilmente', *homem enganadiço* 'engana-se facilmente', *pessoa irritadiça* 'irrita--se facilmente'. Estes adjetivos designam 'caraterísticas intrínsecas' que não estão dependentes de causas externas, assim se explicando que sejam parafraseáveis pela construção de voz média.

O contributo semântico do sufixo é bem visível em exemplos como *chovediço* 'que ameaça chuva' e *namoradiço* 'que namora muito'. Apesar de se tratar de duas bases sem argumento interno [49], o sufixo desenvolve significações de 'causa', 'que V', mantendo o matiz de 'facilmente'.

3.3.13 Adjetivos sufixados em -*di*(*o/a*)

Este sufixo anexa-se ao tema do presente da base verbal (***chover>chove****dio*) e prefere bases não eruditas. As bases morfológicas a que se adjunge este sufixo são: (i) bases simples não derivadas (*chover>chovedio, lavrar>lavradio, levar>levadio*); (ii) bases complexas não derivadas (*escorregar>escorregadio, emprestar>emprestadio*).

---

[48] O verbo *enjoar* é referido em Bluteau (1712-1728) apenas na construção intransitiva. A construção transitiva é posterior, manifestando a causa externa que não cabe na construção inacusativa (cf. Chierchia 2004).

[49] A construção do verbo *namorar* que serve de base ao produto *namoradiço* é a inergativa (*O João namora muito*) e não a transitiva (*O João namorou a Maria.*).

No que diz respeito aos tipos sintático-semânticos das bases, o sufixo anexa-se a bases transitivas (*emprestar>emprestadio, lavrar>lavradio, levar>levadio, salgar>salgadio*), inacusativas (*fugir>fugidio, valer>valedio*[50]) e inergativas (*chover>chovedio, errar>erradio, luzir>luzidio, reinar>reinadio*).

Os produtos de bases transitivas designam 'objeto' 'que tem caraterísticas/condições para ser Vdo' (*lavradio, levadio, salgadio, emprestadio*). Os produtos de bases inacusativas designam 'que tem condições/caraterísticas para V' (*fugidio, valedio*). Os produtos de bases inergativas significam 'causa' 'que V intensamente' (*reinadio, luzidio*).

3.3.14 Adjetivos sufixados em -*ist*(*a*)

O sufixo, invariável quanto ao género, anexa-se à forma do radical da base verbal (***relaxar>relax****ista*).

As bases verbais caraterizam-se morfologicamente por terem as seguintes estruturas: (i) bases simples não derivadas (*chupar>chupista, troçar>trocista*); (ii) bases complexas não derivadas (*consumir>consumista, relaxar>relaxista*); (iii) bases complexas derivadas por <u>prefixação</u> (***trans****formar>transformista*); (iv) bases simples derivadas (*burlar>burlista, calcular>calculista*).

As bases com que se combina este sufixo são transitivas de desempenho (*consumir>consumista, calcular>calculista, burlar>burlista*). Encontrou-se um adjetivo em -*ist*(*a*) com base num verbo inacusativo (*relaxar>relaxista*).

O sufixo -*ist*(*a*) não apresenta produtividade considerável na anexação a bases verbais. Contudo, os adjetivos deverbais analisados têm

---

[50] O verbo *valer* é classificável como inacusativo, seguindo Levin & Rappaport Hovav (1995), devido a não incluir argumentos com preenchimento semântico de 'causa'.

sentido de 'causa'. A significação de *consumista* é de 'que consome muito', a de *trocista* 'que troça muito'. A significação de 'causa' surge com o matiz de 'intensidade com que se efetua V'.

3.3.15 Adjetivos sufixados em -*az*

O sufixo, de escassa produtividade, anexa-se a bases verbais na forma do radical (***mord**er>**mord**az*). As bases apresentam as seguintes caraterísticas morfológicas: (i) bases simples não derivadas (*roer>roaz, tragar>tragaz, lamber>lambaz*) e (ii) bases complexas derivadas por prefixação (***re**morder>**re**mordaz*). As bases verbais são transitivas de desempenho (*morder>mordaz, tragar>tragaz, remorder>remordaz, pugnar>pugnaz*). Encontrou-se uma base inergativa de emissão de som (*estourar>estouraz*) e uma inacusativa (*folgar> folgaz*).

Os produtos em -*az* designam 'causa'. Assim, *tragaz* designa 'que traga', *pugnaz* 'que pugna', *folgaz* 'que folga'.

3.3.16 Adjetivos sufixados em -*vel*

O sufixo -*vel* é um sufixo extremamente produtivo e anexa-se à base verbal no formato do tema do particípio (*acender/ **acend**ido>**acend**ível; apetecer/**apetec**ido>**apetec**ível*).

As bases, eruditas e não eruditas, distribuem-se pelas seguintes classes de estruturas morfológicas: (i) bases simples não derivadas: *papar>papável, palpar>palpável, pagar>pagável*; (ii) bases simples derivadas (conversas): *acidar>acidável, acidentar>acidentável*; (iii) bases complexas derivadas por prefixação (***aba**far> **aba**fável, **des**figurar> **des**figurável, **en**umerar>**en**umerável, **es**gotar> **es**gotável*); sufixação (*aci**dif**icar>aci**dif**icável, ferti**liz**ar>ferti**liz**ável,* *fluidificar>fluidificável, harmonizar>harmonizável*) e circunfixação (*escurecer>escurecível*); (iv) bases complexas não derivadas (*abjudicar>abjudicável, abdicar>abdicável, auferir>auferível*).

A maioria das bases a que o sufixo se junta é de tipo transitivo (*apagar>apagável, dominar>dominável, engolir>engolível, representar>representável*). Encontram-se também bases inacusativas (*nascer>nascível, variar>variável* [51]). Não se encontram bases inergativas (*correr>*corrível, palrar>*palrável, trotar>*trotável*). Repare-se que é possível a formação de um adjetivo em *-vel* se o verbo apresentar possibilidade de construção transitiva (*e. g. O João galopa o caminho. /Este caminho é galopável.* vs. *O cavalo galopa. /*O cavalo é galopável*).

Estes produtos têm o significado de 'objeto que pode ser Vdo' ou 'que V'.

No caso de o argumento externo da base transitiva representar uma causa externa e o argumento interno um Tema (cf. Levin & Rappaport Hovav 1995), o adjetivo corresponde, na sua significação, ao argumento interno. É o caso de *transformável, solidificável, acidificável, aglutinável*, etc. Assim, estes produtos são parafraseáveis por 'que pode ser Vdo'.

Há também algumas bases inacusativas (*nascer, perecer, perdurar*) e ainda bases com dois argumentos (cf. *durar, casar*). Nestas, contudo, não existe uma relação de causatividade entre ambos (Levin & Rappaport Hovav 1995: 120). Nestes casos, a significação do adjetivo em *-vel* corresponde ao argumento interno que ocupa sintaticamente a função de sujeito: *casável* 'que pode/está em condições de casar', *durável* 'que pode/está em condições de durar', *nascível* 'que pode/está em condições de nascer', *perecível* 'que

---

[51] Diacronicamente, a construção transitiva de *variar* é posterior à construção inacusativa (cf. Bluteau 1712-1728). Veja-se Chierchia (2004) para o desenvolvimento da construção transitiva.

pode/ está em condições de perecer', *perdurável* 'que pode/está em condições de perdurar'.

Aparentemente, os produtos em *-vel* correspondem ao argumento interno da base verbal. De facto, de alguns verbos psicológicos, como *assustar, aterrorizar, entusiasmar*, derivam-se adjetivos em *-vel* cujo significado corresponde ao argumento interno. *Entusiasmável, assustável, aterrorizável* significam 'que pode /está em condições de ser Vdo'. Os produtos em *-vel* de verbos como *temer, recear, abominar* também desenvolvem significação correspondente ao argumento interno. Repare-se que nos verbos *entusiasmar, assustar, aterrorizar*, o argumento externo corresponde a um Estímulo e o argumento interno a um Experienciador (*e. g. O fantasma aterrorizou o Mário. A ideia entusiasmou o Pedro.*). Nos verbos *temer, recear, abominar*, o Experienciador ocupa o argumento externo, enquanto o Estímulo ocupa o argumento interno (*e. g. O Mário receia o fantasma./ O Rui abomina chocolate.*). Esta variação deve-se ao caráter semântico do elemento não Experienciador. De acordo com Levin & Rappaport Hovav (2005: 159-160), se o não Experienciador possuir um caráter de causa/instigação do evento, este ocupará o lugar de argumento externo. Isto ocorre nos verbos *entusiasmar, assustar, aterrorizar*. Nos verbos *temer, recear, abominar*, o não Experienciador é passivo, pelo que o argumento externo é ocupado pelo Experienciador.

Observemos agora produtos como *agradável, aprazível, apetecível* cujos significados apresentam correspondência com o argumento que ocupa o lugar de sujeito sintático (*O João agrada à Maria./ O João é agradável. A viagem apraz à Maria./ A viagem é aprazível. O gelado apetece-lhe. / O gelado é apetecível.*). Os verbos *agradar, aprazer* e *apetecer* possuem o Estímulo na função sintática de sujeito. Contudo, não se comportam como *entusiasmar, assustar, aterrorizar*. Nestes, também o sujeito contém o Estímulo (*O fantasma aterrorizou o Mário.*). No entanto, enquanto em *aterrorizar* o

Estímulo possui um caráter de causatividade, em *agradar*, *aprazer* e *apetecer*, o Estímulo não possui caráter de causatividade.

Este facto verifica-se na formatação do objeto como indireto, i. e. na forma dativa. Em termos semânticos, esta formatação indicia que o sujeito não possui causatividade suficiente para a afetação direta do objeto. Neste sentido, não é possível uma construção do tipo **A Ana agrada ao Mário voluntariamente*; mas é possível *A Ana aterroriza o Mário voluntariamente*. Ou seja, nos dois tipos de verbos o sujeito é o Estímulo. No entanto, nos verbos do tipo *aterrorizar* o Estímulo é causativo; nos verbos como *agradar*, o Estímulo não é causativo.

O objeto indireto de *agradar, aprazer, apetecer*, apesar de sofrer essa formatação morfossintática, detém mais caráter de [+ ativo] do que o sujeito. Isto é visível em construções com gerúndio, em que o elemento dativo (objeto indireto) é que é correferencial com o sujeito do gerúndio (Levin & Rappaport Hovav 2005: 30):

(1) a. *Tendo visto o gelado, este apeteceu-lhe.*
  b. **Tendo sido visto o gelado, este apeteceu-lhe.*

O mesmo não se verifica em relação aos outros dois tipos de verbos psicológicos. Nestes, o elemento que é correferencial com o gerúndio é o sujeito do verbo psicológico, e não o objeto:

(2) a. *Tendo visto o monstro, o João temeu-o.*
  b. **Tendo sido visto o monstro, o João temeu-o.*
  c. *Tendo aparecido o monstro, este aterrorizou o Mário.*
  d. **Tendo visto o monstro, este aterrorizou o Mário.*

A comparação dos produtos dos três tipos de verbos psicológicos mostra que o sufixo *-vel* formata o significado relacionado com o argumento com caráter mais passivo. Esse argumento corresponde ao argumento que ocupa a função de sujeito nos verbos psicológicos com dativo, como *agradar*, e ao argumento interno de verbos psicológicos de sujeito-objeto direto, independentemente de o objeto ser o Estímulo ou o Experienciador, na medida em que ambos correspondem ao elemento menos [causativo]. É interessante o caso de *aborrecível* no significado de '*que causa aborrecimento*'. Neste caso, a base verbal é a do verbo *aborrecer* na construção de Experienciador-sujeito. Assim, *este filme é aborrecível* corresponde ao objeto de *O João aborreceu o filme*. Esta construção não é hoje muito utilizada, mas explica a permanência do significado de *aborrecível*.

Assim, -*vel* formata o elemento menos proeminente da estrutura léxico-conceptual da base. Recorde-se que -*nt(e)* formata o elemento mais proeminente, sendo este definido através do caráter de agentividade (cf. cap. 3: 3.3.4).

3.3.17 Adjetivos sufixados em -*ent(o/a)*

Este sufixo anexa-se ao radical da base verbal (***resmungar> resmungu****ento*), mas não a bases verbais eruditas.

As bases a que se anexa têm as seguintes estruturas morfológicas: (i) bases simples não derivadas (*rosnar>rosnento, passar>passento, ofegar>ofeguento*); (ii) bases complexas derivadas por processos avaliativos (*peganhar>peganhento, tossicar>tossiquento, tremelicar>tremeliquento, chorincar>chorinquento*) e não avaliativos de prefixação (***embirrar>embirrento***).

As bases verbais destes adjetivos são dominantemente inergativas. Estas são na sua maioria de emissão de som (*farfalhar> farfalhento, grulhar>grulhento, resmungar>resmunguento, rosnar>rosnento, tossicar>tossiquento*). Há algumas bases transitivas (*arreliar>arreliento, passar>passento*) e inacusativas (*languir> languinhento*).

O sufixo aporta uma significação de 'causa' 'que V'. No entanto, *passento* ('diz-se das substâncias que um líquido atravessa facilmente; hidrófilo') equivale ao semantismo de 'objeto'.

Muitas das bases verbais são avaliativas e a significação do adjetivo é tendencialmente pejorativa. Assim, *peganhento* significa 'que se pegdanha de forma desagradável', *ofeguento* 'que ofega de forma desagradável'. Noutros casos, como em *tossiquento* 'que tossica frequentemente' e *resmunguento* 'que resmunga frequentemente', o timbre avaliativo denota-se no semantismo de 'frequente' dos produtos.

3.3.18 Quadro final

No quadro seguinte explicitam-se as relações entre os sufixos que formam adjetivos deverbais e o tipo de significação dos seus produtos.

Sufixos formadores de adjetivos deverbais	Significações	
	Agente/causa	Objeto
-ão	+	
-az	+	
-deir(o)	+	+
-diç(o)	+	+
-di(o)	+	+
-dor	+	
-dour(o)	+	+
-eir(o)	+	
-ent(o)	+	+
-ist(a)	+	
-iv(o)	+	
-nt(e)	+	
-óri(o)	+	
-os(o)	+	+
-tiv(o)	+	
-tóri(o)	+	+
-vel		+

Quadro III.8. Distribuição de significações por sufixos de formação de adjetivos deverbais

Este quadro evidencia que existem sufixos que disponibilizam significações de 'causa' e de 'objeto': *-diç(o)*, *-deir(o)*, *-di(o)*, *-dour(o)*, *-ent(o)*, *-óri(o)*, *-os(o)* e *-tóri(o)*. Já os sufixos *-ão*, *-az*, *-nt(e)*, *-dor*, *-eir(o)*, *-ist(a)*, *-iv(o)* e *-tiv(o)* apenas constroem adjetivos com significação causal. O sufixo *-vel* é o único sufixo que se atém a significações de 'objeto'.

Esta distribuição relaciona-se com a sensibilidade que o sufixo tem relativamente aos traços semânticos da base verbal.

No quadro seguinte sintetizam-se as relações entre estes sufixos e os tipos sintático-semânticos das bases verbais.

Sufixos formadores de adjetivos deverbais	Tipos de bases		
	transitivas	inergativas	inacusativas
-ão	+	+	
-az	+	+	+
-deir(o)	+	+	+
-diç(o)	+	+	+
-di(o)	+	+	+
-dor	+	+	+
-dour(o)	+		+
-eir(o)	+	+	+
-ent(o)	+	+	+
-ist(a)	+		+
-iv(o)	+	+	
-nt(e)	+	+	+
-óri(o)	+		+
-os(o)	+	+	+
-tiv(o)	+		+
-tóri(o)	+	+	+
-vel	+		+

Quadro III.9. Seleção de tipos sintático-semânticos de bases verbais por sufixos formadores de adjetivos deverbais

Este quadro salienta que a maioria dos sufixos pode anexar-se a bases transitivas, inergativas e inacusativas. Escassos sufixos mostram seletividade neste domínio. Os sufixos *-vel*, *-tiv(o)*, *-óri(o)*, *-ist(a)* e

-*dour*(*o*) não escolhem bases inergativas. Os sufixos -*iv*(*o*) e -*ão* não foram encontrados com bases inacusativas. Em alguns casos, esta seleção é sensível a traços semânticos da estrutura léxico-conceptual dos verbos. Tal ocorre com -*vel* que, na formação do produto, se associa ao componente menos elevado da hierarquia temática do verbo e com -*nte* que mostra preferência pelo componente mais elevado da referida hierarquia.

A formação de adjetivos deverbais faz-se também com recurso ao processo de conversão de radicais (*bajoujo*), temas do presente (*saranda*) e particípios passados (*cozido*). Neste último caso, a estrutura argumental da base é determinante para a (im)possibilidade de geração de adjetivos, pois apenas verbos com argumento interno dão origem a adjetivos conversos de particípios passados.

3.3.19 Adjetivos conversos de radical e de tema verbais

A conversão é um processo que também dá origem a um conjunto escasso de adjetivos deverbais. Encontram-se neste domínio adjetivos como *bajoujo* 'que se excede em lisonjas; baboso; perdido de amores', *rasca* 'fraco' e *pisco* 'que come pouco'.

Os adjetivos formados por conversão do radical e do tema designam causa.

São formados por conversão do tema verbal os adjetivos *penetra* 'que entra numa festa sem ser convidado', *pedincha* 'que pede muito ou está sempre a pedir' e *saranda* 'diz-se do indivíduo vadio, vagabundo'. Estes produtos resultam da conversão do verbo, na forma de 3.ª pessoa do singular do presente do indicativo, coincidente com a forma do tema, em adjetivo. O facto de resultarem da conversão de forma de palavra torna-os morfologicamente invariáveis quanto ao género (*O João penetra /A Joana penetra conseguiu entrar na festa.*).

A ocorrência destas formas à direita de nomes (*A Ana saranda correu a cidade a pé.*) e em estruturas de gradação (*A Ana é muito saranda./ A Ana é mais saranda do que o irmão.*) mostra que se trata de adjetivos.

3.3.20 Adjetivos conversos do particípio passado

Os adjetivos que resultam da conversão do particípio passado, ainda que resultantes da conversão de uma forma flexional, são aqui assinalados na medida em que a base é um verbo. Adjetivos como *abafado, electrocutado, desaparafusado, nascido, desaparecido* correspondem ao particípio passado do verbo que, enquanto tal, é uma forma flexional do lexema verbal. A conversão sintática do particípio passado resulta na categoria sintática de adjetivo (cf. cap. 1: 1.6.3., a propósito da conversão).

Como formas conversas do particípio passado que significam 'objeto', apenas se encontram adjetivos conversos do particípio que provêm de verbos transitivos e inacusativos. Assim, verbos inergativos não estão na origem destes adjetivos, na medida em que o único argumento que os verbos inergativos têm é o argumento externo, que não pode ocorrer em particípio absoluto (**Tossido o João...*). Apenas os verbos inergativos que dispõem de alternância transitiva apresentam adjetivo converso do particípio. É este o caso de, por exemplo, *galopado* 'percorrido a galope', equivalente à construção transitiva *O João galopou 10 km* e não à construção inergativa *o cavalo galopou*. Neste último caso, não é possível o particípio absoluto **Galopado o cavalo*.

Observemos verbos inergativos sem alternância transitiva:

(3) a. *O João ressonou.*
    b. **Ressonado o João, fomos passear.*

  c. *O João ressonado é inteligente.
(4) a. O rapaz resmungou.
  b. *Resmungado o rapaz, fomos passear.
  c. *O rapaz resmungado é inteligente.
(5) a. A Ana esbracejou.
  b. *Esbracejada a Ana, fomos passear.
  c. *A Ana esbracejada é inteligente.

As construções (a) mostram o verbo inergativo, com um único argumento, que é externo. As construções (b) mostram uma hipotética construção de particípio absoluto, que resulta agramatical, devido ao facto de se tratar de verbos inergativos. As construções (c) apontam hipotéticos adjectivos conversos do particípio passado dos mesmos verbos, que se revelam agramaticais.

Comparemos agora as estruturas anteriores com construções transitivas:

(6) a. O João lavou os cobertores.
  b. Lavados os cobertores, fomos passear.
  c. Os cobertores lavados cheiram bem.
(7) a. A Rita coloriu a folha.
  b. Colorida a folha, fomos passear.
  c. A folha colorida era pequena.
(8) a. A Maria congelou o bolo.
  b. Congelado o bolo, fomos passear.
  c. O bolo congelado era horrível.

E comparemos agora as estruturas anteriores com construções inacusativas:

(9) a. O livro despareceu.
  b. Desaparecido o livro, ficámos a chorar.

c. *O livro desaparecido era do séc. XVII.*
(10) a. *A floresta ardeu.*
   b. *Ardida a floresta, ficámos a chorar.*
   c. *A floresta ardida era mágica, como todas as florestas.*
(11) a. *O menino chegou tarde.*
   b. *Chegado o menino, fomos passear.*
   c. *O menino chegado é o Rui.*

A comparação destes exemplos permite concluir que apenas o particípio passado com relação com o argumento interno do verbo pode sofrer conversão para adjetivo.

Se tiver relação com o argumento interno de uma base transitiva, o adjetivo significará 'objeto' 'que é Vdo' (enunciados b). Se tiver relação com o argumento interno de uma base inacusativa, o adjetivo significará 'objeto' 'que V' (enunciados 7, 8 e 9 c).

Dado tratar-se de um processo cujo único constrangimento é de caráter argumental, não existem restrições de outra ordem à conversão destes adjetivos. Assim, qualquer tipo de base morfológica funciona para estas formações.

Os semantismos destes adjetivos possuem um caráter aspetual de [+ perfectivo].

Capítulo 4. Formação de verbos

Rui A. Pereira

Neste capítulo descreve-se a formação de verbos. Após uma secção introdutória (4.1.), consagrada aos processos de formação de verbos, caraterizam-se em 4.2. as propriedades das bases e em 4.3. as dos afixos e dos produtos heterocategoriais; a secção 4.4. é consagrada à formação isocategorial de verbos.

4.1 Processos de formação de verbos

Na formação de verbos em português, os processos derivacionais podem ser classificados em função de dois tipos de critérios de análise: (i) o critério formal, que tem em conta o contraste formal entre base e derivado; e (ii) o critério categorial, que considera a categoria gramatical das bases e das respetivas palavras derivadas.

É com base na avaliação formal do par base/derivado que se fala em *afixação* (*prefixação*, *sufixação*, *circunfixação* ou, tradicionalmente, *parassíntese*) e em *conversão*.

Tomando a forma da base, i.e., a forma do lexema a partir do qual se produz uma nova palavra, como ponto de partida na descrição dos processos morfológicos, podem-se distinguir dois tipos gerais de processos formadores de verbos em português: aditivos e não aditivos. Através de processos aditivos (principalmente afixais), a base é acrescentada de elementos externos a ela, pelo que o radical do verbo gerado é formalmente mais extenso que a base (cf. [*clar*] > [***a****clar*]*ar*; [*hospital*] > [*hospital****iz***]*ar*; [*trist*] > [***en****tristec*]*er*). Nos casos de conversão, a base vê alterado o seu valor categorial e semântico, mas não a forma do seu radical (cf. [*lix*]$_{RadN}$ > [*lix*]$_{RadV}$ *ar*).

Em termos categoriais, a formação de verbos pode tomar como bases várias classes de radicais, nomeadamente nominais, adjetivais e verbais. É com base nesta informação que falaremos em *verbalização denominal, deadjetival* e *deverbal* (cf. cap. 4: 2.1). Os processos derivacionais são isocategoriais quando não alteram a classe gramatical da base (*saltar/saltitar*; *cuspir/cuspinhar*), e heterocategoriais se formam verbos a partir de outras classes de palavras (*rem-* $_{RadN}$ > *remar*$_V$; *sinal*$_{RadN}$ > *sinalizar*$_V$; *escur-* $_{RadA}$ > *escurecer*$_V$).

São, pois, de natureza aditiva e conversiva as operações que sustentam os principais padrões de formação de verbos em português [52]. São residuais os verbos formados com base em compostos: além de *curto-circuitar* 'provocar um curto circuito', *mata-bichar*, comum no português de Moçambique, *microfilmar* 'fazer um microfilme', *vangloriar-se*, regista-se também *malditar-se*, este criado por Mia Couto, em *Cada homem é uma raça* (1990).

O quadro seguinte sintetiza a distribuição dos processos de formação de verbos em português em função dos critérios observados:

Processos	**Derivação isocategorial**	**Derivação heterocategorial**
prefixação	*antepor* *desdizer* *preestabelecer* *recolocar*	*abrandar* *ensacar* *esvaziar*
sufixação	*mordiscar* *saltitar*	*exemplificar* *favorecer* *pentear* *tranquilizar*

---

[52] Para uma análise circunstanciada dos vários processos de formação de verbos em português, ver Rio-Torto (1998; 2004) e Pereira (2007).

circunfixação	*adormecer*	*anoitecer* *atemorizar* *empobrecer* *esquartejar*
Conversão	-	*alegrar* *lixar* *martelar*

Quadro IV.1 Processos de formação de verbos

4.1.1 Processos afixais

Em português, os afixos usados na formação de verbos são de tipo não intrusivo, ou seja, posicionam-se nas margens esquerda (e.g. *a-*, *en-*, *es-*) ou direita (*-e-*, *-ej-*, *-e(s)c-*, *-iz-*, *-ic-*, *-it-*) da base lexical a que se juntam. Estes afixos são breves, raramente ultrapassando a extensão de uma sílaba com uma sequência VC. Em função da posição dos afixos em relação à base, definem-se três classes de afixação:

(i) a **prefixação** (*ab*randar, **ante**por, **des**colar, **en**sacar, **es**vaziar, **pre**dizer, **re**colocar (cf. 4.3.3.2.));
(ii) a **sufixação** (exempli**fic**ar, mor**disc**ar, pen**te**ar, sal**tit**ar, tranqui**liz**ar (cf. 4.3.3.3.));
(iii) a **circunfixação** (**a**noitec**er**, **a**temoriz**ar**, **em**pobrec**er**, **es**clarec**er** (cf. 4.3.3.4.)).

Os afixos são unidades sígnicas dotadas de significação, que associam um significado a um significante, não se limitando a sua identidade à de marcadores sintáticos ou à de expoentes dos processos derivacionais. A comparação do significado de verbos formados a partir da mesma base (e.g. **a**clarar, clar**e**ar, clari**fic**ar, **es**clarec**er**) comprova que as unidades afixais têm um significado próprio que permite a diferenciação dos produtos derivados. Por outras palavras, a instanciação de um determinado afixo não só adiciona material fonológico à base, como pode alterar a sua informação categorial, e contribui composicionalmente para o valor semântico do produto derivacional; o significado do verbo derivado decorre da confluência da instrução semântica do afixo e do significado da base. Para além disso, cada afixo institui um conjunto de condições que determinam o(s) tipo(s) de bases a que se podem ou não acoplar.

4.1.2 Um processo não afixal: a conversão

Em português também é possível a formação de verbos sem o uso de afixos. Em casos como [*árbitr*]$_{RadN}$ *o* > [*arbitr*]*ar*, [*alegr*]$_{RAdA}$ *e* > [*alegr*]*ar* ou [*pincel*]$_{RadN}$ > [*pincel*]*ar*, a base não sofre nenhuma modificação em termos formais. A esta operação que altera a categoria gramatical e semântica da base sem lhe alterar a aparência formal do seu radical dá-se o nome de conversão (cf. 1.6.3).

Em português, os verbos e os nomes/adjetivos têm uma estrutura morfológica notoriamente diferente (cf. *alegre*: *alegrar*; *betume*: *betumar*; *suj(o/a)*: *sujar*; *vacina*: *vacinar*), o que não acontece em outras línguas, como o inglês (cf. Don 1993, Don et al. 2000; por exemplo (*a*) *drink*$_N$, (*to*) *drink*$_V$). Todavia, a conversão opera com radicais e por isso base e derivado têm a mesma aparência formal (cf. [*alegr*]*e*: [*alegr*]*ar*; [*perfum*]*e*: [*perfum*]*ar*; [*vacin*]*a*: [*vacin*]*ar*). Os casos de alomorfia da base são descritos em 4.2.3.

Uma vez que a conversão não faz uso de afixos, a direcionalidade do processo derivacional pode ser difícil de identificar, dada a ausência de marcas explícitas que estabeleçam a relação entre bases e derivados. No caso da conversão, a configuração formal das unidades derivacionalmente relacionadas não nos permite decidir *a priori* qual a base e qual o derivado. Observemos os seguintes exemplos:

(1) a. *árbitro* / *arbitrar*
   b. *regimento* / *regimentar*
   c. *embarque* / *embarcar*
   d. *lixa* / *lixar*
   e. *compra* / *comprar*

Como determinar se é o verbo derivado a partir do nome, ou se é o nome que tem por base o verbo? A direção da derivação pode ser estabelecida com base na aplicação conjunta de critérios morfofonológicos e sintático-semânticos (Rodrigues 2001, 2002). Assim, num par de palavras Nome/Verbo com um radical idêntico, o nome será derivado se:

(i) contiver afixação geradora de verbos,
(ii) ostentar significações que refletem a herança verbal.

O nome será derivante se apresentar acentuação marcada como não autóctone.

Aplicando estes critérios aos exemplos apresentados, podemos verificar o seguinte: *árbitro* (1a) possui uma acentuação [+ marcada], pois o acento recai sobre uma sílaba anterior à que inclui a última vogal do radical; *regimento* (1b) integra um sufixo deverbal (*-ment(o)*); *embarque* (1c) integra um prefixo (*em-*) que forma verbos denominais; dos nomes de (1d) e (1e), apenas *compra* ('ato ou ação de comprar') possui um significado que reflete a sua herança verbal. Conclui-se, então, que em (1a, b, d) a direção de derivação é N → V, ou seja, os radicais de *árbitro*, *regimento* e *lixa* são as bases nominais de que se formam os verbos derivados *arbitrar*, *regimentar* e *lixar*; em (1c, e) a direção da derivação é V → N, ou seja, *embarque* e *compra* são nomes deverbais (cf. cap. 2: 2.4.3.1.).

Em pares como *engano/enganar, conversa/conversar*, ainda que não ocorram lexemas com acentuação não autóctone, nem afixações que revelem a origem básica ou derivada do verbo ou do nome, os nomes ostentam estrutura argumental, para além de eventiva, que aponta a sua origem deverbal.

4.2 Bases

4.2.1 Classes léxico-sintáticas

Os verbos da língua portuguesa podem ser formados a partir de três classes lexicais: nomes, adjetivos e verbos. Encontram-se esporadicamente verbos formados a partir de outras classes de bases: pronomes (*atuar* 'tratar por tu', *envosar*), advérbios (*acercar, adentrar*), onomatopeias (*cacarejar, enxotar, tiquetaquear*). Trata-se de situações raras e excecionais, que atualmente não representam padrões regulares de formação.

Assim, a formação de verbos assenta num de três tipos de relações derivacionais:

Relação derivacional	Base		Produto
a. A → V: verbalização deadjetival	*claro* *branco* *escuro* *sólido* *vulgar*	→ → → → →	*aclarar* *branquejar* *escurecer* *solidificar* *vulgarizar*
b. N → V: verbalização denominal	*susto* *saco* *farrapo* *dano* *temor*	→ → → → →	*assustar* *ensacar* *esfarrapar* *danificar* *atemorizar*
c. V → V: verbalização deverbal	*saltar* *morder* *lembrar* *coser*	→ → → →	*saltitar* *mordiscar* *relembrar* *descoser*

Quadro IV.2. Relações derivacionais instanciadas na formação de verbos

Os afixos utilizados em processos de verbalização heterocategorial (cf. Quadro IV.2: a. e b.) intervêm apenas na formação de verbos, mas os afixos ativados na verbalização deverbal (cf. Quadro IV.2: c.) podem selecionar bases de diversas classes e ocorrer em processos de nominalização e/ou de adjetivalização. O quadro seguinte apresenta alguns exemplos:

Afixo	Base nominal	Base adjetival	Base verbal
-inh-	*carrinho, mesinha*	*bonitinho, velhinho*	*cuspinhar*
-it-	*janelita*	*tolito*	*dormitar, saltitar*
-ic-	*abanico, burrico*	*grandico, tolico (PE reg.)*	*tossicar*
-isc-	*chuvisco*	*gravisco, vivisco*	*mordiscar*
-ot-	*casota, ilhota*	*baixote, pequenote*	*bailotar (PE reg.)*
-ol-	*sacola*	*bebedola(s)*	*cantarolar*
ante-	*antecâmara*	*antepenúltimo*	*antever*
des-	*desamor*	*descontente*	*desconfiar*
re-	*recanto, renome*	*revelho*	*recontar*

Quadro IV.3. Sufixos e prefixos policategoriais

4.2.2 Classes morfológicas

Os verbos, formados isocategorialmente ou heterocategorialmente, nunca têm por base um tema. Essa impossibilidade estrutural tem uma motivação fonético-fonológica: como os sufixos de formação de verbos começam por segmento vocálico (*-e-*, *-ej-*, *-ific-*, *-iz-*), a sua adjunção a bases terminadas em vogal criaria sequências hiáticas, que a língua tende a evitar.

A construção de verbos (cf. Quadro IV.4.) seleciona apenas dois tipos morfológicos de bases:

(i) radical [-autónomo], como em *a*[*dorm*]*ecer*, [*clar*]*ear*, [*celebr*]*izar*, [*exempl*]*ificar*, [*salt*]*itar*, [*toss*]*icar*, e

(ii) radical-palavra, como em a[terror]izar, [cantar]olar, [favor]ecer, [fertil]
izar, [gas]ificar, [hospital]izar, [mar]ejar, [pastor]ear, [saltar]icar.

Em [cantar]olar ou [saltar]icar é o radical simples, que coincide com a configuração do infinitivo do verbo, que é tomado como base: daí a denominação de radical-palavra, em resultado dessa reanálise. Nos casos de derivação em que a base é preenchida por uma palavra há em PE marcas prosódicas disso; ora, o que acontece nos verbos em análise é justamente o contrário: a elevação das vogais da base, em cotexto derivacional (cf. a[terror]izar, [favor]ecer, [fertil]izar, [gas]ificar, [mar]ejar, [pastor]ear, [saltar]icar) aponta para uma regularização destas formas com os demais paradigmas de formação sufixal, quando as bases são preenchidas com radicais.

Quando o radical de base termina em vogal acentuada, forma-se em alguns casos um hiato (*pé*: *apear*), enquanto noutros a ligação entre base e o sufixo é auxiliada por uma consoante de ligação ou interfixo (cf. 1.6.1.4) (*pá*: *padejar*), que assim evita a criação de um hiato.

No Quadro IV.4 apresentam-se as configurações morfológicas das bases selecionadas pelos processos de formação de verbos.

Classe morfológica	Derivação isocategorial	Derivação heterocategorial
1. Base: Radical [-autónomo]	[salt]it(ar) a[dorm]ec(er)	[exempl]ific(ar) [escur]ec(er)
2. Base: Radical-palavra	[saltar]ic(ar) [cantar]ol(ar)	[favor]ec(er) a[terror]iz(ar)

Quadro IV.4. Classes morfológicas de bases selecionadas pelos processos verbalizadores

4.2.3 Alomorfia

Em muitos casos, a configuração da base não se altera por via do processo derivacional: [clar]o/a: a[clar]ar; [escur]o/a: [escur]ecer; [verd]e: [verd]ejar).

Mas por vezes a base nominal ou adjetival apresenta em contexto derivacional uma variante formal ou alomórfica que, não raro, reflete:

(i) a sua origem latina (cf. [*arbor*]*izar*, *a*[*lun*]*ar*, [*carbon*]*izar*, [*dulc*]*ificar*) ou
(ii) a sua configuração em fases pretéritas da língua (cf. *afrechar* < port. ant. *frecha* 'flecha'; *emperlar* < port. ant. *perla* 'pérola'; *endiabrar* < port. ant. *diabro* 'diabo').

Nestes casos, a base lexical ocorre com uma forma diferente (por vezes apenas parcialmente) da que tem enquanto palavra autónoma: às palavras *árvore, carvão, doce, lua,* correspondem as formas presas e eruditas *arbor-, carbon-, dulc-* e *lun-*. Na derivação (*arborizar, alunar, carbonizar, dulcificar*), como na composição (*carbonífero, dulcímetro*), são muitas vezes estas formas alomórficas as utilizadas.

Algumas variantes formais das bases podem ser explicadas à luz de processos fonológicos ainda ativos na língua portuguesa. Assim acontece em *capitão*: *capitanear, Japão*: *japonizar, paz*: *pacificar*. Noutros casos, a base lexical adota uma variante formal alternativa, normalmente de origem latina ou grega: *corpo*: *corporificar*; *lágrima*: *lacrimejar*; *problema*: *problematizar*; *síntese*: *sintetizar*. Estas formas de base, marcadas com o traço [- autónomo] e/ou [+ erudito], colocam problemas de de(s)codificação do verbo derivado, uma vez que são do conhecimento apenas de um grupo limitado de falantes, mais especificamente, os que aprenderam explicitamente a relação existente entre estas formas de base e as variantes [- eruditas] das unidades lexicais em causa.

As variantes formais ou alomórficas das unidades lexicais têm na sincronia atual propriedades formais e funcionais distintas, coexistindo geralmente numa relação de complementaridade (Pereira 2005). As variantes eruditas são formas presas que só se manifestam em contexto derivacional (*corp-(or)-*: *corporificar*);); pelo contrário, as variantes [- eruditas], para além de poderem funcionar como formas derivantes de palavras complexas (*corp-*: *encorpar; corpinho*), podem ocorrer como radicais de palavras simples (***corpo***).

4.3 Formação heterocategorial de verbos

A formação heterocategorial de verbos processa-se a partir de bases de categoria nominal ou adjetival. Porque são semelhantes os processos derivacionais utilizados em ambos os casos, estas duas classes de verbos derivados serão analisadas em conjunto.

4.3.1 Morfologia dos verbos denominais e deadjetivais

São quatro os tipos de esquemas configuracionais dos verbos denominais e deadjetivais formados em português (cf. Quadro IV.5.). Toma-se como referência a forma de Infinitivo dos verbos, por ser a forma de citação destes; mas a VT e a marca de Infinitivo do verbo não são constituintes derivacionais, pelo que se apresentam entre (...).

	esquema configuracional	exemplos
I.	[[base]$_{RadN/A}$]$_{RadV}$ (VT, morfema de Infinitivo)	*ancorar, azedar, lixar, murar, martelar, perfumar*
II.	[Prefixo [base]$_{RadN/A}$]$_{RadV}$ (VT, morfema de Infinitivo)	*acalorar, aclarar, encaixar, entubar, esfriar, esvaziar*
III.	[[base]$_{RadN/A}$ sufixo]$_{RadV}$ (VT, morfema de Infinitivo)	*suavizar, clarificar, facilitar, favorecer, coxear, gotejar*
IV.	[Constituinte de circunfixo [base]$_{RadN/A}$ constituinte de circunfixo]$_{RadV}$ (VT, morfema de Infinitivo)	*atemorizar, encolerizar, apodrecer, envelhecer, esfaquear, espernear*

Quadro IV.5. Esquemas configuracionais dos verbos denominais e deadjetivais

A determinação do processo ativado em cada um dos casos implica uma tomada de posição sobre a natureza e estatuto dos constituintes que se localizam à direita e à esquerda dos radicais destes verbos. Disso se ocupam as secções 4.3.1.1. e 4.3.1.2.

4.3.1.1 Vogal Temática

Ao constituinte temático dos verbos, tradicionalmente conhecido como Vogal Temática (VT), tem sido atribuído valor derivacional, descrevendo-se os verbos de tipo *azedar, murar, martelar, perfumar* como derivados pelo «sufixo verbal explícito -*ar*» (Sandman 1989: 72).

Ora, a Vogal Temática é um constituinte consubstancial a todas as formas verbais regulares e tem como principal função conformar o *Tema* do verbo, integrando-o num paradigma conjugacional (Cunha & Cintra 1984: 102; Rio-Torto 1998b, 2004)[53]. Na palavra derivada, após ativação do processo derivacional, o radical formado ou convertido é completado por uma vogal de tema, colocando-o em condições de sofrer a flexão verbal. Não se trata, portanto, nem de um constituinte flexional nem de um sufixo derivacional. A sua função primordial é a de *constituinte temático* ou *integrador paradigmático*, pelo que o acréscimo de -*a*- (ou -*e*-, quando precedido de -*ec*- ou -*esc*-) decorre do facto de os verbos terem vogal temática em português.

A consideração da VT como formatador morfológico da base, primitiva ou derivada, implica que a sua ativação seja exterior ao processo derivacional. Vários argumentos de natureza morfológica suportam esta conceção:

---

[53] Tenha-se em conta que, na adaptação de empréstimos à estrutura do português, os novos verbos são formatados morfologicamente com a VT -*a*-: *checar, clicar, flirtar, snifar, sprintar, stressar*.

(i) os verbos não derivados (e.g. *chegar, dormir, morrer*) também são portadores de VT, pelo que não se pode dizer que esta sinaliza necessariamente um processo derivacional;

(ii) na formação de verbos deverbais (cf. *com*[*e*]*r* > *comisc*[*a*]*r*; *dorm*[*i*]*r* > *dormit*[*a*]*r*; *cusp*[*i*]*r* > *cuspinh*[*a*]*r*), apesar de a base estar morfologicamente especificada por uma VT, o sufixo derivacional ativado (-*it*-, -*isc*-, -*inh*-) determina a atribuição de uma outra VT ao produto derivado, pelo que, não fazendo a VT parte do sufixo, só pode ser atribuída em outro nível de estruturação.

Em suma, considera-se que a VT não integra o produto derivacionalmente construído, mas é-lhe associada posteriormente no processo de formatação temática, pelo que o produto resultante do processo genolexical terá a configuração não de um tema, mas de um radical verbal. Se nos verbos em que estão presentes operadores derivacionais como -*e*-, -*ec*-, -*ej*-, -*esc*-, -*iz*-, -*ific*-, nos podemos dispensar de atribuir à VT uma função derivacional, o mesmo acontece também quando estes estão ausentes.

Os verbos afixados distribuem-se por duas classes temáticas (-*a*-, -*e*-), sendo a especificação da VT da responsabilidade dos operadores sufixais envolvidos: -*e*-, -*ej*-, -*ent*-, -*it*-, -*ic*-, -*iz*-, -*ific*- impõem a ocorrência de VT -*a*-, enquanto -*e(s)c*- apenas admite VT -*e*-.

É a VT -*a*- que, na ausência de qualquer sufixo, é ativada por defeito. A formação de verbos com VT -*i*- não é atualmente produtiva em português, encontrando-se apenas num conjunto residual de verbos bem determinado numericamente (e.g. co*lorir, cuspir, florir*).

4.3.1.2 Prefixos

É controverso o papel desempenhado pelos prefixos no processo derivacional, quer pela falta de consenso relativamente aos seus poderes de categorização, quer pela sua inclusão ora no domínio da afixação, ora no da composição.

No caso dos constituintes *a-*, *en-* e *es-* que intervêm na formação de verbos, considerarmo-los como afixos derivacionais. A função sintático-semântica desempenhada por estes prefixos é similar à realizada por alguns sufixos derivacionais (Pereira 2000). Tal como alguns sufixos, os prefixos *a-*, *en-* e *es-* não só participam na construção do significado do verbo derivado, como o produto em que ocorrem tem uma categoria sintática diferente da da base a que se ligam: *clar-*$_{RadA}$ > *aclarar*$_V$; *sac-*$_{RadN}$ > *ensacar*$_V$; *vazi-*$_{RadA}$ > *esvaziar*$_V$.

Em alternativa, pode considerar-se que estamos perante um caso de parassíntese (cf. Basílio & Martins 1996). Mas se em circunstância alguma a VT funciona como sufixo derivacional, porque haveria de ter esse estatuto neste caso?

Por norma, os prefixos não determinam as categorias morfológica, sintática e morfo-semântica das palavras em que ocorrem; mas os prefixos *a-*, *en-* e *es-*, na ausência de constituintes sufixais à direita da base que o façam, induzem uma recategorização do novo radical, face ao da base a que se juntam. Esta proposta é sustentada por vários argumentos de natureza morfo-semântica: a semântica manifestada pelos verbos derivados deixa transparecer uma relação semântico-categorial com uma base nominal ou adjetival (cf. *aclarar*: 'tornar claro'; *engarrafar*: 'pôr em garrafa'; *esladroar*: 'tirar/extrair os ladrões'), e não com alguma base verbal não prefixada, atestada ou possível, e na maior parte dos casos inexistente (v.g. **clarar*, **garrafar*, **ladroar*).

A coexistência, ainda que rara, de verbos prefixados e não prefixados com uma mesma base, como *aparafusar/parafusar*, *embaralhar/baralhar*, *emoldurar/moldurar*, e em que *parafusar* e *moldurar* são os menos comuns em PE, não permite concluir linearmente que os verbos não prefixados sejam as bases derivantes dos verbos prefixados. Acresce que estes apresentam, muitas vezes, valores semântico-aspetuais, especializações referenciais ou realizações argumentais que os distinguem dos não prefixados (cf. *forrar/aforrar*, *guardar/aguardar*, *listar/alistar*, *planar/aplanar*, *segurar/assegurar*, *testar/atestar*) ou dos prefixados com operadores diferentes (cf. *enterrar/ aterrar*, *enfarinhar/esfarinhar*) [54]. Nada impede, pois, que num mesmo paradigma de formação de palavras possam atuar diversas operações morfológicas concorrenciais, encarregando-se a língua de institucionalizar aquela(s) que é/são necessária(s) e semântica e/ou referencialmente distinta(s).

4.3.2 Estrutura semântica e argumental dos verbos heterocategoriais e dos seus constituintes

Os verbos deadjetivais e denominais expressam, na sua globalidade, uma mudança de estado-de-coisas, que pode envolver o incremento ou transferência de propriedades, estados ou entidades. Essa mudança de estado-de-coisas pode ser concebida e/ou expressa como interna ou externamente causada, sendo neste último caso manifesta a intervenção de um sujeito causativo. A expressão da 'causa' ou 'agente causador' é muitas vezes opcional, podendo os verbos derivados expressar, alternativamente ou não, eventos não causativos. Esse fenómeno é tradicionalmente conhecido no domínio da semântica e da sintaxe como «alternância causativo/incoativo» ou simplesmente como «alternância causativa».

A quase totalidade dos verbos heterocategorialmente derivados distribui-se por seis classes semânticas (Pereira 2007, 2009), de

---

[54] Na linguagem dos falantes não instruídos do PE continua a usar-se um *a-* protético em verbos como (*a*)*baixar*, (*a*)*costumar*, (*a*)*juntar*, (*a*)*levantar*, (*a*)*mandar*, (*a*)*mostrar*, (*a*)*semear*, (*a*)*sentar*, sendo que, nestes casos, a presença de *a-* não assegura contraste semântico, como em *aguardar* vs. *guardar*. Também não é linear que se trate de um prefixo, neste caso esvaziado de conteúdo semântico, ainda que por reanálise da preposição latina que está na sua origem.

acordo com o padrão léxico-conceptual que denotam (Xb representa a base lexical):

Classe semântica	Paráfrase	Exemplos
resultativo	'tornar Xb'	*alisar, atualizar, enfraquecer, falsificar*
	'transformar em Xb'	*acardumar, aveludar, caramelizar, coisificar*
	'causar Xb'	*aterrorizar, enfurecer*
locativo	'pôr em Xb'	*engarrafar, hospitalizar, hastear*
	'tirar de Xb'	*espipar, esventrar*
ornativo	'prover com Xb'	*atapetar, arborizar, encerar, gradear*
	'tirar Xb de'	*esladroar, espulgar*
instrumental	'ferir/afetar com Xb'	*apunhalar, esporear, varejar*
performativo	'fazer/realizar/produzir Xb'	*festejar, frutificar, guerrear*
modal	'agir como/de forma Xb'	*gaguejar, serpentear*
	'exercer as funções de Xb'	*capitanear, fiscalizar, pastorejar*

Quadro IV.6. Classes semânticas de verbos heterocategoriais em português

Nenhum esquema argumental está vedado aos diversos processos derivacionais em jogo, podendo-se encontrar verbos derivados com (i) zero argumentos, como *nevar, trovejar,* (ii) monádicos, como *cicatrizar, enviuvar, espernear, florescer, frutificar,* (iii) diádicos, como *apedrejar, atapetar, fertilizar,* e (iv) triádicos, como *aprisionar, enterrar*.

Não obstante a diversidade de esquemas possíveis, os verbos derivados apresentam de uma maneira geral uma estrutura argumental diádica ou biargumental (x, y) (e.g. *apimentar, ensacar, esclarecer, esquentar, favorecer, martirizar, simplificar*), que admite duas variantes de realização sintática: uma transitiva e uma inacusativa. Por força da mudança de estado-de-coisas instanciada e/ou da perspetivação que o falante lhe imprime, os processos de formação de verbos podem fazer emergir o argumento externo causador, ou prescindir dele. São muito frequentes os casos em que o verbo derivado pode ser realizado transitivamente com valor causativo ou alternativamente como inacusativo, expressando um significado incoativo (*o barulho ensurdeceu-o/ele ensurdeceu*; *a máquina secou a roupa/a roupa secou* (*ao sol*); *o cão assustou o José/o José assustou-se*).

Em algumas situações, o português aproveita a diversidade de processos derivativos para marcar uma oposição entre *verbos transitivos* e *verbos intransitivos*, como sucede nos seguintes pares de verbos formados com base no mesmo radical nominal ou adjetival que têm esquemas de realização sintática diferentes: *aplanar*$_{transit.}$ vs. *planar*$_{intransit.}$; *espreguiçar*$_{transit}$ vs. *preguiçar*$_{intransit.}$.

4.3.3 Condições de aplicação e produtos

Os processos de formação de palavras não são totalmente livres na sua possibilidade de formar novas palavras complexas. Mesmo os processos ou afixos mais produtivos parecem estar sujeitos a certas condições estruturais de aplicação e até a influências extralinguísticas (Pereira 2004). A não ativação de um determinado processo ou afixo numa situação concreta pode decorrer das propriedades fonológicas, morfológicas ou semântico-aspetuais evidenciadas pelas bases lexicais (cf. 1.5.3).

A formação de verbos recorre preferencialmente, mas não exclusivamente, a adjetivos que descrevem 'propriedades de fase ou de estádio', i.e., adjetivos que descrevem propriedades transitórias ou ocasionais de entidades que podem ser mudadas por uma causa, como as suas caraterísticas físicas, a cor ou a temperatura (cf. *aclarar, amadurecer, branquear, encurtar, esquentar, esvaziar, purificar*). Em contraste, os adjetivos que designam 'propriedades de indivíduo', propriedades essenciais de um dado referente, tipicamente não adquiríveis como um resultado de uma causa, não constituem bases ideais para a formação de verbos de mudança de estado (*aferozar, *enferocecer, *inteligentear, *inteligentificar, *intelingentizar).

Alguns predicados de indivíduo (cf. *católico*) podem servir de base a processos de verbalização. Neste caso há lugar a uma alteração radical do estado de coisas, pelo que os produtos verbais significam 'tornar-se Ab' (*catolicizar*) e não 'tornar-se mais Ab', como acontece quando o verbo é construído sobre um predicado de fase ou de estádio (*avermelhar, esfriar, encurtar, esclarecer*).

Ao nível da formação denominal, existem também alguns tipos de bases nominais (algumas delas derivadas) que não são suscetíveis de funcionar como base derivacional: (a) nomes de evento denominais em *-ad(a)* (cf. *cabeçadar, *cacetadizar, *caneladear, *acacetadar, *coloveladecer), (b) nomes agentivos deverbais em *-dor* (cf. *ajogadorar, *arrumadorecer, *fumadorizar, *varredorar), ou (c) nomes deadjetivais em *-idad(e)* (*amabilidadar, *credibilidadizar, *perigosidadecer). Os nomes próprios revelam um funcionamento particular. Embora se encontrem atestadas formações como *agongorar, galvanizar, pasteurizar*, derivadas dos radicais de Gôngora, Galvani e Pasteur, a base nominal não designa propriamente o indivíduo referido pelo nome próprio, mas remete metonimicamente para alguma(s) propriedade(s) da sua obra, ideias ou teorias. Nestes casos, as bases são recategorizadas como nomes comuns.

A escolha de determinado afixo (*fiscalizar*, mas *fiscalecer) ou processo (*martelar*, mas *martelizar) parece depender muitas vezes das (im)possibilidades combinatórias que cada um destes institui com as respetivas bases e do contributo específico e distintivo de cada um para a configuração final dos produtos verbais. Alguns processos de formação de verbos apresentam (in)compatibilidades entre os afixos usados e as propriedades formais e/ou semânticas das bases a que se conectam, nomeadamente no que diz respeito à presença de alguma(s) classe(s) de afixos na sua estrutura interna. Mais do que restrições claramente diferenciadoras, existem condições preferenciais de ativação que fazem variar o domínio de aplicação dos diversos processos, restringindo assim a sua concorrência (Pereira 2004, 2013).

Nas secções seguintes apresentam-se as condições de ativação dos recursos genolexicais e as especificidades dos verbos derivados através dos diversos processos de formação heterocategorial no português europeu: conversão (4.3.3.1.) e afixação. No âmbito dos verbos formados por afixação incluem-se os que envolvem prefixação (4.3.3.2.), sufixação (4.3.3.3.) e circunfixação (4.3.3.4.).

4.3.3.1 Verbos formados por conversão

Quando formados por conversão de radicais, os verbos não apresentam qualquer afixo derivacional (prefixo, sufixo ou circunfixo) acoplado à base lexical.

Estrutura interna dos verbos	Verbos denominais/deadjetivais
[[base]$_{RadN/A}$]$_{RadV}$	alcatifar, alcatroar, ancorar, arbitrar, armazenar, azedar, betonar, betumar, doutorar, insultar, martelar, murar, olear, perfumar, policiar, rubricar, temperar, vacinar...

Quadro IV.7. Verbos heterocategoriais conversos

Através da conversão, o radical nominal ou adjetival é integrado na classe dos verbos, sem que se lhe adicione ou retire qualquer segmento formal. O verbo derivado é então formatado com uma VT (invariavelmente -*a*-), que determina o padrão flexional daquele.

A conversão é atualmente um dos processos mais disponíveis para a formação de verbos em português. Para a vitalidade deste procedimento muito contribui (i) o facto de os verbos de tema em *-a-* serem os mais representados na língua portuguesa, (ii) o de a conversão não apresentar constrições significativas ao nível da sua aplicação e (iii) o de ser um processo de formação de verbos semântica e aspetualmente neutro. A classe de verbos conversos é, pois, suscetível de ser ampliada a qualquer momento, sendo muito utilizada na adaptação de unidades lexicais importadas (*checar, clicar, crashar, mailar*), na linguagem expressiva e informal dos falantes mais jovens (*chibar, stressar*) e na formação neológica, literária ou não (*fusionar, peritar, plasmar*).

As constrições morfofonológicas na aplicação do processo de conversão são essencialmente as duas seguintes: este processo não opera com base em nomes terminados em vogal acentuada como *romã, pó, pé, jacaré*, e também não seleciona bases monossilábicas (*til, vil, mau, só*).

Porque não faz uso de nenhum recurso afixal, tem um domínio de aplicação muito abrangente. Pode aplicar-se a bases iniciadas ou não por vogal (*açúcar: açucarar; estranho: estranhar; irmão: irmanar; óleo: olear; último: ultimar; pincel: pincelar; lixa: lixar*), a bases terminadas em qualquer tipo de segmento (*remo: remar; pele: pelar; lixa: lixar; perdão: perdoar; questão: questionar; assessor: assessorar; pincel: pincelar*).

Este processo pode aplicar-se quer a bases simples (*lixar, luxar*), quer a bases complexas, derivadas (*enchumaçar, sacholar, ovalar*) ou compostas (*mata-bichar, vangloriar*). Em presença de bases terminadas em *-cion, -sion, -tion* (*acionar, adicionar, rececionar, convencionar, convulsionar, congestionar*), *-ment(o)* (*argumentar, complementar, condimentar, documentar, regulamentar*), *-nç(a)* e *-nci(a)* (*agenciar, conferenciar, diligenciar, licenciar, potenciar*), *-sor* e *-tor* (*assessorar, doutorar, tutorar*), a conversão em *-ar* é o processo normalmente ativado, embora em alguns casos em competição com alguns processos afixais, principalmente *-iz-* (*assessor(iz)ar, caricatur(iz)ar, monitor(iz)ar*).

Em termos semânticos, como ficou explícito em 4.3.2., a formação de verbos por conversão recorre preferencialmente a adjetivos 'de fase', i.e., adjetivos que descrevem propriedades transitórias ou ocasionais de entidades que podem ser mudadas por uma causa, como as suas caraterísticas físicas (cf. *azul/azular, oval/ovalar*), e não a adjetivos que designam 'propriedades de indivíduo'. As bases adjetivais denotam, entre outras, propriedades apreendidas pelos sentidos (*azul, amarelo, azedo*), propriedades que exprimem uma avaliação física ou intelectual (*caduco, tísico, roliço, autêntico, maluco*), propriedades relativas às relações interpessoais (*amásio, amigo*).

As bases nominais dos verbos formados por conversão têm traços semânticos diversificados, designando seres humanos (*assessor, doutor, peregrino*), animais (*caracol, macaco*), vegetais (*grelo, urtiga*), substâncias naturais (*açúcar, mel, couraça*) ou químicas (*iodo, estanho*), objetos construídos (*buzina, máscara, sacho*), fenómenos meteorológicos (*granizo, orvalho*), sentimentos (*inveja, ódio, orgulho*).

Não funcionam como base de verbos conversos os seguintes tipos de nomes: (a) de evento denominais em -*ad(a)* (**cabeçadar,* **cotoveladar,* *belenzadar); (b) agentivos deverbais em -*dor* (**varredorar,* *fumadorar); e (c) deadjetivais em -*idad(e)* (**amabilidadar,* *claridadar).

Em contraste com os processos afixais de formação de verbos, que intervêm diretamente na especificação semântico-aspetual dos verbos por eles formados, a conversão funciona tipicamente com um valor aspetualmente neutro ou não marcado (Pena 1993; Coelho 2003; Rio-Torto 2004). Na ausência de um afixo que aporte uma significação particular, o significado do verbo converso é construído e interpretado em função do significado prototípico da base lexical e/ou do seu uso típico e de informações co(n)textuais, i.e., informações semântico-conceptuais fornecidas pelos restantes argumentos da frase e pelo conhecimento enciclopédico que os falantes possuem da realidade.

Trata-se de um processo em que a instrução semântica de 'mudança de estado-de-coisas', associada ao valor semântico da base, possibilita a criação de verbos com valores semânticos diversificados. Assim, o verbo converso pode ser locativo (*armazenar*: 'pôr algo em armazém'), resultativo (*azular*: 'tornar azul'), ornativo (*açucarar*: 'pôr açúcar em algo'), instrumental (*martelar*: 'bater com martelo'), performativo (*vindimar*: 'fazer a vindima') e modal (*arbitrar*: 'agir como árbitro').

Os verbos conversos são predominantemente causativos, admitindo em alguns casos uma variante incoativa (*lesionar / lesionar-se*; *secar / secar-se*).

4.3.3.2 Verbos formados por prefixação

Um segundo grupo de verbos derivados integra na sua estrutura interna um prefixo (*a-*, *en-* ou *es-*) e uma base nominal ou adjetival; a vogal temática (VT) -*a*- inscreve-os no paradigma flexional da 1.ª conjugação. Usa-se a forma de citação, de infinitivo.

Estrutura interna dos verbos	Verbos denominais/deadjetivais	Total de verbos atestados	Percentagem de cada prefixo
[a [base]$_{RadN/A}$]$_{RadV}$	*abotoar, acalorar, adensar, agravar, alongar, assustar, atapetar, aterrar, avermelhar...*	1027	51.66%
[en [base]$_{RadN/A}$]$_{RadV}$	*embelezar, encabar, encabeçar, encaixar, encerar, engarrafar, engordar, enlatar, enrolar, entubar...*	752	37.83%
[es [base]$_{RadN/A}$]$_{RadV}$	*esboroar, esburacar, esfarelar, esfarrapar, esfriar, esquentar, esvaziar, esventrar...*	209	10.51%

Quadro IV.8. Verbos heterocategoriais prefixados e representatividade de cada prefixo no conjunto de verbos prefixados

Na ausência de operadores sufixais que assegurem a verbalização, os prefixos sob escopo têm a capacidade de transformar bases nominais e adjetivais em verbos. Através da prefixação de *a-*, *en-* e *es-* a bases nominais e adjetivais forma-se um novo radical verbal, que é formatado morfologicamente com uma informação temática (*-a-*) que o insere num paradigma conjugacional [55].

Como se observa no Quadro IV.8, no conjunto dos verbos prefixados, cerca de metade são formados com o prefixo *a-*, enquanto a outra metade compreende verbos formados em *en-* e em *es-*.

Trata-se de um processo formativo com grande representação na língua portuguesa e crescentemente operativo (cf. *vive a assapar* 'usar o SAPO'). Os verbos prefixados representam mais de metade dos verbos construídos por afixação (cf. Quadro IV.9). Num *corpus* com 3698 verbos heterocategoriais recenseados, os processos afixais encontram-se assim repartidos: 1988 verbos prefixados, 1466 sufixados e 244 circunfixados, nas percentagens que o quadro seguinte ilustra.

Verbos prefixados	Verbos sufixados	Verbos circunfixados
53.76%	39.64%	6.60%

Quadro IV.9. Percentagem relativa dos diferentes tipos de afixação na formação de verbos

4.3.3.2.1 Verbos prefixados com *a-*

Dos prefixos formadores de verbos denominais e deadjetivais em português, *a-* é o prefixo com maior representatividade (≈ 52%). Ocorre maioritariamente com a forma *a-* (*adoçar, alisar, apadrinhar,*

---

[55] A solução alternativa de considerar estes verbos formados por parassíntese ou circunfixação carece ainda de demonstração teórica convincente, para que a possamos adoptar sem reservas. O quadro de funções semânticas (quadro 12) desempenhadas pelos verbos formados quer por conversão quer por circunfixação (cf. cap. 4: 4.3.4) não permite também decidir num sentido diferente daquele pelo qual optamos neste livro.

apavorar), mas em alguns casos manifesta ainda a sua antiga forma latina *ad-* (*adunar* 'reunir em um', verbo atestado já em latim).

O prefixo *a-* junta-se preferentemente a bases nominais (cerca de 80%) e adjetivais (cerca de 20%). Esporadicamente, encontram-se algumas bases de outras categorias (cf. *acercar, apoucar, atuar, atroar, açular*).

Do ponto de vista morfológico, as bases selecionadas pelo prefixo *a-* são maioritariamente nomes e adjetivos simples. Existem, contudo, algumas bases complexas, de que se destacam as sufixadas em **-an-**: *acastelhanar, aparoquianar*; **-(a/i/u)lh(a/o)**: *avergalhar, aguerrilhar, apedregulhar*; **-eir(o/a)**: *abrasileirar, acapoeirar*; **-eng-**: *amulherengar*; **-ês**: *aburguesar, achinesar*; **-ção**: *atraiçoar*; **-nt(e)**: *abrilhantar, adormentar*; **-ment(o)**: *ajuramentar, arregimentar*.

Este processo não se aplica quando as bases apresentam determinadas estruturas morfológicas, com especial relevo para as bases prefixadas (cf. **ainvulgarar, *adescontentar*) e para as bases sufixadas com **-al** (**anacionalar*), **-ar** (**acircularar*), **-ic-** (**aplasticar*), **-dor** (**afumadorar*) e **-vel** (**acomestibilar*).

O prefixo *a-* aplica-se maioritariamente a adjetivos qualificativos, que denotam propriedades ocasionais ou de fase, designando, entre outras, propriedades relativas (i) à forma (*redondo/arredondar, liso/alisar, plano/aplanar*), (ii) à cor (*claro/aclarar, vermelho/avermelhar*), (iii) à dimensão (*largo/alargar, miúdo/amiudar*), (iv) aos sentidos (*doce/adoçar*) e (v) propriedades comportamentais, psicológicas e morais (*cobarde/acobardar, palerma/apalermar*). Entre as bases selecionadas, encontram-se também alguns adjetivos denominais de relação (e.g. *palaciano, paroquiano*), mas usados em sentido qualificativo.

Em relação às bases nominais, *a-* seleciona bases que se inserem em classes semânticas muito diversas, designando: (i) objetos ou realidades concretas (*tapete/atapetar*); (ii) substâncias naturais ou químicas (*chocolate/achocolatar*); (iii) instrumentos ou armas em sentido lato (*plaina/aplainar, punhal/apunhalar*) (iv) recipientes ou lugares (*prisão/aprisionar, quartel/aquartelar*); (v) animais (*carneiro/acarneirar*); (vi) entidades humanas (*padrinho/apadrinhar*); (vii) estados psicológicos ou processos mentais (*paixão/apaixonar, pavor/apavorar, susto/assustar*).

Este prefixo forma normalmente verbos transitivos de valor causativo. Possui um valor semântico de natureza 'adlativa', e é um prefixo marcado por polaridade final, i.e., remete para o estado final da mudança de estado (*alargar, assustar*) ou de lugar (*aprisionar*) denotada pelo verbo derivado. Este seu valor semântico permite distinguir os verbos prefixados com *a-* de verbos formados com outros prefixos, como *aterrar/enterrar*, ou sem prefixo (cf. *aplanar/planar*), que expressam eventos com orientações espaciais ou polaridades aspetuais diferentes.

4.3.3.2.2 Verbos prefixados com *en-*

Este prefixo pode ocorrer sob quatro variantes formais alternativas: *en-* (*encerar, ensacar, enlatar*), *em-* (*empacotar, embebedar*), *e-* (*emalar* (*en+mala*), *enatar*), e ainda uma variante de feição latiniforme *in-* (*inseminar*). Com exceção da forma *in-*, a ativação das demais variantes do prefixo é fonologicamente condicionada, ocorrendo em distribuição complementar: *em-* ocorre antes de [+bilabial, -nasal], *e-* antes de [+nasal], e *en-*, por defeito, nos restantes cotextos. Saliente-se que, ao contrário do que se passa com o prefixo *in-* 'negativo' (*imortal, irreal, ilíquido*), com este prefixo ilativo não se verifica a perda de nasal antes de líquida (cf. *enraizar, enlatar*).

O prefixo *en-* junta-se preferentemente a bases nominais (cerca de 91%); as bases adjetivais representam cerca de 9%, e são quase exclusivamente iniciadas por consoante. As exceções são em número muito reduzido (*enamorar, enouriçar*).

Do ponto de vista morfológico, as bases selecionadas pelo prefixo *en-* são maioritariamente nomes e adjetivos simples. Não se exclui, no entanto, que possam ser selecionadas algumas bases complexas. Encontram-se atestadas bases sufixadas em *-ão*: *engarrafonar*; *-(a/i)lh(o/a)*: *emborralhar, envasilhar*; *-eir(o/a)*: *enceleirar, encoleirar*; *-ugem*: *enferrujar*; e ainda outras como em *emburguesar, embelezar, engordurar*. Tal como na formação de verbos com *a-*, as bases prefixadas não estão disponíveis para a adjunção de *en-*.

O prefixo *en-* aplica-se maioritariamente a adjetivos qualificativos, que denotam qualidades ou estados transitórios, não permanentes (*bêbedo, crespo, curto, curvo, direito, gordo, louro, prenhe, rijo, torto, turvo*). O prefixo pode também selecionar adjetivos denominais de relação (*burguês, soalheiro*), desde que com sentido qualificativo.

Em relação às bases nominais, a prefixação com *en-* seleciona nomes que designam realidades semanticamente muito diversas: (i) objetos concretos (*bandeira, tapete*); (ii) substâncias naturais ou químicas (*bálsamo, cera, palha*); (iii) conjunto ou coletividade (*fardo, parelha*); (iv) recipientes ou lugares (*caixa, cárcere, saco*); (v) animais (*cabrito, cavalo*); (vi) seres humanos (*bruxa, moleiro*); (vii) estados psicológicos ou processos mentais (*coragem, ciúme, vergonha*).

Tal como *a-*, o prefixo *en-* forma normalmente verbos transitivos de valor causativo. Apresenta uma instrução semântica de natureza 'ilativa' ('para dentro de'), sendo marcado por polaridade final, i.e., remete para o estado final da mudança de estado/lugar denotada pelo verbo derivado. Em função deste valor semântico, os verbos prefixados com *en-* distinguem-se de verbos formados com outros prefixos (*ensacar/assacar, enfarelar/esfarelar, enfarrapar/esfarrapar*) ou sem prefixo (*ensacar/sacar, enforjar/forjar, enlurar/lurar*), que expressam eventos com orientações espaciais ou polaridades aspetuais diferentes.

4.3.3.2.3 Verbos prefixados com *es*-

Este prefixo apresenta, ao lado da variante nativa *es-* (*esboroar, esfriar, esventrar*), uma variante formal de matriz latina, *ex-* (*expatriar, expropriar*), e uma variante *e-* (*evaporar*). Entre os prefixos que formam verbos denominais e deadjetivais, *es-* é o que tem menor representatividade (cerca de 10% do total dos verbos prefixados).

O prefixo *es-* forma verbos a partir de bases nominais (95%) ou adjetivais (5%) iniciadas em segmento consonântico e preferentemente não complexas. Não se aplica a bases prefixadas, mas pode-se encontrar acoplado a bases sufixadas em -(*a/i/u*)*lh*(*o/a*): *esmigalhar, esquartilhar, esbagulhar*; -*eir*(*o/a*): *esponteirar, escabeleirar*; -*ugem*: *espenujar*; e ainda outras bases com sufixos de caráter avaliativo: *estrancinhar, esmurraçar*.

As bases adjetivais pertencem geralmente à classe dos adjetivos qualificativos que denotam qualidades ou estados transitórios, não permanentes, que admitem algum tipo de alteração ou modificação (*frio, miúdo, quente, vazio*). Por sua vez, as bases nominais distribuem-se por várias classes semânticas que denotam (i) objetos ou substâncias concretas (*boroa, casca*), (ii) estados, processos ou produtos resultantes desses processos (*preguiça, murro*), (iii) conjunto ou coletividade (*conjunto, quadrilha*); (iv) recipientes ou lugares (*pipa, ventre*); (v) animais (*borrego, piolho*); (vi) instrumentos (*foice, gadanho*).

Este prefixo forma normalmente verbos transitivos de valor causativo mas, ao contrário dos anteriores, possui um valor semântico de tipo elativo ('para fora de'), sendo em muitos casos marcado por 'polaridade inicial', i.e., remete para o estado inicial da mudança de estado/lugar denotada pelo verbo derivado (cf. *espipar, esladroar*). Quando as bases são denominais, os verbos derivados em *es-* têm uma leitura egressiva, por oposição aos verbos em *a-* e *en-*, de leitura tipicamente ingressiva. Esta situação verifica-se sobretudo quando estão envolvidos processos de tipo locativo ou ornativo (*aprisionar, encerar, encarcerar* vs. *espipar, esventrar, espiolhar*). Nos verbos deadjetivais, porque denotam normalmente uma mudança de estado com uma orientação final (cf. *avermelhar, encurtar esquentar, esvaziar*), a distinção entre os prefixos esbate-se.

4.3.3.3 Verbos formados por sufixação

Um terceiro conjunto de verbos construídos a partir de bases nominais e adjetivais é o dos verbos sufixados. O sufixo ativado em cada caso (*-iz-, -ific-, -it-, -ic-, -e(s)c-, -e-, -ej-*) é o responsável pelas alterações semântico-categoriais instanciadas. No Quadro seguinte, os verbos aparecem no infinitivo, por se tratar da forma de citação.

Estrutura interna dos verbos	Verbos denominais e deadjetivais	Total de verbos atestados	% de cada sufixo
[[base]$_{RadN/A}$ iz]$_{RadV}$	*suavizar, canalizar, comercializar, urbanizar...*	556	37.93%
[[base]$_{RadN/A}$ e]$_{RadV}$	*branquear, coxear, folhear, golpear...*	504	34.38%
[[base]$_{RadN/A}$ ej]$_{RadV}$	*fraquejar, gotejar, verdejar, versejar...*	178	12.14%
[[base]$_{RadN/A}$ ific]$_{RadV}$	*simplificar, exemplificar, gelificar, petrificar...*	151	10.30%
[[base]$_{RadN/A}$ e(s)cer]$_{RadV}$	*escurecer, humedecer, favorecer, florescer...*	47	3.20%
[[base]$_{RadN/A}$ it]$_{RadV}$	*capacitar, facilitar, debilitar...*	17	1.16%
[[base]$_{RadN/A}$ ic]$_{RadV}$	*duplicar, triplicar, multiplicar...*	13	0.89%

Quadro IV.10. Verbos heterocategoriais sufixados e representatividade de cada sufixo no conjunto de verbos sufixados

Tal como acontece com os verbos prefixados, também alguns verbos sufixados convivem com formações corradicais não sufixadas com significados semelhantes (e.g. *assessorizar/ assessorar; boicotear/boicotar; monitorizar/monitorar*). Todavia, uma análise semântica mais profunda permite identificar diferenças semântico-

-referenciais entre produtos corradicais sufixados e não sufixados, como se observa em *alfabetizar* 'instruir' vs. *alfabetar* 'pôr por ordem alfabética' e *vaporizar* 'transformar em vapor, aplicar vapor' e *evaporar* 'fazer desaparecer como o vapor'.

Embora se trate de recursos cofuncionais, que concorrem na formação de verbos em português, nem todos os sufixos verbalizadores têm a mesma representatividade na língua (cf. Quadro IV.10), e as condições de funcionamento de cada um são parcialmente diferentes.

De seguida descrevem-se e analisam-se as bases selecionadas pelos sufixos mais representativos na formação de verbos heterocategoriais em português.

4.3.3.3.1 Verbos sufixados com -e-

Os verbos sufixados com -e- tomam por base radicais nominais e adjetivais, como em [*alt*]*ear*, [*clar*]*ear*, [*bombard*]*ear*, [*farsant*]*ear*, [*flor*]*ear*, [*galant*]*ear*, [*nort*]*ear*, [*prat*]*ear*, [*pent*]*ear*, [*serpent*]*ear*, [*sort*]*ear*, [*tour*]*ear*[56].

A maioria das formações em -e- tem origem em unidades não complexas de categoria nominal (85%) e adjetival (15%). Na base dos verbos em -e-, existem, no entanto, algumas bases complexas, compostas (*barlaventear, nordestear, noroestear, sotaventear*) e derivadas. Entre estas encontram-se adjetivos com bases sufixadas em **-os-**: *formosear, mimosear*; **-ão**: *fanfarronear, pimponear*; **-nt**(*e*): *fulgentear, farsantear, galantear, pedantear, tratantear*. Entre os nomes, encontram-se bases sufixadas com **-et**(*e/a*): *colchetear, cornetear, ferretear, falsetear, floretear, foguetear, joguetear; carretear, palhetear, trombetear*.

---

[56] Nos verbos *albear, arear, vergontear*, o segmento -e- não faz parte do corpo do sufixo, mas da base (*albeio* > [*albe*]*ar*; *areia* > [*are*]*ar*; *vergôntea* > [*vergonte*]*ar*).

As bases adjetivais são maioritariamente adjetivos qualificativos, que denotam qualidades ou estados transitórios, não permanentes, que admitem alteração ou modificação (*alto, branco*). As bases nominais são semanticamente mais heterogéneas, compreendendo nomes que designam (i) objetos ou realidades concretas (*balança, bala, barba*); (ii) substâncias naturais ou químicas (*bronze, prata*); (iii) animais (*borboleta, serpente*); (iv) agentes de atividades profissionais ou outras (*capitão, pastor*); (v) seres humanos caraterizados pela sua maneira típica ou habitual de atuar ou proceder, quase sempre valorada negativa ou pejorativamente (*charlatão, fanfarrão, farsante, gandulo*); (vi) estados, processos ou produtos resultantes desses processos (*alarde, boicote, coice*); (vii) sentimentos ou sensações (*escrúpulo, sabor*); (viii) instrumentos (*espora, trombeta*); (ix) recipientes, lugares ou denominações de indicações espaciais (*fundo nordeste, sotavento*).

Este sufixo forma verbos transitivos de valor causativo (*branquear*: 'fazer ficar branco'), embora em alguns co(n)textos se encontrem verbos intransitivos e não causativos (*coxear* 'andar coxo', e não *fazer ficar coxo). Em muitos casos, o verbo derivado é transitivo, mas admite usos de tipo inacusativo (*a lixívia branqueou a roupa. / a roupa branqueou ao sol.*).

Os verbos em *-e-* inscrevem-se em classes semânticas diversificadas: (i) resultativos (*branquear, clarear, falsear*), ornativos (*gradear, presentear*), locativos (*flanquear, fundear, nortear*), instrumentais (*chicotear, pentear*), performativos (*boicotear, chacotear*) e modais (*coxear, capitanear, pavonear*).

Embora o sufixo *-e-* forme verbos que exprimem uma mudança de estado-de-coisas caraterizável como uma passagem de um dado estado (-E) para outro estado (E) designado pela base derivacional, distingue-se de outros processos verbalizadores (com exceção da sufixação com *-ej-*) relativamente à telicidade dos eventos descritos. Alguns verbos, principalmente deadjetivais, admitem leituras télicas (cf. *a roupa branqueou em /durante duas horas; a Ana bronzeia-se em/*

durante dois dias); mas os verbos em *-e-* são maioritariamente atélicos, i.e., não possuem um ponto terminal inerente (cf. *chantagear durante / *em um ano; borboletear ou chicotear durante / *em cinco minutos*).

Os verbos em *-e-* formados a partir de bases que predicam uma propriedade pejorativa de nomes [+humano] (cf. *charlatanear, coxear, farsantear, vagabundear*) denotam eventos com um aspeto habitual ou frequentativo, ou seja, eventos repetidos, com a particularidade de a pluralidade, intermitência ou repetição dos eventos ocorrer de modo descontínuo, em distintos intervalos de tempo (Pena 1993: 242).

Os verbos cuja base denota algum tipo de instrumento (cf. *chicotear, esporear*) ou objeto movido ou atuado (cf. *bombardear, folhear*) são geralmente eventos iterativos, ou seja, denotam uma série sucessiva de eventos acabados de duração interna mínima (momentâneos ou pontuais), realizados num intervalo de tempo definido, integrando um único e mesmo processo.

Em suma, em resultado do(s) tipo(s) de bases que toma, o sufixo *-e-* projeta frequentemente um traço aspetual [-télico] nos verbos derivados, sendo, em muitos casos, esta informação aspetual concomitante com a ideia de iteratividade ou habitualidade.

4.3.3.3.2 Verbos sufixados com *-ej-*

Embora existam verbos formados com base em onomatopeias (cf. *cacarejar, traquejar*), a maioria dos verbos derivados com *-ej-* tem uma origem nominal ou adjetival, com uma clara preferência para as bases nominais (cerca de 84% dos verbos derivados).

Não havendo restrições de natureza fonológica, as bases selecionadas são maioritariamente adjetivos e nomes simples (cf. *fraco > [fraqu]ejar; festa > [fest]ejar; vara > [var]ejar*).

As bases adjetivais são maioritariamente adjetivos qualificativos, denotando qualidades ou estados transitórios, que admitem alteração ou modificação (*branco, fraco, manco*). A maioria das bases adjetivais refere-se a sensações visuais, com particular incidência nos adjetivos de cor (*branco, verde*). Já as bases nominais podem pertencer a várias classes semânticas, designando: (i) objetos ou realidades concretas (*grade, lágrima, trave*); (ii) animais (*cobra, corvo*); (iii) agentes de atividades profissionais ou outras (*carpinteiro, pastor*), (iv) atos, processos e/ou estados resultativos (*brado, festa*), (v) sentimentos ou sensações (*raiva*); (vi) instrumentos ou entidades movíveis (*rabo, vara*); (vii) recipientes (*forno*).

O processo de formação de verbos com o sufixo *-ej-* é muito semelhante ao de *-e-*. O sufixo *-ej-* forma verbos transitivos de valor causativo (*festejar*: 'fazer (ficar em) festa') e verbos intransitivos e não causativos (*gaguejar, gotejar*), com algum predomínio destes. Tal como *-e-*, produz com alguma regularidade verbos com valor iterativo (*gotejar, tracejar, varejar*) ou habitual (*doidejar, gaguejar*). A iteratividade manifesta-se quando o sufixo toma como base nomes que denotam instrumentos (*pestanejar, varejar*) ou entidades efetuadas (*gotejar*), enquanto a habitualidade tende a marcar verbos de significado modal, cuja base remete para um defeito físico, psicológico ou moral (*doidejar, praguejar*).

Este sufixo rivaliza com outros processos derivacionais na produção de verbos de valor semântico (i) resultativo (*branquejar, fraquejar*), ornativo (*torrejar, travejar*), locativo (*fornejar, proejar*), instrumental (*varejar, pestanejar*), performativo (*cortejar, praguejar*) e modal (*gaguejar, pastorejar*).

4.3.3.3.3 Verbos sufixados com *-e(s)c-*

Este sufixo encontra-se atestado em português sob duas variantes formais: *-ec-* (*obscurecer, favorecer*) e *-esc-* (*ruborescer*), variante latina ou erudita.

A percentagem de verbos denominais ou deadjetivais sufixados com -e(s)c- é bastante reduzida (pouco mais de 12%) se comparada com a de outros operadores sufixais [57].

O sufixo -e(s)c- seleciona bases maioritariamente simples, adjetivais (62%) e nominais (38%); ambas designam estados ou situações suscetíveis de serem atingidos (cf. *bolorecer* 'ganhar bolor', *escurecer* 'pôr algo escuro', *robustecer* 'tornar algo ou alguém robusto').

As bases adjetivais são maioritariamente adjetivos qualificativos que denotam qualidades ou estados não permanentes, que admitem alteração ou modificação. As bases adjetivais denotam qualidades físicas (*amarelo, escuro, húmido*) e qualidades mais abstratas de caráter psicológico ou moral (*brando, estúpido, nobre*). As bases nominais também podem pertencer a classes semânticas diferenciadas, designando (i) produtos decorrentes de processos naturais (*bolor, erva, grumo*), ou (ii) sentimentos ou sensações (*orgulho, ranço*).

Os verbos em -e(s)c- denotam geralmente uma 'mudança de estado ou qualidade' de caráter télico (cf. *o dia escurece em trinta minutos; a Ana humedeceu os lábios em dois segundos*). Trata-se de um conjunto de verbos semanticamente pouco diversificado, constituindo apenas duas classes semânticas: (i) resultativos (*escurecer, humedecer*) e performativos (*favorecer*).

A maioria dos verbos assim formados tanto expressa eventos incoativos como causativos (*escurecer*: 'ficar escuro', 'tornar escuro' ou 'fazer ficar escuro'). Não obstante ter uma clara vocação, herdada do latim, para a expressão de situações incoativas, -e(s)c- não possui, na sincronia atual, um valor semântico-aspetual específico que o oponha aos demais processos/afixos verbalizadores. De facto, outros processos competem com ele na expressão da incoatividade e da causatividade.

---

[57] Nesta contabilização não entram os verbos terminados em -ecer que atualmente não possuem uma estrutura composicional, como *aborrecer, acontecer, aparecer, conhecer, fenecer, guarnecer, padecer, perecer*.

Em função do tipo de evento denotado, os verbos em -e(s)c- podem ter uma realização transitiva ou intransitiva (inacusativa): cf. *o fumo escureceu as paredes / as paredes escureceram*.

4.3.3.3.4 Verbos sufixados com *-ific-*

Nem todos os verbos presentemente terminados em *-ific-* devem ser considerados sufixados. Uma grande parte dos verbos em *-ific-* é formada em latim, de onde terá transitado para o português. Durante o seu percurso diacrónico algumas destas unidades verbais adquiriram propriedades idiossincráticas, fazendo com que não possuam atualmente a composicionalidade morfo-semântica que tinham em latim (cf. *caprificar, nutrificar, tumeficar*), e sendo portanto no presente interpretadas como verbos não derivados.

Em português, o sufixo *-ific-* forma verbos a partir de bases nominais (60%) e de bases adjetivais (40%) simples. Tratando-se de um modelo de formação originariamente latino, muitos dos radicais selecionados por *-ific-* têm uma forma erudita, que contrasta com a forma autóctone dessa unidade lexical: cf. *acet-* 'vinagre', *alb-* 'branco', *aur-* 'ouro', *case-* 'queijo', *corpor-* 'corpo', *cruc-* 'cruz', *dulc-* 'doce', *frigor-* 'frio', *ign-* 'fogo', *len-* 'leve, suave', *let-* 'alegre', *lign-* 'madeira', *mund-* 'limpo', *putr-* 'podre', *rub-* e *russ-* 'vermelho', *san-* 'são', etc. Em alguns casos, a seleção do alomorfe erudito está relacionada com o facto de este sufixo não se acoplar a radicais terminados em vogal ou ditongo nasal acentuados (*pão*: *panificar*; *lã*: *lanificar*).

As bases adjetivais são maioritariamente adjetivos qualificativos, que denotam estados ou propriedades que podem ser alterados por impulso de uma causa (*amplo, claro, falso, puro, simples, sólido*), repartindo-se por duas subclasses: (i) bases que denotam propriedades físicas ou sensoriais (*amplo, claro, denso, líquido, sólido*) ou (ii) qualidades mais abstratas de caráter psicológico, subjetivo ou moral (*beato*, *digno*, *santo*). As bases nominais distribuem-se igualmente por duas classes semânticas: (i) objetos ou substâncias concretas (*osso*, *pão*, *pedra*, *vinho*, *vidro*), ou (ii) estados, qualidades e/ou produtos resultantes de um processo (*classe*, *dano*, *exemplo*, *glória*, *paz*).

Os verbos sufixados com *-ific-* são semanticamente diversificados (embora não tanto como *-e-* ou *-iz-*, por exemplo), estando atestados verbos (i) resultativos (*amplificar*, *beatificar*, *falsificar*, *petrificar*), ornativos (*exemplificar*), locativos (*crucificar*) e performativos (*danificar*, *nidificar*). Trata-se de um recurso derivacional com grande implantação em alguns domínios técnico-científicos, nomeadamente na Medicina e na Química.

Tanto os verbos denominais como os verbos deadjetivais em *-ific-* expressam um processo delimitado de mudança, denotando eventos causativos e télicos (cf. *clarificarei a situação em/durante dois minutos*; *a gelatina solidifica em/durante duas horas*). Esta classe derivacional de verbos designa uma 'mudança de estado ou qualidade' com um resultado inerente, que é expresso pela base derivacional.

Os verbos em *-ific-* são tipicamente transitivos, podendo, alternativamente, ser realizados de forma intransitiva (inacusativa), quando se prescinde da expressão do argumento externo causador (cf. *o João clarificou a situação / a situação clarificou-se*; *o calor solidificou a massa / a massa solidificou*).

4.3.3.3.5 Verbos sufixados com *-iz-*

O conjunto dos verbos derivados por intermédio do sufixo *-iz-* é, juntamente com os derivados com *-e-*, um dos grupos mais representativos (cerca de 38%) de verbos formados por sufixação (cf. Quadro IV.8), sendo esse um dos fatores que ajuda a explicar a sua elevada disponibilidade atual.

O sufixo *-iz-* junta-se a bases nominais e adjetivais (51,5% e 48,5%, respetivamente) para formar novos verbos.

Por vezes o verbo derivado admite duas ou mais leituras, remetendo para bases morfológica e/ou categorialmente diferentes. Tal acontece sobretudo em verbos em *-iz-* derivados de bases de origem grega, e em relação aos quais existem séries derivacionais que integram, além dos verbos em *-iz-*, adjetivos denominais em *-ic-* e nomes em *-i(a)*.

Os verbos *aromatizar, climatizar, dramatizar, dogmatizar, esquematizar* têm por base um radical nominal alomórfico (*aromat-, climat-, dramat-, dogmat-, esquemat-*), desencadeado na presença do sufixo *-iz-*. Trata-se de bases que já no grego clássico apresentavam radicais variantes (e.g. *dógma, dogmatos; drãma, dramatos*) e que, em contexto derivacional, adotavam formas alomórficas terminadas em *-t* (cf. [*dogmat*]*izar,* [*dogmat*]*ico,* [*dogmat*]*ismo;* [*dramat*]*izar,* [*dramat*]*ico,* [*dramat*]*ismo,* etc.). Situação semelhante ocorre com os verbos *catequizar, hipnotizar, sintetizar,* pois a base nominal adota, em contexto derivacional, uma variante alomórfica terminada em oclusiva dental /t/ (cf. *síntese*: [*sintet*]*izar,* [*sintét*]*ico*).

No caso dos verbos do tipo de *atomizar, hiperbolizar, profetizar,* as paráfrases lexicográficas remetem ora para uma base nominal (*átomo, hipérbole, profeta*), ora para uma base adjetival (*atómico, hiperbólico, profético*). Situação idêntica ocorre em verbos como *economizar, harmonizar, ironizar,* relacionáveis com bases nominais terminadas em *-i(a)* ou com bases adjetivais terminadas em *-ic-* (cf. *economizar*: 'administrar com economia; tornar económico'; *harmonizar*: 'tornar harmónico; estabelecer harmonia entre'; *ironizar*: 'tornar irónico; exprimir com ironia; empregar ironia'). Não havendo evidências de que não sejam denominais, é esta a interpretação que aqui se privilegia, pois a presença do sufixo *-ic-* dos adjetivos respetivos não se faz sentir no derivado, como seria composicionalmente expectável (cf. *atomicizar, democraticizar, economicizar, harmonicizar, ironicizar*).

O sufixo *-iz-* acopla-se preferencialmente a bases terminadas em consoante, embora também se combine com bases terminadas em vogal (*europe(u)*: *europeizar*; *plebe(u)*: *plebeizar*; *homogéne(o)*: *homogeneizar*).). Não se anexa, todavia, a radicais terminados em vogal acentuada ou ditongo nasal, recorrendo nestes casos a alomorfes eruditos (*homem*: *hominizar*).

A adjunção de *-iz-* também não apresenta restrições de caráter morfológico, podendo acoplar-se a bases simples (*suavizar*) ou complexas, sobretudo derivadas, domínio em que se notam solidariedades afixais importantes. Com efeito, entre as bases selecionadas abundam os adjetivos denominais em *-al* (*atualizar, comercializar, criminalizar*), *-an-* (*africanizar, americanizar*), *-ar* (*familiarizar*), *-ic-* (*heroicizar*), *-il* (*febrilizar, infantilizar*), *-in-* (*masculinizar*), e também adjetivos deverbais em *-vel* (*compatibilizar, contabilizar*). Entre as bases nominais encontram-se numerosas bases de origem grega em *-i(a)* (*agonizar, simpatizar, harmonizar, ironizar*). Refira-se ainda que o sufixo *-iz-* se pode acoplar a bases prefixadas com *in-* (*infertilizar, impopularizar, insensiblizar, inutilizar*).

No domínio das bases simples, *-iz-* concorre com outros processos morfológicos de formação de verbos; mas a morfologia marcada das bases complexas selecionadas por *-iz-* faz dele um sufixo que tende a estar em distribuição complementar com outros processos afixais, ocupando as lacunas por estes não preenchidas. As bases morfologicamente complexas incompatíveis com outros afixos são facilmente selecionadas pela sufixação em *-iz-*, como se observa em *anacionalar, *encontabilar, *materialear, *regularificar, frente a *nacionalizar, contabilizar, materializar, regularizar*.

As bases adjetivais selecionadas podem denotar propriedades físicas (*ameno, estéril, frágil, imune, suave*) e qualidades de natureza comportamental, psicológica ou moral (*austero, célebre, cretino, fraterno*). Estas bases são quer adjetivos qualificativos que denotam qualidades ou estados transitórios, podendo ser alterados ou modificados pela intervenção de uma causa (*ameno, célebre, eterno, severo*), quer adjetivos relacionais (*comercial, familiar, masculino, heroico, urbano*). Os adjetivos de relação, quando bases de derivação, são reinterpretados como qualificativos, mais exatamente como adjetivos caraterizadores de um tipo ou maneira habitual de ser ou comportar-se (cf. *africanizar*(-se): 'dar/tomar caráter africano'; *americanizar*(-se): 'dar/tomar caráter americano').

As bases nominais podem pertencer a várias classes semânticas, designando (i) objetos ou substâncias concretas (*álcool, aroma, carvão*), (ii) estados e/ou propriedades (*amante, mártir*), (iii) sentimentos, sensações e/ou estados de espírito (*horror, trauma, simpatia*), (iv) o produto/resultado de um processo (*catequese, esquema, teoria*), (v) entidades [+humanas], interpretadas geralmente como agente típico ou habitual (*apóstolo, fiscal, profeta*), (vi) propriedades relacionadas com um nome próprio (*Maquiavel, Píndaro*), (vii) instrumentos (*binóculo, estilete*), (viii) lugares ou recipientes (*hospital, memória*).

Os verbos derivados por intermédio do sufixo -*iz*- são semanticamente muito diversificados, podendo pertencer a várias classes semânticas: (i) resultativos (*atualizar, martirizar*), ornativos (*aromatizar, hifenizar*), locativos (*hospitalizar, memorizar*), instrumentais (*estiletizar, escalpelizar*), performativos (*esquematizar, hipnotizar*) e modais (*fiscalizar, profetizar*). A maioria destes verbos, sejam deadjetivais (*agudizar, agilizar, fertilizar, inutilizar*) ou denominais (*cristalizar, carbonizar, consonantizar, horrorizar, traumatizar*), admite uma leitura télica (cf. *a Ana inutilizou o cheque em/*durante cinco segundos; o fogo carboniza a lenha em/*durante cinco minutos*); os verbos de processo, cuja base designa uma realidade [+abstrata] produzida ou experienciada ou um ser dotado de propriedades agentivas, tendem a ter uma leitura atélica (cf. *o cão* *agonizou durante meses/*em dois minutos; o sacerdote profetizou essa situação durante/*em três anos).*

O sufixo *-iz-* forma tipicamente verbos causativos de realização transitiva (cf. *modernizar*: 'fazer ficar moderno'; *traumatizar*: 'fazer ficar com trauma'). No entanto, como em outras classes afixais de verbos, estes verbos admitem também, alternativamente, a expressão de eventos incoativos na realização intransitiva (inacusativa): cf. *o Governo modernizou o país / o país modernizou-se; a reportagem horrorizou os portugueses / os portugueses horrorizaram-se com a situação.*

4.3.3.3.6 Verbos sufixados com *-it-*

O sufixo *-it-* forma verbos a partir de bases adjetivais simples geralmente terminadas em lateral (*fácil > facilitar; débil > debilitar*) e sibilante (*feliz > felicitar; capaz > capacitar*), não devendo ser confundido com a forma homónima que intervém na formação de verbos deverbais (cf. 4.4.1.).

Em termos semânticos, os verbos deadjetivais em *-it-* são resultativos, tratando-se de verbos tipicamente transitivos e causativos (cf. *a nova lei facilita os despedimentos; a febre debilitou-o*).

4.3.3.3.7 Verbos sufixados com *-ic-*

O conjunto de verbos derivados por intermédio do sufixo *-ic-* é, juntamente com os derivados com *-it-*, um dos grupos menos representativos de verbos formados por sufixação (cf. Quadro IV.8). Como toma por bases quantificadores numerais (multiplicativos), não são expectáveis novas formações com esta estrutura morfológica.

Os verbos sufixados com *-ic-* são semanticamente homogéneos, pertencendo à classe dos verbos resultativos (cf. *duplicar, triplicar*:

'tornar duas/três vezes maior'). Estes verbos são tipicamente transitivos e causativos, admitindo alternativamente, tal como outras classes afixais de verbos, a expressão de eventos incoativos na realização intransitiva (cf. *Portugal duplicou as exportações de calçado / as exportações de calçado duplicaram*).

4.3.3.4 Verbos formados por circunfixação

O grupo de verbos morfologicamente mais complexo integra na sua estrutura interna uma base que apresenta, à sua esquerda e à sua direita, um afixo. No quadro que se segue apresentam-se as estruturas circunfixadas e respetivas taxas de representatividade no conjunto de verbos através deste processo derivacional.

Estrutura interna dos verbos	Verbos denominais/deadjetivais	Total de verbos atestados	Percentagem
[a [base] e(s)c]	*amadurecer, amolecer, apodrecer...*	119	48.77%
[en [base] e(s)c]	*emagrecer, embolorecer, emudecer...*		
[es [base] e(s)c]	*esclarecer, espavorecer...*		
[a [base] e]	*acobrear, assenhorear...*	71	29.10%
[en [base] e]	*enramear, enlamear...*		
[es [base] e]	*esfomear, esfaquear, espernear...*		
[a [base] ej]	*anegrejar, apedrejar...*	19	7.79%
[en [base] ej]	*enverdejar, encarvoejar...*		
[es [base] ej]	*esquartejar, esbracejar...*		
[a [base] ent]	*amolentar, apodrentar, avelhentar...*	16	6.56%
[en [base] ent]	*endurentar, enfraquentar...*		
[a [base] iz]	*atemorizar, aterrorizar...*	14	5.73%
[en [base] iz]	*encolerizar, entronizar*		
[es [base] iz]	*espavorizar, esfossilizar*		
[pref [base]ic/ific/eg]	*apanicar, espenicar, escarnificar, espedregar, espernegar*	5	2.05%

Quadro IV.11. Verbos heterocategoriais parassintéticos e representatividade de cada uma das estruturas circunfixadas no conjunto de verbos formados por parassíntese

Estes verbos são tradicionalmente conhecidos como parassintéticos, considerando-se a parassíntese como a adição simultânea de um prefixo e de um sufixo a uma base[58]. A parassíntese deve ser diferenciada da adjunção, em momentos derivacionais distintos, de um prefixo e de um sufixo, ou vice-versa. Em palavras como *inconsolável, insensatez, recalcetamento* ou *desconsideração*, a prefixação e a sufixação não se dá de forma simultânea mas sucessiva, ou seja, são palavras formadas por sufixação seguida de prefixação (*sensatez > insensatez*; *consolável > inconsolável*; *calcetamento > recalcetamento*; *consideração > desconsideração*) ou por prefixação seguida de sufixação (*insensat(o) > insensatez*; *recalceta(r) > recalcetamento*; *desconsidera(r) > desconsideração*).

Para sabermos se uma palavra é formada por parassíntese ou por duas operações sucessivas de afixação podem ser utilizados dois critérios. Em termos formais, diz-se que dois processos de afixação são simultâneos se, ao suprimirmos qualquer dos afixos (prefixo ou sufixo), não existirem os produtos lexicais intermédios. Por exemplo, o verbo *envelhecer* é formado por parassíntese dado que nem **envelho*, nem **velhecer* são palavras da língua. Todavia, este critério formal revela-se, por vezes, falível e insuficiente. Em alguns casos, a supressão do sufixo (*anegrejar / anegrar*; *encalecer / encalar*) ou do prefixo (*embolorecer / bolorecer*; *elanguescer / languescer*) tem como resultado uma palavra existente, sem que isso ponha em causa a estrutura parassintética dos verbos com prefixo e sufixo.

Em complemento ao critério formal recorre-se a um critério semântico: uma formação parassintética tem um significado composicional para o qual concorrem simultânea e solidariamente prefixo e sufixo. Para que um verbo possa ser considerado parassintético é necessário que o seu significado remeta para uma base nominal ou adjetival e não para algum verbo não prefixado e/ou não sufi-

---

[58] Ver, entre outros, Darmesteter (1972), Corbin (1987), Pena (1991).

xado, atestado ou possível (cf. *atemorizar*: 'causar temor'/ *fazer temorizar, *fazer atemorar).

A coexistência de formações corradicais só prefixadas (*assenhorar*) ou só sufixadas (*penejar, sanguificar*) com formações simultaneamente prefixadas e sufixadas (*assenhorear, espenejar, ensanguentar*) demonstra que a presença do sufixo não é uma condição necessária para a presença do prefixo, sendo também verdadeiro o inverso. Os prefixos e sufixos atestados nestas formações ([a]temor[iz]ar, [en]surd[ec]er ou [es]verd[e]ar) ocorrem também de forma isolada, com condições de aplicação semelhantes, configurando casos de sufixação (*branqu[e]ar, cort[ej]ar, escur[ec]er, horror[iz]ar*) e de prefixação ([a]tapetar, [en]curtar, [es]vaziar). Os constituintes prefixais e sufixais presentes nos verbos parassintéticos manifestam valores semântico-aspetuais semelhantes, embora menos diversificados, aos que apresentam isoladamente, quando estes ocorrem de forma independente em prefixação e sufixação (ver secções 4.3.2.2. e 4.3.2.3.).

Como hipótese alternativa, pode considerar-se que os verbos com esta estrutura são formados por circunfixação[59], um processo morfológico que recorre a um circunfixo, i.e., a uma unidade afixal descontínua que rodeia a base ([Af_i [base] Af_i]). Segundo esta proposta, em verbos do tipo de *amadurecer, apedrejar* ou *encolerizar*, os segmentos colocados à esquerda e à direita da base não possuem verdadeiramente o estatuto de prefixos e sufixos, mas constituem um *circunfixo* (e.g. *a-...-ec-, a-...-ej-, en-...-iz-*). A consideração destes verbos como circunfixados tem a vantagem de enquadrar este mecanismo derivacional numa tipologia abrangente de operações afixais e permite corresponsabilizar ambos os operadores afixais envolvidos, e não apenas o sufixo, pela

---

[59] Ver, entre outros, Rio-Torto (1994, 1998b, 1998d, 2004), Spencer (1991, 1998), Pena (1999), Hall (2000), Mel'čuk (2000).

mudança semântico-categorial processada. Subsistem, no entanto, questões por esclarecer relativamente à razão de ser destes padrões de circunfixação em português, pois são idênticas as condições de aplicação e os valores semânticos destes constituintes quando ocorrem em circunfixação e de forma independente.

É relativamente reduzido o número de verbos (244) denominais ou deadjetivais circunfixados (cf. Quadro IV.9), sobretudo por comparação com o número de verbos sufixados ou prefixados. O conjunto deste tipo de verbos representa apenas cerca de 6,6% do total de verbos formados com recurso a afixos.

Ademais, é grande a desproporção entre as várias possibilidades estruturais de circunfixação. Mais de três quartos dos verbos denominais e deadjetivais formados por circunfixação possui as estruturas pref [base] *e(s)cer* (48,77%) e pref [base] *ear* (29,1%). Cada um dos demais padrões representa 2%, 5%, 6% e quase 8%, sendo de salientar a baixa produtividade do que envolve -*iz*-, sobretudo quando comparada com a do sufixo isoladamente considerado.

Neste procedimento derivacional, os prefixos e os sufixos, porque paradigmaticamente cofuncionais, tendem a reforçar-se na expressão de valores próximos ou complementares. Em alguns casos as alternâncias afixais não implicam mudanças pertinentes em termos semânticos (cf. *abrutecer, embrutecer*: 'tornar(-se) bruto'; *abrasear, esbrasear*: 'pôr em brasa'; *abolorentar, embolorecer*: 'criar ou ganhar bolor'). Em outros casos os verbos circunfixados possuem significados pontualmente opositivos: *assenhorar*: 'dar/tomar modos de senhor(a)' vs. *assenhorear*: 'tornar(-se) senhor, apoderar-se de'; *espenejar*: 'sacudir as penas (a ave)' vs. *penejar*: 'escrever ou desenhar à pena'; *ensanguentar*: 'manchar, macular com sangue' vs. *sanguificar*: 'converter em sangue'.

Os processos de circunfixação não diferem grandemente dos restantes processos derivacionais que produzem verbos heterocategoriais quanto ao(s) tipo(s) de bases que selecionam. Tal como acontece nos restantes processos verbalizadores, tomam como base o radical de um nome ou de um adjetivo morfologicamente simples (e.g. a[podr]ecer, en[tron]izar, es[faqu]ear). Para além disso, estes procedimentos cicunfixais conciliam as constrições combinatórias evidenciadas pela prefixação e sufixação verbais, o que os torna processos derivacionais com condições de aplicação mais limitadas que os seus concorrentes.

4.3.3.4.1 Verbos de estrutura [pref + base + e]

A estrutura [pref [base] e] é caraterística dos verbos derivados a partir de uma base lexical através da adjunção simultânea de um elemento prefixal (a-, en- e es-) e de um elemento sufixal -e-, sendo o verbo resultante integrado no paradigma dos verbos da 1.ª conjugação. Os verbos com esta estrutura morfológica, tal como os verbos sufixados em -e-, selecionam preferencialmente bases nominais (cerca de 86%), embora também selecionem bases adjetivais (cerca de 14%), quase sempre de estrutura morfológica não complexa.

Ao nível fonológico, as bases são iniciadas por segmento consonântico e nunca por segmento vocálico, uma tendência também manifestada pela prefixação em a-, en- e es-.

As bases adjetivais são maioritariamente adjetivos qualificativos, denotando qualidades ou estados transitórios (*roxo, tonto, verde*). Por sua vez, as bases nominais designam geralmente objetos ou realidades concretas (*brasa, cobre, lança*), existindo ainda algumas que designam processos/resultado desse processo (*guerra, pinote*), estados físicos ou psicológicos (*fome, receio*) e denominações de orientação espacial (*norte, nordeste*).

Os verbos constituídos por [pref [base] e] são, em geral, verbos transitivos de valor causativo (*acobrear*: 'fazer ficar com cor de cobre'; *enlamear*: 'fazer ficar com lama'; *esverdear*: 'fazer ficar verde'), embora também existam alguns verbos intransitivos e não causativos (*espernear*: 'agitar as pernas violentamente').

Os verbos com esta estrutura podem, em função do significado da base selecionada, ter um sentido (i) resultativo (*acobrear, ensenhorear, esverdear*), (ii) ornativo (*atorrear, enlamear, escantear*), (iii) locativo (*anordestear, encumear, escasquear*), (iv) instrumental (*alancear, esfaquear*), (v) performativo (*aguerrear, escoicear*) ou (vi) modal (*escabrear*). Todavia, nem todos os esquemas circunfixados apresentam atualmente o mesmo poder formativo, não estando atestados verbos de estrutura *a*[base]*ear* com valor modal, nem verbos de estrutura *en*[base]*ear* com valor performativo, instrumental ou modal.

Os verbos formados através destes esquemas circunfixais admitem uma leitura [± télica] em função do semantismo das bases: são télicos os verbos resultativos cuja base designa a(s) propriedade(s) que algo/alguém passa a ter (em maior grau) (*acobreou o cabelo em dois minutos*), e os verbos ornativos que têm por base nomes que designam um objeto deslocado para um determinado lugar/recipiente (*engradeou a varanda em duas horas*); são atélicos os verbos performativos cuja base derivativa denota objeto efetuado (**escoiceou em dois minutos*) e os verbos que significam 'mover/tocar X' (**esperneou em dois minutos*).

Em determinados co(n)textos, nomeadamente quando a base nominal designa um objeto movido ou um objeto efetuado, estes esquemas circunfixais permitem a produção de verbos de valor iterativo (*espernear, escoicear, espinotear*).

4.3.3.4.2 Verbos de estrutura [pref + base + *ej*]

Os verbos com a estrutura [pref [base] *ej*] são pouco numerosos (19 atestações), sendo formações com fraca vitalidade.

O esquema circunfixal pref-...-*ej*- acopla-se a bases morfologicamente simples, iniciadas por segmento consonântico, preferindo as bases nominais (79%) às adjetivais (21%).

As bases adjetivais são maioritariamente adjetivos qualificativos que denotam qualidades ou estados que podem ser alterados por ação de uma causa (*bravo, negro*). Por sua vez, as bases nominais designam (i) entidades concretas (*pedra, pano*), (ii) processos ou resultado desses processos (*trote, voo*), (iii) unidades de medida ou parcelas (*parte, quarto*).

Em termos semânticos, este processo de formação de verbos é muito semelhante ao de tipo [pref [base] *e*]. Forma verbos causativos e transitivos (*esquartejar*: 'fazer ficar em quartos') a par de verbos não causativos e intransitivos (*esbracejar*). Os verbos derivados possuem significados diversos, estando atestados verbos resultativos (*anegrejar, esquartejar*), ornativos (*encarvoejar*), instrumentais (*espanejar*) e performativos (*estrotejar*). Os verbos resultativos e ornativos admitem uma leitura télica (*esquartejou o animal em cinco minutos*), mas não os performativos e instrumentais (cf. *eles esbracejaram *em/durante cinco minutos*).

Os verbos assim formados possuem, em alguns casos, um valor iterativo, denotando eventos cuja realização requer a repetição contínua de subeventos do mesmo tipo (*apedrejar*: 'atirar pedras'; *esbracejar*: 'agitar muito os braços'; *esquartejar*: 'dividir ou partir em quartos').

4.3.3.4.3 Verbos de estrutura [pref + base + *ent*]

São escassos (16 atestações) os verbos formados com base nos esquemas circunfixais *a*-...-*ent*- (*aformosentar, amolentar, apodrentar, arralentar, avelhentar*) e *en*-...-*ent*- (*endurentar, envelhentar*)[60].

---

[60] Os verbos *acrescentar, adormentar, aferventar, aviventar* são deadjetivais, denotando 'tornar crescente, dormente, fervente, vivente'. Neste grupo de verbos, não

Trata-se de verbos que possuem um significado resultativo (*aformosentar*, *amolentar*, *avelhentar*), denotando tipicamente eventos causativos e télicos (*aformosentar*: 'fazer ficar formoso').

As condições de ativação deste procedimento derivacional não são diferentes das que afetam os restantes processos de circunfixação . As bases são tendencialmente nomes e adjetivos qualificativos morfologicamente simples, iniciados por segmento consonântico.

4.3.3.3.4 Verbos de estrutura [pref + base + *iz*]

Os verbos circunfixados com a estrutura [pref [base] *iz*] têm uma escassa representação na língua (14 atestações), contrastando claramente com a grande representatividade dos verbos em -*iz*- formados por sufixação.

As bases selecionadas pelo esquema pref-...-*iz*- são maioritariamente nomes simples (*fóssil*, *pavor*, *terror*), embora existam também casos de bases adjetivas. Tal como nos demais esquemas circunfixais , as bases selecionadas por este processo derivacional são iniciadas por segmento consonântico e nunca por segmento vocálico.

As bases adjetivais denotam propriedades ou estados que podem ser atingidos por ação de uma causa externa ou interna (*bárbaro*, *social*). As bases nominais podem denotar (i) objetos ou realidades concretas (*fóssil*, *trono*) ou (ii) sentimentos ou estados psicológicos (*cólera*, *temor*, *terror*).

Este esquema formativo forma essencialmente verbos de significado resultativo (*atemorizar*, *efeminizar*, *encolerizar*), sendo residuais

---

há lugar a circunfixação, uma vez que o segmento -*nt*- integra a base, e não o sufixo. Na sincronia atual, existem ainda verbos terminados em -*ent*-, como *abolorentar* ('tornar bolorento' ou 'fazer ganhar bolor'), *apeçonhentar* ('tornar peçonhento' ou 'fazer ganhar peçonha'), *ensanguentar* ('tornar sanguento' ou 'manchar com sangue') que se podem relacionar derivacionalmente com um adjetivo ou com um nome; no entanto, só a leitura denominal permite analisá-los como circunfixados.

os verbos com valor locativo (*entronizar*) e ornativo (*esfossilizar*). Estes verbos são predominantemente causativos e télicos.

4.3.3.4.5 Verbos de estrutura [pref + base + *e(s)c*]

Os verbos derivados de estrutura [pref [base] *e(s)c*] constituem o grupo mais numeroso de verbos circunfixados. Porque se trata de um padrão formativo muito antigo, inicialmente latino, mas depois também português, encontram-se verbos derivados com formatações morfofonológicas diversas. Por exemplo, *incrudescer* e *encrudelecer* são formados de maneira semelhante e têm um significado idêntico, mas os seus constituintes morfolexicais diferem formalmente (cf. *in*[*crud*]*escer* frente a *en*[*crudel*]*ecer*). Situação semelhante verifica-se com os membros dos pares *intumescer/enturnecer, incandescer/encandecer* e *invalescer/envalecer,* que incluem portanto uma variante erudita e outra nativa, respetivamente, da mesma unidade lexical.

Os constituintes (prefixais e sufixais) destes verbos podem apresentar uma forma [+ erudita], como se observa através da configuração dos que integram *in-* e *-esc-* (e.g. *incandescer, intumescer, inturgescer, invalescer*), de origem latina.

As bases selecionadas pelo esquema pref-...-*e(s)c*- são preferencialmente adjetivais (76,5%), embora também existam verbos formados a partir de radicais nominais (23,5%). Neste aspeto, os esquemas circunfixais pref-...-*e(s)c*- distinguem-se dos que integram -*iz*-, que se acoplam de preferência a bases nominais (4.3.3.3.4.).

As bases nominais e adjetivais selecionadas são geralmente simples (*grávida, pálido, quente*) e iniciadas por segmento consonântico. Uma exceção é a de *enaltecer*.

As bases adjetivais são maioritariamente adjetivos qualificativos que denotam qualidades ou estados transitórios que se podem atingir mediante a ação de uma causa (*maduro, mole, magro, pobre, rico, velho*). Já as bases nominais podem designar (i) objetos ou realidades concretas (*barba, bolor, dente, tronco*), (ii) estados físicos ou psicológicos (*febre, fúria, raiva*), e (iii) espaços temporais (*manhã, tarde, noite*).

Estes esquemas circunfixais formam principalmente verbos resultativos (*anoitecer, apodrecer, emagrecer, enfurecer, esclarecer*) e performativos (*embolorecer, encanecer*). Em qualquer caso, os verbos denotam eventos télicos (cf. *emagreceu dois quilos em duas semanas*).

A maioria dos verbos de estrutura pref-...-e(s)c- tanto expressa eventos incoativos como causativos (*amolecer*: 'ficar mole', 'tornar mole' ou 'fazer ficar mole'). Em muitos casos, estes dois valores constituem duas possibilidades de realização do mesmo verbo: quando usado de forma transitiva, expressa normalmente um evento causativo (cf. *o leite amoleceu o pão*; *esta situação enlouqueceu-o*); omitindo-se a expressão da causa e realizando o verbo de forma intransitiva (inacusativa), expressa-se um evento incoativo (cf. *o pão amoleceu*; *ele enlouqueceu*).

4.3.4 Síntese

Em português, podem-se formar verbos a partir de bases adjetivais ou nominais, recorrendo a várias operações morfológicas:

(i) conversão $[[X]_{RadN/A}]_{RadV}$: *alegrar, limar, olear*...
(ii) sufixação $[[X]_{RadN/A}\ e]_{RadV}$: *altear, balear, cabecear*...
  $[[X]_{RadN/A}\ ej]_{RadV}$: *calejar, pestanejar, praguejar*...
  $[[X]_{RadN/A}\ iz]_{RadV}$: *amenizar, canalizar, oficializar*...
  $[[X]_{RadN/A}\ ific]_{RadV}$: *clarificar, gelificar, frutificar*...
  $[[X]_{RadN/A}\ it]_{RadV}$: *capacitar, debilitar, facilitar*...
  $[[X]_{RadN/A}\ ic]_{RadV}$: *duplicar, triplicar, multiplicar*...

[[X]$_{RadN/A}$ e(s)c]$_{RadV}$: *alvorecer, escurecer, florescer...*
(iii) prefixação [a [X]$_{RadN/A}$]$_{RadV}$: *acalmar, afivelar, atapetar...*
[en [X]$_{RadN/A}$]$_{RadV}$: *empalhar, engraxar, ensacar...*
[es [X]$_{RadN/A}$]$_{RadV}$: *escavacar, esfriar, esboroar...*
(iv) circunfixação [a [X]$_{RadN/A}$ ec]$_{RadV}$: *amadurecer, apodrecer, anoitecer...*
[en [X]$_{RadN/A}$ ec]$_{RadV}$: *emagrecer, empobrecer, enegrecer...*
[es [X]$_{RadN/A}$ ec]$_{RadV}$: *esclarecer, esvanecer...*
[a [X]$_{RadN/A}$ e]$_{RadV}$: *acobrear, afoguear...*
[en [X]$_{RadN/A}$ e]$_{RadV}$: *emastrear, enlamear...*
[es [X]$_{RadN/A}$ e]$_{RadV}$: *esbofetear, esfaquear, espernear...*
[a [X]$_{RadN/A}$ ej]$_{RadV}$: *aboquejar, apedrejar...*
[en [X]$_{RadN/A}$ ej]$_{RadV}$: *enchamejar, enverdejar...*
[es [X]$_{RadN/A}$ ej]$_{RadV}$: *esbracejar, espanejar, esquartejar...*
[a [X]$_{RadN/A}$ ent]$_{RadV}$: *aformosentar, apodrentar...*
[en [X]$_{RadN/A}$ ent]$_{RadV}$: *endurentar, envelhentar...*
[a [X]$_{RadN/A}$ iz]$_{RadV}$: *aterrorizar, atemorizar...*
[en [X]$_{RadN/A}$ iz]$_{RadV}$: *efeminizar, encolerizar, entronizar...*
[es [X]$_{RadN/A}$ iz]$_{RadV}$: *esfossilizar*

Os processos e afixos derivacionais podem diferir entre si por selecionarem bases com propriedades morfofonológicas ou semânticas distintas, ou por exibirem valores semântico-aspetuais mais ou menos subtis, significados sociodialetais e/ou usos discursivo-pragmáticos próprios, que delimitam o seu domínio de aplicação em relação a processos concorrentes ou rivais. Não obstante, a capacidade de prever a utilização de um determinado processo derivacional é muito reduzida. Isso acontece, por exemplo, em casos muito específicos em que existe uma relação preferencial entre determinadas classes de bases complexas e alguns sufixos verbalizadores. Na maioria dos casos, a previsibilidade parece não ser possível em virtude do facto de os processos verbalizadores admitirem distribuições equivalentes e sobrepostas.

A cofuncionalidade e a polifuncionalidade dos afixos e/ou dos processos derivacionais são situações comuns na formação de verbos heterocategoriais e na formação de palavras em geral. Em primeiro lugar, é frequente que ao serviço dos paradigmas de formação de palavras existam vários processos e afixos derivacionais. Isso é evidente, por exemplo, na formação de verbos deadjetivais de significado resultativo (e.g. *sujar, aclarar, clarificar, empobrecer, encurtar, escurecer, esvaziar, suavizar*). Longe de representar uma sobrecarga, esta situação constitui uma enorme virtualidade do sistema derivacional. A existência de diversos processos cofuncionais permite não só ultrapassar as constrições impostas pelas bases lexicais, mas também evitar a homonímia na formação de palavras com semânticas e/ou referentes distintos (*panar/panificar*; *traçar/ tracejar*; *ensanguentar/ sanguificar*; *greguejar/grecizar*; *empedrar/ petrificar/apedrejar*). O que se verifica frequentemente é que as palavras construídas sobre uma mesma base através de processos/afixos concorrentes se especializam do ponto de vista semântico-referencial.

Em segundo lugar, verbos formados através de um determinado processo derivacional podem exibir significados muito diversificados. Nestes casos, a diversidade semântica dos verbos decorre da conjugação do significado nuclear de cada processo/afixo e do significado denotado pelas bases. Assim, em função da semântica típica das bases, produzem-se verbos com um significado resultativo (*atemorizar, aveludar, emagrecer, falsificar*), ornativo (*engraxar, aromatizar*), locativo (*aprisionar, crucificar, empacotar*), instrumental (*apunhalar, chicotear*), performativo (*boicotar, cortejar, enferrujar*) ou modal (*arbitrar, profetizar, pavonear*).

Os verbos denominais e deadjetivais caraterizam-se, na sua globalidade, por uma mudança de estado-de-coisas que pode envolver o incremento ou transferência de propriedades, estados ou entidades. Essa mudança de estado-de-coisas pode ser concebida e/ou expressa como interna ou externamente causada, sendo neste último caso manifesta a intervenção de um sujeito causativo.

As constrições combinatórias e as propriedades individuais dos processos em questão ajudam a explicar a complementaridade e/ou competição entre os diversos processos derivacionais na formação de verbos em português. Apesar das especificidades que caraterizam cada um dos processos verbalizadores, existem alguns domínios de aplicação em que estes são concorrentes e rivais, sendo a sua ativação determinada por fatores diversos, nem sempre de natureza linguística (frequência de uso, moda, tipo de discurso, etc.). Na seleção de bases complexas há algumas solidariedades entre afixos e algumas condições preferenciais de ocorrência por parte de alguns processos/afixos verbalizadores. Todavia, quando as bases são simples, não parece haver nenhuma propriedade da base que determine a ativação de um determinado processo de formação de verbos. Por este motivo, existem séries de verbos corradicais, formados sobre o mesmo radical de base mas com processos derivacionais diferentes (*aclarar*, *clarear*, *clarificar*, *esclarecer*). Estas bases são, pois, um domínio em que os diversos processos/ afixos competem entre si, sendo ativados em função do seu papel diferenciador, que se manifesta de forma mais ou menos sistemática.

A maioria dos verbos deadjetivais e denominais descreve a afetação de uma entidade, adquirindo ou passando a possuir uma qualidade, propriedade ou estado. Em muitos casos, ao semantismo de 'mudança de estado-de-coisas' acresce o valor 'causativo', que implica a expressão da causa (agentiva ou não) que induz a mudança sofrida pelo objeto. Note-se, no entanto, que a expressão da causa é muitas vezes opcional, podendo os verbos derivados expressar alternativamente eventos não causativos. Esse fenómeno é tradicionalmente conhecido no domínio da semântica e da sintaxe como «alternância causativo/incoativo» ou simplesmente como «alternância causativa».

Em função do tipo de bases a que se ligam, os processos derivacionais produzem verbos com valores semânticos diversos (causativos e não causativos; télicos e atélicos). Por exemplo, no que aos verbos deadjetivais diz respeito, a distinção entre as transições graduais e as transições simples está relacionada com a natureza (im)perfetiva e graduável ou não da propriedade denotada pela base adjetival. Os verbos derivados de adjetivos graduáveis comportam-se geralmente como transições graduais, sendo parafraseáveis 'tornar/ficar mais Ab' (cf. *avermelhar, aclarar, alargar, encurtar, entortar, esfriar, esquentar*), enquanto os verbos derivados de adjetivos não graduáveis denotam tipicamente transições simples, sendo parafraseáveis por 'tornar/ficar Ab' (cf. *anular, enviuvar*).

Embora haja diversos casos de coincidência de significado e/ou de sobreposição semântica entre diferentes processos/afixos verbalizadores, o uso dos vários processos de formação de verbos difere no que diz respeito à sua diversidade semântica dos produtos derivacionalmente construídos. Se é verdade que todos os processos permitem formar verbos resultativos, nem todos formam verbos locativos ou ornativos, e apenas alguns formam verbos instrumentais, performativos ou modais. No Quadro IV.12 distribuem-se os processos derivacionais em função da sua capacidade de produção de verbos de distintas classes semânticas.

6 classes	5 classes	4 classes	3 classes	2 classes	1 classe
resultativo performativo instrumental locativo ornativo modal	resultativo performativo instrumental locativo ornativo -	resultativo performativo - locativo ornativo -	resultativo, ±performativo ±instrumental - - - -	resultativo, performativo - - - - -	resultativo - - - - -
.conversão. *a-* *en-* *es-* *-e-* *-ej-* *-iz-* *es-...-e-*	*a-...-e-* *a-...-ej-*	*-ific-*	[-perf,-instr]: *en-...-e-* [+perf,-instr]: *en-...-ej-*	*-e(s)c-* *a-...-e(s)c-* *en-...-e(s)c-*	*-it-* *-ic-* *es-...-e(s)c-* *a-...-ent-* *en-...-ent-* *a-...-iz-* *en-...-iz-* *es-...-iz-*
			[+perf,+instr]: *es-...-ej-*		

Quadro IV.12. Número de classes semânticas de verbos produzidas por cada um dos processos derivacionais

Como se pode avaliar a partir deste Quadro, os domínios semânticos de aplicação dos diferentes processos derivacionais estão longe de ser idênticos e coincidentes. A conversão, a sufixação com *-e-*, *-ej-* e *-iz-*, a prefixação com *a-*, *en-* e *es-*, e a circunfixação de *es-...-e-* são os processos semanticamente mais diversificados, produzindo verbos que integram as seis classes semânticas apresentadas. No polo oposto estão a sufixação em *-it-* e *-ic-* e a circunfixação em *a-...-iz-*, *en-...-iz-*, *es-...-iz-*, *a-...-ent-*, *en-...-ent-* e em *es-...-e(s)c-*, processos que apresentam um domínio de aplicação mais restrito, apenas formando verbos resultativos.

O valor menos representado é o modal, seguindo-se-lhe o instrumental, e depois os locativo, ornativo e performativo.

Os dados deste quadro permitem visualizar que a sufixação só em parte é funcionalmente equivalente à que envolve a circunfixação : *a-...-iz-*, *en-...-iz-* e *es-...-iz-* apenas têm valor resultativo, mas o sufixo *-iz-* admite todos os valores semânticos. De igual modo, *-e-*, *es-...-e-* e *-ej-* codificam todos os valores semânticos, mas *a-...-e-* e *a-...-ej-* não veiculam valor modal; *en-...-e-* é marcado pelos traços [+result, -perf, -instr], enquanto *en-...-ej-* se caracteriza pelos traços [+result, +perf, -instr] e *es-...-ej-* pelos traços [+result, +perf, +instr].

No que à circunfixação diz respeito, apenas *es-...-e-*, *a-...-e-* e *a-...-ej-* são versáteis (cf. Quadro IV.12), em consonância com o facto de serem dos mais produtivos. Os esquemas que envolvem *-e(s)c-*, e que correspondem a quase metade (48,77%) dos que envolvem circunfixação , são dos menos versáteis, em conformidade com o funcionamento do sufixo *-e(s)c-*, não obstante ser o que mais se acopla a adjetivos (cf. 4.3.2.3.3). Os demais esquemas de circunfixação são residuais.

A conversão é de todos os processos o mais versátil, talvez precisamente por não envolver o recurso a um afixo.

4.4 Formação isocategorial de verbos

Nesta secção analisam-se os processos de formação de verbos a partir de outros verbos já existentes na língua. Neste caso, a língua tem ao seu dispor exclusivamente processos afixais: prefixação ou sufixação.

4.4.1 Verbos deverbais sufixados

Os sufixos que intervêm na formação de verbos deverbais não são diferentes dos que atuam na formação de nomes ou adjetivos isocategoriais (cf. cap. 5). No quadro que se segue indicam-se alguns dos sufixos mais usados na formação de verbos deverbais.

Sufixos	Verbos deverbais
-ic-	*tossicar, bebericar, depenicar*
-ilh-	*fervilhar*
-inh-	*cuspinhar, escrevinhar*
-isc-	*mordiscar, lambiscar*
-it-	*saltitar, dormitar*
-ol-	*cantarolar*

Quadro IV.13. Sufixos deverbais formadores de verbos isocategoriais

Estes sufixos caraterizam-se pelo facto de serem policategoriais, pois combinam-se com bases de várias categorias gramaticais, não apenas verbais, mas também nominais e adjetivais; são também isocategoriais, pois a palavra derivada manifesta a mesma categoria da da base (cf. *saltar*$_V$ > *salt*[*it*]*ar*$_V$; *burro*$_N$ > *burr*[*it*]*o*$_N$; *pequeno*$_A$ > *pequen*[*it*]*o*$_A$).

Quanto ao seu significado, a maioria desses sufixos expressa um significado de caráter *avaliativo*, mais especificamente de baixa *intensividade*, a que se associa, por vezes, o aspeto *iterativo*, sem alterar contudo o significado da base lexical a que se juntam. Assim, expressam em geral uma 'ação pouco intensa' (*lambiscar, mordiscar*) e/ou uma 'ação repetida' (*bebericar, cantarolar, saltitar*). Celso Cunha e Lindley Cintra (1984) atribuem a estes verbos um valor 'frequentativo-diminutivo', a que acresce, no caso dos verbos em *-inh-* (*cuspinhar, escrevinhar*) o valor 'pejorativo'.

4.4.2 Verbos deverbais prefixados

Mais significativos, porque mais numerosos, são os prefixos verbalizadores deverbais. Tal como sucede na sufixação isocategorial, estes prefixos podem acoplar-se a bases de várias categorias sintáticas (verbos, nomes, adjetivos), formando palavras com a mesma categoria.

No quadro que se segue indicam-se alguns dos prefixos usados na formação de verbos deverbais e os respetivos valores semânticos.

Classes semânticas		Prefixos	Verbos deverbais
a. Localização		*ante-*	antepor, antedatar, antever
		circum- / *circun-*	circum-navegar, circunscrever
		entre- / *inter-*	entrecortar, entremear, interpor
		ex- / *es-* / *e-*	exportar, escorrer, emigrar
		in- / *im-* / *i-*	inscrever, importar, imigrar
		pós- / *pos-*	pós-datar, pospor
		pré- / *pre-*	pré-estabelecer, prever
		sobre-	sobrepor
		sub- / *sob-* / *so-*	subarrendar, sobestar, soterrar
		trans- / *tres-*	transpor, trespassar
		ultra-	ultrapassar
b. Negação	oposição	*contra-*	contradizer, contrapor
	reversão	*des-*	desdizer, desfazer, desmontar
c. Modificação	intensificação	*super-* / *sobre-*	superabundar, sobrevalorizar
		sub-	subestimar, subvalorizar
		hiper-	hiperproteger, hiperindustrializar
	quantificação	*bi-*	bipartir, bissegmentar
		entre-	entreabrir
		equi-	equivaler, equidistar
		semi-	semicerrar
d. Conjunção		*co-* / *con-* / *com-*	cooperar, concorrer, compartilhar

e. Reciprocidade	*inter-* / *entre-*	*intercomunicar, entreolhar-se*
f. Reflexividade	*auto-*	*autodestruir-se, autodenominar-se*
g. Repetição / iteração	*re-*	*recolocar, refazer, reescrever*

Quadro IV.14. Significados dos prefixos deverbais

4.4.2.1 Significado dos prefixos

Como se observa no quadro anterior, quanto ao seu significado, estes prefixos inscrevem-se em várias classes semânticas. Ademais, em muitos casos, alguns destes prefixos expressam outros valores semânticos (cf. cap. 7). Por exemplo, o prefixo *des-* pode expressar 'localização', 'contrariedade', 'privação' e 'reversão'. Por outro lado, um mesmo conteúdo semântico pode ser expresso através de prefixos distintos. A ideia de 'movimento para dentro' encontra-se, por exemplo, em verbos prefixados quer com *in-* (*importar, imigrar*) quer com *intro-* (*introduzir, intrometer*).

Em geral, os valores semânticos de um prefixo procedem de um único conteúdo significativo, geralmente um valor de localização, aplicável num eixo espacial e/ou num eixo temporal (*sobrepor*), passando depois da ideia de extensão e de limite espacial à de grau de intensidade (*sobrecarregar*). Do valor locativo de 'separação, procedência' (*descarrilar*) terão derivado os sentidos de 'privação' (*descamisar, descascar*), de 'reversão' (*desfazer, desligar*) e de 'negação' (*desobedecer*).

4.4.2.1.1 Localização

O grupo mais numeroso de prefixos que formam verbos deverbais é composto por unidades que indicam algum tipo de localização (por vezes decorrente de movimento) ou relação espacial ou temporal. A localização manifesta-se por significados muito diversos, que apresentamos a partir do esquema elaborado por Celso Cunha e Lindley Cintra (1984):

Prefixo	Sentido	Exemplificação
ab-	afastamento, separação	*abduzir, abjungir, abjurar*
a(d)-	aproximação, direção	*advir, adscrever, afluir*
ante-	anterioridade	*antepor, antedatar, antever*
circum-/circun-	movimento em torno	*circum-navegar, circunscrever*
de-	movimento de cima para baixo	*decair, decrescer*
des-	separação, ação contrária	*descolar, desligar*
di(s)-	separação, movimento para diversos lados	*dissociar, difamar*
ex- / es- / e-	movimento para fora	*exportar, escorrer, emigrar*
extra-	movimento para fora	*extraviar, extravasar*
in-	movimento para dentro	*ingerir, importar, imigrar*
inter- / entre-	posição no meio de	*interpor, entrelaçar, entrecortar*
intro-	movimento para dentro	*intrometer, introverter*
justa-	posição ao lado	*justapor*
per-	movimento através	*percorrer, perfurar, pernoitar*
pós- / pos-	posterioridade	*pós-datar, pospor*
pré- / pre-	anterioridade	*pré-ajustar, preconceber, prever*
pro-	movimento para a frente	*propor, prosseguir, promover*
re-	movimento para trás	*refluir, repatriar*
retro-	movimento mais para trás	*retroceder, retroagir*
sub-/su(s)- *sob- / so-*	posição em baixo	*subjugar, suster, supor* *sobestar, soterrar*
super- / sobre-	posição em cima	*supervisionar, sobrepor*
trans- / tres-	movimento para além de	*transpor, transcrever, trespassar*
ultra-	posição além do limite	*ultrapassar, ultracentrifugar*

Quadro IV.15. Significados locativos dos prefixos deverbais (adaptado de Cunha & Cintra 1984)

4.4.2.1.2 Negação

Alguns prefixos negam algum traço semântico do conteúdo da base, pelo que o significado da forma prefixada é oposto ou contrário ao expresso pela base verbal.

O prefixo *contra-* manifesta um significado de 'oposição', uma vez que os verbos portadores deste prefixo denotam uma ação que anula os resultados alcançados com a ação indicada na base (*contra-atacar, contradizer, contraindicar*).

Negativo é também o valor dos prefixos *in-* (*indeferir*) e *des-* (*desagradar, desaproveitar, desconfiar, desobedecer*), visto que o verbo derivado denota uma ação contrária à da base. Do significado de 'afastamento' é frequente o desenvolvimento de significados negativos de 'ação contrária' e de 'reversão' (*descoser, desligar, desmontar*). O conceito de reversão faz referência à realização de uma ação de retorno a um estado prévio, de onde parte a ação não reversiva (*ligar/desligar*; *aparafusar/desaparafusar*).

4.4.2.1.3 Modificação

Sob esta denominação, faz-se referência a processos que introduzem alguma 'modificação' no conteúdo semântico da base lexical a que se juntam, sem alterar de modo fundamental o seu significado.

Alguns prefixos expressam um significado de tipo avaliativo, aportando ao conteúdo significativo de uma palavra uma intensificação aumentativa ('muito', 'excesso') ou diminutiva ('pouco') (cf. cap. 7: 7.8). É o que acontece com os prefixos *hiper-* (*hiperproteger*), *super-* (*superexcitar, superlotar*), *sobre-* e *sub-* (*sobrevalorizar, subvalorizar*).

Um segundo grupo de prefixos institui quantificação, indicando seja a de um número exato ([*bi*]*partir*, [*tri*]*partir*), seja a de uma quantidade imprecisa que modifica o conteúdo semântico do verbo-base, como em [*entre*]*abrir*, [*equi*]*valer*, [*semi*]*cerrar* (cf. cap. 7: 7.10).

4.4.2.1.4 Conjunção

O prefixo *co(n)-*, que ocorre sob diferentes variantes em diferentes contextos fonológicos (cf. cap. 7: 7.5), forma verbos que assinalam uma ação conjunta levada a cabo por dois ou mais sujeitos (*concelebrar, conviver, coabitar, coexistir, cooperar*). Às vezes, acumulam sentido recíproco (*coligar-se*).

4.4.2.1.5 Reciprocidade

As formas prefixais *entre-* e *inter-* (cf. cap. 7: 7.13) desenvolvem, a partir do significado locativo de 'posição no meio de', o significado de 'ação que se manifesta de forma recíproca' entre duas entidades (*entrechocar, intercambiar*). Este valor semântico é frequente em verbos prefixados com *entre-* e *inter-* reforçados pelo clítico *se* (Ribeiro 2011) que expressa a reciprocidade entre duas entidades (*entrecruzar-se, entreolhar-se, interconectar-se, inter-relacionar-se*).

4.4.2.1.6 Reflexividade

A reflexividade (cf. cap. 7: 7.12) supõe a identificação de dois argumentos: o sujeito e o objeto direto. O prefixo *auto-*, reforçado pelo pronome *se*, denota uma ação executada e sofrida pela mesma entidade (*autoabastecer-se, autoinjetar-se, autopromover-se, autopropor-se*).

4.4.2.1.7 Repetição / iteração

Os verbos prefixados com *re-* expressam tipicamente ações que se repetem (cf. cap. 7: 7.3), como *reagrupar, reaparecer, reconquistar, redecorar, refazer, reordenar*. Este processo de prefixação, ao indicar a repetição numa segunda vez, modifica aspetualmente a ação denotada pela base verbal.

CAPÍTULO 5. FORMAÇÃO DE AVALIATIVOS

Graça Rio-Torto

5.1 Introdução

Como dimensão essencial da cognição e da interação, a avaliação — de entidades, propriedades, eventos, situações — desempenha na língua portuguesa um papel de grande centralidade, sendo codificada por um significativo número de sufixos e prefixos.

As operações de diminuição ou de atenuação e de aumento ou de intensificação implicam um processo de avaliação, por parte de quem os usa, do grau de presença ou de manifestação de alguma(s) das propriedades daquilo que as bases denotam. Essas propriedades, atinentes à dimensão, forma, aspeto, qualidade, conservação, manifestação, etc., correlacionam-se entre si com base em relações de ordem e são por isso encaradas como escalarmente ordenadas. Os afixos codificam o grau de instanciação de cada uma e/ou a atitude do falante perante os denotados. Os afixos avaliativos combinam-se com bases nominais, adjetivais e verbais, pelo que as propriedades focalizadas reportam-se a objetos, entidades, qualidades, ações ou processos.

> Para a expressão da avaliação, a língua portuguesa dispõe de grande abundância de recursos afixais, sejam sufixos ou prefixos, habitualmente conhecidos por "diminutivos" e "aumentativos". Todavia, a gama de graus de avaliação de

> que a língua faz uso é bastante mais rica (cf. Rio-Torto 1993), como também é extremamente fecundo o conjunto de *sufixos* (*-aç-, -alh-, -ão, -arr-, -asc-, -az, -el-, -ec-, -esc-, -et-, -ic-, -ilh-, -inh-, -isc-, -it-, -oc-, -ol-, -orr-, -ot-, -uc, -ulh-, -usc-*) e de *prefixos* (*arqui-, extra-, hemi-, hiper-, hipo-, infra-, maxi-, mei-, micro-, mini-, semi-, sobre-, super-, ultra-*) ao serviço daquela. Destacam-se pela sua disponibilidade *-inh(o, a), -it(o, a), -ec(o, a), -ot(e), -ão, -aç(o, a)* e, no âmbito dos prefixos, *hiper-, hipo-, super-, super-, ultra-*.

Neste capítulo, e ao contrário do que acontece em todo este livro, não se codificam de forma sistemática os sufixos através da configuração *-inh(o, a), -it(o, a), -ec(o, a), -et(e), -ot(e)*, porque estes podem funcionar na formação de nomes com género fixo e na de nomes e de adjetivos com género variável. Assim, apenas se usa esta formulação sempre que estritamente necessário, sendo os sufixos mencionados sem o marcador de classe (*-aç-, -alh-, -ão, -arr-, -asc-, -az, -el-, -ec-, -esc-, -et-, -ic-, -ilh-, -inh-, -isc-, -it-, -oc-, -ol-, -orr-, -ot-, -uc-, -ulh, -usc-*).

A expressão sufixal da avaliação pode realizar-se de dois modos: através de **sufixos avaliativos**, que se combinam com radicais (*carrinho, figurão, figureta, livreco, molengão*), e de **sufixos z-avaliativos**, que se combinam com palavras, através das formas *-zaç(o, a), -zão, -zec(o, a), -zinh(o, a), -zit(o, a)*. Estas formas (*afinzaço* (PB), *artistazito, baleiazinha, biberãozaço, comerzão, pedintezinho, pensãozeca, pontezita, tubarãozão*) exibem propriedades que os aproximam dos compostos, pelo que a elas é dedicada uma secção específica neste capítulo.

> Os sufixos avaliativos e *z*-avaliativos possuem duas propriedades singulares no conjunto dos demais operadores sufixais, pois são simultaneamente
>
> *(i) isocategoriais* (logo: não heterocategoriais), pelo que a adjunção de um avaliativo não altera a categoria lexical da base com que se combinam: base e derivado são da mesma classe lexical;

> *(ii) pluricategoriais* (logo: não monocategoriais), pois cada um pode combinar-se com bases nominais, adjetivais, verbais e em alguns casos adverbiais e pronominais.

O quadro seguinte ilustra essa pluricategorialidade (um afixo presente na formação de N, V, Adj, Adv.) e ao mesmo tempo a isocategorialidade de cada sufixo.

Radicais de base		Derivados	
Nominal	boc- (*boca*), gent- (*gente*), mes- (*mesa*), prat- (*prato*), sapat- (*sapato*), sogr- (*sogr(a,o)*)	Nome	*bocarra, gentalha, gentinha, mesita, prateco, sogrinha, sapatorro, sapatito* (PE), *sogr(oz)inho*
Adjetival	amig- (*amig(a o)*), grand- (*grand(e)*)	Adjetivo	*amigão, amiguinha/o, grandito, grandote*
Verbal	corr- (*correr*), escrev- (*escrever*), mord- (*morder*), ped- (*pedir*), salt- (*saltar*), trabalh- (*trabalhar*)	Verbo	*corricar, escrevinhar, mordiscar, pedinchar, saltitar, trabalhucar*
Adverbial	agor- (*agora*), ced- (*cedo*), devagar, long- (*longe*), pert- (*perto*), tard- (*tarde*)	Advérbio	*agorica, agorinha, cedito* (PE), *devagarico, longinho, longito* (PE), *pertinho, pertito* (PE), *tardote, tardico*
Pronominal	el- (*el(e/a)*), ess- (*ess(e/a)*), aquel- (*aquel(ε/a)*), nad- (*nad(a)*), noss- (*noss(o/a)*), tud- (*tud(o)*)	Pronome	*elezinho* (PB), *essezinho* (PB), *aquelazinha* (PB), *nadica, nadinha, nossinho* (PE, reg), *tudinho*

Quadro V.1. Radicais e produtos avaliativos derivados isocategoriais

Ao quadro anterior poder-se-iam acrescentar os prefixos avaliativos, pois também estes não alteram as classes categoriais das bases com que se combinam, e também eles se combinam com nomes, adjetivos e verbos.

Os derivados de base gerundiva *bebendinho, dormindinho, passeandinho* registados no PB não são formas comuns, tato quanto nos é dado observar.

Como se pode observar no Quadro V.2, sufixos há que se associam a bases nominais, adjetivais e verbais. O sufixo aumentativo

-ão não se acopla a bases verbais, como se comprova pela não abonação de derivados em *ãozar ou em *anzar.

Sufixos	Base: radical		
	nominal	adjetival	Verbal
-aç-	barulhaço, murraça, pernaço, raparigaça	loiraç(o, a) morenaç(o, a)	falaçar, lavaçar
-alh-	burricalho, gentalha porcalho	bestalho pequenalho podricalho	brincalhar espirralhar, marralhar
-ão	caldeirão, calorão mulherão, panelão	bonitão grandão	---
-ec-	jornaleco, senhoreca	malandreco, toleco	ladrecar (PE, familiar)
-ej-	lugarejo, vilarejo	amarelejo	cantarejar murmurejar, voejar
-el-	ruela, tarrelo	branquela	vadielar (PE, reg.)
-et-	balancete, postalete	clarete	cheiretar
-ic-	(PE, reg.) festica, janelica, mesica, netico, pedrica, pernica, trabalhico	(PE, reg.) baixico, magrica, melhorzico, tolico, velhico	adocicar, cheiricar, tossicar
-ilh-	guerrilha, liguilha	negrilho, pardilho	fervilhar, peguilhar
-inh-	mesinha	pesadinho	chapinhar, escrevinhar
-isc-	saraivisco	---	mordiscar, namoriscar
-it-	abelhita, cadeirita, cadelita, copito, dedito, malita, pernita, ruita	azulito, feiito, gordito, pesadito	saltitar
-oc-	bicharoco, fraldoca mamoca, pardaloca pernoca	chinoca	beijocar, dorminhocar
-ol-	dentola, galinhola	covardola, pedantola	cantarolar, pingolar (do radical de pingar)
-ot-	fatiota, rapazote, regote	magrote, pesadote	bailotar (PE, regional)
-uc-	janeluco, meiuco, pedruco	feiuco	falucar, trabalhucar

Quadro V.2. Sufixos avaliativos registados no PE e tipos de bases que selecionam

O sufixo -íssim(o, a) é o sufixo de grau superlativo. Combina-se essencialmente com bases adjetivas, como aflitíssimo, atormentadíssimo, caidíssimo, enervadíssimo, enormíssimo, feiíssimo, lentíssimo, lindíssimo, mesmíssimo, ocupadíssimo, pequeníssimo, rapidíssimo, raríssimo, singularíssimo, e também com algumas adverbiais, como longíssimo, pertíssimo, pouquíssimo, tardíssimo. Raramente se combina com bases nominais (cf. coisíssima, em *coisíssima nenhuma*) e pronominais (*nadíssima*), e não se combina com bases verbais.

A avaliação organiza-se em três grandes eixos, que frequentemente se cruzam (cf. Rio-Torto 1993: 277-326):

> · *pequeno/grande*
> · *pouco/muito, de menos/demais*
> · *bom/mau* : *afixos apreciativos/depreciativos*

Os afixos que denotam 'pouco/pequeno', 'de menos' são conhecidos por afixos diminutivos ou de atenuação, e os que denotam 'pouco/muito', 'de menos/demais' são conhecidos por afixos aumentativos ou de intensificação. Quando denotam singulativamene ou cumulativamente 'bom/mau' são conhecidos por afixos apreciativos/depreciativos. Por vezes as três dimensões ocorrem isoladamente, por vezes cumulativamente: o nome *superlua* denota uma lua de dimensões maiores que o normal, de luminosidade mais intensa que o habitual e de espetacularidade superior, o que a torna mais apreciada.

As propriedades modificadas pelos sufixos dizem respeito à **dimensão** (*almofadão, bolinho, casarão, estatueta, episodiozinho, verãozinho*), **ao aspeto, à atitude** (*arranjadinho, atrevidote, compostinho, desleixadão, elegantíssimo, foleirão, foleirote, molengão, nervosaço, preguiçosão*), **à forma** (*quadradão, redondinha, redondazinha*), **à cor** (*branquela, amarelão, verdasco, vermelhusco*), à **qualidade** (*atrasadote, esquecidão, esquecidote, medievalistazeco, mentirosão, sujão, sujeco*), **ao estado de conservação ou ao grau de manifestação de uma caraterística** (*esburacadão, limpaça, poluidíssimo*), e a avaliação traduz-se pela expressão dum grau 'muito', 'pouco', 'medianamente intenso' ou 'diminuto' de manifestação dessas propriedades. Por isso, os chamados "diminutivos" e "aumentativos" se incluem no conjunto das palavras avaliativas.

Muitas vezes, a avaliação traduz a relação de empatia, de simpatia ou de antipatia, o apreço ou o inapreço do falante relativamente ao denotado. Em *as queijadinhas deram que falar* o sufixo diminutivo *-inh-* torna explícito que as *queijadas* foram apreciadas, mas em *as queijadecas deram que falar* através do sufixo *-ec-* explicita-se o desagrado que as queijadas causaram no falante.

Os diminutivos são usados com valor pragmático de detonadores ou de articuladores de proximidade entre falantes, de cooperação empática entre os interlocutores, de expressão de satisfação com o denotado e/ou com o interlocutor. Quando se pede um *cafezinho*, um *bolinho* ou um *pastelzinho*, o café, o bolo ou o pastel não são necessariamente pequenos. Trata-se de formulações diminutivas com aproximação empática, de pedido cortez/simpático de algo que se pretende de boa qualidade, 'bem servido', que cause satisfação ao cliente e ao proprietário do estabelecimento comercial. Quando se trata um familiar por *avozinho, mãezinha, priminho*, etc., os denotados não têm dimensões reduzidas; trata-se, uma vez mais, de promoção de uma sinergia entre os actantes; os operadores diminutivos deixam de funcionar como codificadores de diminuição de grandezas mas de diminuição/mitigação — e por isso de estreitamento — de barreiras interpessoais. Tanto quanto o valor literal de avaliação, os valores pragmáticos de proximidade interdiscursiva e interpessoal são os mais relevantes dos diminutivos.

Quando *-inh-* se combina com advérbios, como *agorinha, cedinho, devagarinho, longinho, pertinho*, estes acabam na prática por codificar grau intenso; o mesmo acontece com construções do tipo «*verdade, verdadinha*», em que o nome portador de *-inh-* denota intensificação.

As secções seguintes ocupam-se dos sufixos avaliativos (5.2.) e dos sufixos *z*-avaliativos (5.3.), nas correlações que mantêm com as bases. Em 5.4. analisa-se a formação de nomes e de adjetivos, tendo em atenção as classes de bases com as quais se combinam os sufixos avaliativos e z-avaliativos e os valores com que todos os constituintes contribuem para o semantismo final dos derivados nominais (5.4.1) e adjetivais (5.4.2).

5.2 Sufixos avaliativos

Existem em português numerosos sufixos avaliativos que se juntam a bases adjetivais e nominais e, em menor escala, a bases verbais. Deles se destacam, pela sua disponibilidade, *-aç-*, *-ão*, *-ec-*, *-inh-*, *-it-* e *-ot-*. Os sufixos *-inh-* e *-it-* são muito frequentes, no Português europeu, ocorrendo em condições combinatórias, mas não pragmáticas, quase idênticas. No Brasil, *-aç-* continua a ter grande vitalidade, nomeadamente nas formações neológicas com valor expressivo (Santos 2010). No português europeu, o sufixo aumentativo *-ão* é o mais usado. Também no PE os sufixos *-alh-* (*fornalha, gentalha, ramalho*), *-astr-* (*poetastro*), *-elh-* (*empregadelho, fidalguelho, grupelho*) *-ol-* (*aldeola, galinhola, portinhola, terriola*), *-óri-* (*escadório, estudantório, foguetório*), *-ózi-* (*pastózia*) e *-orr-* (*cabeçorra, patorra*) são menos produtivos, e *-ic-* é muito produtivo mas apenas dialectalmente. O sufixo *-íssim-* marca o grau superlativo.

No quadro seguinte facultam-se exemplos de nomes e adjetivos formados com os sufixos mais representativos.

Sufixo	Produtos	Sufixo	Produtos
-aç-	*apartamentaço, atrevidaço, doidaço, fortalhaço, giraça, golaço, mulheraça, murraça, pacotaço, peitaça, pernaço, raparigaça, ricaço, valentaço, vinhaça, vivaço*	-ão	*apartamentão, aranhão, caladão, calçadão, empadão, feião, feriadão, figurão, fundão, janelão, madurão, malcriadão, mulherão, panelão, paredão, papelão, pistolão, solteirão, trabalhão*
-ec-	*arruamentozeco, arrumaçãozeca, aventaleco, bacaulhauzeco, cachopeco, jornaleco, livreco, loiceca, padreco, rapazeco, rueca, senhoreca, toleco*	-ot-	*atrevidote, cansadote, capote, feiote, malota, malote, magrote, rapazote, velhote*

-inh-	arrumaçãozinha, aventalinho, bacalhauzinho, cadeirinha, coelhinho, loicinha, oculinhos, parvinho, quadradinho, rapazinho, ru(az)inha, surdinho, travessinha, vasinho	-it-	arrumaçãozita, aventalito, bacalhauzito, cadeirita, coelhito, loicita, oculitos, parvito, passeiito, quadradito, rapazito, ru(az)ita, surdito, travessita, vasito

Quadro V.3. Sufixos avaliativos formadores de nomes e de adjetivos diminutivos e aumentativos

A adjunção de -*inh*- ou -*it*- pode criar sequências de vogais idênticas, em que uma é a vogal final do radical, e outra a vogal inicial do sufixo. Assim acontece em alguns produtos cujas bases não são monossilábicas, como *aldeiinha, areiinha, cheiinha, feiinho, meiita, meiinho, paleiinho, passeinho, passeiito, saiinha, teiinha* [61]. Havendo uma fronteira morfológica entre o radical e o sufixo, esta sequência não conduz à fusão das duas vogais.

Os sufixos mais disponíveis, como -*inh*(o, a), -*it*(o, a), -*aç*(o, a), -*ão*, -*ot*(e, a) combinam-se com bases já portadoras de sufixos, mesmo que avaliativos (cf. Quadro V.4).

Derivados em -*aç*-, -*ão*, -*inh*-, -*it*- e -*ot*- e morfologia das bases avaliativas		
· **-ac-inh-**: *murracinha negaç(az)inha* · **-alh-ão**: *porcalhão* · **-alh-inh-**: *fornalhinha* · **-alh-ote**: *parvalhote* · **-arr-ão**: *gatarrão, pratarrão, mansarrão* · **-ão-zão**: *albardãozão, pontãozão*	· **-ão-zinh-/-ão-zit-**: *aldrabãozinho, intrujãozão, resmungãozito* · **-eir-ão**: *calmeirão* · **-el-inh-**: *cordelinho, fraquelinho* (arc.), *magrelinho* (arc.), *saquitelzinho*	· **-et-ão**: *pobretão* · **-inh-it-**: *casinhita, coitadinhita* · **-it-inh-**: *cabritinho* · **-it-ão**: *mosquitão* · **-ol-inh-**: *sacolinha* · **-oqu-inh-**: *pernoquinha* · **-ot-inh-**: *velhotinho* · **-usqu-it-**: *vermelhusquito*

Quadro V.4. Derivados em -*inh*(o, a), -*it*(o, a), -*aç*(o, a), -*ão*, -*ot* (e, a) e morfologia das bases avaliativas

---

[61] Quando a base é monossilábica assim não acontece, como se observa através da agramaticalidade de *leiinha, *reiinho, *reito, em vez de *leizinha, reizinho, reizito*.

Sob o ponto de vista morfológico, não há praticamente restrições à configuração derivacional das bases com que se combinam os sufixos de avaliação, mormente os mais disponíveis e produtivos, como se observa também no quadro V.7. Em todo o caso, pela sua regularidade e produtividade, destacam-se as bases departicipiais--deadjetivais derivadas em *-d(o/a)*, com as quais se combinam *-aç-*, *-ão*, *-ec-*, *-it-*, *-ot-*. Nos demais casos em que as bases são sufixadas, sejam deadjetivais (em *-idad(e)*, por exemplo) ou deverbais (em *-dor*, por exemplo), é preferencial ou até impositiva a adjunção de um sufixo *z*-avaliativo. Quando assim não é, há, não raro, uma cristalização do sentido da base, muitas vezes já formada em latim (cf. *doutorinho, professoreco, verdadinha*).

· **-d-aç-**: *empertigadaço, atrevidaço*	· **-ez-inh-**: *limpezinha*
· **-d-ão**: *caladão, cansadão, malcriadão, pesadão*	· **-ez-it-**: *limpezita*
	· **-ist-ec-**: *fadisteco*
· **-d-it**: *coitadito, pesadito*	· **-ment-ão**: *apartamentão, investimentão*
· **-d-ot-**: *cansadote, pesadote*	· **-ment-aç-**: *apartamentaço, investimentaço*
· **-eir-ão**: *solteirão*	

Quadro V.5. Derivados em *-inh(o,a), -it(o,a), -aç(o,a), -ão, -ot(e,a)* e morfologia das bases heterocategoriais

Pela sua regularidade e produtividade, destacam-se as bases departicipiais-deadjetivais derivadas em *-d(o/a)*, com as quais se combinam *-aç-*, *-ão*, *-it-*, *-ot-*.

Alguns produtos representados neste quadro acusam em graus diversos uma certa fixidez de sentido, que faz com que possam já não ser sentidos pelo falante comum como tendo sido formados por derivação sufixal, e muito menos de sentido avaliativo; assim pode acontecer com os mais lexicalizados, como *cabrito, cordel, mosquito, sacola, saquitel*, e mais ainda com os antigos *fraquela* e *magrelo*.

Também não é linear que um falante jovem ou adulto, ainda que medianamente instruído, tenha conhecimento de que os sufixos *-alh-* e *-arr-* formam ou formaram aumentativos, para além dos comuns *bocarra, gentalha, ramalho, vergalho*. Tal facto explica que não raro se considerem as sequências *-alhão, -arrão, -alhaz* como exemplos de sufixos indivisos. Sem prejuízo de que sejam ou venham a ser reanalisadas como tal, os sufixos *-alh-* e *-arr-* integram o conjunto de avaliativos do PE, nas suas variantes regionais (com preferência meridionais) e não urbanas. Ambos os sufixos têm valor diminutivo (*bodalha, burricalho, chibarra, criançalho, dornalho, espigalho, garotalho, moçalho, tinalha, poalha, porcalho, resgalha, tinalha*) e aumentativo (*bestalha/o, bonecalho, bocarra, botifarra, dornalhas, parv(o)alho, porcalho, pratarra, ramalho*) e, nestas circunstâncias, associa-se frequentemente um valor depreciativo ao que denotam (Rio-Torto 1993: 446-458 e 862-863). O sufixo *-alh-* chegou a servir na onomástica. Com efeito, na *Crónica de D. João* I (vol. II, ed. por M. Lopes de Almeida e A. de Magalhães Basto. Porto, Livraria Civilização, 1949: 160), ocorre *Porcalho* (Vasco) como apelido e/ou nome próprio.

Nos derivados sufixados em *-ão, -az, -ot-* e em que está presente *-alh-* (*amigalhaço; amigalhão; amigalhote; dramalhão; facalhão; facalhaz; fradalhão; frangalhão; gordalhaço; grandalhão; pratalhaz*), este funciona como um avaliador de qualidade, tendo caráter depreciativo. Na linguagem comum, *-alh-* não sobrevive isoladamente, a não ser em casos específicos, acima referidos. Na linguagem rural e regional, ocorrem também alguns adjetivos, como *bestalho, escorrichadalho, pequenalho, pequenicalho, podricalho, parvalho*. A perda de vitalidade e/ou o desgaste semântico que o atingiram conduziu a que os derivados do tipo de *frescalho, grandalho, porcalho* tenham passado a funcionar como bases de um novo derivado. Na realidade, *-alh-* ocorre sobretudo em adjetivos em *-aç-, -ão, -az* e *-ot-*, como *amigalhaço, amigalhote, espertalhote, fracalhote, frescalhote, espertalhão, fracalhão, frescalhão, gordalhaço, grandalhão, parvalhão, porcalhão*. É este o contexto em que é produtivo na língua comum e/ou na familiar (cf. *gordalhufo*); isoladamente, a sua disponibilidade é diminuta.

5.3 Sufixos *z*-avaliativos

Os sufixos avaliativos assumem uma configuração *z*-avaliativa quando as bases (nomes ou adjetivos) apresentam determinadas caraterísticas formais. Este aspeto é comum à adjunção de sufixos avaliativos, como -*zão* (*atunzão, bebezão, boizão, bonzão, cafezão, mãezona, paizão*), -*zec-* (*calorzeco, chapeuzeco, friozeco, jantarzeco, revistazeca, ladrazeca, ladrãozeco*), -*zinh-* (*avozinho, marzinho, pneuzinho*), -*zit-* (*mauzito, sarauzito*), -*zote* (*mauzote, sarauzote*), mas também de outras classes de sufixos, como se observa nos derivados em -*zad*(*a*) (*fezada, maçãzada, pazada*), -*zal* (*bambuzal, cafezal, caquizal*), -*zeir*(*a, o*) (*cafezeiro, caju*(*z*)*eiro, romãzeira*), -*zic*(*e*) (*gabiruzice, pasquinzice*), -*zism*(*o*) (*chonezismo*).

A presença de -*z*- é imperativa quando a palavra termina em nasal, qualquer que seja a sua classe temática, e bem assim quando a base é atemática e termina em vogal ou ditongo acentuados (cf. *bisturi, boné, cacau, café, chá, herói, mau, pai, tabu, trenó*).

A adjunção de -*z*- é preferencial quando a base atemática termina em -*l* ou é atemática. A adjunção de -*z*- é também tanto mais impositiva quanto mais extensa é a palavra, nomeadamente quando esta tem mais de três sílabas, sendo acentualmente marcada (*bússula, cérebro, íngreme, lágrima*), ou não (*beberete, comediante, emprego, lembrete, lembrança*). Todavia, há palavras polissilábicas, de uso aliás muito comum, que se permitem dispensar a *z*-avaliação, juntando-se-lhes -*inh-* ou -*it-* diretamente ao radical (cf. *guardassolito, lagrimita, paginita, pesseguinho, rapidinho*).

Nos demais casos, em que as palavras são de tema em -*o*, -*a* ou -*e*, os dois tipos de configurações avaliativas estão disponíveis: *chailinho, chailezinho; creminho, cremezinho; geladinho, geladozinho; gravatinha, gravatazinha; lencinho, lençozinho, lençozito; manguinha, mangazinha; meiita, meiazita; torneirinha, torneirazinha* (cf. Rio-Torto 1999-2000).

Bases	Sufixos -zinh- e -zit- sistemáticos	Sufixos -zinh- e -zit- opcionais
(i) palavra terminada em nasal	anãozinho, atunzinho, benzinho, cãozinho, irmãzinha, irmãozinha, lãzinha, leãozinho, limãozinho, mão- zinha, pãozinho, patrãozinho, romãzi- nha, sabãozinho, selinzinho, sonzinho	*
(ii) palavra atemática	bonezinho, bisturizinho, chazinho, cacauzinho, heroizinho, paizinho, tabuzinho, trenozinho, amavelzinho, coralzinho, febrilzinho	anel(z)inho, facil(z)inho, lençol(z)inho, normal(z)inho, papel(z)inho, pardal(z)inho, sol(z)inho
(iii) palavra de tema zero	amorzinho, barzinho, cantorzinho, corzinha, mulherzinha, parzinho, saborzinho	açucar(z)inho, calor(z)inho, flor(z)inha, jantar(z)inho
(iv) palavra polissilábica	bussolazinha, cerebrozinho, espetaculozinho, lembretezinho	lagrim(az)inha, pagina(az)inha, pesseg(oz)inho, rapid(oz)inho

Quadro V.6. Sufixos z-avaliativos (aqui representados por -z-inh) e classes de bases

As bases atemáticas terminadas em -s apenas admitem os sufixos -inh- e -it-, como anisinho, atlasinho, simplesinho, relesinho, teni- sinhos, traquinasinho. Contudo, os diminutivos de *lápis, maricas, piegas*, podem ser *lapinhos, mariquinhas, pieguinhas*.

Os derivados por z-avaliação apresentam uma propriedade que os aproxima de palavras compostas: possuem dois acentos, um principal, na sílaba <zi>, e um secundário, respetivamente <fe>, <se>, <bu> em *cafezinho, sebezinha, tabuzinho*.

A pluralização também obedece a um padrão particular, pois o sufixo z-avaliativo agrega-se às formas plurais *aldrabõezitos* (de *aldrabão*), *caracoizinhos* (de *caracol*), *pasteizinhos* (de *pastel*), *pãezitos* (de *pão*), replicando o plural através do morfema de plural -s, na fronteira direita.

Um aspeto a merecer atenção diz respeito às circunstâncias em que a dispensabilidade de -z- pode ter lugar. Quanto mais comum é a realidade que a base designa mais facilmente se dispensa -z. Este aspeto é particularmente significativo pois introduz na distribuição de um operador sufixal um fator de natureza pragmática. Com efeito, o universo de objetos denotados pelos derivados que dispensam -z-

integra designadores de objetos de uso comum, que fazem parte das vivências centrais do quotidiano (*alguidar, bilhete, camisa, carteira, dinheiro, escova, estrada, farrapo, garrafa, pantufa, parafuso*), predicadores nominais de individuais humanos (*amigo, cachopo, catraio, criança*), denotadores de animais (*cachorro, cadela, cavalo, ovelha*), nomes de alimentos (*azeitona, banana, batata, biscoito, cerveja, comida, laranja, morango, pêssego*), denotadores de temporalidade (*instante, minuto, semana*), quantificadores (*bocado, pedaço*). A relevância dos fatores culturais pode ser de tal ordem que até permite que produtos que têm por base palavras proparoxítonas (*lágrima: lagrimita; página: paginita; pêssego: pesseguito; rápido: rapidinho*) ou nomes eles próprios derivados (*azinheirita, castanheirito, empregadito, namoradita, nevoeirito, ordenadito*) dispensem -z-.

Os verbos não são compatíveis com sufixos z-avaliativos, como se atesta através de *cheirazinhar (*cheiretar,cheirinhar*),*dormizinhar (*dormitar*), *fervezinhar (*fervilhar*).

No quadro seguinte (cf. Quadro V.7) evidencia-se que os sufixos avaliativos e os z-avaliativos podem combinar-se com bases morfologicamente derivadas, e não exclusivamente por sufixação diminutiva ou aumentativa, e com bases não derivadas.

Derivados avaliativos e z-avaliativos cujas bases são:	
(i) morfologicamente não derivadas	(ii) morfologicamente derivadas
. arcaz, arquinha, arcazinha arcazita	. ajudantezinho, ajudantezito
. colherim, colher(z)inha, colherzita	. amabilidadezita, amabilidadezinha
. florinha, florita, florzinha, florzita	. arrecadaçãozita, arrecadaçãozinha
. franguinho, franguito, frangozinho	. artistazeco, arstistazinho
. mãeinha (reg.), mãezinha	. escapadelazinha, escapadelazita
. maquineta, maquinazinha, maquinazita	. investiment(oz)eco, investimentozinho, investimentão, investimentaço, investimentozito
. pedrinha, pedrita, pedrazinha, pedrazita	
. ruela, ruinha, ruazinha, ruazita	. passeatazinha, passeatazita
. sacão, saquinho, sacozinho, saquito, sacozito	. safadezazinha, safadezazita
. vaquinha, vacazinha, vacazita	. trabalhadorzeco, trabalhadorzito

Quadro V.7. Bases derivadas e não derivadas de avaliativos e z-avaliativos

5.4 Formação de nomes e de adjetivos por sufixação e por *z*-sufixação

Nesta secção descrevem-se as classes de bases com as quais se combinam os sufixos avaliativos e *z*-avaliativos e os valores com que todos os constituintes contribuem para o semantismo final dos derivados.

5.4.1 Bases e derivados nominais

Os sufixos diminutivos e aumentativos combinam-se com bases nominais que denotam uma variadíssima gama de entidades, de objetos, de seres, de matérias. Os sufixos aumentativos são *-aç-*, *-alh-*, *-ão*, *-arr-*, *-az*, *-orr-* e os diminutivos *-ej-* (*lugarejo*), *-el-* (*ruela*), *-ec-* (*lojeca*), *-elh-* (*garotelho, grupelho*), *-et-* (*converseta, tamborete*), *-ic-* (*burrico, namorico*), *-ilh-* (*pecadilho*), *-inh-* (*caderninho, malinha*), *-isc-* (*chuvisco*), *-it-* (*cabelito, carneirito, chinelito*), *-oc-* (*fraldoca, pernoca*), *-ol-* (*galinhola, sachola*), *-ot-* (*fidalgote*), *-uc-* (*janeluco*), *-usc-* (*rabusco*). Alguns dos sufixos que, na língua comum, são usados como depreciativos foram durante muito tempo desprovidos deste tipo de valor na linguagem rural e regional, onde funcionam como atenuativos ou intensificadores não marcados. Assim acontece com *-alh-*, *-arr-*, *-elh-*, *-ec-*, *-oc-*, *-ol-*, *-uc-*, *-ulh-*, *-usc-*.

Em teoria, os sufixos acima elencados podem ser usados sem restrições de natureza quer morfológica quer semântica; mas na prática, na língua comum, se o falante pretender denominar algo de forma aumentativa, por norma opta por *-ão* (um *computadorzão*, um *jogão*, um *pratão*) ou por *-aç-* (um *computadorzaço*, um *jogaço*, um *prataço*, uma *mulheraça, peitaça*), e não tanto por *-arr-* (*bocarra, naviarra*), *-az* (*arcaz*), *-orr-* (*patorra, sapatorro*), menos representados. O mesmo se diga quando se pretende denominar algo diminutivamente; neste caso opta-se, na língua comum, por -inh- ou por -it-, e menos por -el- (*ruela*), -et- (*balancete, converseta, tamborete*), -ilh- (*liguilha, pecadilho*), -isc- (*saraivisco*), -ot- (*regote*), -uc- (*janeluco*), -usc- (*ramusco*), até porque -ec-, em *jornaleco, senhoreca*, e -ot-, em *fatiota, franganote, molecote*, acumulam valor depreciativo.

Além destes sufixos, existe ainda o diminutivo -ic, que se combina com nomes, adjetivos, verbos, advérbios pronomes (*agorica, amiguico, amorzico, carneirico, chapelico, couvicas, lencico, janelica, mãozica, mesica, nadica, papelico, rapazico, tiozico*). Este sufixo é usado nas mesmas condições combinatórias e com o mesmo valor de -inh-, na linguagem informal e familiar de falantes de todos os tipos sociolinguísticos em diferentes regiões de Portugal continental[62]. Como é expectável, a normalização linguística decorrente da generalização dos meios de comunicação audiovisual, na segunda metade do século XX, fez com que o uso deste sufixo se confinasse cada vez mais aos registos informais e familiares intracomunitários.

Já os sufixos -oc-, -och- ou -ol- são usados em linguagem familiar e expressiva, para denotar algo que queremos denominar como agradável: uma *belezoca*, umas *cervejocas*, umas *cervejolas*, umas *sandochas*, umas *sapatochas*. Os sufixos -oc- e -ol- têm possibilidade de denotar aumento, também expressivo (*pernoca, patola*) ou depreciativo (*dentola*). A estes acresce a variante -ol, com valor intensivo e expressivo (*friol, briol, tintol*).

---

[62] De acordo com as fontes dialetais disponíveis e as pesquisas realizadas no terreno sobre o português do século XX (Rio-Torto 1993: 720-747 e 1999), o sufixo -ic- é um diminutivo de grande vitalidade na linguagem coloquial e familiar de algumas variedades dialetais setentrionais do PE, nomeadamente nos distritos de Braga, Bragança, Vila Real, e nos concelhos mais interiores do distrito do Porto. Nos distritos de Aveiro, Coimbra, Viseu, Guarda e Castelo Branco a vitalidade de -ic- é muito pouco significativa. No português centro-mericional, nomeadamente nos distritos de Leiria, Santarém, Portalegre, Évora, Beja e Faro, o diminutivo -ic- goza de uma relativa popularidade, ainda que menor do que a do português setentrional.

5.4.1.1 Diminutivos

No português europeu, os sufixos -(z)*inh*- e -(z)*it*- podem alternar, funcionando como equivalentes (cf. *candeeirinho/candeeirito, murinho/murito, murozinho/murozito, pedrinha/pedrita, pedrazinha/pedrazita*). Mas -*it*- também pode ser usado para traduzir um ligeiro distanciamento subjetivo ou um menor grau de empatia afetiva relativamente àquele que -*inh*- manifesta. Neste caso, -*it*- e -*zit*- funcionam como operadores afetivamente mais neutros, menos marcados pela empatia que carateriza o uso de -*inh/-zinh*- (cf. *cadeirita* e *cadeirinha*: *cadeirita* denota uma cadeira menos valiosa e/ou querida que a *cadeirinha* de que se fala). Se a entoação for disfórica, -*it*- pode mesmo funcionar como um depreciativo não intenso. Esta situação verifica-se sobretudo nas zonas dialetais mais setentrionais, em que -*inh/-zinh*- se encontram desde há muito enraizados. Nas zonas dialetais mais meridionais, de onde -*it*- e -*zit*- terão progredido para o norte, estes sufixos são usados como marcadores de ternura (cf. *mãezita*) ou de simpatia (cf. havia dois *cãezitos* e dois *gatitos* que brincavam alegremente uns com os outros. Em ambos os casos, o falante encara com ternura os animais a que se refere).

Acresce que o sufixo -*it*-, nos dialetos mais meridionais, ocorre em muitos derivados que tomam por base radicais moçárabes (que preservam /n/ latino intervocálico), como *can*- (de cão), em *canito* 'cãozinho', *melan*- (de *melão*) em *melanito* 'melãozinho', *pan*- (de *pão*) em *panito* 'pãozinho'.

A distribuição destes dois sufixos na toponímia reflete os diferentes estádios da história da língua portuguesa. Com efeito, na época da Reconquista, o sufixo -*inh*- expandiu-se de forma muito intensa de norte (*Barcelinhos*) para o centro (*Caramulinho, Monfortinho*) e sul, tendo-se registado uma inflação de numerosos topónimos em -*inh*- à medida que se avançava nas regiões mais centro-meridionais, como se confirma através dos topónimos *Gaviãozinho, Malagueijinho, Vila Nova da Barquinha,* no distrito de Santarém, *Soutinho,* no distrito de Portalegre, *Pomarinho,* no distrito de Évora e *Valinho,* no distrito de Beja, entre outros. Assim não acontece com *-it-.* Por comparação com *-inh-,* ou mesmo com *-el-,* o sufixo *-it-* está muito menos representado na toponímia, mormente a norte do Tejo-Zêzere, o que comprova a sua difusão menos precoce na língua. A preferência de *-it-* pelos radicais moçárabes também se verifica na toponímia meridional, como o atestam os exemplos de *Almarjanito* (Almarjão), *Arrudanito* (Arrudão), *Caldeiranito* (Caldeirão), *Marvanito* (Marvão), *Mouranitos* (Mourão), *Padronita* (Padrão).

A vitalidade do sufixo *-el-* em épocas remotas da história de língua faz-se sentir em palavras como *fraquelinho, garridelinho, manselinho, pertelinho,* presentemente não comuns ou mesmo desusadas (Rio-Torto 1993: 438). A perda dessa vitalidade atesta-se pela adjunção de *-inh-,* á em finais do século XII, que passou a ser o sufixo mais disponível. O sufixo *-el-* também esteve presente na formação de numerosos topónimos no latim tardio e nos primórdios do português, perdurando exemplos em Portugal, como: *Agrela; Antela; Cabanelas; Campelos; Canelas; Covelo; Cravelo; Carrapatelo; Fontelas; Fornelos; Fragosela; Mirandela; Molelos; Mourelo; Negrelos; Paradela; Portela; Portuzelo; Quintela; Soutelo; Tinhela; Tondela; Varziela; Vilela.*

Dado o grande volume de sufixos diminutivos e o facto de as circunstâncias combinatórias serem idênticas, nomeadamente no que toca aos sufixos mais disponíveis (*-(z)inh-, -(z)it-, -(z)ec-*), tomam-se aqui como referência *-inh-* e *-zinh-,* por serem os mais representativos e versáteis. Estes combinam-se com bases que designam:

(i) *objetos* (*anelzinho, banquinho, bolinha, caderninho, cadeirinha, canetinha, casinha, cometazinho, dedalzinho, faquinha, filmezinho, garfinho, jarr(oz)inho, murozinho, portinha, sapatinho, tesourinha, travezinha*);

> (ii) *seres animados*, sejam animais (*abelhinha, cãozinho, gatinho, jacarezinho, pardalinho, passarinho, vaquinha*) ou humanos, caraterizados em função de critérios vários (*alun(oz)inho, atletazinho, avozinha, banqueirozinho, bebezinho, criancinha, doutorzinho, homenzinho, empregadinha, imperadorzinho, livreirozinho, mercenariozinho, paizinho, pedintezinho, reizinho, treinadorzinho, turistazinho, viuvinha*);
>
> (iii) *matérias, substâncias* (*aguinha, azeitinho, barrozinho, betumezinho, calzinha, cobrezinho, petroleozinho, salzinho, tintazinha, vinhinho*);
>
> (iv) *sensações* (*arrepiozinho, calafriozinho, desmaiozinho, fom(ez)inha*), *sentimentos* (*aversãozinha, ciumezinho, medinho, odiozinho, raivazinha, temorzinho, ternur(az)inha, tristezinha*);
>
> (v) *fenómenos* ou *estados atmosféricos* (*calorzinho, chuvinha, friozinho, granizinho, nevezinha, nevoeirinho, raiozinho, trovãozinho, trovoadazinha*);
>
> (vi) *estados(-de-coisas)* (*ambientezinho, calmazinha, desconfortozinho, disciplinazinha, rigorzinho*);
>
> (vii) *eventos e situações* (*escandalozinho, cortejozinho, coloquiozinho, crisezinha, erupçãozinha, esperazinha, grevezinha, inundaçãozinha, manifestaçãozinha, passeatazinha*).

Com bases que representam seres humanos identificados pelas suas relações familiares, os derivados são interpretados como manifestações da empatia ou da proximidade afetiva do falante; através dos sufixos diminutivos (*avozinha, paizinho*) ou dos aumentativos (*paizão, maridão*) explicita-se a intensidade/qualidade da relação subjetivo-afetiva que o falante mantém com o designado. O mesmo se aplica aos derivados que têm por base nomes próprios (cf. *Anita, Cristinita, Isabelinha, Joãozito, Luisinha, Marianinha, Mariazinha, Mariazita, Susaninha, Susanita*). O sufixo *-it-* também é usado com idêntico valor (*Anita, Joãozito, (Jo)zezito, Gracita, Luisito, Marianita, Sarita, Susanita*), e também no português meridional se combina com radicais moçárabes, como *Joanito* (de João), *Sanita* (de São, abreviado de Conceição, por Sãozita ou Sãozinha), *Sanromanito* (São Romão).

Os nomes próprios de entidades ou de personalidades, como Abraão, Cristo, Dante, Edison, Erasmo, Maomé, Napoleão, Newton, Petrarca, não admitem avaliação, exceto se encaradas como predicadores e/ou metonimicamente atribuídas a algo (um *maquiavelzinho*; um *napoleãozinho*; um *salazarzinho*).

Em épocas mais remotas da língua, a formação de topónimos recorreu à sufixação diminutiva, nomeadamente em -*inh*-, como o atestam os seguintes exemplos portugueses: *Arouquinha, Barcelinhos, Buçaquinho, Carvalhinho, Cortegacinha, Espinheirinho, Gildinho, Granjinha, Paradinhas, Pombalinho, Pontinha, Portinho, Soutelinho, Torrinha*. Também no Brasil existem numerosos topónimos assim formados: *Anhanduizinho, Bananalzinho, Barreirinho, Barrentinha, Barrinha, Bracinho, Buritizinho, Cervinho, Cachoeirinha, Cerrinho, Chapadinha, Furninha, Galheirinho, Garimpinho, Inferninho, Jatobazinho, Jauruzinho, Jenipapinho, Lajeadinho, Lajedinho, Lagoinha, Lobinho, Lontrinha, Manteninha, Mandioquinha, Mateirinha, Matinha, Morrinho, Negrinho, Panchinho, Pocinho, Pontinha, Postinho, Prainha, Potreirinho, Retirinho, Ribeirãozinho, Riozinho, Rochedinho, Rondinha, Saltinho, Sertãozinho, Taboquinha, Taquarizinho, Torrinhas, Trelinha, Valinho, Varjãozinho*.

Quando modificado diminutivamente, um ser humano que denota profissional de uma atividade é por norma objeto de depreciação, como se observa em *arquitetozinho, dentistazinho, medicozito, orquestradorzito*, mais acentuada através da adjunção do sufixo -*ec*- (*dentistazeco, medicozeco, pianistazeco*). Quando avaliados aumentativamente, as propriedades denotadas pelas bases são objeto de intensificação, que não raro se faz acompanhar de avaliação favorável, como se observa nos nomes *artistão, artistaço, cantorzão, cantorzaço, goleiraço, ministraço, presidentão, treinadorzão* (disponíveis na web em diversos sítios em linha).

As propriedades, quando codificadas através de nomes de qualidade deadjetivais, admitem avaliação diminutiva, mas por via de regra esta faz-se acompanhar de depreciação e/ou serve propósitos irónicos. Assim acontece com os nomes presentes no quadro seguinte, que são portadores de diversos sufixos na sua base.

Bases sufixadas	Nomes sufixados avaliativamente
-ez	*avidezinha, estupidezinha, invalidezinha*
-ez(a)	*avarezazinha, delicadezazinha, espertezazinha, ligeirezazinha, tristezazinha*
-i(a)	*acefaliazinha, alegriazinha, autonomiazinha, cortesiazinha, ousadiazinha, rebeldiazinha, sabedoriazinha, teimosiazinha, valentiazinha*
-ic(e)	*bizantinicezinha, calaceiricezinha, casmurricezinha, chinesicezinha, chaticezinha, doidicezinha, gabarolicezinha, malandricezinha, meiguicezinha, parvoicezinha, pelintricezinha, pirosicezinha, teimosicezinha, tonticezinha, velhicezinha*
-idad(e)	*agilidadezinha, espiritualidadezinha, falsidadezinha, fatalidadezinha, frontalidadezinha, modernidadezinha, oleosidadezinha, ruralidadezinha, senilidadezinha, serenidadezinha, simplicidadezinha, suavidadezinha, subjetividadezinha*
-idão	*aptidãozinha, certidãozinha, devassidãozinha, escravidãozinha, exactidãozinha, gratidãozinha, lentidãozinha, mansidãozinha, prontidãozinha, rouquidãozinha, sofreguidãozinha, vastidãozinha*
-ism(o)	*casticismozinho, centralismozinho, fatalismozinho, gradualismozinho, heroismozinho, pluralismozinho, provincianismozinho, rotativismozinho, ruralismozinho, vedetismozinho, voluntarismozinho*
-ur(a)	*brancurinha, bravurazinha, desenvolturazinha, doçurinha, espessurazinha, estreiturinha, frescurinha, gostosurazinha, largurinha, lisurinha, loucurinha, verdurinha*

Quadro V.8. Nomes de qualidade derivados e nomes corradicais sufixados avaliativamente

5.4.1.2 Aumentativos

No conjunto dos sufixos aumentativos, *-ão/-(z)ão* são os sufixos mais neutros (cf. nomes *calorão, casacão, dinheirão, jardinzão, jarrão, malão, medalhão, paredão*). O sufixo *-aç-* denota uma grandeza acima do normal, e é simultaneamente marcado por grande expressividade (*caloraça, golaço, mulheraça, murraça, talentaço,* *vergonhaça*). Os sufixos *-arr-* e *-orr-* são aumentativos preferentemente não eufóricos (*bocarra, beiçorra, beatorro*).

À intensificação sufixal nem sempre está associada uma marca negativa. A par com derivados em *-aç-, -ão, -alh-, -arr-* portadores de sentido depreciativo (*carão* 'cara feia, má', *cabeçorra, gentalha*), outros há que não são marcados negativamente (*barcaça, fornalha, gramão, jarrão, medalhão, muralha, paredão, pulgão, ramalho, violão*), e outros que são ambivalentes, em função do contexo (*passeião, tempão*).

No que à dimensão apreciação/depreciação diz respeito, *-ec-* tem valor de codificador de empatia (*soneca*), mas também de desvalorização ou depreciação do denotado (*estudantec(o, a), filmezeco, jornaleco, malandrec(o, a), padreco, perfumeco, revisteca, senhoreca*), sendo a avaliação moderadamente desvalorizante com este sufixo e mais intensa com *-alh-* (*gentalha*), *-orr-* (*beiçorra, sapatorro*), *-ózi-* (*pastózia, tascózio*). Nestes casos, os nomes significam 'de má qualidade' e, no caso do *-orr-*, também 'grosseiro, deselegante'. O sufixo *-oid-*, quando combinado com adjetivos, tem valor claramente depreciativo (*anormaloide, comercialoide, imbeciloide, infantiloide, ovaloide, palermoide, parvoide, sentimentaloide*). Quando associado a nomes (*animaloide, asteroide*) denota uma entidade que partilha algumas propriedades com a base, mas que representa uma versão algo atípica ou distorcida desta (cf. *planetoide* 'pequeno planeta; asteroide'; *vacinoide* 'falsa vacina'); em alguns casos, o denotado pode designar um tipo diferenciado e por vezes mais abstrato que o da base (*predicatoide, prefixoide, sufixoide, textoide*), verificando-se um crescendo na formação de nomes especializados com este sufixo (cf. 2.2.12).

Por fim, *-ol-* e *-ot-* figuram em derivados cuja significação se encontra não raro cristalizada, como em

(1) *caixote* 'caixa de dimensão variável, geralmente para guardar ou transportar mercadorias ou artigos diversos',

(2) *casota* 'casa para o cão',
(3) *criançola* 'rapaz que, já não sendo criança, por seus atos ou maneiras parece que o é',
(4) *franganote* 'rapazote empertigado, cheio de vaidade',
(5) *laçarote* 'laço grande e vistoso',
(6) *rapazola* 'rapaz já crescido',
(7) *serrote* 'espécie de serra de folha curta e geralmente mais larga numa das extremidades onde se adapta um cabo'.

Estes dois sufixos são muito ambivalentes, pois podem funcionar como diminutivos, com matiz depreciativo (*igrejola*, *mentirola*) e/ou como aumentativos (*dentola*, *festarola*, *sacola*), a que se associa um sentido quer depreciativo (*asneirola*, *cobardola(s)*, *dentola*), quer apreciativo (*cervejola*, *festarola*). A depreciação é mais atenuada do que com *-alh-* (cf. *escumalha*, *esquerdalha*, *gentalha*), com *-arr-* (cf. *cabeçorra*, *patorra*) ou com *-uç-*, como se observa através do contraste entre *dentola* 'dente grande' e *dentuça* 'dentes da frente, quando grandes, saídos, malfeitos', ou entre *sacola* 'pequeno saco, espécie de bolsa grande, de couro, lona, pano ou plástico, geralmente provida de alça, que se leva a tiracolo' e *sacão* 'saco grande', *festarola* 'bailarico, folguedo' e *festança* (i. e. 'festa ruidosa, grande divertimento').

Por via de regra, a lexicalização do semantismo do derivado é tanto menos frequente quanto a disponibilidade do sufixo. Mas tal não invalida que alguns nomes sufixados em *-it-* ou em *-inh-* apresentem cristalizações de sentido, como se observa nos exemplos seguintes:

(8) *camisinha* 'denominação de preservativo, no PB; o mesmo que camisa-de-vénus';
(9) *mosquito* 'denominação genérica dos insetos dípteros, de pequeno tamanho, da subordem dos Nematóceros; anzol de dimensão minúscula para a pesca de peixes pequenos';

(10) *palminhas*, em *bater palminhas* (na interação com crianças) 'aplausos com as mãos';

(11) *palmito* 'folha ou ramo de palmeira; miolo comestível da parte terminal do caule das palmeiras'; Bot. 'uma das espécies de palmeira (*Oreodexea sangena*)';

(12) *senhorinha* 'tipo de poltrona de quarto'.

5.4.2 Bases e derivados adjetivais

Os adjetivos suscetíveis de serem modificados diminutiva ou aumentativamente denotam propriedades capazes de se organizarem em função de relações de ordem, ou seja, as propriedades têm de ser graduáveis (*barrigudão, caloteirão, ciumentíssimo, espertaço, feiito, grandinho, grandote, interesseirão, mauzão, mauzote, normalzinho, preguiçosão, sortudaço, trombudão*). Assim se explica que os adjetivos não graduáveis, como muitos dos denominais (*amiantáceo, acidental, artístico, autista, barrento, bolorento, bombista, calórico, carnal, clientelar, dental, dentário, diabético, esferoide, espiraloide, exemplar, familiar, granítico, lapidar, lendário, mamário, medular, melancólico, metálico, metódico, mortal, panfletário, partidário, rodoviário, térreo, trimestral*, e todos os deonomásticos), quando usados no seu sentido literal, não admitam avaliação. Quando a avaliação é possível, trata-se da leitura não literal dos mesmos, mas da sua leitura figural, qualitativa: *casado, solteiro, vivo, morto* denotam estados que, literalmente considerados, são insuscetíveis de gradação. Por isso, quando modificados avaliativamente, significam: *casadíssimo* 'que se considera bem casado, ou que vive intensamente o estado de casado'; *mortinho* 'que está mais morto do que vivo, que está prostrado, aniquilado de medo ou cansaço', ou 'ansioso' em *mortinho por (chegar a casa)*'; *solteirão* 'que se conserva solteiro depois da meia-idade;

assumidamente e prolongadamente solteiro, celibatário'; *vivinho* 'que tem muita vida, muito vigor'.

As bases adjetivas com que se combinam os sufixos avaliativos são muitas vezes morfologicamente não derivadas (*bonitão, feiito, limpaça, lindinho, lindote, novito, pobrete, ricaço, tolão, velhito, velhorro, velhote*), ainda que, como se observa no quadro V.4, também as bases adjetivais sufixadas sejam elas mesmas modificáveis com sufixos avaliativos. Todavia, os sufixos denominais e os deverbais mostram mais relutância à adjunção de avaliativos. Quando as bases são adjetivais, não são de natureza morfológica, mas de natureza semântica, as restrições à junção de sufixos avaliativos. Um adjetivo como *egoísta* admite avaliação (*egoistazinho*), mas *futebolístico, outonal, secular, senhorial* não funcionam como bases de sufixação avaliativa; todavia, outros em -*al* (*marginalérrimo, marginalíssimo*), -*ar* (*familiaríssimo, familiarzinho*), -*ic*- (*alergicozinho, caloricozinho, colericozito*) já a admitem.

O grau positivo, o grau comparativo e o grau superlativo são os graus habitualmente atribuídos ao adjetivo. Mas estas classes não esgotam as diversas possibilidades de manifestação de grau, quer afixalmente quer adverbialmente expressas. No domínio da expressão intensiva ou atenuativa de grau sufixalmente expressa, é possível estabelecer os seguintes subgraus:

(i) 'em grau superlativo', considerado de modo absoluto, codificado por -*íssim*-: a*flitíssimo, enervadíssimo, enormíssimo, ocupadíssimo, pequeníssimo, rapidíssimo, raríssimo, singularíssimo*.

O sufixo -*íssim*- é o sufixo de grau superlativo da língua comum. As alternativas -*ésim*- (*caidésimo, chiquésima, divorciadésima, elegantésima, enormésimo, garantidésimo, gatésimo, lentésimo, lindésimo, quentésimo*) e -*érrim*- (*caidérrimo, carentérrimo, chiquérrimo, combinadérrimo, divorciadérrima, elegantér-*

rima, enormérrimo, garantidérrimo, gatérrimo, lentérrimo, nervosérrimo, pequenérrimo) são essencialmente usadas em registo familiar da linguagem snobe e/ou expressiva.

(ii) 'em grau muito elevado ou excessivo', codificado pelos sufixos **-aç-** (*atrevidaço, garantidaço, limpaça, loiraça, fortalhaço, morenaço*) e **-ão** (*agarradão, atrevidão, azulão, bonzão, calmeirão, cansadão, garantidão, gostosão, grosseirão, malcriadão, mansarrão, mentirosão, molengão, morenão, ordinarão, pesadão, sensaborão, tolão, vaidosão*).

O sufixo *-ão* combina-se com bases simples e complexas das mais diversas classes morfológicas (derivados em *-ári-*, *-arr-*, *-(a/i)d-*, *-eir-*, *-eng-*) e semânticas, que incluem não apenas os adjetivos departicipiais, mas também os de cor (*azul, amarelo...*) e os avaliativos, como *bom, mau*. O sufixo *-ão* é mais neutro (*bonzão, grandão, tolão vaidosão*) que o sufixo *-aç-*, muitas vezes marcado por grande expressividade (*atrevidaço, loiraça, valentaço*). Em muitos dos derivados de sentido depreciativo (cf. *foleirão, grosseirão, malcriadão, mentirosão, rufião, velhacão*), o valor negativo não é imputável ao sufixo *-ão*, mas ao denotado da base (cf. bases de *foleiro, grosseiro, malcriado, mentiroso, rufia, velhaco*).

O sufixo *-orr-*, já muito pouco usado, é preferencialmente não positivo (*beatorro, velhorro*).

(iii) 'bastante, assaz X', codificado pelo sufixo **-ot(e, a)** (*acabadote, atrasadote, atrevidote, baixote, cansadote, feiote, fracote, grosseirote, malcriadote, mansarote, molengote, morenote, ordinarote, pequenote, pesadote*). Este sufixo combina-se com quase todos os tipos de bases selecionadas por *-ão*, mormente com as departicipiais em *-d(o/a)*.

Os adjetivos em *-ot-* representam versões mais atenuadas dos homólogos em *-ão* ou em *-aç-*. A diferença entre *atrasadão* e *atrasadote*, *entradão* e *entradote*, *espertalhão*, *espertalhaço* e *espertalhote, amigalhão, amigalhaço* e *amigalhote* atesta os diferentes valores dos sufixos;

(iv) 'pouco intenso', 'em baixo grau', 'um pouco': os sufixos mais usados para a expressão da atenuação são **-inh-/-zinh-** (*altinho, amarelinho, azulinho, baixinho, bonzinho, carentezinho, doentinho, feiinho, feiozinho, grandinho, lindinho, mauzinho, novinho, pequenininho, pobrezinho, teimosinho, velhinho*) e **-it-/-zit-** (*altito, amarelito, azulzito, baixito, bonzito, carentezito, doentito, grandito, feiito, lindito, mauzito, novito, pequeninito, pobrezito, teimosito, velhito*). Embora menos usado, um outro sufixo com um semantismo deste tipo é **-et(e)** (*atrevidete, clarete, fraquete, gordete, velhaquete*).

A compatibilidade dos sufixos *-inh-* e *-it-* não assenta em restrições de natureza morfológica, mas semântica. Por isso *-inh-* e *-it-*, dentro duma mesma classe morfo-derivacional, selecionam alguns adjetivos (*fundamentalíssimo, temerariozinho, peculiarzinho, regularzinho, sentimentalzinho*) e outros não, como acontece com os denominais **camarariozinho,* **estatalzinho,* **hospitalarzinho,* **semanalzinho,* *socialzinho. Os sufixos *-inh-* e *-it-* não se combinam com adjetivos deverbais em *-nt-*, como *anestesiante, atenuante, corrente, descolorante, dissolvente, implorante, lubrificante, pendente, principiante, remanescente, tratante* [63], em *-dor*, como *amenizador, embaraçador, embrutecedor, escurecedor, pacificador*, em *-tiv-*, como *refrigerativo*, em *-tóri-*, como *bajulatório, circulatório*, porque não graduáveis. Já assim não acontece quando a base denota propriedades encaráveis como graduáveis, e que podem ser portadoras de vários sufixos,

---

[63] Quando nomes, estes derivados admitem sufixação em *-zinh-* ou *-zit-*: *anestesiantezito, atenuantezita, correntezinha, descolorantezinho, dissolventezinho, lubrificantezinho, principiantezinho, tratantezinho.*

como *-ão* (*aldrabãozito, refilãozinho, resmungãozito*), *-diç-* (*quebradiçazinha*), *-di-* (*escorregadiozinho*) e, no caso dos depredicativos (deverbais ou deadjetivais), quando a base é sufixada em *-eir-* (*beijoqueirinho, certeirinho, lampeirinho*), *-ent-* (*ciumentozinho, embirrentozinho, ternurentozinho*), *-ist(a)* (*altruistazinho, bairristazinho, consumistazinho, farsistazinho, trocistazinho*), *-os-* (*amorosinho, queixosozinho, teimosito, tinhosozinho, zelosozinho*).

A alguns adjetivos portadores de sufixos diminutivos está associado um sentido intensivo ou até superlativo. Quando se diz *a mala ia cheiinha* o adjetivo *cheiinha* equivale a 'completamente, absolutamente, totalmente cheia', 'cheia até mais não poder, em grau máximo'. Também os adjetivos *certinho* (*três horas certinhas*), *igualzinho* (*estes óculos são iguaizinhos aos teus*), *inteirinho* (*uma tarde inteirinha*), exprimem um elevado grau da propriedade por que se definem, sendo por isso parafraseáveis por "absolutamente", "totalmente", "completamente", "em grau máximo", "perfeitamente".

5.5 Formação de verbos isocategoriais por sufixação e por circunfixação

A avaliação que incide sobre radicais verbais consiste na atribuição de uma ordem de grandeza relacionada com o grau de intensidade, com a qualidade, com o grau de completude ou de perfeição da ação verbal, ou com a duração desta.

Em português, as bases verbais não admitem sufixação aumentativa em *-ão* (**cheirãozar* vs. *cheiretar*, **chovãozar* vs. *choviscar*, **dormãozar* vs. *dormitar*). Há, contudo, alguns verbos isocategoriais portadores de *-aç-*, com valor intensivo e depreciativo, como *falaçar, lavaçar*.

Os verbos não são compatíveis com sufixos *z*-avaliativos, como se atesta através de **cheirazinhar* (*cheiretar, cheirinhar*),**dormizinhar* (*dormitar*), **fervezinhar* (*fervilhar*).

Os sufixos disponíveis são maioritariamente de tipo avaliativo não aumentativo: *-ic-*, *-ilh-*, *-inc-*, *-inch-*, *-inh-*, *-isc-*, *-it-*, *-ol* (cf. Quadro VIII.9). Podem ser atenuativos, marcando mitigadamente a ação denotada pelo verbo (*-ilh-*, *-inh-*, *-ot-*, *-isc-*), depreciativos (*-alh-*, *-uc-*) e frequentativo-iterativos (*-ej-*, *-et-*, *-isc-*, *-it-*). A esses valores, por vezes, pode associar-se um valor de intensidade, como em *pedinchar* 'pedir insistentemente e com lamúria; pedir muito'.

Sufixos	Verbos
-aç-	*falaçar, lavaçar* (a par com *eslavaçar*), *voaçar* (a par com *esvoaçar*)
-alh-	*brincalhar, emporcalhar, espirralhar, marralhar*
-ec-	*ladrecar* (PE, familiar)
-ej-	*amarelejar, cantarejar, murmurejar, negrejar, verdejar, voejar*
-el-	*vadielar* (PE, reg.; do radical de *vadiar*)
-et-	*cheiretar*
-ic-	*adocicar* (do radical de *adoçar*), *bebericar* (do radical de *beberar*), *depenicar, gemicar* (do radical de *gemer*), *tossicar*
-ilh-	*cuspilhar, dedilhar, fervilhar*
-inc-	*chorincar*
-inch-	*pedinchar*
-inh-	*cuspinhar, escrevinhar, patinhar*
-isc-	*chapiscar, cheiriscar, comiscar, cuspinhar, lambiscar, mordiscar, namoriscar*
-it-	*chupitar, dormitar, saltitar*
-ol-	*cantarolar, pingolar* (do radical de *pingar*)
-ot-	*bailotar* (PE, regional)
-uc-	*falucar, trabalhucar*

Quadro V.9. Formação de verbos com sufixos avaliativos

A estes sufixos junta-se o circunfixo **es....aç**, presente em número restrito de verbos, com valor intensivo-(depreciativo), decorrente da presença de *-aç-*, e iterativo. Exemplos desses verbos são:

(13) *escortaçar* 'cortar de forma imperfeita, tosca, e com alguma violência'

(14) *espartiçar* 'partir em pequenos pedaços e/ou de forma imperfeita, tosca'

(15) *espicaçar* 'picar iteradamente; ferir com instrumento pontiagudo (v.g. espicaçou um animal para ele andar mais rápido); torturar; provocar'

Pela sua natureza semântica, as bases dos verbos estativos não são modificáveis por afixos avaliativos.

A atenuação traduz-se por uma ação praticada de modo pouco intenso e/ou incompleto, que pode ser parafraseada por "ligeiramente, em grau pouco intenso, irregularmente" (*comiscar, cuspinhar, namoriscar, pingolar*), a que se associa não raro um sentido iterativo-frequentativo, que traduz uma iteração/sucessão de pequenas manifestações daquilo que a base denota, como em *cheiriscar, comiscar, cuspilhar, dormitar, saltitar.*

O valor depreciativo está presente em muitos verbos, desde logo quando as ações por eles denotadas são realizadas de forma fragmentada, imperfeita, não plena, como em *cantarolar*, quando significa 'cantar mal', *escrevinhar* 'escrever coisas sem mérito, rabiscar', *fervilhar*, que significa 'ferver pouco, não atingir a fervura desejada'.

5.6 Formação de adjetivos, verbos e nomes por prefixação de valor avaliativo

Como assinalado no capítulo consagrado à prefixação (cf. cap. 7: 7.7.1.), a língua portuguesa dispõe de vários constituintes prefixais que se combinam com bases pré-existentes no léxico às quais atribuem valor avaliativo (*arqui-inimigo, extralargo, hiperdose, sobredotado, superfino, ultracómodo*). Não sendo marcados lexicalmente, mas subespecificados em articulação com as bases, podem combinar-se com bases nominais (*hiperventilação, subchefe*), adjetivais (*arquimagnata, extralongo, ultramoderno*) e verbais (cf. *subfaturar*), e morfologicamente simples (*extrafina, superdelicado*) ou complexas (*hiperseletivo, super-rigosoroso*).

Em geral, estes prefixos selecionam bases nominais, adjetivais e verbais (cf. Quadro V.10); excetuam-se *extra-* e *infra-* que, quando selecionam bases nominais ([discussão] *extrajulgamento, infrassom*), mantêm o seu valor locativo. Os prefixos de dimensão *mini-, micro-, maxi-* não são compatíveis com bases adjetivais.

Os prefixos avaliativos não alteram a classe denotacional das bases com que se combinam. O semantismo que introduzem é um semantismo de avaliação (intensificação, atenuação), explicitando apenas que o que a base denota se apresenta em grau muito/pouco elevado (cf. *arquimilionário, multimilionário*) ou com dimensões avultadas ou diminutas (*macrocefalia, maxitorneio, mega-concerto*[64], *micro-célula, mini-torneio*).

Prefixos	N	A	V
arqui-	arqui-inimigo	arquichique	arquicelebrar
hiper-	hiperluxo	hiperluxuoso	hiperventilar
hipo-	hipotensão	hipocalórico	hipo-oxigenar
infra-	infrassom(sentido locativo)	infra-humano	infra-avaliar
maxi-	maxiestimativa		maxiampliar
mei-	meia-dose	meio-alentejano	
micro-	micro-esfera, micro-instante, micro-segundo	-	microdiluir micro-faturar
mini-	minigolfe, miniférias, mini-mercado, minissérie	-	minivigiar
semi-	semivogal	semilimpo	semicerrar
sobre-	sobrelotação	sobre-humano	sobrefaturar
sub-	subproduto	sub-humano	subfaturar
super-	superluxo	supercorrosivo, superluxuoso	superencher
ultra-	ultrapressão	ultracompetente, ultramoderno	ultradiscriminar

Quadro V.10. Expressão prefixal de avaliação com bases nominais, adjetivais e verbais

---

[64] Em circunstâncias menos formais, *mega-*, que denota essencialmente dimensão, começa a ser usado como intensificador (cf. «fenómeno *megaviral*», *Expresso* (1.º caderno) de 14.4.2012, p. 20).

Na sua origem, alguns destes afixos de origem neo-clássica têm valor locativo, explicitando que algo está acima de (*hiper-*: *hiperligação* (*hyperlink*); *sobre-*: *sobrepeliz*), abaixo de (*hipo-*: *hipocampo*; *sub-*: *subcave*), para além de (*ultra-*: *ultrassom*, (raios) *ultravioleta*), para fora de (*extra-*: *extracogitação*), aquém de (*infra-*: *infrassom*, (raios) *infravermelhos*) um marco de referência.

O sentido destes operadores transita de uma ordenação e de uma hierarquia locativas para uma ordenação numa escala de valores avaliativos, pelo que os afixos passam a explicitar a manifestação duma propriedade num grau majorado (até a um grau excessivo, ou para além dos limites expectáveis) ou minorado (até a um grau diminuto ou aquém dos limites expectáveis). A avaliação do grau de manifestação duma propriedade, acima de (*hiper-*, *sobre-*, *super-*, *ultra-*), abaixo de (*infra-*, *hipo-*, *sub-*) ou no limiar intermédio de (*entre-*, *medio-*, *quase-*, *semi-*), pode fazer-se acompanhar de valoração favorável ou desfavorável, em função dos valores de referência do avaliador.

Estes prefixos atribuem valores avaliativos, de grau/hierarquia:

- **(i)hiper-** (cf. *hipercubos*, *hiperesferas*, *hiperconfusões*, *hiperconfundir*, *hiperdesgastar*, *hiperdosagem*, *hipersensibilidade*) codifica a expressão de um grau excessivo, excecional, de alguma(s) propriedade(s) do que a base denota; mais circunscrito, porque apenas combinável com adjetivos, *extra-* (cf. *extralargo*) tem idêntico valor. Por seu turno, *ultra-* (*ultra-alimentar*, *ultracomodismo*, *ultrarrigoroso*, *ultrassensível*), associa ao sentido de excessividade o de 'para além de', que lhe é matricial.

- **(ii)super-** está ao serviço da expressão de grau supremo, traduzido por 'de qualidade excelente, suprema, ótima', quando modifica nomes (cf. *superchocolate*, *superideia*), e de 'em intensidade suprema', quando modifica adjetivos (cf. *super-cansado, supercómodo*), verbos (*superalimentar, superdotar*) ou deverbais (*super-* : *superdedicação*); o seu uso intenso tem desgastado a sua primitiva carga de excessividade ou de superioridade, aproximando-o de 'muito' (*supercómodo, superconfortável*).

(iii)sobre-, a contraparte vernácula de *super-*, quando combinado com bases verbais ou deverbais, tem sentido avaliativo de excesso (*sobrealimentar* 'alimentar em excesso'; *sobre-endividar* 'endividar em excesso, para além dos limites do aceitável'; *sobreendividamento* 'endividamento excessivo').

(iv)hemi-, **semi-** ou **mei-** codificam a existência em grau mais ou menos próximo, parcial ou até deficitário de alguma(s) das propriedades do objeto avaliado ou, sendo a base nominal, a manifestação de apenas uma parte/metade de algo, que se traduz por 'metade de'/'meio' (cf. *hemiciclo, meiobilhete, meiociclo, meiofaqueiro, meiogás, meioirmão, meiossal, meiotermo, meiotempo, meiotom, semicircunferência, semiesfera, semirrecta*). Quando a base é um adjetivo, *semi-* (cf. *semi-inconsciente, semiautomático, semisselvagem*) ou *mei-* (cf. *meio maluco/instável*) exprimem um grau parcial, (inter)médio, não pleno do que a base denota: *semimaluco* ou *meiotolo* significam não inteiramente maluco ou tolo, apenas parcialmente maluco ou tolo. Quando modifica bases verbais, *semi-* explicita que a realização daquilo que a base denota é levada a cabo apenas parcialmente, de forma não totalmente ou não inteiramente acabada (cf. *semicerrar, semidestruir, semierguer, semiobscurecer, semiocultar*).

(v)sub-, **infra-** e **hipo-** explicitam a existência de uma propriedade 'abaixo/aquém do nível típico em que ela ocorre na base'. Atestam-no derivados como *subalimentação, subalimentado, subdesenvolvido, subdesenvolvimento, sub-humano,* *subfaturação, subliteratura, subproduto, subalimentar, subnutrir, subvalorizar; infra-humano, infra-avaliado, infra-alimentar, infraconsumir, infradesenvolver, infrafaturar; hipodesenvolvimento, hipomobilidade* ('mobilidade deficiente'), *hipotensão*.

Para uma descrição mais circunstanciada das propriedades das bases com as quais se combinam estes prefixos veja-se cap. 7: 7.7.1.

CAPÍTULO 6. FORMAÇÃO DE ADVÉRBIOS EM -*MENTE*

Graça Rio-Torto

6.1. Entre a composição e a derivação

O adverbializador -*mente* tem origem no nome latino MENS, MENTIS, e combina-se dominantemente com bases adjetivais, sejam simples (1) ou derivadas (2), e com alguns numerais multiplicativos, quando usados com valor intensivo, como em *duplamente*, *triplamente*.

(1) bases simples: *alegremente, amplamente, capazmente, certamente, corretamente, diretamente, facilmente, felizmente, habilmente, imensamente, juntamente, justamente, ligeiramente, mormente, paralelamente, plenamente, precisamente, propriamente, sabiamente, simplesmente*

(2) bases derivadas: *ameaçadoramente, antecipadamente, basicamente, confortavelmente, devidamente, discutivelmente, essencialmente, hipoteticamente, inconclusivamente, infatigavelmente, justificadamente, saborosamente, terminantemente*

A forma da base adjetival selecionada é a feminina, quando o adjetivo admite marcação formal de género (*boamente, chãmente, claramente, cristãmente, genuinamente, raramente, sãmente*), dando assim continuidade a um fenómeno de concordância de género entre adjetivo e o primitivo nome latino.

A natureza do processo que envolve adjunção de -*mente* aproxima-se em alguns aspetos da derivação e em outros da composição (Basílio 1988, Gonçalves 2011).

Os argumentos que têm sido invocados em favor da semelhança de procedimentos com a composição são essencialmente os dois seguintes:

(i) o facto de -*mente* se combinar com palavras que exibem marcas ([+feminino]) de flexão. A composição, nomeadamente a sintagmática e a morfossintática, opera com palavras, e mais ainda com palavras portadoras de marcas flexionais (*alta-fidelidade, alto-relevo*; *belas-artes, belo-canto*; *novo-mundo, nova-rica*; *parvo-alegre, parva-alegre*; *pato bravo, pata-choca*; *santa-sé, santo-graal*). A derivação opera com temas e com radicais, por inerência não flexionados (cf. cap. 1). A intervenção da sintaxe no interior do produto é, pois, determinante na delimitação da composição (cf. cap. 8) ou dos processos mais próximos desta, como a adverbialização em -*mente* ou a formação de z-avaliativos (cf. cap. 5), face à afixação. Para uma visão do contínuo entre estas modalidades de formação de palavras, veja-se cap. 7 e 8.

(ii) as bases a que -*mente* se acopla não alteram a sua identidade fónica, pois as vogais tónicas destas não sofrem no PE o processo de elevação e recuo típico do vocalismo pré-tónico: **a**gilmente, **ce**leremente, **po**bremente, mantêm as vogais <a>, <e> e <o> baixas, o mesmo não acontecendo em contexto derivacional, no PE (**a**gilidade, **ce**leridade, **po**breza). A não aplicação da regra do vocalismo átono é, pois, comum a compostos (**a**groturismo, **te**rmodinâmica, **ro**doviária, em que as vogais <a>, <e> e <o> se mantêm baixas) e a advérbios em -*mente* (**fa**cilmente, **ra**pidamente, **ce**rtamente, **fo**rtemente).

Por outro lado, a paradigmatização e a significativa representatividade do processo de adjunção de -*mente* a bases adjetivais aproximam o mecanismo de produção de advérbios da derivação. A perceção da grande produtividade deste processo, que aliás faz com que muitos dicionários não registem de forma sistemática os advérbios em -*mente*, leva Jerónimo Soares Barbosa, na sua *Grammatica philosophica da lingua portugueza* (1822: 340), a considerar que «A formação desta sorte de adverbios [que denomina de advérbios de qualidade] he tão regular que não soffre excepção alguma». Ora, se por um lado a formação de advérbios em -*mente* é um mecanismo claramente paradigmatizado e estabilizado na língua e de grande produtividade, está longe de ser verdade que se trata de um processo que não sofre exceção alguma. A análise das possibilidades e das impossibilidades combinatórias, e da natureza dos condicionalismos que as comandam, procura esclarecer esta questão.

Estando, pois, na interface entre composição e derivação, na génese deste mecanismo de adverbialização encontra-se um processo de gramaticalização.

Na secção 6.2. deste cap. descrevem-se algumas das mais significativas restrições categoriais, semânticas e morfológicas da adjunção de -*mente*, e na secção 6.3. analisam-se as condições morfológicas e semânticas de combinatória, e respetivas situações de exceção.

6.2 Restrições categoriais, semânticas e morfológicas

6.2.1 Restrições categoriais

O adverbializador -*mente* combina-se com bases adjetivais. A agramaticalidade das combinatórias (3-10) com advérbios, conjunções, nomes, numerais, pronomes, verbos, preposições comprova esta realidade.

(3) Nomes	(6) Pronomes	(9) Verbos
alegria: *alegriamente	ela: *elamente	dançar: *dançarmente
jacaré: *jacaremente	esta: *estamente	ler: *lermente
meloa: *meloamente	minha: *minhamente	
(4) Preposições	(7) Conjunções	(10) Numerais fracionários:
após: *aposmente	mas: *masmente	meio: *meiamente
dentro: *dentromente	portanto: *portantomente	terço: *terçamente
(5) Numerais ordinais[65]:	(8) Numerais cardinais:	
segundo: *segundamente	dois: *doismente	
terceiro: *terceiramente	dez: *dezmente	

Com numerais multiplicativos, muitas vezes usados como adjetivos (triplo, quádruplo), a adverbialização é possível.

(11) triplamente, quadruplamente

Uma vez que -*mente* se junta à forma feminina da base, é natural que não se combine com palavras invariáveis, como preposições, conjunções, advérbios, e também com palavras não variáveis em género, como os verbos. Alguns pronomes pessoais, apesar de variáveis em género, também não são compatíveis com -*mente*, por razões semânticas, pois não denotam propriedades.

Não obstante, em registos estético-literários, sempre mais permissivos a criações mais heterodoxas, é possível encontrar advérbios em -*mente* que têm por base nomes próprios (cf. 12, de. Camilo Castelo Branco), e outras classes de base não selecionáveis pela língua não literária. Filinto Elísio (13), Mia Couto (14) usam este recurso, e Guimarães Rosa (15) é amplamente conhecido pela sua grande prolificidade neste domínio.

(12) ela resistiu *lucreciamente*

---

[65] Tenha-se em conta que *primeiramente* não denota 'à maneira do primeiro', mas tem sentido temporal de 'em primeiro lugar'.

(13) *mulhermente*

(14) *bastantemente* [carregadíssimos]

(15) *antesmente, aposmente, coraçãomente, desdemente, depoismente, duasmente, maismente, minhamente, muitamente, quasemente, talmente, tãomente, todasmente, mil-vezes-mente, com-fomemente*

No caso (12), em que o advérbio equivale a 'à maneira virtuosa de Lucrécia', o nome próprio Lucrécia é usado como um predicador, denotando as propriedades estereotipicamente associadas à personalidade em causa.

Também J. Saramago usa *festivalmente* (*O ano da morte de Ricardo Reis*. Lisboa. Caminho, 16ed.: 333) em «deixa-se ir na corrente dos curiosos que festivalmente acorrem ao teatro de guerra».

Estes exemplos ilustram a derrogação que os escritores fazem das imposições categoriais da língua comum, combinando -*mente* com todas as classes de palavras acima consideradas incompatíveis com adverbialização.

Também em situações ritualizadas, como "saudai-vos *irmãmente*', na base do advérbio está o predicado 'fraterno, como irmãos', e não o nome que denota uma relação de parentesco.

Uma classe de palavras com as quais -*mente* também não se combina é a dos particípios, pois estes são formas verbais, usadas prototipicamente nos tempos compostos, com o auxiliar TER (x *tem atendido*). Como em muitos casos a língua possui adjetivos homólogos das formas participais (*atendido* vs. *atento*), afirma-se erroneamente que os advérbios têm por base estas. Mas o estudo das formas adjetivais irregulares dos chamados verbos "abundantes" mostra que na base do advérbio está o adjetivo (*atentamente*), e não o particípio (cf. 6.3.2.1. deste cap.).

6.2.2 Restrições semânticas

São várias as subclasses morfossemânticas de adjetivos que não admitem adverbialização.

Uma vez que o advérbio significa "de modo x" (cf. *à toa* e *atoamente*), "à maneira de X" (*renitentemente*), é de esperar que os adjetivos selecionados sejam capazes de funcionar como predicadores de actantes verbais. Assim se explica a não combinação com adjetivos estativos (**enfermamente, *solteiramente*) e com alguns dos classificatórios denominais (**agrariamente, *navalmente*) que, quando usados em sentido literal, não admitem adverbialização.

Como a informação semântica se sobrepõe à natureza morfologicamente complexa ou não da base, vamos privilegiar aquela em detrimento desta, incluindo portanto nas classes semânticas bases simples (*calvamente* feliz, sexy; *viuvamente* «sua tão viuvamente nova-do-Carmo, de cama, no quarto que foi de ambos» Óscar Kellner Neto, *A encrenca*, https://books.google.pt/books) e bases derivadas.

6.2.2.1 Adjetivos étnicos, pátrios, gentílicos

Pela sua semântica, os adjetivos gentílicos/pátrios, no seu sentido literal, não admitem adverbialização. A maior parte destes adjetivos tem origem denominal, e por isso se elencam aqui (16-23) pela ordem alfabética dos sufixos de que são portadores.

(16) -an-: **africanamente, *angolanamente, *cubanamente, *italianamente*
(17) -ã(o): **afegãmente, *alemãmente, *catalãmente*
(18) -ens-: **guineensemente, *vianensemente, *viseensemente*
(19) -ês: **chinesmente, *escocesmente, *francesmente, *mirandesmente*[66]

---

[66] A configuração *-ês* (e não *-esa*) é uma reminiscência do facto de no português antigo o sufixo *-ês* ser comum de dois géneros.

(20) -in-: *londrinamente, *marroquinamente, *tunisinamente
(21) -it-: *israelitamente, *moscovitamente
(22) -ol: *espanholamente
(23) -ot-: *cipriotamente

Os advérbios *burguesmente* e *cortesmente* já não têm, como aliás as respetivas bases adjetivais (*burguês, cortês*), um sentido literal ('do burgo, da corte'), pelo que são os sentidos lexicalizados ('da burguesia, acomodado na vida' e 'urbano, que age com urbanidade') que são selecionados por *-mente*.

Também *portuguesmente* ou *brasileiramente* tomam por base os sentidos estereotípicos associados aos adjetivos *português* e *brasileiro*, não os sentidos literais de "nascido em, oriundo de Portugal/Brasil". Outros adjetivos deste tipo, usados nas mesmas condições, são admissíveis: "portuensemente falando", isto é, falando 'à moda do Porto/de um portuense'.

6.2.2.2 Adjetivos com sufixos avaliativos

Os adjetivos deadjetivais, quando portadores de sufixos avaliativos, não admitem adverbialização em *-mente*.

(24) **-on**-: *bonitonamente, *grandonamente, *grosseironamente, *molengonamente
(25) **-inh**-: *gordinhamente, *grandinhamente, *magrinhamente, *tolinhamente
(26) **-it**-: *granditamente, *magritamente, *pequenitamente, *parvitamente
(27) **-ot(a)**: *atrevidotamente, *mauzotamente, *pequenotamente, *velhotamente

Já o advérbio *finoriamente*, não obstante ter por base um adjetivo avaliativo formado com um sufixo expressivo e de menor representatividade na língua, está amplamente atestado.

6.2.2.3 Adjetivos no grau comparativo

A adjunção de *-mente* não é possível a adjetivos na forma e com a significação comparativa, mesmo quando se trata de formulações irregulares e, por isso, há muito fixadas na língua: **maiormente, *melhormente, *menormente, *piormente.*

Este aspeto é particularmente impressivo porque a adverbialização é possível quando a base se encontra no superlativo (cf. 6.3 deste cap.).

6.2.3 Restrições morfológicas

São essencialmente de natureza semântica as condições que determinam a (não) combinação de *-mente* com bases adjetivais. Por isso em português coexistem bases sufixadas portadoras de um sufixo que rejeitam a adverbialização (**pedresmente*) e outras bem formadas (*cortesmente*) em que o mesmo está presente (cf. 6.3. deste cap.).

6.2.3.1 Bases adjetivais sufixadas

Não se combinam com *-mente* os adjetivos cujas bases sufixadas nominais denotam, no seu sentido literal, algumas realidades tangíveis (**pedregosamente, *postalmente*), sendo aceites as que têm significado temporal (*anualmente, diariamente*) ou mais abstrato (*ambiciosamente, historicamente, naturalmente, ordinariamente*).

O adverbializador não se combina com os derivados deverbais sufixados em *-vel* quando portadores de sentido de potencialidade passiva:

(28) ***-vel***: **aproveitavelmente, *desmascaravelmente*

Todavia, como veremos em 6.3., alguns adjetivos em *-vel*, quando usados com um sentido lexicalizado e/ou quando desprovidos do sentido de potencialidade passiva, como *afável*, *agradável*, *amável*, *apreciável*, admitem a adjunção de *-mente* (*afavelmente*, *agradavelmente*, *amavelmente*, *apreciavelmente*). No seu sentido literal, não se combinam com *-mente*.

6.3 Condições de adjunção de *-mente*

Além de significar "de modo x", "à maneira de X" (*irresponsavelmente* 'de modo irresponsável'; *pausadamente* 'de modo pausado'; «ele reagiu de modo acintoso» (ou *acintosamente*); «a taxa de juros cresce de modo pouco sustentado» (ou pouco *sustentadamente*)), os advérbios em *-mente* também denotam pontos de vista, como em *arquiteturalmente/filmicamente falando*. Neste caso, como são inúmeros os campos do saber-fazer a que o falante se pode referir, são igualmente numerosos os adjetivos que podem servir de base a advérbios deste tipo (*antropologicamente*, *eolicamente*, *futebolisticamente*, *monetariamente*, *parentalmente*, *posturalmente*).

Os adjetivos de cor não se prestam a uma adverbialização linear no seu sentido literal, por não denotarem 'de modo x' (cf. «pintou a porta *amarelamente* (?)»; «parede *azulmente* (?) decorada»; «moradia *verdemente* (?) requalificada»); em todo o caso, a sua aceitabilidade é marcada por alguma escalaridade, como se observa em «casas *brancamente* caiadas» (http://diariosdaerrancia.blogspot.pt/2013/02/

bencatel.html), «ele era tão *roxamente* católico» (alusão ao roxo do período da quaresma), «A Disney sempre esteriotipou *roxamente* o herói, o vilão, a princesa» (http://usinasuburbana.blogspot.pt/2009/04/sipelberg-animaniacs-and-hysteria_11.html). De igual modo, alguns adjetivos de cor são usados adverbialmente em sentido figural, como o atestam os dados extraídos da internet (cf. (29)):

(29) a. *amarelamente* (cf. «Foto Amor-*Amarelamente*-Perfeito.» Amor-Amarelamente-Perfeito - Olhares.com - Sapo
b. *azulmente* («OLX oferece anúncios classificados de *azulmente* na categoria Áudio» (cf. Azulmente : Classificados de Áudio em Brasil | OLX)
c. *castanhamente* («Aqueles olhos castanhos encontraram os meus (*castanhamente* iguais)» https://naquelaepoca.wordpress.com/2013/05/20/castanhamente-iguais/
d. *cinzentamente* («A paixão de Anna Bolena numa detestável sexta-feira santa cinzentamente portuguesa. Ópera de Viena, Abril de 2011»)cf. https://www.google.pt/search?q=cinzentamente&ie=utf-8&oe=utf-8&gws_rd=cr&ei=OZH9VLHyIYXvUP74g_gD
e. *verdemente* (Suíte Umbú: frescor verdemente doce - Casa Mangarosa ... http://casamangarosacanoa.blogspot.pt/p/suite.html

De uma forma geral, os adjetivos que estão na base dos advérbios em *-mente* podem funcionar como predicadores de actantes, nomeadamente humanos, e de eventos (cf. 30).

(30)
agilmente, alegremente, brandamente, bruscamente, capazmente, dificilmente, dignamente, fielmente, finamente, fortemente, francamente, gravemente, habilmente, honestamente, lentamente, livremente, pobremente, rapidamente, sagazmente, simpaticamente, sinceramente, subtilmente, tristemente, velozmente

Os adjetivos de (30) são maioritariamente simples, no que à sua estrutura morfológica diz respeito. Mas o mesmo se aplicaria a adjetivos morfologicamente complexos. Este aspeto é particularmente relevante, pois as condições de adjunção de -*mente* a bases afixadas, sejam prefixadas ou sufixadas, pautam-se mais pela semântica daquelas do que pelo afixo usado. Assim, em geral o advérbio integra composicionalmente o semantismo da base, podendo falar-se em advérbios volitivos, como *deliberadamente, intencionalmente*, em advérbios partitivos, como *parcialmente*, em advérbios orientados para o modo (*cuidadosamente, suavemente, violentamente*), e para todas as demais classes semânticas que caraterizam as bases.

Os adjetivos de significado temporal prestam-se muito à adverbialização através de -*mente* (*anualmente, diariamente*). Também neste caso a morfologia interna do adjetivo não assume importância crucial face à semântica do mesmo. Assim, encontram-se advérbios em -*mente* construídos com base em adjetivos de temporalidade, sejam morfologicamente simples (*atual, eterna, nova, súbita*), derivados deverbais (*atrasada, concomitante, prolongada*) ou denominais (*episódica, milenar, momentânea, tardia*).

(31)

atualmente	diariamente	novamente 'outra vez'	regularmente
antecipadamente	eternamente	permanentemente	seguidamente
anteriormente	frequentemente	presentemente	semanalmente
antigamente	futuramente	posteriormente	semestralmente
anualmente	habitualmente	primeiramente	subitamente
atrasadamente	imediatamente	proximamente	subsequentemente
concomitantemente	mensalmente	prolongadamente	temporariamente
contemporaneamente	milenarmente	quotidianamente	ulteriormente
demoradamente	momentaneamente	raramente recentemente	ultimamente

No que diz respeito à manifestação de grau, são compatíveis com -*mente* alguns adjetivos na forma superlativa irregular, tais como

(32) *maximamente, minimamente, otimamente, pessimamente.*

Também as bases adjetivais no superlativo em -*íssim*- admitem adverbialização em -*mente*:

(33) *belissimamente, exatatissimamente, inteligentissimamente, lindissimamente*

Neste conjunto incluem-se adjetivos de cor, tais como (34-36), atestados em linha, em sítios que usam linguagem informal e/ou figural:

(34) *amarelissimamente* (http://www.ufsm.br/deusamorna/ebm5.html),
(35) *azulissimamente* (www.cinequanon.art.br/gramado_detalhe.php),
(36) *vermelhissimamente* (belgavista.blogspot.com/2007/08/vermelho.html)

6.3.1 Bases prefixadas

Nos advérbios em *-mente* construídos com base em palavras já prefixadas, mais do que o prefixo é essencialmente a natureza semântica da base que possibilita, ou não, a adjunção de *-mente*. No conjunto dos advérbios portadores de prefixos, quanto mais a base já se encontra lexicalizada, quanto mais a base é usada numa aceção não literal e/ou não é já percecionada como composicionalmente prefixada, mais probabilidade há de a adjunção de *-mente* ser considerada aceitável. Por exemplo, num caso como o de *proeminentemente*, a interpretação da base *proeminente* é a equivalente a 'saliente, notável, que sobressai', e é esse o sentido que é herdado pelo advérbio.

Quando o adjetivo denominal que está na base do advérbio remete para um local ou para um topónimo, como em *cisalpino*, o advérbio em *-mente* não é bem formado (*cisalpinamente). Já, pelo contrário, quando a base do adjetivo denota temporalidade, a adverbialização em *-mente* encontra terreno fértil para a sua ativação (*concomitantemente, pré-nupcialmente, retroativamente*). Nos exemplos que se seguem o sinal — representa o espaço em que o advérbio pode ser usado.

(37) **ante**-: *antenupcialmente* (acordo celebrado —)
(38) **co**-: *colateralmente*
(39) **contra**-: *contraditoriamente*
(40) **des**-: *deslealmente, desalmadamente, descaradamente, descartavelmente, desconfiadamente, desconformemente, descontentemente, descontinuadamente, despeitadamente, despudoradamente*
(41) **extra**-: *extrajudicialmente, extra-uterinamente* (acordo/operação realizado/a —).
(42) **hipo**-: *hipocaloricamente* (alimentação — controlada)
(43) **in**-: *impropriamente, inadequadamente, inativamente, inadequadamente, incompletamente, incompreensivelmente, incorretamente, indevidamente, indiferentemente, indiscutivelmente, indistintamente, infelizmente, insensivelmente, insignificantemente, invisualmente, irregularmente, invariavelmente*
(44) **infra**-: *infranutridamente*
(45) **inter**-: *intercontinentalmente* (passeando —)
(46) **intra**-: *intra-arterialmente* (alimentado —), *intravenosamente*
(47) **pré**-: *pré-nupcialmente, pré-contratualmente, pré-prandialmente*
(48) **pós**-/**post**-: *pós-nupcialmente*
(49) **sobre**-: *sobrenaturalmente, sobrefaturadamente*
(50) **sub**-: *subliminarmente, subconscientemente, subcutaneamente* (alimentado)
(51) **trans**- : *transfiguradamente*

Os adjetivos temporais, como *atual, anterior, antiga, anual, concomitante, contemporânea, diária, episódica, eterna, frequen-*

te, *futura, habitual, imediata, mensal, milenar, momentânea, permanente, posterior, prolongada, quotidiana, seguida, semanal, semestral, subsequente, súbita, temporária*, raramente admitem negação através de *in-*, mas quando tal ocorre (*inatual, infrequente*) a adverbialização não é possível: **inatualmente, *infrequentemente*.

Por vezes, na base do advérbio em *-mente* estão adjetivos prefixados em *in-* (*incansavelmente, inexoravelmente, ininterruptamente*) dos quais não existe a forma não prefixada (**cansável, *exorável, *interrupta*). Por isso é sempre aquela (*incansável, inexorável, ininterrupta*) que funciona como base do advérbio. Não obstante, circunstâncias há também em que o adverbializador *-mente* se combina com bases adjetivas prefixadas em *in-* e sufixadas em *-vel*, como *inalteravelmente*, mas não com as correspondentes bases não prefixadas (**alteravelmente*).

6.3.2 Bases sufixadas

6.3.2.1 Adjetivos deverbais

O adverbializador *-mente* combina-se com adjetivos deverbais portadores de sufixos diversos, como *-nte, -dor, -tíci-, -t/siv-, -tóri-, -d-, -vel*.

(52) **-d-**: *atrasadamente, consabidamente, aterrorizadamente, perdidamente*, (bem/mal) *posicionadamente*
(53) **-diç-**: *atiradiçamente*
(54) **-dor**: *conservadoramente, reparadoramente, tentadoramente*
(55) **-dour-**: *duradouramente*
(56) **-i-**: *arrediamente, fugidiamente*
(57) **-nte**: *abundantemente, ardentemente, brilhantemente, condescendentemente, consistentemente, contundentemen-*

te, delirantemente, desconcertantemente, hesitantemente, deslumbrantemente, estridentemente, exigentemente, florescentemente, fulminantemente, galopantemente, hesitantemente, hilariantemente, intransigentemente, maldizentemente, obedientemente, ofegantemente, penetrantemente, perseverantemente, preferentemente, resistentemente, sorridentemente, sufocantemente, surpreendentemente, terminantemente, titubeantemente, tolerantemente, ululantemente, urgentemente, vibrantemente

(58) **-tíci-**: *ficticiamente*

(59) **-t/siv-**: *afirmativamente, administrativamente, agressivamente, cansativamente, informativamente, nutritivamente, pensativamente*

(60) **-tóri-**: *contraditoriamente, difamatoriamente, discriminatoriamente*

(61) **-vel**: *abominavelmente, aceitavelmente* (cf. «instalações aceitavelmente simples»), *aconselhavelmente* («A duração dos estágios deve ser acordada entre cada candidato e cada empresa, [...] situando-se aconselhavelmente [...] entre um e três meses» http://www.apecom.pt/biblioteca/boaspraticas/boas-praticas-materia-aceitacao-estagiarios), *admiravelmente, afavelmente, alegavelmente, alteravelmemte, amavelmente* ('simpaticamente'), *aprazivelmente, desagradavelmente* (<*desagradável*), *desconfortavelmente* ('de modo desconfortável'), *desprezivelmente* (<*desprezível*).

Dum modo geral, as bases sufixadas em -*vel* admitem a adverbialização quando (já) desprovidas do sentido de potencialidade passiva (*agradavelmente, amavelmente*).

Quando há um adjetivo departicipial regular e um irregular, é tendencialmente este o selecionado como base do advérbio (cf. 62). Mas assim não acontece com algumas bases adjetivais departicipiais, correspondam elas a formas irregulares (*eleitamente, *supraditamente) ou regulares (*nascidamente, *supramencionadamente).

(62)

Adjetivo departicipial regular	Adjetivo departicipial irregular	Advérbio
Atendid-	Atent-	Atentamente
Cegad-	Ceg-	Cegamente
Completad-	Complet-	Completamente
Corrigid-	Corret-	Corretamente
Dirigid-	Diret-	Diretamente
Fixad-	Fix-	Fixamente

6.3.2.2 Bases adjetivais denominais

No âmbito das bases adjetivais denominais (cf. 63-75), mantêm-se válidas as coordenadas semânticas que permitem ou que inviabilizam a combinatória de -*mente*. Se tomarmos como exemplo os adjetivos sufixados em -*al*, verificamos que as bases que denotam propriedades relacionadas com tempo ou com espaço são adverbializáveis (*anualmente, centralmente, finalmente, inicialmente, lateralmente, ocasionalmente, semestralmente, temporalmente*).

(63)-*al*:

anualmente	*fiscalmente*	legalmente	*professoralmente*
artificialmente	*formalmente*	manualmente	*profissionalmente*
carnalmente	*fundamentalmente*	marginalmente	*regionalmente*
comercialmente	*globalmente*	mentalmente	*semanalmente*
criminalmente	*grupalmente*	normalmente	*sexualmente*
culturalmente	*habitualmente*	ocasionalmente	*tendencialmente*
espacialmente	*individualmente*	pessoalmente	*tradicionalmente*
especialmente	*industrialmente*	policialmente	usualmente
essencialmente	*instrumentalmente*	potencialmente	visceralmente

O mesmo se aplica a adjetivos cujas bases denotam objetos (*muralmente* falando: cf. https://www.youtube.com/watch?v=UK21g8hbQDc), partes do corpo (*arterialmente* irrigado, *cerebralmente* comprometido, *facialmente* diminuído), estados (*gripal*), matérias (águas mineralmente gasosas), mas também realidades menos tangíveis (*naturalmente, potencialmente*). Situação idêntica se passa com as bases portadoras dos demais sufixos adjetivalizadores (cf. 64-75).

(64) *-an-*: *anterianamente, balsaquianamente, queirosianamente*
(65) *-ar*: *alimentarmente, escolarmente, familiarmente, secularmente*
(66) *-ári-*: *arbitrariamente, autoritariamente, diariamente, humanitariamente, planetariamente, temporariamente, tributariamente, universitariamente* [67].
(67) *-eir-*: *financeiramente, interesseiramente*
(68) *-esc-*: *animalescamente, carnavalescamente, cavalheirescamente, dantescamente, folhetinescamente, gigantescamente, livrescamente, principescamente, romanescamente*
(69) *-ic-*: *academicamente, antagonicamente, aristocraticamente, atomicamente, automaticamente, ciberneticamente, demagogicamente, democraticamente, energicamente, ironicamente, metalicamente, pacificamente, pateticamente, romanticamente, tipicamente*
(70) *-il*: *infantilmente, juvenilmente, mercantilmente, pastorilmente*
(71) *-ist-*: *calculistamente, financistamente, saudosistamente*
(72) *-iv-*: *altivamente, desportivamente, instintivamente*
(73) *-onh-*: *enfadonhamente, medonhamente, risonhamente, tristonhamente*
(74) *-os-*: *ambiciosamente, amorosamente, astuciosamente, audaciosamente, corajosamente, criminosamente, deliciosamente, fantasiosamente, gostosamente, harmoniosamente, honrosamente, indecorosamente, maliciosamente, manhosamente, maravilhosamente, milagrosamente, misteriosamente, pompo-*

---

[67] Muitas das palavras portadoras de *-ári-* são cultismos (*comunitariamente, literariamente, monetariamente, paritariamente, solitariamente*), não podendo ser interpretadas como construídas no português. Por isso também o seu sentido não é decomposicional, mas encontra-se fortemente lexicalizado.

samente, perigosamente, preguiçosamente, proveitosamente, religiosamente, substanciosamente, virtuosamente
(75) **-ud**-: *abelhudamente, carrancudamente, telhudamente*

Os adjetivos depatronímicos, nomeadamente derivados em *-an-* ou em *-in-*, admitem adjunção de *-mente*, mormente quando a base denota uma personalidade marcante, como em 'a sociedade foi *hitlerianamente* fustigada, mesmo após o fim da guerra', ou em 'a cidade foi sendo *pombalinamente* construída'.

Como muitos adjetivos denominais em *-ic-* denotam relações especializadas de saber, em conexão com o sentido das bases, os advérbios em *-mente* prestam-se muito a um uso como advérbios de ponto de vista, como se atesta pelos exemplos seguintes:

(76) *agronomicamente, alcoolicamente, arqueologicamente, biologicamente, catastroficamente, cientificamente, economicamente, energeticamente, geograficamente, metodicamente, politicamente, tecnologicamente*

6.4 Sentido das bases

De uma forma geral, é o sentido não literal ou não composicional, mas o figurado ou o já lexicalizado que é selecionado, como os exemplos (77-78) ilustram.

(77) *Amavelmente* 'de modo/forma amável', usa *amável* no sentido de 'simpático, cordial, encantador', e não no sentido literal de 'que pode/merece ser amado'.
(78) *Terminantemente* equivale a 'categoricamente', usando portanto o valor de 'categórico, decisivo, irrevogável' de *terminante*, e não o sentido composicional de 'que termina'.

Casos há, como os seguintes (* denota que a combinação com *-mente* é agramatical), em que a adverbialização é possível quando é focalizado o sentido não literal, não composicional, mas o lexicalizado.

Base adjetival	*Sentido literal + -mente	Advérbio em *-mente*
alta	'de altura elevada'	altamente 'intensamente': urânio altamente enriquecido, países altamente endividados
amarga	'azeda' (comida)	amargamente 'com amargura interior'
cega	'invisual'	cegamente 'irrefletidamente, sem pensar'
dura	'de dureza elevada'	duramente 'com severidade excessiva'
grande	'de estatura elevada'	grandemente 'sobremaneira, intensamente'
larga	'de largueza acentuada'	largamente 'amplamente'
leve	'de baixo peso'	levemente 'ligeiramente, superficialmente'

Quadro VI.1. Sentido (não) literal da base e combinabilidade com *-mente*

Esta preferência pelo sentido lexicalizado faz-se sentir com quaisquer classes de bases adjetivais com as quais *-mente* se combina. Trata-se, portanto, de um traço constante deste operador, que importa não negligenciar pelos custos que acarreta em termos de processamento. Em fases precoces de aprendizagem da língua, seja em falantes de português como língua materna, seja em utentes de português como língua segunda e/ou estrangeira, em que o sentido lexicalizado da base não faz ainda parte da competência lexical do falante, este tem de ser memorizado para o advérbio ser usado em conformidade com as convenções comunicativas da língua.

Devido a este comportamento, muitos advérbios em *-mente* são portadores de valores bem cristalizados, de natureza aspetual (*completamente*), epistémica (*aparentemente, provavelmente*), deítica (*atualmente*), intensiva (*absolutamente, altamente, sumamente*), não subsumíveis no sentidos composicionais. Os advérbios *certamente, efetivamente, obviamente, realmente* são usados com valor asseverativo, e *possivelmente, provavelmente* para exprimir dúvida.

CAPÍTULO 7. PREFIXAÇÃO

Graça Rio-Torto

7.1 Introdução: fronteiras entre sufixação, prefixação e composição

As fronteiras entre estruturas de prefixação e de composição constituem um tema em aberto e de difícil solução, quer teórica, quer empírica. Tanto quanto estabelecer as semelhanças e dissemelhanças entre prefixação e composição, importam também as (dis)semelhanças entre prefixação e sufixação, em vista ao apuramento das propriedades que a prefixação partilha com a composição e as demais modalidades de afixação (cf. Rio-Torto 2014a).

Se compararmos o universo de prefixos e de não prefixos em duas gramáticas de referência de língua portuguesa, a de Cunha & Cintra (1984) e a de Bechara (2004), constatamos uma assinalável divergência de posições, pois enquanto Cunha & Cintra apenas consideram como prefixos os constituintes dos conjuntos 1. e 3. (cf. quadro VII.1), já para Bechara no universo dos prefixos incluem-se os constituintes dos conjuntos 1. e 2. Reproduzem-se aqui as configurações que os autores usam, mesmo que nos seus étimos ou variantes erudito/as

	Bechara	Cunha & Cintra
1.a(b)-, ad-, ante-, circum-, cis-, cum-, contra-, de-, des-, dis-, di(s)-, ex-, es-, e-, em-, in-, extra-, in- (negação), inter-, entre-, intro-, intra-, ob-, per-, pos-, pro-, re-, retro-, sobre-, soto-, sota-, trans-, tras-, tres-, ultra-, vice-, vis-	+prefixo	+ prefixo
2.ambi-, bene-, bem-, bis-, centum-, decem-, infra-, pluri-, praeter-, primu-, pre-, satis-, semi-, so-, sob-, sub-, tris-, tri-, tress-, un-	+prefixo	- prefixo
3. justa-, super-, supra-	- prefixo	+ prefixo

Quadro VII.1. Constituintes prefixais e não prefixais em Bechara e em Cunha/Cintra.

Um dos critérios mais invocados para incluir constituintes que apenas funcionam em posição prefixal no universo dos prefixos ou no dos constituites presos da composição tem sido o que se prende com a autonomia acentual dos mesmos.

Os constituintes dos compostos têm, na sua maioria, autonomia acentual, mesmo que sejam radicais presos como *bio-*, em *bioesfera*, *eletr-*, em *eletroestática*, *eno-*, em *enoturismo*, *fon-*, em *fonografia*.

Mas em *biólogo*, *biótipo*, em *eletrólise*, em *enólogo*, *enologia*, em *fonologia*, assim já não acontece, e não deixamos de estar perante compostos morfológicos. Aliás, muitos compostos morfológicos constituem um só domínio acentual, como *arqueólogo*, *autómato*, *bilioteca*, *hemograma*, *hipódromo*, *micróbio*, pelo que a preservação ou não do domínio acentual, até mais do que a qualidade vocálica do constituinte da esquerda, não funciona, por si só, como critério distintivo de prefixos e compostos.

7.1.1 Prefixos e constituintes de compostos

7.1.1.1 Propriedades comuns a prefixos e constituintes de composição

Ao contrário dos sufixos, que são constituintes presos, os constituintes do tipo de *ante-*, *com-*, *contra-*, *de-*, *entre-*, *para-*, que em português apenas ocorrem em posição prefixal, gozam de uma relativa maior autonomia, em parte relacionada com a sua origem preposicional (cf. *ante-, com-, de-, entre-, para-*).

As propriedades comuns a prefixos e constituintes de composição são:

(i) a possibilidade de uns e outros se combinarem com palavras, como *assimetria, contra-ataque, desleal, sobrecarga* e, no âmbito dos compostos, *belas-artes,* (a) *guarda-republicana,* (o) *guarda republicano,* (o) *guarda noturno, lua cheia,* (os) *pães-de-leite,* por exemplo.

(ii) o facto de muitos prefixos e de os constituintes de compostos manterem a sua estrutura prosódica: à exceção de *a(d)-, a(n)-, co-, en-, des-, in-* (o ilativo e o negativo), os demais constituintes que ocorrem em posição prefixal constituem domínio acentual (*anti-, contra-, entre-, hiper-, inter-, sobre-, ultra-*) e não alteram a sua identidade fónica, pois as vogais tónicas não sofrem o processo de elevação e recuo típico do vocalismo pré-tónico do PE: *exo-* (*exocêntrico*), *hetero-* (*heterossexual*), *macro-* (*macrocefalia*), *maxi-* (*maxióleos*), *poli-* (*polidesportivo*), *pré-* (*pré-acordo*), *pós-* (*pós-parto*), mantêm as vogais <a>, <e> e <o> baixas. A não aplicação da regra do vocalismo átono do PE é, pois, comum a compostos (*agroturismo, termodinâmica, rodoviária*, em que as vogais <a>, <e> e <o> se mantêm baixas), a advérbios em *-mente* (*facilmente, rapidamente, certamente, fortemente*) e a prefixos.

(iii) a existência de uma fronteira de palavra entre o constituinte da esquerda e o da direita, em *pré-, pós-, pró-, contra-, hipo-, hiper-, homo-, hetero-, maxi-, mini-, infra-, supra-*, confirmada pelo facto de, tal como em estruturas de coordenação (*os mais [...] e menos trabalhadores; as numerosas [...] e inteligentes alegações*), poderem ocorrer isolados, com omissão do núcleo, mas mantendo escopo sobre o conjunto da estrutura da coordenação:

(1) as licenciaturas *pré-* e *pós-Bolonha*
(2) os *pró-* e os *contra-Khadafi*
(3) os *endo-* e os *exo-cranianos*
(4) *os homo-* e os *heterossexuais*
(5) *os hipo-* e os *hipersensív*eis
(6) *os maxi-* e os *mini-tamanhos*
(7) *os infra-* e os *supradotados* ....

Todavia, as propriedades de sinal contrário, que em 7.1.1.2. se elencam, apontam para a existência de um *continuum* em que alguns formantes se comportam de forma mais próxima da que se considera prototípica da prefixação e outros da forma mais próxima da que se considera prototípica da composição.

7.1.1.2 Propriedades diferenciais entre prefixos e constituintes de compostos

São os seguintes os critérios que usamos para diferenciar constituintes prefixais de constituintes de composição (Ribeiro 2010; Rio-Torto 2014a; Rio-Torto & Ribeiro 2009, 2012):

(i) um constituinte tem natureza e comportamento tanto mais prefixal quanto se pode associar a várias classes lexicais de bases, ou seja, é pluricategorial (cf. cap. 1). Ao contrário, os constituintes de compostos estão tipicamente envolvidos em combinatórias monocategoriais [68]. Assim, muitos dos prefixos do português acoplam-se a bases verbais, adjetivais e, por

---

[68] Também se associam a várias classes de palavras alguns constituintes de compostos não morfológicos, como *mãos*, em *mãos-largas, segunda-mão, mão-de-vaca*, ou *pão* em *ganha-pão* e *pão de leite*.

vezes também, a bases nominais. Pelo contrário, e em regra, os constituintes de compostos morfológicos tendem a combinar-se apenas com bases de uma só classe lexical, e apenas com algumas denominações (cf. (9)). Os sufixos, sejam iso- ou heterocategoriais, são, em geral, combinatorialmente monocategoriais (Rio-Torto 1998); a exceção é preenchida com os avaliativos (Rio-Torto 1993), por via de regra pluricategoriais.

(8) *des*[*amor*]$_N$, *des*[*leal*]$_A$, *des* [*fazer*]$_V$
(9) *sofá*[*cama*]$_N$, *sofá**[*leito*]$_N$, *sofá**[*peras*]$_N$, *sofá**[*leve*]$_N$, *sofá* *[*repousar*]$_V$,

(ii) os prefixos prototípicos não são especificados categorialmente, o que lhes permite combinar-se com várias classes de base, como nomes, adjetivos, verbos (cf. (10)) [69] ; ao invés, os constituintes de compostos são marcados sob o ponto de vista lexical (cf. 11-14). O mesmo se aplica aos sufixos que, sejam isocategoriais, como -*am*(*e*)$_N$, -*ism*(*o*)$_N$, ou heterocategoriais (-*iz*$_V$, -*ção*$_N$, -*al*$_A$, -*esc*-$_A$), são marcados por uma dada classe gramatical.

(10) [[*des*[*amor*]$_N$]$_N$, [[*des*[*leal*]$_A$]$_A$, [[*des*[*fazer*]$_V$]$_V$
(11) [NN]$_N$: *nadador-salvador, outono-inverno, pistola-metralhadora, saia-calça*
(12) [NA]$_N$: *amor próprio, arroz doce, capacetes azuis, cofre forte, guerra fria, lua nova, montanha russa, obra prima, saco azul, sangue frio, via verde*
(13) [AN]$_N$: *alta costura, belas artes, grande área, grãoduque, livre arbítrio, puro sangue, sétima arte*

---

[69] Como se explicita no cap. 8, as unidades lexicais formadas por composição são dominantemente nomes, quaisquer que sejam os esquemas de composição envolvidos e as classes de constituintes neles presentes. Assim acontece com [[*rin*]$_{RadN}$*o*[*patia*] $_{RadN}$]$_N$, [[*belas*]$_A$[*artes*]$_N$]$_N$, [[*alto*]$_A$[*relevo*]$_N$]$_N$, [[*guarda*]$_V$[*chuva*]$_N$]$_N$, [[*fim*]$_N$*de*[*semana*]$_N$]$_N$.

(14) [Rad$_N$ Rad$_N$]$_N$: *cardiopatia, cronologia, filosofia, naturopatia, nevralgia, ortografia, sambódromo, xenofobia.*

O quadro seguinte sintetiza estas propriedades.

Propriedades	Prefixo	Constituinte de composição
Restrição de seleção: combinatória unicategorial	-	+
Restrição de seleção: combinatória multicategorial	+	-
Especificação categorial	-	+

Quadro VII.2. Propriedades de prefixos e de constituintes de composição

(iii) Os prefixos não funcionam como núcleos lexicais ou categoriais dos produtos em que ocorrem: é o núcleo, que nas palavras prefixadas se encontra, em português, tipicamente à direita [70], que determina a classe lexical do produto: *contracapa*; *sub-cave*; *super-homem*. Já os compostos vernáculos do português (*couve-flor*; *lua cheia*) têm tipicamente núcleo categorial e lexical à esquerda. Em compostos AN, do tipo *alta-finança, belas artes*, e nos compostos eruditos, o núcleo pode estar à direita (*ignífugo*; *raticida*; *sambódromo*);

(iv) os prefixos não têm capacidade denominativa, e por isso funcionam essencialmente como modificadores das unidades lexicais a que se acoplam; os constituintes dos compostos têm capacidade denominativa, remetendo para uma entidade (*bio* 'vida'; *fil-* 'amigo'; *sofia* 'saber, sabedoria') ou propriedade (*neo* 'novo'; *pseudo* 'falso') do mundo extralinguístico referencialmente identificável;

---

[70] No entanto, os prefixos *a-, es-, en-*, quando se adjungem a bases nominais e adjetivais, dão origem a verbos (cf. cap. 4: 4.3.3.2).

(v) os prefixos ocupam posição fixa (*desocupar, imparável*); alguns constituintes de compostos morfológicos ocupam a posição da esquerda ou a da direita (cf. to**pogra***fia* e **graf***ologia*);

Constituintes	Posição inicial nos compostos	Posição final nos compostos
-cron-	cron-: crononolgia	-cron-: diacronia, síncrono
-fil-	fil-: filantropia	-fil-: cinéfilo
-fon-	fon-: fonologia	-fon-: estereofonia
-graf-	graf-: grafologia	-graf-: polígrafo, geógrafo
-gram-	gram-: gramofone	-gram-: pictograma
-metr-	metr-: metrópole	-metr-: parquímetro

Quadro VII.3. Posições de alguns constituintes de composição

(vi) os prefixos não ocorrem como palavras independentes, por contraste com os membros dos compostos como *arroz doce, bebé-proveta, via verde* [71];

(vii) constituintes como *ambi-, contra-, epi-, hemi-, hipo-, macro-, maxi, mega-, micro-* não têm possibilidade de funcionar como bases lexicais, não permitindo portanto a acoplagem de afixos, por forma a constituírem uma palavra autónoma; o mesmo acontece com os sufixos (*-ção, -idad(e), -ism(o), -ment(o), -vel*); só os constituintes de compostos podem funcionar como bases lexicais, permitindo portanto que se lhes acoplem sufixos (*aut+ism(o), bió+tic(o/a), eletr+iz(ar), form+al, glot+al, gráf+ic(o/a), graf+it(e), híp+ic(o/a), mórf+ic(o/a)*) e prefixos (*a+morfo; dis+forme; epi+glote; in+forme*).

(viii) os prefixos não são especificáveis quanto ao género (*hiperalto/a, interajuda/ texto, superaluno/a*), mas os constituintes não presos dos compostos são-no (*alta finança, alto relevo; meia-dose, meio-mundo*), o mesmo se verificando em radicais nominais greco-latinos, como (*o*) *gram-*, (o) *metr-*.

---

[71] Em *os prós e os contra*, como em *os ismos* há lugar a um processo de conversão categorial, de nominalização.

(ix) os prefixos não flexionam em número e em género, diferentemente de muitos constituintes de compostos, se lexicalmente autónomos, como *cavalos-marinhos*, *luas-cheias*, que flexionam em número, e *surdos-mudos/surdas-mudas*, que também variam em género [72];

(x) os produtos prefixados (como os sufixados prototípicos) não são permeáveis à intervenção da marcação de género e de número no seu interior; pelo contrário, assim acontece

a. em algumas estruturas de composição (o *surdo-mudo*, a *surda-muda*, os *surdos-mudos*, o(s) *menino(s)-prodígio*, a(s) *menina(s)-prodígio*))

b. e nas que lhes estão mais próximas, como as que envolvem a formação de advérbios em *-mente* (*boamente*, *divertidamente*) e os *z*-avaliativos (*pãezinhos*, *papeizitos*).

(xi) os prefixos não alteram a classe lexical da base a que se juntam [73]; sendo *seco* um adjetivo, *extrasseco*, *hiperseco*, *meio--seco*, *pré-seco*, *semisseco* e *ultrasseco* são também adjetivos. A isocategorialidade dos prefixos é confirmada nos nomes em aposição do tipo (produto) *antirroubo*, (avião) *birreator*, (movimento) *anti/pró-aborto*, (torneio) *internações*, (transporte) *monocarril*, (depressão) *pós-parto*, (jogo) *multipeças* (Martín Garcia 2005: 53) [74].

---

[72] Em *os prós e os contra*, como em *os ismos*, havendo lugar a um processo de nominalização, encontra-se justificada a possibilidade de pluralização.

[73] A adjunção dos prefixos preposicionais lativos *a(d)-* (*aconselhar, alojar*), *en-* (*encarcerar, enlutar*) e *es-* (*espreguiçar, estripar, esventrar*) faz-se acompanhar de uma alteração da classe lexical da base (cf. Lieber 1992, Pereira 2007, e cap. 4), formando verbos heterocategorais. Para os defensores de que na formação de verbos deste tipo está um processo de parassíntese ou de circunfixação com constituinte ø na direita (*a(d)-* ... ø, *en-*... ø e *es-*... ø), então seria o próprio processo de parassíntese o responsável pela alteração da classe lexical.

[74] Tentamos respeitar a Base XVI do Acordo Ortográfico, segundo a qual só se emprega o hífen (i) nas formações em que o segundo elemento começa por *h* e (ii) nas formações em que o prefixo ou pseudoprefixo termina na mesma vogal com que se inicia o segundo elemento. As incongruências que se mantêm no Acordo são aqui

Nas estruturas do tipo *antediluviano, interdental, précolombiano, pósverbal*, há uma descoincidência entre estrutura morfológica e estrutura semântica, e cuja formação se processará do seguinte modo:

(15) [[[*ante* [*diluv*]$_{RadN}$]$_{RadN}$ *an*]$_A$

(16) [[[*inter* [*dent*]$_{RadN}$]$_{RadN}$ *al*]$_A$.

Um derradeira nota:

Como se observa no capítulo 8 consagrado à composição, a maior parte dos constituintes que ocorrem em compostos morfológicos, nomeadamente na posição esquerda destes, são formas presas com fronteira direita consonântica (*agr-, antrop-, cosm-, eletr-, ferr-, hidr-, petr-, rat-, term-*) e só raramente com fronteira vocálica (*ole-*); assim, a formação de um composto morfológico requer tipicamente a adjunção de uma vogal de ligação, <i> ou <o>: *agrícola, agrónomo, boquiaberto/a, eletrífugo, eletrólise, eletromagnetismo, ferrífero, ferrovia, oleígeno, oleoduto, petrícola, petrogénico* [75], *raticida, ratólogo* [76].

Muitos dos constituintes que ocorrem em posição prefixal, como *ambi-* (*ambidextro*), *epi-* (*epiglote*), *hemi-* (*hemiciclo*), *hipo-* (*hipocampo*), *macro-* (*macro-fraude*), *mega-* (*mega operação*), *micro-* (*micro-eletrónica*), têm fronteira vocálica, e nunca alteram a sua configuração, qualquer que seja a da base com que se combinam (*hemiciclo, hemiesfera, hipoalérgico, hipocampo*). Mesmo os prefixos

---

ultrapassadas recorrendo ao hífen, por se tornarem mais facilmente identificáveis os constituintes em presença.

[75] Constituintes de compostos do tipo de *bio-* e *geo-*, com fronteira vocálica, como nos seus étimos, não necessitam de uma outra vogal de ligação quando se acoplam a outras bases; para mais, a vogal de fronteira coincide com aquela que, por defeito, é mais usada na língua: <o>.

[76] «Preciso mandar desratizar minha casa. Ontem ouvi barulhos estranhos na cozinha, onde tem resto de comida e, embora não seja um ratólogo....» http://www.ancomarcio.com/site/publicacao.php?id=6139

mais prototípicos, como *des-* ou *in-*, com fronteira consonântica, quando se acoplam a unidades lexicais não exigem a inserção de qualquer vogal de ligação (*desconforto, desleal, desnorte, desventura, impraticável, incorreto, infeliz, insolúvel, inviável*). Alguns prefixos apresentam variantes formais determinadas pela natureza fónica da base a que se acoplam, como *a-* (*anormal, atípico, assimetria*) e *an-* (*analfabeto anaeróbico, anencefalia*). O prefixo negativo *in-* tem duas variantes, uma [+nasal], grafada de dois modos, *in-* (*indireto, invisível*) e *im-* (*imbebível, imparável*), e uma [-nasal], *i-* (*ilegal, irregular*).

Como foi dito, constituintes do tipo de *ambi-, epi-, hemi-, hipo, macro-, maxi-, micro-* não alteram nunca a sua configuração. Este não é um critério para demarcar prefixos de constituintes de compostos, pois *bio-* e *geo-* não alteram a sua configuração e são aqui considerados como constituintes de composição. Do mesmo modo, *ole-* tem fronteira vocálica e, como se observa em *oleígeno, oleoduto*, opera na composição. Também *auto-* funciona produtivamente como prefixo, em *autodefesa, autoimune, autovincular* e, simultaneamente, o radical *aut-* serve de base aos derivados *autismo, autista*.

O que se constata é uma dominância, em português, como nas demais línguas novilatinas, de prefixos com fronteira vocálica e de radicais que, figurando na posição esquerda dos compostos ou dos derivados, têm fronteira consonântica.

Assim, para a caraterização dos prefixos recorre-se a critérios de natureza morfológica, semântica, prosódica [77], sintática (total,

---

[77] A estrutura prosódica é um critério amplamente invocado para distinguir prefixos de compostos, e para incluir no conjunto dos constituintes de composição todos os que, ocorrendo apenas em posição prefixal, mantêm o seu domínio acentual. Ficam, pois, fora do conjunto dos compostos apenas os prefixos prototípicos *a(d)-, a(n)-, co-, en-, des-, in-*. Sem desvalorizar o critério prosódico, entendemos que, sendo o funcionamento da língua pautado por motivações essencialmente cognitivas e de interação, outros critérios avultam para a delimitação de prefixos e constituintes

maior ou menor autonomia) e de restrições de seleção (maior ou menor amplitude de) em termos lexicais.

Uma visão escalar, em contínuo, da prefixação-composição, implica a existência de dois pólos, um preenchido com os compostos protítipos e outro com as palavras prefixadas mais prototípicas, situando-se no intervalo estruturas mais derivacionais/mais prefixais e outras menos, sendo estas mais próximas da composição.

Se considerarmos portanto que os constituintes prefixais se distribuem por uma escala de maior e de menor prototipicidade, são exemplares mais prototípicos dos prefixos os constituntes

1) que só ocorrem em posição prefixal,
2) que são dotados de uma sistemática não autonomia sintática (p.e. *de(s)-*, *re-*),
3) que se combinam com uma maior gama de classes lexicais de base,
4) que são não especificados categorialmente: *re-* não é marcado como N, A ou V.

Ao invés, funcionam como bases de palavras compostas os constituintes:

1) que ora ocorrem à esquerda ora à direita, como *-fon-* (*fonometria, anglófono*), *-graf-* (*grafologia, sonógrafo*), *-gram-* (*gramofone, centigrama*), *-metr-* (*metrópole, centímetro*),
2) que são marcados categorialmente (*-fon-*$_{RadN}$, *-graf-* $_{RadN}$, *-gram-*$_{RadN}$, *-metr-*$_{RadN}$),

---

de compostos. Ademais, há circunstâncias em que os prefixos prototípicos se constituem como domínio acentual (*áfono, átono, díspar, ímpar, ímpio*), e não é por esse facto que deixam de ser prefixos. Ainda assim, como se observa no Quadro 6 deste capítulo, reserva-se um estatuto especial, mais próximo da composição, a constituintes como *ambi-, epi-, hemi-, hipo-, macro-, maxi-, micro-*, pelo facto de, entre outras propriedades, manterem domínio acentual próprio.

3) que semanticamente remetem para entidades ontológica e referencialmente individualizáveis,

4) que são marcados por fortes restrições de seleção em termos lexicais, pois não se combinam arbitrariamente com bases nominais, adjetivais, verbais, como acontece com alguns prefixos.

As estruturas que envolvem *ante- com-, contra-, entre-*, com origem preposicional, e as adverbiais *bem, mal* estão mais próximas, em virtude da sua autonomia sintática, dos compostos (cf. Rio-Torto 2014c). Mas quando funcionam como preposições [78], estes constituintes têm um diferente comportamento sintático acompanhado o mais das vezes de diferente semantismo:

(17) *ante o aprovado* 'face ao aprovado', *ante tudo o que foi aprovado* 'face a tudo o que....' vs. *anteaprovado* 'previamente aprovado'

(18) *com o (mencionado) editor* 'em conjunto com o (mencionado) editor' vs. *coeditor* 'editor em parceria com outro editor'

(19) (bater) *contra o muro* 'ir de encontro ao muro, derrubando-o, danificando-o' vs. *contramuro* 'muro construído em frente a outro, para lhe servir de suporte, de barreira').

Já os prefixos obedecem a uma exigência de adjacência estrita entre eles e o nome a que se acoplam, não permitindo a inserção de qualquer material lexical entre ambos, como também acontece nos compostos.

Como tem sido amplamente estudado, os prefixos do português sofreram um processo de gramaticalização, no sentido de terem passado de formas mais livres para formas mais presas e muitas

---

[78] Ainda no PB atual, para Neves (1999), são introdutoras de argumentos as preposições *a, com, contra, de, em, entre, para, por, sob, sobre*, e não introdutoras de argumentos *ante, após, desde, perante, sem*.

vezes mais gramaticais, mais regulares, tendo adquirido propriedades combinatórias e/ou semânticas de que não dispunham previamente.

A escala de gramaticalização das preposições que Castilho (2004) propõe é a seguinte (ordem decrescente de frequência e menor amplitude sintática em cada coluna):

Mais gramaticalizadas	Medianamente gramaticalizadas	Menos gramaticalizadas
de, em, a, para, com, por	sem, sob sobre, até, entre, contra, desde, após	ante, perante, durante, exceto, salvo, conforme, trás, segundo

Quadro VII.4. Escala de gramaticalização das preposições (Castilho 2004)

Repare-se que no conjunto das mais gramaticalizadas figuram estruturas que operam como prefixos de grande produtividade no PE (*de, em, a, com*), no conjunto das medianamente gramaticalizadas alguns prefixos locativos e avaliativos (*sob, sobre, entre, contra, após*) e no conjunto das menos gramaticalizadas *ante*.

Um dos traços da composição, ausente da derivação (sufixação e prefixação) mais prototípica, já antes assinalado, consiste na possibilidade de intervenção da sintaxe da concordância no interior do produto, quando as regras da concordância o exigem. Os exemplos seguintes atestam essa possibilidade de as marcas sintáticas de género e de número (a negrito sublinhado) poderem intervir no interior de algumas estruturas de composição (o *surdo-mudo*, a *surda-muda*, os *surdos-mudos*, o(s) *menino(s)-prodígio*, a(s) *menina(s)-prodígio*)) e nas que lhes estão mais próximas, como as que envolvem a formação de advérbios em -*mente* (*boamente, divertidamente*) e os z-avaliativos (*pãezinhos, papeizitos*). A intervenção da sintaxe no interior do produto é, pois, determinante para a delimitação entre sufixação e composição.

O quadro seguinte procura sintetizar as propriedades comuns e diferenciais da afixação, nas suas diferentes modalidades, face à composição. Nele o sinal + significa presença de um traço, o sinal

- a sua ausência. Neste quadro, os prefixos e os *z*-avaliativos são não especificados categorialmente (-), ao passo que os constituintes dos compostos são categorialmente especificados (+). No âmbito dos sufixos, existem as duas possibilidades (±).

Processos Propriedades	Sufixação	Prefixação, z-avaliação	Composição, adverbialização -mente
Restrição de seleção: combinatória unicategorial	+ (-*il*)	-	+
Restrição de seleção: combinatória multicategorial	+ -*ism*(o), -*al*	+	-
Especificação categorial	± [79]	-	+

Quadro VII.5. Propriedades de prefixos, sufixos, *z*-sufixos e constituintes de compostos

Numa escala entre a prefixação e a composição, os processos e os produtos distribuem-se da seguinte forma:

Palavra prefixada	Entre prefixação e composição	Composto morfológico (com radicais presos)		Composto morfossintático
a-, co-, des-, *dis-, ex-, re-* *in-* (ilativo), *in-* (negação)	*ambi-, epi-, hemi-,* *hipo-* *macro-, maxi,* *mega-, micro-*	Radical [-erudito] e monoposicional: *lus-* (*lusófilo*), *ole-* (*oleígeno*, *oleoduto*)	Radical [+erudito] e biposicional: *-fil, -graf, -metr,-* *morf-* (cf. Quadro VII. 3)	Constituintes autónomos *ano-luz* *via verde*

Quadro VII.6. Escala entre prefixação e composição

Os constituintes *ambi-, epi-, hemi-, hipo-, macro-, maxi, mega, micro-* têm uma configuração fixa que não permite variação ou inserção de constituinte de ligação com a base que se lhe acopla, à direita. Conjuntamente com o facto de formarem domínio acentual, esta é uma propriedade em favor da natureza de constituintes não

---

[79] Sufixos como *-ari(a), -ção, -vel, -ment(o)* são especificados categorialmente; os avaliativos são marcados negativamente quanto à especificação categorial, mas quase todos os demais não.

prototípicos de composição morfológica já que nesta se exige a presença de uma vogal de ligação entre os radicais. Ainda que dominante, não se trata contudo de uma propriedade absoluta, como se comprova pelo facto de alguns constituintes de composição, como *bio-*, *demo-*, *geo-*, terem uma configuração de certo modo atípica.

7.2 Classes léxico-semânticas de prefixos

Não obstante a gradiência pela qual se distribuem, nesta secção os constituintes em análise são descritos com base nas suas propriedades de natureza semântica, sendo cada um caraterizado também às luz das suas propriedades de natureza combinatória e categorial.

São os seguintes os conjuntos identificados: Expressão prefixal de iteração (7.3); Expressão prefixal de contrariedade, de privação e de oposição (7.4.); Expressão prefixal de conjunção (7.5); Expressão prefixal de movimento (7.6); Expressão prefixal de localização espácio-temporal (7.7); Expressão prefixal de avaliação (7.8) e de dimensão (7.9); Expressão prefixal de quantificação (7.10); Expressão prefixal de valor de identidade ((dis) semelhança, falsidade) (7.11); Expressão prefixal de reflexividade (7.12) e reciprocidade/bidirecionalidade (7.13).

Uma das propriedades transversais que ajuda a escorar em parte a repartição dos prefixos por estas classes é a que se prende com o tipo de bases adjetivas com que estes se combinam. Com efeito, os prefixos negativos *des-* (*desagradável, desconforme, desigual, desleal, desumano*), *in-* (*inativo, infeliz, inqualificável*) e os intensivos (*extrafino, hipercrítico, semifrio, supermoderno, ultrabarato*) contrastam com os locativos (*extraconjugal, interpessoal, intramuscular, subcutâneo, transoceânico*), com os temporais (*pré-jurássico, pos-revolucionário*), com alguns quantificadores (*bianual, multinacional, plurianual*) e qualificativos (*isocromático, homossexual, heterossexual*), com *anti-* (*anticonstitucional, antimonárquico*) e com *a-* (*ateórico*), pelo facto de os primeiros se combinarem tendencialmente com bases qualificativas e os segundos com adjetivos relacionais, usados com valor dominantemente não qualificativo. Em *hipercerebral, cerebral* equivale a 'racional', tendo portanto um sentido qualificativo, e não classificatório. Mas assim não será de forma sistemática, pois em *hipermetódico, arquifamoso, multimilionário*, os adjetivos denominais podem funcionar como classificatórios, e não com valor exclusivamente qualitativo.

Base: Adjetivos não relacionais	Base: Adjetivos relacionais
. contrariedade: *des-, in-* . avaliativos: *arqui-, extra- semi-, superultra*	. locativos: *extra-, inter-, intra-, sub-, trasn-* . temporais: *pré-, pos-* . oposição: *anti-, contra-* . privativo e de contrariedade: *a(n)-* . quantificadores: *bi-, multi-, pluri-* . qualificativos: *iso-, homo-, hetero-*

Quadro VII.7. Combinatória de prefixos com bases adjetivas [±relacionais]

Outra propriedade transversal a várias classes de prefixos tem a ver com a existência ou não de restrições aspetuais. Quanto a este aspeto, os prefixos repartem-se por três classes [80]:

(i) os que se combinam com bases/predicados de indivíduo e atélicas [81], como *des-* negativo (*desleal, desconfiar*), *in-* negativo (*imortal, inacabar, inalterar, infiel*) e *re-* intensivo (*reluzir*);

---

[80] As classes de predicado 'de indivído' e de predicado 'de fase' correspondem às de 'individual-level predicate' e de 'stage-level predicate' propostas por Carlson (1977), que denotam, respetivamente, propriedades válidas por toda a existência de uma entidade ou de uma situação (também denominadas de atélicas), e propriedades válidas por um intervalo de tempo/por uma fase (e por isso também denominadas de télicas). A designação de (a)télico aplica-se neste livro a verbos que, sob o ponto de vista da sua estrutura aspetual interna, (não) possuem um ponto terminal inerente.

[81] Tal como em Pereira (2007: 251), também aqui um evento télico inclui ou conduz a um ponto terminal para além do qual não pode progredir, a não ser que seja redefinido. Um evento atélico não possui um ponto terminal inerente.

(ii) os que se combinam com bases/predicados de fase e télicas, como *des-* reversativo (*desfeito, desmontar, destapar*) e re- iterativo (*redito, refazer*);

(iii) os que carecem de restrições aspetuais. Neste conjunto se incluem *auto-* (*autoimune*), *co-* (*corresponsável*), *sobre-* (*sobrecarregar, sobreedificar*), *sub-* (*subdistinguir, subestimar*) e os avaliativos *meio-* (*meiorroto*), *quase-* (*quasedespido, quasenovo*), *semi-* (*semicerrado, semicircular, semienterrado*), *super-* (*superbonita*), que se combinam com bases predicativas de fase (*quasenu, supercheio*) e de indivíduo (*superfiel, superpai*).

Bases: predicados de fase/télicos	Bases: predicados de indivíduo/atélicos	Bases: predicados de fase ou de indivíduo/ ±télicos
des- reversativo *re-* iterativo	*des-* negativo *in-* negativo *re-* intensivo	*auto-, co-* avaliativos: *meio-, quase-, semi-, sobre-, sub-, super-*

Quadro VII.8. Combinatória de prefixos com bases/predicados ±perfetivos

Os prefixos *a-* (do grego *a(n)*), *co-, in-/im-/i-* (de negação), *des-* e *re-* são os representantes mais prototípicos dos prefixos do português. Estes prefixos nunca constituem um domínio acentual e combinam-se com bases adjetivais (*atípico, desleal, co-hipónimo, incapaz*), verbais (*co-habitar, desfazer, desmarcar, ilimitar, inexistir, refazer, remarcar, repisar*) e nominais (*agramaticalidade, coautoria, corresponsabilidade, desonra, impossibilidade, inequação, inexistência*).

Algumas bases nominais não aceitam a adjunção dos prefixos *a-, des-, in, re-,* como se verifica pela agramaticalidade de **acrime,* **indoença,* **desgolpe,* **recicatriz,* que poderiam significar *ausência de crime, *ausência de doença ou *não doença, *reversão de golpe, *reiteração de cicatriz. Contudo, existem alguns nomes prefixados com *in-* (*inação, inverdade*), *des-* (*desamor, descaso*) e com *a-* (*assimetria*) (cf. Quadro VII.9).

A facilidade com que bases verbais e adjetivais são prefixadas com *a-, des-, in, re-* tem relação com a capacidade de os verbos denotarem situações (ações, processos) que podem ser revertidas (cf. *desligar, desmontar*) ou repetidas (cf. *redefinir, reescrever*), e de os adjetivos remeterem para propriedades que podem ser negadas: ao serem prefixadas, as unidades lexicais adquirem o valor de oposição ao que a base denota (cf. *atípico, anormal, infeliz, irreverente, descontente, descortês*).

No quadro VII.9 confirma-se que nem todos os prefixos *a-, des-, in, re-* selecionam todos os tipos de bases. A observação de bases de dados em linha, como o /portaldalinguaportuguesa.org/, revela que *des-* e *in-* são os prefixos mais disponíveis e produtivos. Os prefixos *des-* e *re-* estão mais representados na formação de verbos e o prefixo *in-* na formação de adjetivos.

Prefixos	Derivados		
	Nomes	Adjetivos	Verbos
a-	*assimetria*	*amoral* *anormal* *atípico/a*	*
des-	*desamor, desarmonia* *descaso* *desrazão* *dessincronia* *destempo*	*descontente* *desigual* *desleal*	*desabituar, desalinhar,* *desapertar, desatar,* *desconfiar, desconvocar,* *descrer, desinfetar,* *desirmanar, desmontar,* *desorganizar*
in-	*imperfeição* *ineficácia* *injustiça* *insegurança* *inverdade*	*inábil, ineficaz,* *infeliz, informal,* *injusto, imparcial,* *imperfeito, impróprio,* *inseguro, inválido*	*incumprir* *indeferir* *independer*
re-	*reeducação* *reelaboração*	*resseco*	*reabilitar, recapitalizar* *recompor, reconfortar,* *redesenhar, reescrever,* *rematricular, retomar*

Quadro VII.9. Prefixos portugueses prototípicos e respetivos produtos

Os sufixos *des-*, *in-* e *re-* atribuem valores de negação (*des-*, *in-*), reversão (*des-*) e iteração/reduplicação (*re-*) aos produtos prefixados. Todavia, o semantismo dos prefixos sofre inflexões em função do sentido das bases. Os prefixos mais disponíveis são *des-* e *in-*. Mas todos se combinam quer com bases simples (*acaule, amoral, descrer, desleal, desfazer, inábil, incumprir, resseco, revelho, rever*), quer com bases complexas (*anaeróbico, analfabeto, desarrumar, descentralizar, desconcentrar, desentorpecer, desmilitarizar, desmonetarizar, dessolidificar, incapacitar, recapitalizar, recompor*).

Outros prefixos também apresentam algumas propriedades de prefixos prototípicos; assim acontece com *dis-*, que não constitui domínio acentual e se combina com bases de classes categoriais diversas (*disforme, disjunção, dissabor, dissimetria, dissimular*).

7.3 Expressão prefixal de iteração

O prefixo **re-** acopla-se preferencialmente a bases verbais, explicitando repetição, iteração do que estas denotam (*recobrir, reeditar, reconstruir, reincidir*). Em virtude da sua semântica, que implica a repetição de um EVENTO, e não de uma ENTIDADE (*remesa, *retelhado), este prefixo não seleciona bases nominais, a não ser quando eventivas (*reeducação, reelaboração*). O valor de iteratividade e de recursividade de *re-* (cf. *rematricular* 'matricular de novo, voltar a matricular, matricular pela segunda vez', *retelhar* 'telhar de novo, voltar a telhar') pode expandir-se para um valor conexo, como o de intensidade, derivado do de iteração: *recurvo* 'bastante curvo', *resseco* 'duas vezes seco, muito seco', *revelho* 'muito velho').

O prefixo *re-* combina-se com bases marcadas pela telicidade quando é ativado o valor iterativo (*reconstruir, reedição, reeducar, reexame, releitura, revenda*) e, com bases atélicas, adquire valor intensivo, muito escassamente representado em português (*reluzir, refulgir*). O valor do prefixo está, pois, relacionado com restrições de natureza semântica das bases com que se combina (Martín Garcia 1998).

7.4 Expressão prefixal de contrariedade, de privação e de oposição

A expressão prefixal de negação inclui normalmente quatro subclasses:

. a dos prefixos de contrariedade, *a(n)-*, *des-* e *in-*, em que a negação de uma propriedade não implica a afirmação de outra sua contrária;
. a do prefixo de privação *a(n)-*;
. a dos prefixos de oposição *anti-* e *contra-* (Nunes 2011)[82];

O operador de contradição *não* (*não verdade*, *não euclidiano*, *não produtivo*) opera, para uns, no âmbito da composição e para outros no da prefixação. Em favor desta posição está a sua grande regularidade e produtividade na língua contemporânea.

7.4.1 Derivados em *a(n)-*

O prefixo *a-*, com origem no grego *a(n)-*, veicula uma informação de 'privação de x' (*acaule, amoral*) que, no caso de alguns adjetivos, se manifesta sob a forma de 'não x' (*acatólico, agramatical, anormal,*

---

[82] Para exprimir 'a favor de', 'propenso a', a língua dispõe de *pró-*, que se combina com nomes (*pró-europa, pró-vida*), com adjetivos (*pró-ativo, pró-europeu*) e mais raramente com verbos (pró-*acentuar*).

atípico). Os adjetivos de relação a que se acopla têm valor tipicamente classificatório, e em regra são incompatíveis com *in-*, pelo menos na sua leitura literal. A inexistência de verbos prefixados em *a(n)-* deve-se ao facto de o sentido de 'privação de x' ser semanticamente não compatível com um evento denotado pelo verbo. Daí a agramaticalidade da combinatória. Muitos dos produtos em que ocorre são termos eruditos e/ou técnicos (*anaeróbico, anencefalia, anovulatório*) e grecismos (*analfabeto, anarquia, anemia, anestesia, afónico, anónimo, ateu, átono*). Os poucos casos em que o prefixo, com valor privativo, se combina com nomes (*assimetria, assintonia, agramaticalidade*) são também de feição erudita [83].

7.4.2 Derivados em *des-*

Este prefixo parece ter origem no prefixo latino *dis-*, que significava 'separação, cessação, movimento em sentidos divergentes, divisão em duas partes, negação, diferenciação', e que está presente em *discorrer, dissemelhança, díspar, disproporção, dissabor, dissimetria*, e em cultismos, como *discernir, discórdia, disjungir, disrupção, dissecar, disseminar, dissimilar, distender*. Este prefixo apresenta-se na variante *di-*, em *difícil, digerir, dilacerar, dirimir, divagar*. Ao sentido de separação tem-se sobreposto o de negação (*dissemelhança* 'não semelhança'), de antagonismo (*dissimetria*, diferente de *assimetria* 'ausência de simetria'), de desconformidade (*dissabor*). Para outros valores de *dis-*, veja-se 7.11.

O prefixo ***des-***, associado a bases verbais, tem valor reversativo (cf. *desabotoar, desativar, desconvocar, desmontar*) e/ou extrativo

---

[83] A privação pode também ser codificada através de *sem* (*sem abrigo, sem terra, sem vergonha*), constituinte com o qual se formam exclusivamente nomes exocêntricos. A grande produtividade deste operador sustenta a sua abordagem no âmbito de prefixação.

(cf. *desflorestar*, *destronar*) e/ou negativo (cf. *desobedecer* 'não obedecer'); associado a bases adjetivais tem valor negativo (*desleal* 'não leal', *desatento* 'não/pouco atento') e a bases nominais tem sentido de privação (cf. *desamor* 'ausência de amor', *desatenção* 'ausência de atenção, não atenção', *desconfiança* 'ausência de confiança', *desnorte* 'ausência de norte', *desordem* 'ausência de ordem').

O prefixo *des-* combina-se essencialmente com bases verbais e com bases adjetivais, desde que semanticamente suscetíveis de serem revertidas e/ou negadas.

O prefixo *des-* com valor reversativo combina-se com bases verbais cuja denotação implica a ocorrência de uma ação prévia de sentido contrário: *coser* > *descoser*, *endividar* > *desendividar*; *intoxicar* > *desintoxicar*; *montar* > *desmontar*. Esta premissa não é ativada quando o prefixo tem valor negativo: *desobedecer* não implica que antes se tenha obedecido. O contraste entre *desmobilizar* 'anular/reverter o mobilizar, cessar a mobilização' e *imobilizar* 'tornar imóvel' ilustra a diferença de comportamento entre o valor reversativo de *des-* e o negativo de *in-*, no caso acoplado à base adjetiva (*móvel*>*imóvel*[*bil*]>*imobilizar*). Por isso o prefixo *des-* com valor reversativo pode selecionar predicados télicos (*descoser, desintoxicar, desmontar*) e predicados atélicos (*desagradar, desconfiar*), quando com valor negativo.

No âmbito das bases verbais, repelem a adjunção de *des-* as que denotam situações estativas (*estar, existir*), processos (*chover, correr, dormir, nadar, nevar, saltar*), eventos pontuais (*espirrar, rir, tossir*) e/ou irreversíveis (*matar, morrer*). O sufixo *des-* não se combina com verbos circunfixados em *es-*, com valor extrativo (**desesbravejar, *desesverdear*). Ao invés, o prefixo *des-* combina-se com bases já prefixadas em *a(d)-* adlativo (*desacostar, desafundar, desagravar, desalistar, desanichar, desassorear*), em *en-* (*desencolerizar, desencostar, desendividar, desengordurar, desenlouquecer*), em *in-* ilativo (*desincorporar, desincubar, desinflamar, desintoxicar*) e, muito raramente, em *in-* negativo, adquirindo então valor de reforço intensivo (*desinquietar*). Por vezes concorre com verbos prefixados em *es-*, como em *esfarelar* e *desfarelar*, *esfolhar* e *desfolhar*, *esgoelar*-se e *desgoelar-se*.

Em teoria, as limitações à acoplagem de *des-* a bases adjetivas prendem-se com a necessidade de a propriedade em causa poder ser objeto de negação e não implicar vinculação a uma ação prévia, como *desarmónico, descortês, desconexo, desigual, desleal, desnatural, desordeiro, despiedoso, despoético, desprazenteiro, dessisudo, desumano, desumilde, desusual, desvalioso*. O prefixo *des-* (como também *in-*) com valor negativo combina-se apenas com adjetivos capazes de funcionarem como imperfetivos (predicados de indivíduo), como *desleal, desonesto*. Um adjetivo que denota uma propriedade não reversível, como *cru* ou *morto*, não admite a prefixação com *des-* (*descru, *desmorto). De igual modo, *des-*, tal como *in-*, combinam-se preferencialmente com adjetivos qualificativos, ou quando usados como tal, e não com adjetivos relacionais.

A diferença entre os adjetivos *desdobrável* e *indobrável* explicita o funcionamento de ambos os prefixos. O verbo *desdobrar* significa 'anular/reverter a operação de dobrar' e *desdobrável* é interpretado como '(algo) capaz de ser desdobrado', e não como '(algo) indobrável'; por isso, para exprimir 'não dobrável', opta-se por *indobrável*, e não por *desdobrável*. Ou seja, por defeito, *des-* em adjetivos deverbais (*descartável, desmontável, desmontado*) é percecionado como tendo por base o verbo com sentido de reversão, e assim *descartável, desmontável, desmontado* significam 'que pode ser descartado/demontando', 'que foi objeto de desmontagem'. Em caso de coexistência de derivados em *des-* e em *in-*, como em *desusual* e *inusual*, este é claramente o mais comum.

O prefixo está também presente em nomes de sentido eventivo, como *descrédito, desculpabilização, desfiliação, desinformação, desregulamentação, desserviço, desuso* e em nomes de sentido relacionado com propriedades, estados (*desatenção, desconformidade, desconforto, desequilíbrio, desinteligência, desventura, desvirtude, desvizinhança*) ou sentimentos (*desamizade, desamor, desvergonha*), estando-lhe vedadas as combinações com nomes de objetos ou materiais tangíveis, como *água, cadeira, cabeça, livro, mesa.* Um caso atípico é o de *desvão*, mas a base *vão* tem natureza adjetival e nominal. São muitos os nomes postverbais (190 em 1323, segundo Rodrigues 2001) cuja base verbal é ela mesma portadora do prefixo *des-*, como *desacerto, desacordo, desassombro, desajuste, desamparo, desatino, desbloqueio, desconcerto, decuido, desembarque, desenlace, desleixo, deslize, desova, despiste, destrinça, desvio.*

7.4.3 Derivados em *in-*

O prefixo **in-** denota negação (*ilegítimo, iletrado, ilimitado, ilíquido, imodesto, inapto, incerto, incómodo, incomestível, incomunicável, incompleto, inconsciente, ineficaz, inexato, injusto, impessoal, impopular, impróprio, incumprir, indeferir, inexistir, inútil, inválido, irreal*) e privação/ausência (*indisciplina, ineficácia, infame, informe, injustiça, insegurança*).

Acopla-se preferencialmente a bases adjetivas (*inconcreto, indescartável, indesmentível, indevorável, inelegível, inenfático, inessencial, inobjetivo, inobturado, inquieto, insaturável, intocado*) e nominais, sendo estas deverbais (*inalteração, inconclusão, inobservância*) ou deadjetivais (*inabitabilidade, incompletude, inexcentricidade, insalubridade*), e verbais (*inutilizar, impossibilitar, incumprir*). De salientar que *in-* se pode combinar com bases já prefixadas em *des-* (*indescartável, indesmentível, indestronável*), não sendo a situação inversa (**desindesmentir, *desinobservar, *desintocar*) aceite pela norma culta: nas formas populares em *desinfeliz* e *desinquieto* o prefixo *des-* tem valor intensivo.

As bases adjetivas prefixáveis em *in-* denotam propriedades de indivíduo ou marcadas pela atelicidade. Com efeito, o prefixo *in-* acopla-se a bases suscetíveis de funcionarem como de indivíduo, como *ilegal, ilógico, ímpar, impróprio, impuro, inábil, inativo, inadequado, incompleto, incompreensível, incorreto, indevido, indiferente, indiscutível, indistinto, infeliz, infiel, insensível, insignificante, invisual, invariável, invulgar, irracional, irreal, irregular, irrepetível*. O prefixo *in-* com valor negativo combina-se apenas com adjetivos suscetíveis de funcionarem em estruturas predicativas com SER + Adj, como *impopular, inamovível, indiscutível, infiel irrepetível*. Os adjetivos predicados de estado que, em português, apenas coocorrem com ESTAR, não são compatíveis com *in-* (**inabsorto,* *inatónito), exceto se deverbais (*inacabado, inalterado, inencontrado* [84]). Com efeito, o prefixo *in-* não é compatível com bases adjetivais télicas (ESTAR + Adj), que denotam um subevento final ou o desenlace resultante de uma ação (*desperto, farto, limpo, disperso, seco, solto, tenso*), como se comprova através de **incheio,* **incurvo,* **incurvado,* **indesperto,* **inenchido,* **infarto,* **inlimpo,* **indisperso,* **inseco,* **insolto,* **in+tenso*. Também não seleciona bases das quais exista na língua uma unidade lexical não corradical que denote o seu contrário (*feio/lindo, contente/triste:* **infeio,* **inlindo,* **incontente,* *intriste).

O prefixo *in-* não é compatível com adjetivos que denotam estados, como **incasado,* **ingrávida,* **insolteiro,* *invtúvo e que denotam propriedades (e/ou a sua posse) relacionadas com matérias, substâncias (**ingelatinoso,* **ingranítico,* *ilanoso), com habitats (**inagrário,* **inaquático,* **incitadino,* **inceleste,* **ineólico,* **inmarítimo,* **innaval,* *irrural), com coisas ou propriedades inertes (**inamarelo,* **inazul,* **incalvo,* **incru,* **inverde,* *invermelho). Quando um adjetivo pode ter uma interpretação literal ou uma

---

[84] *Inencontrado* equivale a 'não encontrado'; *desencontrado* significa 'que se desencontrou', 'que é objeto de desencontro'.

leitura qualificativa, é esta a ativada pelo prefixo: político/atitude *impopular*, mas vontade **impopular*.

Os adjetivos temporais, como *anterior, antigo, anual, concomitante, contemporâneo, diário, episódico, eterno, futuro, imediato, mensal, milenar, momentâneo, permanente, posterior, presente, primeiro, prolongado, quotidiano, seguido, semanal, semestral, subsequente, súbito, temporário*, raramente admitem negação através de *in-* (*inabitual, inatual, infrequente*).

7.4.4 Derivados em *anti-*

Situando-se mais próximos da composição do que da prefixação, *anti-* e *contra-* encontram-se inequivocamente ao serviço da expressão genolexical de oposição.

O tratamento do comportamento de **anti-** requer uma abordagem multifatorial e não discreta da morfologia (Serrano-Dolader 2003) e da formação de palavras, pois muitas são as questões problemáticas que o seu comportamento coloca, desde a natureza categorial das bases, como em (mina) *antipessoal*, cuja base pode ser nominal ou adjetival, a natureza categorial dos produtos ((creme) *antirrugas* (nome em aposição e/ou com valor predicativo), à possibilidade de *anti-* ter ou não poder categorial, entre outros.

Dado o seu valor de oposição, *anti-* combina-se com bases nominais, que representam nomes de entidades (*antiBush, antiestado, anti-herói, antimafia, antimíssil, antitabaco, antivírus*), de eventos (*antiaborto, anti-inflação, antiférias*) e/ou de estados (*antidesemprego, antigripe*), dando origem a nomes usados muitas vezes com valor apositivo (medidas, posições) *antiBush/antiaborto/antirruído*, produtos *antideslizantes/antigripe/antirrugas*).

Também com valor apositivo e/ou predicativo, *anti-* ocorre em adjetivos do tipo *antiaéreo, antibalístico, antidesportivo, antimo-*

nárquico, antipessoal, antitabágico, antitetânico, antiviral. Nestes casos há descoincidência entre a estrutura morfológica e a semântica, pois *anti-* tem escopo sobre o nome de base: *antimonárquico, antipessoal, antitabágico, antitetânico* denotam 'anti- a monarquia, a pessoa, o tabaco, o tétano', e não necessariamente 'anti- o que é *monárquico, pessoal, tabágico, tetânico*').

Nas construções do primeiro tipo não há lugar a flexão de número do produto: manifestações *antiaborto* (*antiabortos), *antimíssil* (*antimísseis), medicamentos *antigripe* (*antigripes); já quando o produto tem natureza adjetival a flexão é gramatical (medicamentos *antibortivos/ antigripais*), embora também já se admita a construção não flexionada em "minas *antipessoal*". Quando em aposição (o creme *antirrugas*, a vacina *antitétano*), *anti-* tem escopo sobre todo o grupo nominal.

Em virtude da sua semântica, *anti-* combina-se com bases que possam remeter para ENTIDADES (doenças, instituições, matérias, pessoas, produtos) ou EVENTOS suscetíveis de serem objeto de oposição. Os adjetivos com que coocorre são por isso tendencialmente denominais (*anticruel, *antiferoz, *antiagradável, *antilegível).

Acresce que *anti-* assume um valor cada vez mais de oposição atitudinal, não exigindo a instanciação prévia do que a base denota: um *antirrugas* destina-se a 'prevenir contra as rugas, de preferência antes de estas aparecerem'; uma manifestação *antiofensiva* define-se como contrária a uma qualquer ofensiva, ainda que não tendo ocorrido. Já *contra-*, também ao serviço da oposição, denota uma oposição de instância subsequente/de reação à da realidade que a base denota: uma *contraofensiva* é uma 'ofensiva que serve para contrariar a ofensiva do inimigo, fazendo com que este passe à defensiva', ou seja, ocorre em contraponto a uma primeira ofensiva; um *contrapeso* é um peso que se destina a equilibrar um outro peso; um *antipeso* é algo que se destina a combater o (excesso de) peso. As propriedades de seleção de um e de outro são, por isso, diferentes: em *contraordem* denota-se uma ordem de revogação de uma anterior, datada e referencialmente unívoca; em *antiordem* denota-se uma atitude, um movimento, uma manifestação de contestação da ordem social ou cultural estabelecida.

7.4.5 Derivados em *contra-*

A oposição espacial e eventiva é codificada através de *contra-*, que se combina essencialmente com bases nominais, como *contra-acusação, contra-ataque, contracapa, contracorrente, contraexemplo, contramão, contramaré, contraofensiva, contraordem, contrapeso, contrarrelógio, contrarrevolução*, dando origem a nomes cujo semantismo se opõe ou anula o que a base denota, e que representam portanto hipónimos desta (Nunes 2011): uma *contra-acusação* é uma acusação de resposta a uma outra acusação; um *contra-ataque* é um ataque desencadeado em resposta a um ataque anterior; uma *contracorrente* é uma corrente contrária a outra; um *contraexemplo* é um tipo de exemplo, que serve para contrapor determinada argumentação; uma *contramanifestação* é uma manifestação cujo objetivo é anular ou neutralizar uma outra. As classes de base com que *contra-* se combina são idênticas às assinaladas para *anti-*. O sentido de oposição espacial é ativado quando a base denota um espaço, como em *contracapa* 'lado interno ou posterior da capa; aba lateral da capa; ou seja, parte interna da capa que se opõe à parte externa desta', em *contraescarpa* 'talude do fosso do lado oposto ao da escarpa', ou em *contramuro* 'muro construído paralelamente a outro/em contraposição a outro para o reforçar'.

Ao sentido de oposição pode associar-se o de reforço do denotado pela base, em cotextos técnicos precisos, como *contrabraço*, termo náutico de 'cabo que reforça um dos braços do navio', *contraporca*, que designa uma 'segunda porca, que se atarraxa a outra, para evitar que esta desaperte', *contrasselo* 'pequeno selo que se põe em cima de outro; carimbo para inutilizar selos'; *contrassenha* 'palavra com que um indivíduo encarregado da vigilância responde à senha'.

O prefixo coocorre também com bases adjetivas complexas (políticas *contracíclicas, contrarrevolucionário, contrafeito, contraindicado*), de natureza denominal (*contracíclicas, revolucionário*) e departicipial (*feito, indicado*), e com bases verbais (*contrabalançar, contradizer, contraordenar, contra-argumentar*), implicando a realização prévia da situação denotada pela base verbal. Distingue-se assim de *anti-* que, na presente sincronia, e não obstante a sua maior disponibilidade, não se combina com bases verbais.

7.4.6 Sentidos matriciais e lexicalizados

Em função do sentido das bases com que os prefixos se combinam, as palavras prefixadas podem adquirir sentidos lexicalizados que se afastam, em graus diversos do sentido composicional. Tal não anula o valor semântico matricial de cada constituinte, mas este pode efetivamente sofrer inflexões, muitas vezes devidas a especializações motivadas referencialmente, metafórica e/ou metonimicamente. Por exemplo, o sentido mais saliente de *contracurva* está associado à configuração física de uma estrada com curvas; tal sentido, em parte contido no da base, em nada invalida o valor de oposição que carateriza *contra-*, pois uma *contracurva* é uma 'curva que se sucede a outra, e de sentido contrário a esta'. Ou seja, uma *contracurva*, como uma *contramanifestação* ou uma *contrassenha* são co-hipónimos de curva, de manifestação e de senha. O mesmo se diga de *anti-herói* 'aquele a quem faltam atributos caraterísticos de herói, e que por isso é o oposto do herói', de *contracultura* 'valores, ideologias, práticas que se opõem aos que se encontram em vigor numa dada cultura'. Semantismo diferenciado também se encontra em *contramestre* 'imediato do mestre, substituto do mestre' e em *contra-almirante* '(posto de) oficial general da Marinha, superior ao de comodoro e inferior ao de vice-almirante', pois o valor de oposição inflete-se no de hierarquia, sem que estes dois casos configurem uma classe genolexical autónoma e produtiva no português.

Acresce que as palavras portadoras de *contra-* que são mais antigas na língua revelam maior grau de lexicalização semântica, como o evidenciam os exemplos seguintes: *contrabanda* 'peça do escudo colocada ao contrário da banda ou da direita para a esquerda'; *contracarril* 'carril que, nas vias-férreas, se assenta ao lado dos carris ordinários para os resguardar e para evitar descarrilamentos'; *contrafé* 'cópia autêntica de intimação judicial para ser entregue à pessoa intimada; *contrassafra* 'intervalo em que não houve safra ou em que a colheita foi má'.

Sendo *anti-* mais disponível e produtivo na atual sincronia da língua, as palavras em que ele ocorre apresentam tendencialmente um semantismo mais composicional e menos idiossincrático. Embora ocupem o mesmo espaço funcional, *anti-* e *contra-* não se encontram portanto em concorrência (cf. Rio-Torto no prelo).

O quadro seguinte sintetiza as combinatórias mais salientes dos constituintes de negação *a(n)-*, *anti-*, *contra-*, *des-*, *in-*.

Produtos Prefixos	N	A	V
a(n)- (privação)	*amoral, assimetria*	*anormal* *atípico*	*
anti- (oposição)	*antirrugas* *antiviolência*	*antibalístico* *antiterrorista*	*
contra- (oposição)	*contraluz, contramão* *contramanifestação* *contraordem* *contrapeso*	*contrafactual* *contraindicativo*	contra-atacar contraindicar contrainformar
des- (contrariedade)	*desamor* *descaso* *desgoverno*	*desleal* *desigual* *desnutrido*	*desdizer*
in- (contrariedade)	*ineficácia* *imperfeição* *insegurança* *inverdade*	*incomestível* *infeliz* *injusto* *inválido*	*incapacitar* *incumprir* *indeferir*

Quadro VII.10. Expressão prefixal de oposição, negação, privação, contrariedade

7.5 Expressão prefixal de conjunção

O prefixo *co-* [85] não apresenta restrições categoriais de adjunção, já que se combina com bases verbais, tipicamente diádicas (*coadministrar, coautorar, cocelebrar, codirigir, co-habitar, cooptar, coorganizar, corresponsabilizar*), nominais (*coautor, coautoria, codirector, cofiador, coparticipação, corresponsabilidade, covendedor*) e, mais raramente, adjetivais (*co-hipónimo, coigual, colateral, cossanguíneo*).

Quando se combina com um nome a cuja base está associado um predicado, *co-* incide sobre o argumento, que passa a implicar uma pluralidade de indivíduos ("a *coparticipação* de x e de y"; "a *corresponsabilidade* de x e de y"); o nome não prefixado ("a *participação* de x em y"; "a *responsabilidade* de x/ de y") não exige que o argumento seja plural.

Quando o nome é agentivo, *co-* especifica que o nome denota um membro (*coarguido, coautor, codiretor, corréu, covendedor*) do conjunto plural envolvido na predicação.

O prefixo não modifica a estrutura argumental do verbo nem do evento, mas incide sobre a relação semântico-conceptual que se estabelece entre alguns dos seus participantes, que passa a ser de conjunção, de comitatividade. Por isso *coautoria* equivale a "autoria conjunta", *co-habitar* a "habitar em conjunto com", e *codiretores* ou *co-hipónimos* denotam duas entidades que funcionam em parceria, conjuntamente, comitativamente, como *diretores* ou como *hipónimos*.

---

[85] De acordo com a Base XVI do Acordo Ortográfico, só se emprega o hífen (i) quando o segundo elemento começa por *h* (*anti-higiénico, co-herdeiro, contra-harmónico, extra-humano, sub-hepático, super-homem, ultra-hiperbólico; arqui-hipérbole; semi-hospitalar*) e (ii) quando o (pseudo)prefixo termina em vogal igual à inicial do segundo elemento (*anti-igreja, arqui-inimigo, auto-observação, contra-arma, infra-axilar, micro-onda, semi-interno, supra-auricular*). Todavia, *co-* prescinde de hífen quando adjunto a *o* (*coobrigação, coocupante, coordenar, cooperação, cooperar*).

7.6 Expressão prefixal de movimento

Integram esta secção constituintes que ocorrem em posição prefixal e que denotam movimento 'em direção a', 'de x para cá', 'para dentro', 'para fora, 'para trás', 'de cima para baixo', 'de baixo para cima'.

Do amplo conjunto de constituintes de origem grega e latina que denotam 'movimento', nas suas várias modalidades (cf. quadro abaixo e listas subsequentes), apenas *a-* (<AD), *de-*, *en-* (<IN), *es-* e *retro-* se encontram disponíveis na língua portuguesa.

Ao serviço da expressão de 'direção ou meta', seja adlativa 'em direção a' ou ilativa 'para dentro de' (Pereira 2007 e cap. 4 deste livro), encontram-se *a-* (<ad) (*alunar, amarar, aportar, aprisionar, aterrar*) e *en-* (*encaixotar, encarcerar, enlatar, ensacar*), associados a bases nominais de sentido locativo ou de 'container' (*caixote, cárcere, lata, mar, porto, saco*). A configuração *ad-* está confinada a cultismos, como *adjungir, adjunto, adjurar, advir*.

Como *a-* se combina maioritariamente com adjetivos qualificativos (Cap 4: 4.3.3.2.), quando as bases adjetivais denotam propriedades relativas à dimensão, como *baixo, largo, miúdo*, o verbo significa essencialmente 'tornar A' (*alargar, amiudar*); ou seja, só raramente é ativado o sentido adlativo de movimento, como em (pop.) *abaixar,* 'pôr em lugar mais baixo; fazer descer', em contextos do tipo «abaixar o quadro; a poeira abaixou». O mesmo se passa com o prefixo *en-* (cap. 4: 4.3.3.2.), que também se combina maioritariamente com adjetivos qualificativos que denotam propriedades ou estados transitórios (*bêbedo, gordo*), e não com adjetivos de sentido locativo [86]. Estes dois prefixos "lativos" formam verbos

---

[86] Por esta razão não se incluem no quadro VII, 11. exemplos do tipo *defracar* (PE: ant.), *encurtar, enricar* (PE, reg. 'enriquecer'), *esvaziar*, uma vez que os prefixos não têm sentido de movimento, na aceção literal deste.

transitivos de valor causativo (*encurtar, entortar*), sendo marcados por polaridade final, pelo que denotam o estado final da mudança de lugar codificada pelo verbo derivado. As bases nominais com que ambos se combinam são, no caso em apreço, locativos (*caixa, cárcere, mar, porto, saco*).

O prefixo *de-* de origem latina denota 'movimento de cima para baixo' (*decair, decompor, decrescer, depor*) e 'movimento de extração' (*decapitar, depenar*). O prefixo *sub-*, com o sentido de 'movimento físico de baixo para cima' (*sublevar, supor*), encontra-se indisponível.

Para exprimir 'procedência, afastamento', *a(b)-* só ocorre em cultismos (*abjurar, abuso, abstração, abstinência*), sendo *de-* (*deadjetival, deverbal*) o prefixo disponível para esse espaço funcional. A expressão de 'extração', de 'elatividade', é codificada por *des-* (*descamisar, descarrilar, desviar*), *es-* (*esventrar, estirar*) e, em casos residuais, por *ex-* (*excomungar, extemporâneo, expatriar*), que funciona dominantemente com o valor de 'já não x, antigo x, que foi x' (*ex-ministro*). Encontra-se apenas em cultismos e está indisponível *apo-* (*apoastro, apologia, apoteose, apóstolo*), denotando 'afastamento, separação'.

Quanto a *retro-*, para além de denotar 'movimento para trás' (*retroprojetor, retropropulsão, retrovisão, retroescavar*), está também ao serviço da expressão de 'recuo temporal' (*retroagir, retroativo, retrodatar, retro-operar*), e de 'que se situa em posição de recuo' (*retrovírus* 'espécie de vírus que tem como material genético o ARN, se multiplica com o concurso da enzima transcriptase reversa ...'. Este é um constituinte cujo comportamento o aproxima bastante dos compostos.

No caso de *pro-*, o valor de 'para diante, tendente a' da forma prefixal átona (cf. *promover, propor, propender, prover*) foi substituído pelo valor de 'a favor de', o único veiculado pela forma tónica *pró-* (*pró-aministia, pró-vida*), antinómica de *anti-*.

	N	A	V
a(d)-	amarar, aportar, aterrar	-	aprisionar
de-	debandar	denominal, deadjetival	decair, decrescer
en-	embarcar, encarcerar	-	encarcerar
es-	esventrar	-	estirar [87]
retro-	retro-vírus, retrovisão	retro-ativo	retro-escavar

Quadro VII.11. Expressão prefixal de movimento

Os constituintes latinos que se seguem estão presentemente indisponíveis para falantes não cultos ou que deles não tenham consciência linguística:

circun- 'movimento à volta de': *circum-navegação, circunscrever, circunscrito*
intro- 'movimento para dentro': *introduzir, introspeção, introvertido*
pro- 'movimento para a frente': *projetar, promover, progressão*
so(b)- 'movimento de baixo para cima': *soterrar, sobpor*
tres- 'movimento para além de': *tresnoitar, trespassar*

Os constituintes gregos que se seguem estão presentemente indisponíveis, para a denotação de movimento, pelo menos para falantes não cultos ou que deles não tenham consciência linguística:

ana- 'movimento de inversão, repetição': *anacrónico, anáfora, analogia*
cata- 'movimento de cima para baixo': *catálogo, catáfora, catarro*
dia- 'movimento através de': *diálogo, diafragma, diaporama, diatónica*
endo- 'movimento para dentro': *endocarpo, endosmose*
exo- 'movimento para fora': *êxodo, exorcismo*
peri- 'movimento ou posição à volta de': *periferia, período, periscópio*

---

[87] Não dispomos de dados que nos permitam determinar se este verbo, que significa 'estender, esticar puxando; alongar(-se)', é deverbal ou denominal

7.7 Expressão prefixal de localização espácio-temporal

Os afixos com valor locativo explicitam que algo 'está/é colocado acima de' (*sobre-*: *sobressaia*), 'abaixo de' (*sub-*: *subcave*), 'além de' (*meta-*: *metalinguagem, metatexto*; *ultra-*: *ultrassom*, (raios) *ultravioleta*), 'aquém de' (*infra-*: *infrassom*, (raios) *infravermelhos*), 'fora de' (*ex-*: *ex-orbital, ex-solar, ex-galáctico*; *extra-*: *extraprograma*), 'dentro de' (*endo-*: *endoesfera, endomorfologia*), 'face a' (*ante-*: *antecâmara, antessala*) um marco de referência, codificado pela base. Esta denota algo de estativo quando a localização é espacial e não dinâmica, como *Andes, cidade, muro, nervo, sala, Sibéria*, mas pode igualmente denotar um evento ou algo marcado por um intervalo de tempo (*cirurgia, edição, nascimento, núpcias, oferta, parto*), tendo então valor também temporal (ver exemplos no quadro VII. 12.).

Por denotarem 'posição no meio de', *entre-* e *inter-* caraterizam-se por subcategorizarem uma base de sentido (pelo menos) dual (*entredentes, intercidades*).

O quadro VII.12 mostra que a maior parte destes constituintes não tem restrições categoriais, combinando-se com bases nominais, adjetivais e verbais. A significação dos produtos apresenta inflexões em função da significação das bases: *sobrecoser* 'coser por cima de', *sobrevoar* 'voar por cima de', *sobreceia* 'ração de palha, que se dá aos bois depois da ceia', *sobrerronda* '(milit.) ronda ou vigia sobre as rondas'.

Alguns produtos são nomes em posição adnominal, como [fronteira, veículo, trânsito] *intercidades* e denotam entidades exocêntricas (*sobrenervo* 'tumor sobre um nervo').

Alguns adjetivos denominais, como *antenupcial, infraglótico, intercontinental, intrauterino, subaxilar, subcervical, supraglótico*, têm escopo sobre o que o radical nominal do adjetivo denota: *antenupcial* significa 'antes das núpcias', *infraglótico* 'abaixo da glote', *intrauterino* 'dentro do útero', *subaxilar* 'debaixo da axila', *supraglótico* 'por cima da glote'.

A localização temporal é assegurada por um conjunto mais restrito de constituintes: *recém-*, com sentido exclusivamente temporal; e *ante-*, *ex-*, *pré-* e *pós-* que, dos constituintes presentes no quadro VII.12, podem denotar localização temporal e espacial [88]:

(i) *ante-*: *antenupcial, antedatar, antegozar, antemanhã, anteontem, anteparto, anterrepublicano, antevéspera, antevisão*
(ii) *ex-*: *ex-patrão, ex-professor, ex-voluntário*
(iii) *pré-*: *pré-escola, pré-primária, pré-nupcial, pré-organizar, pré-universitário*
(iv) *pós-*: *pós-cirurgia, pós-escolar, pós-editar*
(v) *recém-*: *recém-nascido, recém-chegar*

Bases prefixos	N	A	V
ante-	antecâmara, antessala	antenupcial	antever, antepropor
ex-	exdireção, exmandato	exorbital, exsolar	excurvar, expatriar
extra-	extraprograma	extracurricular	extravasar
infra-	infrassom	infraglótico	infracotar
inter-	intercidades	intercontinental	inter-relacionar
intra-	intramuros	intrauterino	intracomunicar
meso-	mesoderme	mesogástrico	
pré-	pré-escola pré-oferta pré-candidato	pré-andino pré-ministerial pré-universitário	pré-organizar
pós-	pós-abdómen pós-cirurgia	pós-escolar pós-palatal	pós-editar
sobre-	sobrecapa, sobrevida	sobrevivo	sobrepor, sobrevoar
sub-	subcave	subcervical	subcitar
supra-	supraestrutura	supraglótico suprapartidário	supracitar supramencionar
trans-	transcontaminação transfronteira, transfobia	transexual transiberiano	transfretar transpor
ultra-	ultramar, ultrassom	ultraleve	ultrapassar

Quadro VII.12. Expressão prefixal de localização (temporal e/ou espacial)

---

[88] Na fronteira com os compostos situam-se também *neo-* 'novo' (*neocolonial, neofobia, neogénese, neogótico, neoliberal, neonatal, neonazi*), *paleo-* 'antigo' (*paleobiologia, paleobotânica, paleocristão, paleoecológico, paleogénese*) e *proto-* 'primitivo, primeiro, anterior' (*protocloreto, protogalático, proto-história, protolíngua, protoneurónio, protoplaneta, proto-orgânico*), que se combinam com nomes e adjetivos.

Em todos os setores do léxico, seja no âmbito da derivação ou da composição, a semântica do produto construído não se circunscreve à mera conjunção da informação de cada um dos constituintes. Assim também acontece no âmbito da prefixação. Não raro a palavra adquire sentidos cristalizados, que estão muito para além da conjugação dos sentidos literais das partes. Tal acontece sobretudo com recursos que sofreram algum desgaste e/ou com tendência para perda de representatividade. Por exemplo, o valor de 'por cima de' típico de *sobre-* não é já muito visível em *sobreviver*, pois este verbo não significa 'viver por cima de x', em que x denote algo de habitável, um *container*. Com efeito, *sobreviver* significa 'viver acima/por cima das condições mínimas e/ou das condições adversas, ultrapassando-as, vivendo para além ou por cima delas'. O primitivo valor locativo só figuradamente se entrevê, e tal só acontece quando se tem uma competência metamorfológica fina.

Alguns destes constituintes já não se encontram disponíveis e/ou com os valores mencionados, figurando em eruditismos, alguns já importados do latim e/ou do grego: *cis-* 'posição aquém' (*cisalpino, cisandino, cisbordo, cisjordânia*), *anfi-, circum-* 'à volta de' (*anfiteatro, circunferência, circum-navegar*), *dia-* 'através de' (*diacronia, diagénese, diagrama, diassistema*), *e(n)-* 'posição interior' (*encéfalo, embrião, elipse*), *epi-* 'posição superior' (*epiderme, epitáfio, epígrafe, epílogo*), *justa-* 'ao lado de' (*justapor, justaposição, justavertebral*), *soto/a-* 'posição inferior' (*soto-mestre, sotopor, sota-voga*).

7.8 Expressão prefixal de avaliação

Alguns dos constituintes de origem neo-clássica, como *arqui-, extra-, hemi-, hiper-, hipo-, infra-, sobre-, sub-, super-, ultra-*, que ocorrem à esquerda duma base lexical, atribuem à palavra para cuja formação contribuem um valor avaliativo (Rio-Torto 1993: 365-372).

Podem combinar-se com bases simples ou complexas, como se observa no quadro seguinte.

Em geral, estes constituintes selecionam bases nominais, adjetivais e verbais; excetua-se *extra-*, que não se acopla a bases nominais para denotar excecionalidade. Quando modifica um nome, ocorrendo à sua esquerda (*extracasamento, extraprograma*), *extra-* equivale a 'fora de', e à sua direita equivale a 'para além do previsto, supletivo' [*dia, dinheiro, edição, hora, jogo, pagamento, programa, taxa, tempo*] *extra*, e não 'com propriedades de exceção'.

	N	A	V
arqui-	*arquiduque*	*arquimilionário*	
extra-	-------	*extralargo, extravirgem*	*extrainterpretar* (google)
hiper-	*hipertensão, hiperdote*	*hipercaro, hipertenso*	*hipervalorizar*
hipo-	*hipotensão*	*hipocalórico*	*hipovalorizar* (google)
infra-	*infraestrutura*	*infra-humano*	*infra-avaliar*
médio-	*média-luz*	*médiobaixo*	
meso-	*mesossoprano*	*mesogástrico*	
para-	*parafarmácia, paramédico*	*para-normal*	
semi-	*semicírculo, semivogal*	*semideserto, semierudito*	*semicerrar*
sobre-	*sobrelotação*	*sobre-humano*	*sobrevalorizar*
sub-	*subproduto, subdesenvolvimento*	*sub-humano*	*subestimar*
super-	*superluxo, supercérebro*	*supercorrosivo, superlimpo, superluxuoso*	*superdecorar*
ultra-	*ultracorreção, ultrapressão*	*ultracompetente, ultramoderno*	*ultrafiltrar, ultrapressionar*

Quadro VII.13. Expressão prefixal de avaliação

Na sua origem, alguns destes afixos têm valor locativo, explicitando que algo está acima de (*sobre-*: *sobrepeliz*), abaixo de (*sub-*: *subcave*), para além de (*ultra-*: *ultrassom*, (raios) *ultravioleta*), aquém de (*infra-*: *infrassom*, (raios) *infravermelhos*) um marco de referência.

Transitando de uma ordenação e hierarquia locativas para uma ordenação numa escala de valores avaliativos, os afixos passam a explicitar a existência ou manifestação duma propriedade num grau majorado (até a um grau excessivo, ou para além dos limites expectáveis) ou num grau minorado (até a um grau diminuto ou aquém dos limites expectáveis). A avaliação do grau de manifestação duma propriedade 'acima de' (*hiper-*, *sobre-*, *super-*, *ultra-*) [89], 'abaixo de' (*infra-*, *hipo-*, *sub-*) ou 'no limiar intermédio de' (*entre-*, *medio-*, *quase-*, *semi-*), pode fazer-se acompanhar de valoração favorável ou desfavorável, em função dos valores de referência do avaliador face ao avaliado.

(i) *ultra-* (*ultra-alimentar*, *ultracomodismo*, *ultrarrigoroso*), *hiper-* (*hiperarreliar*, *hiperdosagem*, *hipersensibilidade*) e *extra-* (*extralargo*) exprimem um grau excessivo, excecional, de alguma(s) propriedade(s) do que a base denota.

(ii) *super-* está ao serviço da expressão de grau supremo, traduzido por 'de qualidade excelente, suprema, ótima', quando modifica nomes (cf. *superchocolate*, *superideia*), e de 'em intensidade suprema', quando modifica adjetivos (cf. *superdesgastado*, *superluxoso*) ou verbos (cf. *superalimentar*, *superdotar*); o seu uso intenso tem desgastado a sua primitiva carga de excessividade ou de superioridade, aproximando-o de 'muito' (*supercómodo*, *superconfortável*, *superdedicação*).

(iii) *sobre-*, a configuração vernácula de *super-*, é usado com sentido ou locativo (*sobrecasaca*, *sobrepeliz*, *sobressaia*) ou de hierarquia (*sobrejuiz*); quando acoplado a bases verbais ou deverbais, é o sentido avaliativo de excesso que é codificado (*sobrealimentar* 'alimentar em excesso'; *sobre-endividar* 'endividar em excesso, para além dos limites do aceitável'; *sobre-endividamento* 'endividamento excessivo').

---

[89] Preserva-se o hífen nas formações com os prefixos *hiper-*, *inter-* e *super-*, quando combinados com elementos iniciados por *r*: *hiper-requintado*, *inter-resistente*, *super-revista*.

(iv) *hemi-*, *semi-* [90] ou *mei-* [91] explicitam a existência em grau mais ou menos próximo, parcial ou até deficitário de alguma ou algumas das propriedades do objeto avaliado ou, sendo a base nominal, a manifestação de apenas uma parte/metade de algo, que se traduz por 'metade de'/ 'meio'(cf. *hemiciclo, meiairmã, meiobilhete, meiociclo, meiofaqueiro, meiogás, meioirmão, meiossal, meiotermo, meiotempo, meiotom, semicircunferência, semirreta*). Quando a base é um adjetivo, *semi-* (cf. *semi-inconsciente, semiautomático, semisselvagem*) ou *mei-* (cf. *meio maluco/instável*) exprimem um grau parcial, (inter)médio, não pleno do que a base denota: *semimaluco* ou *meiotolo* significam não inteiramente maluco ou tolo, apenas parcialmente maluco ou tolo. Quando modifica bases verbais, *semi-* explicita que a realização daquilo que a base denota é levada a cabo apenas parcialmente, de forma não totalmente ou não inteiramente acabada (cf. *semicerrar, semidestruir, semierguer, semiobscurecer, semiocultar*); o mesmo se aplica a *entre-*, em *entreabrir* 'não abrir completamente, abrir incompletamente, semiabrir'.

A língua dispõe ainda de *quase-* (*quasedelito, quasenamoro, quasemorto, quaseperfeito*) para exprimir incompletude e de *para-* (*paracelulose, paracéfalo, paraelétrico, paranormal, paraolímpico*) denotando 'semelhança, proximidade', e não apenas em cultismos, como *paradoxo, paradigma, parasita*.

(v) *sub-, infra- e hipo-* explicitam a existência de uma propriedade 'abaixo/aquém do nível típico em que ela ocorre na base'. Atestam-no derivados como

---

[90] *Hemi-* e *semi-* têm valor equivalente, sendo o primeiro de origem grega e o segundo de origem latina.

[91] Face à configuração *medio-* (*medio-dorsal*), *mei-* é marcado como não erudito.

> 1. *subalimentação, subdesenvolvido, subdesenvolvimento, subdividir, sub-humano, subfacturação, subliteratura, subproduto, subalimentar, subnutrir, subvalorizar*;
> 2. *infra-humano, infra-avaliado, infra-alimentar, infraconsumir, infradesenvolver, infrafaturar*;
> 3. *hipodesenvolvimento, hipomobilidade* ('mobilidade deficiente'), *hipotensão*.

Quando a base é um nome, como *afluente, chefe, comissário, divisão, estação, lanço, secção, sub-* (*subafluente, subchefe, subcomissário, subdivisão, subestação, sublanço, subsecção*) funciona como codificador de hierarquia taxonómica, denotando um sub-hipónimo da base. A par com a ordenação taxonómica é possível que coexista um sentido de 'inferioridade', de 'abaixo do limiar aceitável', como em *subdesenvolvimento, subproduto*.

Por vezes *sub-* e *vice-* funcionam como equivalentes (*subdiretor, vice-diretor, subgovernador, vice-governador*), mas é com sentido de 'em vez de, em substituição de' que *vice-* funciona em *vice-almirante, vice-reitor*. Também *pro-* pode denotar 'que está em substituição de' (*pró-cônsul, pronome*).

No âmbito dos adjetivos, os relacionais não são tipicamente compatíveis com avaliação (*arquimilitar, **hiperpresidencial*, *infra-hepático), pois denotam relações, e não propriedades graduáveis, como acontece com os qualificativos (*arquicapitalista, arquileve, hiperativo, infra-humano, superdinâmico*).

Quando o adjetivo admite duas leituras, é a qualificativa a que é ativada aquando da avaliação: "um pai superespetacular" o adjetivo equivale a "muito empático, muito fixe, muito bacana", e não a "que faz muito espetáculo".

Os nomes que se combinam com prefixos de avaliação denotam entidades, estados, processos, qualidades (*hiperacidez, hiperinflação, superchefe, superideia, supermulher, subliteratura, subproduto, ul-*

traconfiança, ultracorreção) que possuem alguma propriedade que pode ser objeto de ponderação, de avaliação, sendo normalmente (mas não impositivamente) nomes contáveis.

A avaliação, seja intensificadora, ou mitigadora, não carreia informação quantitativa ou numérica, uma vez que a avaliação incide sobre propriedades graduáveis, e não sobre o número de referentes em causa: em "estes pais são verdadeiros *super-homens*", *super-homens* denota um conjunto de seres humanos masculinos que têm em grau elevado as propriedades associadas a 'homem', e não quantifica o número de elementos pertecentes à classe envolvida.

As bases verbais, qualquer que seja a sua natureza aspetual, podem ser objeto de avaliação, desde que seja possível avaliar (intensificar ou minorar) cada fase do desenrolar do evento (*hipervalorizar, infra-avaliar, supra-alimentar, ultrapressionar*).

7.9 Expressão prefixal de dimensão

Os constituintes *macro-, micro-, maxi-, mini-* e *mega-* denotam propriedades de natureza dimensional, e modificam nomes, genericamente parafraseáveis por 'de envergadura enorme/excecional' (*macroespectáculo; maxiobra, megaconcerto*) e 'mínima', 'reduzida' (*microcrédito, miniférias*). Nestes nomes, mais próximos dos compostos, os constituintes *macro-, micro-, maxi-, mini-* e *mega-* podem ter valor taxonómico, denotando subespécies relativamente unívocas de entidades denotadas pela base, como *macroeconomia, macroestrutura, microclima, microfilme, micro-onda, minigolfe*. Mas comportamento idêntico também pode verificar-se em outras classes de derivados, como se comprova em *subconsciente, superestrutura* (ideológica), *hipermercado*, em que os constituintes da esquerda não são avaliativos de qualidades. Por outro lado, a alguns nomes em *macro-* (*macromonitor*), *mega-* (*megaespetácu-*

lo), *maxi-* (*maxicelebridade*), estão associadas marcas avaliativas, favoráveis ou desfavoráveis, em função dos valores da comunidade e da subjetividade dos falantes.

Em alguns casos, *mega-* tem valor quantificador preciso: *megabit* 'unidade de medida de dispositivos de armazenamento, igual a 1.048.156 *bits*, ou 131.072 *bytes*, uma vez que o comprimento de um *byte* corresponde a 8 *bits*' e em *megahertz* 'unidade de medida de frequência, equivalente a um milhão de hertz ou ciclos por segundo'.

	Nomes denominais
macro-	*macroestrutura, macropavilhão*
maxi-	*maxicone maxipombo, maxissaia*
mega-	*megaevento, megajulgamento*
micro-	*microclima, microfilme, microinstante*
mini-	*minigolfe, miniférias, minissérie, minitorneio*

Quadro VII.14. Expressão prefixal de dimensão

7.10 Expressão prefixal de quantificação

Neste conjunto incluem-se constituintes que se combinam com bases nominais e adjetivais que denotam quantidades precisas, sejam cardinais (*bi-, mono-, tri-, quadri-*), múltiplas (*deca-, hecto-, quilo-*), submúltiplas (*deci-, centi-, mili-*) ou fracionárias, e quantidades imprecisas, como *multi-, pluri-* e *poli-*.

Com exceção dos monossílabos *tri-, bi-* e *di-* (que só ocorrem em palavras eruditas, como *díptero, diedro*), os demais constituem domínios acentuais (*deca-, mono-, omni-, poli-, tetra-*), não são subespecificados categorialmente, mas combinam-se apenas com nomes e adjetivos (cf. Quadro VII.15). Todavia, os cardinais e os multiplicadores possuem significados bastante precisos e unívocos, o que de certa forma lhes confere uma identidade ontológica mais próxima dos compostos.

Produtos	N	A
ambi-	ambidestreza, ambiversão	ambidextro, ambivalente
bi-	bicampeão, biface, bimotor	bianual, bifocal, bi-horário, bilateral, bipolar
mono-	monocasta, monocomando, monomotor	monoparental, monotónico
multi-	multifunções, multiplataforma, multirriscos, multiusos	multifacetado
pluri-	plurifunções	plurianual, plurissexual
poli-	politraumatismo [92]	polivalente, polivitamínico
quadr-	quadrípolo, quadrivector	quadriangular, quadricentenário, quadricórneo
tri-	tricampeão, trifosfato	trifásico, trissemestral
uni-	unicheque, unicorne, unidose	unifamiliar, unilinear, univalve

Quadro VII.15. Expressão prefixal de quantificação

Denotam quantidade precisa (no sentido de absoluta ou unívoca):

(i) os totalizadores *omni-* (*omnicriador, omnidirecional, omniforme, omnigénero, omnilingue, omnipresente*) e *pan-* (*panasiático, pancromático, paneslávico, panislâmico*);

(ii) os cardinais *ambi-* (*ambidextro, ambiversão*), *bi-* (*bianual, bicampeão, biface, bifocal, bilateral, bimotor, bipolar*), *hexa-* (*hexapétalo, hexassílabo*), *mono-* (*monocomando, monomotor, monotónico, monovalve*), *penta-* (*pentacampeão*), *quadr-* (*quadriangular, quadrúpede*), *tetra-* (*tetracampeão*), *tri-* (*tricampeão, trifásico, trifosfato, trissulfato, trissemestral*), *octo-* (*octocórneo, octodecimal, octolingue*), *uni-* (*unicheque, unicorne, unilinear, univalve*);

(iii) os multiplicadores *deca-* (*decagrama, decalitro*), *hecto-* (*hectograma, hectolitro, hectopascal*), *quilo-* (*quiloampere, quilocalorias, quilociclo, quilograma, quilohertz*), e os submúltiplos *deci-* (*decilitro, decigrama, decímetro*), *centi-* (*centigrama, centímetro*), *mili-* (*mililitro, miligrama, milímetro*).

---

[92] Registe-se o neologismo *poli-amor*, um tipo de relação em que cada pessoa tem a liberdade de manter mais do que um relacionamento ao mesmo tempo (cf. google).

Denotam quantidades imprecisas:

(i) *multi-* (*multiangular, multibanco, multic(ol)or, multifacetado, multimeios, multirracial, multirriscos*);
(ii) *pluri-* (*plurianual, pluricelular, pluricêntrico, pluricontinental, plurilingue, plurifunções, pluripartidário, plurissexual, plurivalve*) e
(iii) *poli-* (*poliadenoma, policêntrico, policultura, polirrítmico, politraumatismo, polivalente, polivitamínico*).

A quantificação pode ter escopo sobre o nome que está na base do adjetivo, como se observa em *bifocal, bipolar, multicolor* (a par com *multicor*), *multirracial, omnidirecional, pluricêntrico, pluricontinental, polivitamínico, trifásico*.

7.11 Expressão prefixal de valor de identidade ((dis)semelhança, falsidade)

Os constituintes reunidos nesta secção, e que se encontram na fronteira com a composição, denotam sentidos diversos, de valor de identidade ou de verdade, tais como semelhança/igualdade (*equi-, hom(e)o-, iso-*), diferença (*hetero-*), desconformidade (*dis-*) e falsidade (*pseudo-*).

Com exceção de *iso-* 'igual, equitativo', que forma nomes (*isocronia, isómetro*), os demais constituintes combinam-se com bases nominais, adjetivais e, em menor número, verbais.

O par *hetero-* 'outro, diferente, um de dois' e *homo-* 'o mesmo, semelhante, parecido' combina-se apenas com nomes (*heteroavaliação, heteroinfeção, homocentro* 'centro comum a vários círculos') e adjetivos (*heteropolar, heterotérmico, homocíclico, homotermal*). Já *equi-* 'igual' se combina com nomes (*equivalência*), com adjetivos (*equiangular* 'com ângulos iguais', *equidistante*) e com verbos (*equidistar, equidistanciar*).

O prefixo *dis-*, de origem grega (dys-), significando 'dificuldade, mal, mau estado', está presente em cultismos como *disenteria, disforme, dispepsia, dispneia, dissabor, dissidente, distrofia*, mas também em nomes do português (*disfunção* 'anomalia no funcionamento de órgão, glândula, etc', *discapacidades* 'dificuldades provocadas por disfunções cognitivas, neurológicas'), em adjetivos (*discromático* 'que não tem boa cor; que altera as cores', *disforme* 'com má forma, com aparência deformada') e num verbo erudito como *dissimular*. Ao primitivo sentido associa-se o de desconformidade, de anomalia, de antagonismo ou de diferenciação em relação ao padrão, assim se sobrepondo parcialmente ao sentido de *dis-* com origem latina, e representado no português atual por *des-* (cf. 7.4.2 deste capítulo).

Por fim, *pseudo-* 'falso, suposto' é o constituinte mais produtivo, não tendo restrições categoriais nem semânticas, pois de todas as realidades se pode predicar a falsidade, sejam seres e objetos (*pseudoálcool, pseudoescritor, pseudorromance, pseudossafira*), propriedades (*pseudoculto, pseudomodesto, pseudorrico*) e eventos (*pseudodirigir, pseudolutar*).

	N	A	V
dis-	disfunção	discromático	dissimular
equi-	equivalência	equiangular, equidistante	equidistar
hetero-	heteroavaliação heteroinfeção	heteropolar heterotérmico	heteroinfetar
homo-	homocentro	homocíclico, homotermal	
pseudo-	pseudoálcool pseudoescritor	pseudoculto	pseudodirigir, pseudolutar

Quadro VII.16. Expressão prefixal de identidade ((dis)semelhança, falsidade)

7.12 Expressão prefixal de reflexividade

O prefixo *auto-* combina-se com bases verbais (*autoadministrar, autoafirmar-se, autocensurar-se, autodeslocar-se, autodefinir-se, autoproclamar-se, autovalorizar-se*), nominais (*autocolante, autoconhecimento, autodisciplina, autoestima, autoexame, autofinanciamento, autopropulsão, autorregulação*), adjetivais (*autoadesivo, autoconfiante, autodestrutivo, autoimune, autoimposto*), todas relacionáveis (semântica e/ou morfologicamente) com um predicador, e estabelece uma relação de reflexividade entre os argumentos deste.

As possibilidades combinatórias de *auto-* (reflexividade) estão representadas no quadro seguinte.

Prefixo	N	A	V
auto-	*autocontrole*	*autoimune*	*autodestruir-se*

Quadro VII.17. Expressão prefixal de reflexividade

Este marcador de reflexividade equivale a "a si mesmo, a si próprio", e implica a correferencialidade entre os argumentos envolvidos: "α autocensura-se" equivale a "α autocensura α"; "x faz um autoexame" equivale a "x faz um exame a/de si mesmo"; "doença autoimune" é aquela que se imuniza a si própria, e na qual a resposta imunitária é efetuada contra alvos existentes no próprio indivíduo".

Como assinala Felíu (2003), *auto-* combina-se com bases verbais que não são inerentemente reflexivas, como *administrar, afirmar, censurar, colar, conhecer, confiar, destruir, disciplinar, estimar, financiar, impor, regular*, mas que são diádicas ou triádicas, e cuja estrutura argumental é preenchida com argumento externo tipicamente agentivo e un argumento interno tipicamente tema. Os nomes e os adjetivos com que *auto-* se combina têm de estar léxico-conceptualmente associados a estruturas predicativas congéneres das dos verbos.

O prefixo não altera a estrutura argumental do predicado ou do evento, mas a relação semântica entre os participantes, que passa a ser de correferencialidade e de reflexividade.

7.13 Expressão prefixal de bilateralidade/reciprocidade

Inter- é, por excelência, o prefixo usado para codificar a bilateralidade e a reciprocidade. Combina-se com bases nominais (*interajuda, intercidades, intercomunicador*), verbais (*interagir*) e adjetivais (*interétnico, interlabial, interoceânico, interuniversitário*).

Este prefixo pode ter um sentido locativo e um sentido de bilateralidade/reciprocidade, em função da natureza [±eventiva] do nome. Quando se combina com um verbo, *inter-* não modifica a estrutura argumental daquele, mas a relação semântica entre alguns dos participantes envolvidos, codificando uma relação de reciprocidade e de bidirecionalidade (*interligar, interrelacionar*).

O sentido locativo é ativado quando as bases e/ou os nomes nucleares de grupo nominal forem [-eventivo], denotando entidades locativas e estáticas (*intertítulo, intercidades, interilhas, átrio interdepartamental*). É ativado o sentido de reciprocidade quando as bases (*interajuda, intercomunicação* departamental) ou os nomes nucleares de SN (comunicação *interdepartamental*) forem [+eventivo], envolvendo dinamicidade e interação interpessoal.

Quando se combina com items lexicais que codificam o argumento dum verbo, como certos adjetivos relacionais (dependência/ajuda *interbancária/interministerial*), a leitura locativa está bloqueada, sendo apenas possível a argumental (dependência/ajuda recíproca entre bancos/ministérios).

Já *entre-* se encontra em clara regressão, não obstante se combinar com bases verbais (*entreabrir, entreajudar-se, entrechocar, entrecruzar-se*) e adjetivais (*entremaduro*). Os exemplos que os dicionários mencionam em que *entre-* se combina com bases nominais, e em que teria valor locativo (*entrededo*), não se encontram disponíveis em pesquisas realizadas no google ou no /corpusdoportuguês.org/. O mesmo se aplica a *entrecutâneo*.

Com bases verbais o seu sentido é de reciprocidade (*entreajudar-se*), envolvendo uma relação bidirecional entre membros (oceanos que se *entrechocam*..., «Criatividade e universidade *entrecruzam-se?*» *Sísifo*. Revista de Ciências da Educação 7: 51-62 (consultado em http://sisifo.fpce.ul.pt, em 03.01.2012), ou de incompletude, como em *entreabrir*.

Mais representado, nomeadamente no Brasil, está o adjetivo *entremaduro*, que equivale a 'incompletamente maduro', tendo portanto um sentido avaliativo de incompletude, que situa a propriedade avaliada num grau intermédio abaixo do limiar de referência: «Os frutos "de vez" ou entremaduros, em início de maturação e de mudança de coloração da casca são mais ácidos» www.cnpmf.embrapa.br/index.php?p=perguntas_e_respostas..., consultado em 03.01.2012.

O quadro seguinte resume as possibilidades combinatórias destes prefixos.

Prefixos	N	A	V
inter-	*interajuda*	*intercontinental*	*interagir, interligar*
entre-	*entreajuda*	*entremaduro*	*entrecruzar-se*

Quadro VII.18. Expressão prefixal de bilateralidade/reciprocidade

CAPÍTULO 8. COMPOSIÇÃO

Sílvia Ribeiro, Graça Rio-Torto

8.1 Composição: definição e delimitação

A composição é um processo de formação de palavras (*abre-latas, ibero-americano, laparoscopia, mil-folhas, pé de atleta, projeto-piloto, zona industrial*) que envolve uma relação de concatenação, de cariz coordenativo, subordinativo ou modificativo, entre pelo menos duas unidades lexicais - radicais, temas ou palavras -, cada uma das quais marcada categorialmente como Nome, Adjetivo, Verbo, Advérbio, Preposição, Numeral ou Conjunção.

Funcionando como uma designação holística, com unicidade denotacional e monorreferencial, um composto pode definir-se como uma unidade plurilexemática cuja estrutura assenta numa equação do tipo:

$$[\,[a]_X \; r \; [b]_Y\,]_Z \text{ (Guevara \& Scalise, 2009)}$$

Neste esquema, [a] e [b] correspondem aos radicais, temas ou palavras constitutivo/as do composto; X, Y e Z representam as classes categoriais associadas a cada um desses elementos e ao produto composicional; e r representa a relação gramatical que se estabelece entre os termos.

Apesar desta base estrutural comum, os produtos compositivos exibem configurações formais bastante heterogéneas, sendo difícil, em determinados casos, definir as fronteiras da composição [93], sejam as que separam compostos de produtos derivacionais, sejam as que distinguem os primeiros de combinações sintáticas simples.

A proximidade entre produtos como *antiaéreo, hemiciclo, semicondutor*, e os compostos *biologia, caligrafia, geógrafo, regicida* ou *termómetro*, torna difícil aferir se os primeiros são produtos prefixados ou produtos compositivos. Apesar de esta dificuldade não se colocar quando estão em causa compostos morfossintáticos (*escola-modelo*) ou sintagmáticos (*caminho de ferro*) (cf. Secções 8.2.2. e 8.2.3. deste cap.), as fronteiras entre produtos prefixados e compostos morfológicos são mais permeáveis. Também as fronteiras entre compostos sintagmáticos e estruturas sintáticas não são consensuais, sobretudo porque, superficial e aparentemente, estamos perante construções muito semelhantes, como [*mala azul*], um grupo nominal vs. o composto [*saco azul*]$_N$ ou [*primeiro neto*], um grupo nominal vs. o composto [*primeiro-ministro*]$_N$.

Os compostos que aqui se descrevem são unidades multilexicais que têm as seguintes propriedades (algumas delas admitem uma versão 'forte' e outra 'menos forte, ou fraca'):

> • *são constituídas por um conjunto fixo de palavras e/ou de radicais;*
> • *assentam numa forte coesão formal interna (ordem imutável, opacidade interna acentuada, total ou intensa, com grande dificuldade de inserção de novas unidades no seu interior, escassa possibilidade de extensão ou de redução do conjunto);*
> • *exibem forte unicidade semântica, sendo tipicamente portadoras de um sentido unitário/holístico, umas vezes composicional, outras lexicalizado/cristalizado em graus variáveis.*

---

[93] Não obstante o recurso a critérios sintáticos, semânticos e prosódicos, Bisetto & Scalise (2005) ou Lieber & Štekauer (2009) sublinham a dificuldade em delimitar claramente as fronteiras da composição.

Como se observa ao longo do capítulo, as diferentes classes de compostos apresentam diversas propriedades em comum, assentam em relações gramaticais internas idênticas, variando essencialmente na sua constituição morfológica e categorial interna, no grau de lexicalidade que exibem e na área denotacional em que se inscrevem.

8.1.1 Produtos compositivos e estruturas sintáticas livres

As fronteiras que separam alguns compostos, nomeadamente os compostos sintagmáticos (*centro comercial, moinho de vento*), das estruturas sintáticas livres [94] são de difícil definição.

Na realidade, a principal propriedade definitória dos compostos é a sua opacidade interna (lexical e sintática), dado que os compostos são unidades impermeáveis a qualquer alteração/inserção no seu interior [95], sendo marcados pela impossibilidade de alterar a ordem dos elementos compositivos ou de os substituir por outros. A pertinência destas propriedades torna-se mais evidente quando estão em causa compostos sintagmáticos (cf. secção 8.2.3.), como *caminho de ferro* ou *comboio de passageiros*. Exibindo uma aparência superficial idêntica à dos sintagmas livres e respeitando os padrões organizacionais próprios das estruturas sintáticas/sintagmáticas do português, estes compostos distinguem-se dos sintagmas correspondentes pela impossibilidade de inserção de

---

[94] Bisetto & Scalise (1999) e Lieber & Scalise (2007) identificam cinco testes fundamentais para distinguir compostos de estruturas sintáticas livres: (i) apagamento do núcleo em estruturas coordenadas; (ii) movimento wh-, (iii) topicalização, (iv) referência pronominal e (v) inserção de material lexical.

[95] Apesar da diversidade de testes aplicáveis, Bisetto & Scalise (1999: 35) afirmam que «the main test of compoundhood has always been the impossibility of inserting phonologically realized material between the constituents». Também Lieber & Štekauer (2009: 11) sublinham que «the most reliable [criterion] is the inseparability criterion: a complex form is a compound (as opposed to a phrase) if no other element can be inserted between the two constituents».

qualquer constituinte e pela impossibilidade de substituição dos constituintes em uso por hipotéticos sinónimos, como se constata pela análise dos exemplos seguintes:

(1) *Eles restauraram um lindo [engenho de açúcar].*
(2) *Eles restauraram um lindo engenho *antigo de açúcar.*
(3) *Compraste [vinho tinto]?*
(4) *Compraste *vinho completamente tinto?*
(5) *Perante tamanha catástrofe, qualquer um perde o [sangue-frio].*
(6) *Perante tamanha catástrofe, qualquer um perde o *sangue gelado.*

A impossibilidade de alterações no interior dos compostos verifica-se, particularmente, no que concerne às condições de determinação: na realidade, quaisquer mudanças a este nível no interior dos compostos conduzem à perda de fixidez da construção, que, consequentemente, ou deixa de funcionar como composto, como se constata nos exemplos (8), (10), (12), ou se torna agramatical, como em (14).

(7) *Ele marcou o nosso encontro para o fim de semana.*
(8) *Ele marcou o nosso encontro para o fim da/**desta** semana.*
(9) *Este documento é autenticado pela marca de água.*
(10) *Este documento foi destruído pelas marcas **da** água.*
(11) *Os pés de galinha são mesmo inestéticos.*
(12) *Os pés **da**/desta galinha são mesmo inestéticos.*
(13) *Foi, durante anos, o testa de ferro da empresa.*
(14) **Foi, durante anos, o testa do/**deste** ferro da empresa.*

Analisemos com maior detalhe, a título de exemplo, as construções usadas em (7-8). O composto *fim de semana* denota o conjunto de dias de lazer no intervalo entre as semanas, ou seja, o período de descanso que vai do final da semana de trabalho até ao final de domingo. Em *fim da semana* a presença do artigo definido *a* (*de+a>da*) circunscreve a extensão do elemento compositivo da direita para uma dada semana, contextualmente ou situacionalmente determinada e recuperável: o *fim da semana* compreende os últimos dias de trabalho e/ou de lazer da semana de que se fala.

Também as condições de adjetivação são um importante teste para distinguir um sintagma livre de um composto sintagmático: nestes últimos, a adjetivação é sempre aplicável ao todo, nunca podendo ter escopo apenas sobre um dos elementos compositivos, como se verifica pela agramaticalidade das estruturas em (16) e (18).

(15) *Eles tiveram uma [lua de mel] fabulosa nos Açores.*
(16) * *Eles tiveram uma lua de [mel fabuloso] nos Açores.*
(17) *O [bilhete de identidade] português foi substituído pelo cartão de cidadão.*
(18) *?O bilhete de [identidade portuguesa] foi substituído pelo cartão de cidadão.*

Em (15), o adjetivo *fabulosa*, no feminino, como o composto, é admitido em posição pré-composto — [*uma*$_{[-Masc]}$ *fabulosa*$_{[-Masc]}$ [*lua de mel*]$_{[+Masc][-Masc]}$ ou em posição pós-composto — [*uma*$_{[-Masc]}$ [*lua de mel*]$_{[-Masc]}$ *fabulosa*$_{[-Masc]}$] $_{[-Masc]}$ —, tendo escopo sobre a totalidade do produto. A forma adjetival masculina *fabuloso*, que, como indicam as marcas de género e número, concorda com o nome *mel*, tem escopo apenas sobre um dos elementos do composto, criando-se, assim, uma situação de agramaticalidade (cf. 16).

Também em relação a [*o*$_{[+Masc]}$ [*bilhete*$_{[+Masc]}$ *de identidade*$_{[-Masc]}$]] $_{[+Masc]}$, admite-se [*o*[*bilhete*$_{[+Masc]}$ *de identidade*$_{[-Masc]}$] *português*$_{[+Masc]}$] $_{[+Masc]}$, em que o adjetivo *português*, no masculino, tem escopo sobre todo o [NPrepN], como atesta a concordância de género entre o adjetivo e o nome. Pelo contrário, é inaceitável a estrutura [*bilhete de* [*identidade* *portuguesa*], em que *portuguesa*, no feminino, modificaria o nome feminino *identidade*. Com efeito, os compostos apenas aceitam especificações ou complementações que incidam sobre a totalidade da estrutura.

Em suma, as estruturas em análise, quando sensíveis a várias formas de modificação interna (inserção de novo material lexical, substituição de algum dos elementos por eventuais sinónimos, modificação das condições de determinação) e ao permitirem estratégias de adjetivação com escopo sobre apenas um dos seus constituintes, deixam de estar sujeitas às restrições que cimentam a sua coesão e opacidade internas: uma vez violadas tais premissas, estas estruturas ou deixam de ser gramaticalmente aceitáveis, ou passam a poder funcionar como sintagmas livres [96].

8.1.2 Produtos compositivos [±sintagmáticos] e unidades multilexicais

Resultando de um processo de formação de palavras que se ancora na concatenação de duas ou mais unidades lexicais, os compostos inserem-se no amplo conjunto das unidades multilexicais, entendidas como «sequências de palavras com comportamentos unitários ou tendencialmente unitários, isto é, semelhantes aos de uma palavra única, resultantes de conexões formais e semânticas que se foram estabelecendo entre os seus elementos e que o uso consagrou» (Nascimento 2013: 215). Na realidade, a delimitação entre compostos e outras unidades multilexicais não é linear nem isenta de dificuldades, sobretudo porque muitas das propriedades definitórias dos

---

[96] Em Português, são sobretudo estes os critérios operantes na distinção entre compostos e estruturas sintagmáticas, não se revelando pertinentes os critérios prosódicos. Já nas línguas germânicas a posição do acento primário permite distinguir compostos de sintagmas: nestes últimos o acento recai no respetivo núcleo (Ing.: *black ´board*), ao passo que nos primeiros ocorre no elemento não nuclear (Ing. *´blackboard*). Este critério não é aplicável ao português, porque nesta língua (Vigário 2003; 2010) o acento ocorre sempre na última palavra fonológica do composto.

compostos atrás referidas são também características das unidades multilexicais, o que se tem traduzido no surgimento de um vasto leque de propostas de análise, nem sempre coincidentes, e na multiplicação de designações aplicadas às ocorrências em questão [97].

É importante ter em conta, contudo, que, qualquer que seja a denominação adotada, trata-se de construções tendencialmente monorreferenciais, dotadas (em graus diversos) de fixidez formal e semântica, propriedades comuns às várias classes de compostos. Ainda assim, e apesar desta partilha de propriedades definitórias de base, a designação 'unidades multilexicais' afigura-se como demasiado lata para a adotarmos, pois nela se incluem produções muito distintas, como, entre outras, (i) siglas e acrónimos (na medida em que têm na base sequências lexicais de natureza sintagmática), (ii) fórmulas cristalizadas de saudação (*bom dia, até logo*), provérbios e máximas (*grão a grão enche a galinha o papo*), mas também (iii) compostos morfossintáticos (*casa-modelo, nado-vivo, peixe-martelo*), (iv) compostos sintagmáticos (*área de serviço, cabeça de casal, caminho de ferro, mãos rotas, pau mandado, paz de alma*), com graus de cristalização formal e semântica variáveis e (v) colocações/estruturas formadas por coocorrentes privilegiados (*fontes fidedignas, ódio mortal*).

Na realidade, as grandes oscilações no estabelecimento das fronteiras entre compostos e outras unidades multilexicais verificam-se sobretudo aquando da análise dos chamados compostos sintagmáticos, isto é, compostos cuja estrutura formal coincide superficialmente com a de um sintagma, como *área de serviço, cabeça de casal, caminho de ferro, mãos rotas, pau mandado*. Perante

---

[97] A este respeito, afirma Nascimento (2013: 217): «as unidades multilexicais têm recebido designações genéricas muito diversas e por vezes conflituosas, como sejam, entre outras, "frases feitas, expressões/frases estereotipadas/ cristalizadas", "unidades multilexicais", "expressões pluriverbais", "locuções", "lexias complexas", "frasemas", "pragmatemas", "clichés", "idiomatismos", etc. Esta proliferação terminológica e o uso de termos diferentes com o mesmo sentido em nada têm contribuído para clarificar as noções relacionadas com este tema».

estas dificuldades de delimitação, assumimos que não há definições unívocas e universalmente aceites do que sejam compostos, lexemas sintagmáticos, sintagmas fixos ou locuções, mormente na língua portuguesa. Mesmo em outras línguas, como a alemã, cujas estruturas permitem uma distinção formal menos equívoca entre compostos e locuções/sintagmas fixos, ambas podem ser usadas em alternativa, intersetando-se os valores de umas e de outras.

No alemão, há sintagmas fixos cuja estrutura formal específica permite distinguir claramente um sintagma dos compostos AN correlatos. Tal acontece, por exemplo, com o sintagma [*altes*$_{Adj}$ *papier*$_N$] 'papel velho/antigo' *vs.* o composto [*altpapier*]$_N$ 'papel para reciclar': no sintagma, o adjetivo *alt* está declinado (*alt<u>es</u>*: <u>nominativo</u> ou <u>acusativo</u>), ao passo que no composto tal não acontece (*alt*). Apesar da existência destes critérios formais diferenciadores (que não existem de forma tão clara na língua portuguesa), os critérios semânticos ou pragmáticos por si sós não permitem antecipar quando uma construção AN vai ser usada no formato de composto ou de sintagma (*Optimallösung vs. optimale Lösung* 'solução óptima'; *Sozialstruktur vs. soziale Struktur* 'estrutura social'). Em várias circunstâncias ambas as construções são selecionáveis no mesmo contexto pragmático, pois entre elas não há uma diferenciação semântica evidente [98]; é

---

[98] Os exemplos seguintes, extraídos de Schlücker & Hüning (2009: 217-218) confirmam que não há uma diferenciação semântica essencial, sendo as duas construções portadoras de um sentido composicional equivalente (mantêm-se as traduções dos autores): «Eine <u>Extremposition</u> [extreme Position] vertritt im Streit um Hitler der französische Filmemacher Claude Lanzmann (...). 'An extreme position in this conflict about Hitler is taken by the French filmmaker Claude Lanzmann. [...]

Zur gegenwärtigen Menschenrechtsdebatte sei festzustellen, daß es zwei <u>extreme Positionen</u> [Extrempositionen] hinsichtlich der Menschenrechte in der Welt gebe 'With regard to the current debate on human rights it has to be stated that there are two extreme positions concerning human rights in the world. [...]

Er beobachtete die Entwicklung von <u>Sozialstrukturen</u> [sozialen Strukturen] bei diesen Tieren. 'He observed the development of social structures with these animals»[...]

«Gesellschaftliche Orientierungslosigkeit zerstört <u>soziale Strukturen</u> [Sozialstrukturen] und fördert Gewalt. 'Social disorientation destroys social structures and promotes violence».

antes uma opção de codificação da informação (cf. *carbo(h)idratos* ou *hidratos de carbono*), e de subsequente organização textual.

Em regra, o recurso a um composto, como *Fernstraßenbauprivatisierungsgesetz* 'Lei de privatização de construção de estradas', permite condensar informação (técnica, científica, administrativa), tornando mais económica a comunicação do que com um sintagma, como *Gesetz zur Privatisierung des Fernstraßenbaus, ou Gesetz zur Privatisierung des Baus von Fernstraßen,* ou *Gesetz zur Fernstraßenbauprivatisierung*. Assim, a opção por um composto prende-se com a necessidade de denominar algo, de substituir uma construção sintática complexa por uma menos sintagmática, de melhor organizar o contexto sintático e de codificar uma base para formação de novas palavras, o que um sintagma menos facilmente permite. Em português, como na generalidade das línguas românicas, essa possibilidade alternativa não existe de forma sistemática (cf. *carbo-hidratos* vs. *hidratos de carbono* mas *vinicultura* e cultura de tudo o que é vínico), pelo que, e apesar das tentativas de identificação de critérios diferenciadores pertinentes, as fronteiras entre composto sintagmático e unidade multilexical permanecem muito difíceis de traçar.

Um dos critérios apontados por Buenafuentes de la Mata (2010) ancora-se na distinção entre uma função classificatória/denominativa, própria dos compostos, e uma função mais qualificativa associada a outros tipos de sintagmas marcados por algum grau de fixidez (nomeadamente as colocações do tipo *ódio mortal, luta encarniçada*).

Em estruturas como *energia eólica, energia fotovoltaica, sal marinho, sal de mesa, pecado capital, pecado venial, estrela do mar, dia do senhor* são as funções denominativa e classificatória que sobressaem. As unidades lexicais são unívocas e monorreferenciais, pelo que deverão integrar o conjunto dos compostos. Já em *festa de arromba, nariz aquilino, palavras doces* é a função qualificativa a dominante, pelo que estas unidades integrariam o conjunto das colocações.

Porém, independentemente da sua estrutura interna, muitas unidades pluriverbais (*conto do vigário*, *desporto-rei*, *lua de mel*, *notícia-bomba*) acumulam os dois valores, pelo que se verifica que este critério também não é sistematicamente utilizável para demarcar compostos de colocações ou outras unidades multilexicais.

Estas dificuldades na identificação dos compostos e dos sintagmas fixos do português refletem-se, por exemplo, no que respeita à sua (oscilante) representação gráfica. Assentes no difícil e não unívoco conceito de locução, as soluções preconizadas, a este nível, pelo Acordo Ortográfico de 1990 (doravante AO90), em nada contribuem para a superação dos problemas já identificados. De acordo com a Base XV, 1.º e 6.º do AO90, os compostos, hifenizados, não compreendem sequências com elementos de ligação, como preposições e conjunções. As sequências com formas de ligação são designadas 'locuções' e não compostos e não são grafadas com hífen (*cão de guarda*, *fim de semana*, *sala de jantar*, *cor de vinho*, *caminho de ferro*). Mas as exceções, decorrentes da alegada perceção da perda de sintagmaticidade ou do ganho de compositividade [99], são abundantes (*água-de-colónia*, *arco-da-velha*, *cor-de-rosa*, *pé-de-meia*) e introduzem grande aleatoriedade na delimitação destes dois conjuntos[100]. A observação do consagrado pelo AO90 no que respeita a

---

[99] A perceção por parte dos falantes acerca da 'compositividade' de um composto não funciona como critério universal, pelo que não pode ser tomado em consideração, pelo menos de forma sistemática. Segundo o determinado pelo AO90 (base XV, ponto 1), as sequências VN *mandachuva*, *paraquedas* deverão grafar-se aglutinadamente, pois terão deixado de ser sentidas como compostos pelos falantes. Mas preconiza-se que *para-choque*, *para-raios* ou *para-brisas* continuem a ser hifenizados; ora, seria imprescindível aferir se os falantes não os sentirão já como compostos, tal como nos casos em que se determina a grafia aglutinada.

[100] A consulta do Vocabulário Ortográfico do Português (http://www.portaldalinguaportuguesa.org/vop.html), que operacionaliza as determinações incluídas no AO90, permite constatar inclusive a coexistência de estruturas para as quais se apresentam representações gráficas opcionais (*arco-da-velha* e *arco da velha*; *cor-de-rosa* e *cor de rosa*; *pé-de-meia* e *pé de meia*) e de estruturas, exatamente com as mesmas características, em que se aceita apenas a representação não hifenizada (*pé de atleta*, *pó de arroz*, *caminho de ferro*, *cão de guarda*, *fim de semana*, *cor de vinho*...).

construções do tipo de NA também não permite iluminar de forma unívoca o seu estatuto. Efetivamente, não se percebe por que razão surgem hifenizadas sequências como *amarelo-claro*, *azul-escuro*, *guarda-noturno* face a *salário mínimo*, *assessor geral* ou *consultor jurídico* (sem hífen). Na realidade, as alterações no interior das sequências seguem padrões semelhantes (**guarda muito noturno*; **salário muito mínimo*) e em todos os casos o adjetivo encontra-se no seu sentido não figural, pelo que não se compreende a preservação do hífen nuns casos e a sua eliminação noutros.

Uma vez que as construções do tipo NA/NprepN até aqui analisadas têm comportamento funcional-pragmático em tudo idêntico aos demais compostos, sendo criadas e usadas pelos falantes, tal como os restantes tipos de compostos, para suprir necessidades de denominação de novas realidades, não repugna considerar essas unidades pluriverbais ou multilexicais como compostos sintagmáticos, perspetiva que continua a ser partilhada por autores como Bernal (2012), Buenafuentes de la Mata (2010) ou Grossmann (2012) [101].

8.1.3 Produtos compositivos e produtos prefixados

Conforme já referido no capítulo 7., a distinção entre elementos constitutivos de compostos e elementos prefixais permanece uma questão de difícil solução quando em causa estão compostos morfológicos (cf. secção 8.2.1.) e, particularmente, compostos neoclássicos, como *agricultura*, *biologia*, *geografia*.

---

[101] Em trabalhos recentes de Guevara (2012), Masini & Scalise (2012), Villoing (2012) aponta-se no sentido da exclusão de muitas estruturas NA/AN e NprepN do âmbito dos compostos, relegando-as para o amplo (e não definido) conjunto dos "phrasal lexemes" ou "lexicalized phrases". Apesar de continuarmos a assumir a dificuldade na delimitação das fronteiras dos compostos, as escassas razões elencadas nestes trabalhos para fundamentar esta decisão não se afiguram, em nosso entender, suficientes.

Existem em português elementos formativos exclusivamente usados em posição prefixal, como *anti-*, *epi-*, *hemi-*, *hipo-* ou *macro-*, que revelam um comportamento que os aproxima tanto dos prefixos quanto dos elementos que integram os compostos morfológicos. Por isso, na secção 7.1. são incluídos no âmbito dos quase-compostos, estando num patamar intermédio no *continuum* entre prefixação e composição. Estes elementos, presentes por exemplo em *antidemocrático, epiderme, hemisfério, hipotermia, macrocosmos*, caraterizam-se, tal como os prefixos prototípicos, pela ocorrência obrigatória à esquerda dos produtos em que se integram, pela não autonomia, pela ausência de capacidade denominativa e de especificação de género e de número. Os elementos formativos dos compostos morfológicos, embora também sejam destituídos de autonomia, distinguem-se dos que ocorrem nos quase-compostos sobretudo por (i) estarem sempre associados a uma categoria lexical nuclear (nome: *demo-*, adjetivo: *cali-* ou verbo: *-cida*), e por (ii) poderem muitos deles ocorrer em posição inicial (*grafologia*) ou final (*caligrafia*).

8.2 Unidades de base, produtos e tipos de compostos

Os compostos do português podem conter diferentes classes de unidades lexicais:

(i) palavras autónomas, flexionadas ou não (*a(s) matéria(s)--prima(s)*, *(um/uns) mãos-rotas*, *o(s) corta-relva(s)*);
(ii) radicais simples (*austro-húngaro, franco-alemão; ibero-polonês* (PB)) e derivados (*económico-financeiro, africano-asiático*) e
(iii) temas simples (*leite creme, guarda-chuva*) e derivados (*pistola-metralhadora*).

A estrutura de algumas palavras coincide com a de radicais (*amor* [*amor próprio*]; *papel* [*papel-moeda*]; *faz*, do verbo *fazer*, em *faz-tudo*) ou com a de temas (*senhora* [*Nossa Senhora*]; *guarda* [*guarda-costas*], *abre* [*abre-latas*], dos verbos *guardar* e *abrir*). O relevo dado às palavras (em contraponto aos radicais/temas), sempre que se fala de composição, deve-se ao facto de ser este o único processo genolexical em que é possível combinar palavras, flexionadas ou não. Na derivação há combinação de um lexema — na maior parte dos casos um radical ou um tema — com um afixo. Importa acrescentar que nos nomes de estrutura [NprepN]$_N$ a preposição é um constituinte dependente, e não um constituinte autónomo, ou um constituinte preso, como muitos dos radicais.

Para além desta diversidade de classes lexicais (radicais, temas, palavras) integráveis nos compostos do português, destaca-se também a variedade categorial dos elementos compositivos, sendo possível encontrar no interior dos compostos nomes, adjetivos, verbos, advérbios, pronomes, preposições e numerais, organizados de acordo com diferentes esquemas de combinação, conforme se visualiza no Quadro seguinte.

Esquemas compositivos	Exemplos
[NN]$_N$	*camião-cisterna, escola-modelo*
[NA]$_N$	*era cristã, sangue-azul*
[AN]$_N$	*alto-relevo, belas-artes*
[VN]$_N$	*abre-latas, tira-teimas*
[NumN]$_N$	*mil-folhas, terceira idade*
[AA]$_A$	*morto-vivo, surdo-mudo*
[NprepN]$_N$	*caminho de ferro, camisa de forças*

Quadro VIII.1. Esquemas compositivos segundo as classes categoriais operantes.

Em português, os padrões compositivos mais produtivos são [NprepN]$_N$, [NA]$_N$, [VN]$_N$ e [NN]$_N$. Os compostos de padrão [NV]$_N$ (*sanguessuga*), [VAdv]$_N$ (*fala-barato*), [VPron]$_N$ (*faz-tudo*) são residuais e pouco produtivos atualmente. Por norma, em [VN]$_N$ a forma verbal apresenta-se com uma configuração igual à da 3.ª pessoa do singular do presente do indicativo (*bate-papo, tira-nódoas, vale-tudo*), mas em casos pontuais a forma verbal apresenta uma configuração atípica, como *cessar-fogo, sol-pôr* ou *volte-face*, quiçá reveladora, neste último caso, de uma influência exógena à língua portuguesa.

Tendo em conta (i) o grau de autonomia das unidades que neles se incluem, bem como (ii) o grau de proximidade relativamente aos padrões sintáticos/sintagmáticos próprios do português, é possível distinguir dois grandes grupos de compostos:

(i) aqueles que integram um ou mais elementos formativos não autónomos (*filosofia, franco-alemão, hidromassagem, ibero--americano, parquímetro*) e
(ii) aqueles que são constituídos por duas ou mais unidades dotadas de autonomia (*abre-latas, cor-de-rosa, jardim-escola*).

Os primeiros, marcados pela presença de radicais greco-latinos e/ou de radicais vernáculos, são agrupados no âmbito dos compostos morfológicos, ao passo que os segundos, tendo em conta o grau de afastamento relativamente aos padrões sintáticos/sintagmáticos típicos do português, são organizados em dois grupos: compostos morfossintáticos e compostos sintagmáticos [102].

Estas classes de compostos começaram por ser descritas por Di Sciullo & Williams (1987: caps. 2-4: 24 e 79), que distinguiram

---

[102] No "Dicionário Terminológico" em vigor no ensino básico e secundário de Portugal (cf. http://dt.dgidc.min-edu.pt/), apenas se diferencia **composição morfológica**, entendida como «processo de composição que associa um radical a outro(s) radical(is) ou a uma ou mais palavras (*agricultura, lusodescendente, psicopata*) e **composição morfossintáctica**, entendida como «processo de composição que associa duas ou mais palavras» (*surdo-mudo, guarda-chuva, via láctea*). Dado que os compostos sintagmáticos são um padrão muito recorrente em português e noutras línguas românicas, optamos por, na linha de Bisetto & Scalise (1999) ou de Val Álvaro (1999), propor uma divisão tripartida dos compostos do português.

"morphological objects", como [apple$_N$ pie$_N$]$_N$, [bar$_N$ tend$_V$]$_V$, [jet$_N$ black$_A$]$_N$ de "syntactic words", como as francesas VN (*essuie-glace*), VA (*gagne-petit*), VAdv (*lève-tôt*) e VPrep (*saute-dessus*). Ambas as classes, independentemente de a estrutura ser mais ou menos sintagmática (*phrasal*, em inglês) ou mais ou menos morfológica, são unidades lexicais, isto é, unidades capazes de funcionarem como núcleos lexicais em sintaxe, e são caraterizadas pela atomicidade sintática, tendo portanto as propriedades essenciais para a definição de palavras ou 'syntactic atoms', na concepção destes autores.

É com base neste trabalho seminal que posteriormente se desenvolve a reflexão levada a cabo para as línguas românicas (Alves 1990; Val Álvaro 1999; Bisetto & Scalise 1999, 2005; Villalva 2000), sobretudo por contraste com as línguas germânicas, pois aquelas são essencialmente "left headed languages" e estas "right headed languages" no que aos padrões de composição diz respeito.

A diversidade de padrões compositivos da língua portuguesa leva-nos, portanto, a considerar não apenas duas, mas três classes de compostos (Rio-Torto & Ribeiro 2009, 2012; Ribeiro 2010), a saber:

(i) compostos morfológicos
(ii) compostos morfossintáticos
(iii) compostos sintagmáticos

Importa explicitar que estas denominações não são as ideais para denotar as classes de compostos, sobretudo porque cada classe é definida em função de várias dimensões, o que as mencionadas denominações não refletem. A terminologia linguística em vigor em Portugal (cf. . http://dt.dgidc.min-edu.pt/) adota as duas primeiras classes, pelo que aqui também o fazemos, cientes de que muitos dos compostos 'morfológicos' são uma só palavra fonológica, e de que os compostos das duas outras classes são 'double phonological words' ou sintagmas fonológicos ('prosodic word groups', na designação de Vigário 2010).

Independentemente das classes lexicais dos respetivos elementos compositivos e do modo como estes se organizam (cf. Quadro VIII.1), os compostos do português são preferencialmente nomes (*abre-latas, aluno-modelo, azeite virgem, terceira idade, trem de aterragem*). Existem também, embora em menor quantidade, adjetivos compostos (*ibero-americano, morto-vivo, político-económico, surdo-mudo*) e verbos (*bem-fazer, bem-querer, maldizer*).

Estrutura	Nomes	Adjetivos	Verbos
[NprepN]	*cabeça de cartaz*	----	----
[NprepV]	*verbo de encher*	----	----
[NN]	*escola-modelo*	----	----
[VN]	*abre-latas*	----	----
[NA]	*sangue azul*	----	----
[VPron]	*faz-tudo*	----	----
[VAdv]	*fala-barato*	----	----
[AN]	*belas-artes*	----	----
[AA]	----	*surdo-mudo*	----
[NumN]	*mil-folhas*	----	----
[Adv + N/A/V]	*maltrapilho*	*malsão*	*maldizer*

Quadro VIII.2. Classes categoriais dos produtos de composição.

8.2.1 Compostos morfológicos

Os compostos morfológicos incluem pelo menos um radical não autónomo, frequentemente de origem grega ou latina, e caraterizam-se pela presença de uma vogal de ligação (abaixo representada como VL) entre os respetivos elementos compositivos. São possíveis vários esquemas compositivos no âmbito dos compostos morfológicos, conforme se constata no Quadro seguinte.

Esquema compositivo	Exemplos
Radical erudito + VL + radical erudito	*cardiopatia, nefrectomia, quiromancia*
Radical erudito + VL + palavra vernácula	*hidroavião, hidromassagem, vinoterapia*

Radical vernáculo + VL + radical erudito	*parquímetro, sambódromo*
Radical vernáculo + VL + palavra vernácula	*austro-húngaro, franco-alemão*

Quadro VIII.3. Compostos morfológicos - esquemas compositivos.

A não autonomia funcional dos radicais incluídos nestas estruturas aproxima-os dos afixos derivacionais que são, por definição, formas presas. No entanto, ao contrário dos elementos prefixais, que ocupam uma posição fixa dentro da palavra (*refazer*, ***des**leal*, ***anti**democrático*), é comum que os elementos compositivos envolvidos nos compostos morfológicos possam ocorrer à esquerda ou à direita do composto (cf Quadro seguinte).

Radicais	**Inserção à esquerda**	**Inserção à direita**
-antrop-	*antropologia*	*filantropia*
-fil-	*filosofia*	*francofilia*
-log-	*logografia*	*grafólogo*

Quadro VIII.4. Posição dos elementos formativos nos compostos morfológicos.

Os radicais eruditos dos compostos, sejam de origem grega ou latina, caraterizam-se, ainda, por serem marcados categorialmente, como Nome ([*hidr-*]$_{RadN}$, [*cron-*]$_{RadN}$), Adjetivo ([*arque-*]$_{RadA}$, [*cali-*]$_{RadA}$) ou Verbo ([*-cid(a)*]$_V$, [*-fer(o,a)*]$_V$) e por terem capacidade denominativa/predicativa, conforme se exemplifica no Quadro seguinte.

Radical nominal grego		**Sentido**	**Exemplos**
Posição esquerda	**Posição direita**		
antrop-		'homem'	*antropofagia, antropologia*
mel-		'música'	*melodrama, melomania*
etn-		'raça'	*etnografia, etnologia*
	-alg-	'dor'	*cardialgia, rinalgia*
	-graf-	'escrita'	*biografia, caligrafia*
	-log-	'estudo'	*arqueologia, biologia*
	-metr-	'medida'	*optometria, pluviometria*

Radical adjetival grego		Sentido	Exemplos
cal(i)-		'belo'	caligrafia, caligrama
ort(o)-		'correto'	ortografia, ortopedia
arque-		'antigo'	arqueografia, arqueologia
Radical nominal latino		**Sentido**	**Exemplos**
ign-		'fogo'	ignífero, ignífugo
calor-		'calor'	calorífero, calorígeno
pisci-		'peixe'	piscicultura, pisciforme
Radical verbal latino		**Sentido**	**Exemplos**
	-cida	'que mata'	fratricida, inseticida
	-gen(o,a)	'que gera'	cancerígeno
	-fug(o,a)	'que afasta'	centrífugo

Quadro VIII.5. Elementos formativos greco-latinos - origem, categoria, posição e sentido.

Como os nomes *cultura, fobia, mania, terapia* se tornaram com os anos palavras autónomas no português, os compostos em que ocorrem (*aromoterapia, floricultura, gastromania, hidrofobia, ludoterapia, musicomania, sonoterapia, tomaticultura*) são constituídos por um radical preso e por um nome autónomo, unidos por uma vogal de ligação.

8.2.1.1 Vogal de ligação

A presença de uma vogal de ligação é uma marca definitória dos compostos morfológicos, encontrando-se nos que se constroem em torno de dois radicais greco-latinos ([*arteri+o+sten+ose*], [*fratr+i+cida*], [*hemat+o+log+ia*]), e nos que incluem radicais vernáculos, como [*hidr+o+ massagem*], [*iber+o+americano*], [*samb+o+dromo*], [*volt+i+metro*]. As duas vogais de ligação são <i> e <o>.

O estatuto da vogal que conecta as unidades destes compostos não é consensual. Sincronicamente, estas vogais podem ser interpretadas como vogais de ligação que preenchem as condições silábicas decorrentes do encontro entre a consoante terminal do radical da esquerda e o segmento inicial da unidade da direita. Sob o ponto de vista histórico, as vogais em causa têm origem em constituintes temáticos das respetivas bases, razão pela qual muitos autores optam por representá-las acopladas a estas. Recorde-se que muitas palavras de origem grega terminam em -*os* (*antropos, cronos*) e muitas latinas (*avis, piscis*), nomeadamente no genitivo (*ager, agri; vinum, vini; frater, fratris*), contêm -*i*- na última sílaba, razão pela qual são estas as vogais que figuram como vogais de ligação nos compostos em que estes elementos formativos ocorrem (*cardiologia, antropofagia, vinicultura, fratricida*) [103].

Ainda que a vogal de ligação coincida, em alguns compostos, com a vogal temática do elemento formativo da esquerda, este padrão comportamental não é universal, constatando-se que nos compostos que incluem dois radicais greco-latinos a vogal de ligação é tendencialmente <*i*> quando o segundo elemento tem origem latina (*insetívoro, calorífero, matricida*), e <*o*> quando o segundo elemento é de origem grega (*hipódromo, rinopatia, cardiologia*). Este comportamento é evidente em *insetívoro, inseticida, insetofilia, insetologia, agrícola, agricultura, agrologia, agronomia* em que o mesmo radical latino [*inset-*] (<*insect-*) e [*agr-*] é seguido da vogal de ligação <*i*> quando seguido de um elemento também de origem latina (-*cida, -cola, -cultura, -voro*) e de <*o*> quando o segundo elemento é de origem grega (-*filia, -logia, -nomia*).

Quando em uso estão um radical vernáculo e um radical greco-latino, esta tendência é geralmente mantida: em *kremlinólogo, laranjocracia, pimbocracia, poupançologia* ('estudo, ciência da

---

[103] Ainda que esta seja a tendência mais regular, outras terminações são possíveis: «la terminazione regolare degli elementi formativi di origine greca usati in positione iniziale è -o, quella degli elementi di origine latina è -i, ma vi sono anche elementi formativi di origine greca con altre terminazioni (acu- 'uditivo', ali- 'mare, salino', [...]) e molti elementi di origine latina terminante in -o, tra cui balneo-, carbo-, digito-)» (Iacobini 2004: 72).

poupança'), *velódromo*, a vogal de ligação é <o>, e o elemento da direita tem origem grega; em *ministricida, petrolífero, tumorígeno* a vogal de ligação é <i>, em conformidade com a origem [+latina] do elemento da direita.

Porém, estas regularidades não são absolutas, como se verifica em *gasoduto, oleoduto*, pois embora *-duto* (<*ducto*) tenha origem latina, a vogal de ligação é <o>. De igual modo, *-fugo* tem origem latina e, a par com *febrífugo* e *fumífugo*, com vogal de ligação <i>, coexiste *hidrófugo*. O mesmo tipo de oscilação se verifica em compostos com *-gen-* e com *-cíd(io)*: em *oleígeno, regicídio* a vogal de ligação é <i>, em conformidade com a origem [+ latina] do elemento da direita; mas em *alucinógeno, criminógeno, genocídio* a vogal é <o>, e o constituinte da direita tem também origem latina. Há ainda casos de maior oscilação. Nos compostos com *-metro*, a vogal de ligação pode ser <i> (*aplaudímetro, calorímetro, taxímetro*), <o> (*cronómetro, odómetro, termómetro*) ou podem coexistir formas com vogal de ligação <i> e <o> (*amperímetro, amperómetro, parquímetro, parcómetro*).

Por fim, e tendo por base os dados do português do Brasil, alguns autores (cf. Gonçalves 2011b) sugerem que, no presente, há uma clara fixação de um padrão com a vogal <ó> (cf. *alcoólatra, musicólatra, kartódromo, sambódromo, cardiógrafo, oscilógrafo, sismógrafo, lexicólogo, pneumólogo, teatrólogo*), pelo que a VL, outrora mais variável e imprevisível (cf. *aplaudímetro, dactilógrafo, decâmetro, parágrafo, polígrafo, telégrafo, telémetro, optómetro, voltâmetro, voltímetro*), passa a ser, graças à sua maior regularidade e à sua gramaticalização acrescida, encarável como parte integrante dos formativos à direita.

No Brasil ainda se mantém a vogal <ô> antes de nasal, como se atesta em todos os nomes em X-metro (*optômetro, pugilômetro, sismômetro*), mas no Português europeu também neste contexto a vogal é <ó> (cf. *litómetro, optómetro, pugilómetro, sismómetro*).

8.2.1.2 Compostos aglutinados

Os produtos composicionais tradicionalmente conhecidos por compostos aglutinados (*aguardente, artimanha, corrimão*) caraterizam-se também pela inclusão de um (ou mais) elementos que neles se apresentam como destituídos de autonomia. Estes produtos composicionais resultam de alterações diacrónicas, nomeadamente de operações de fusão de elementos adjacentes (*água + ardente > aguardente; perna + alta > pernalta*) e/ou de reajuste de elementos do final da base esquerda (*plano + alto > planalto; vinho + agre > vinagre*) e/ou do início da base direita (*grande + eloquente > grandiloquente*).

Nas abordagens tradicionais (cf. Cunha & Cintra 1984), os compostos aglutinados opõem-se aos compostos justapostos, como *varapau, girassol* e *passatempo*, por estes serem marcados pela presença de dois elementos que não sofrem qualquer reajuste morfológico ou fonológico.

No entanto, as alterações formais em que assenta a delimitação dos compostos aglutinados não são exclusivas da composição, verificando-se também em contextos derivacionais. Assim acontece aquando

(i) da substituição de *-vel* por *-bil* em contexto derivacional (*comutável>comutabilidade, responsável>responsabilidade*), ou
(ii) da adaptação do prefixo *in-* ao cotexto fonológico que se lhe segue, adotando a configuração [-nasal] antes de [+soante], como *inapto, ilegal, irrestrito*, e a configuração [+nasal] antes de [-soante], como em *imprevisto, inseguro, intolerante* (Rio-Torto 1998: 31-37).

Porque assenta em operações formais também ativas noutros processos genolexicais, a noção de aglutinação não se revela suficientemente coesa e operacional para permitir a distinção de um subtipo de compostos. Assim, as formações tradicionalmente entendidas como compostos aglutinados integram-se no âmbito dos compostos morfológicos, pois baseiam-se na junção de bases que, neste contexto em particular, são destituídas de autonomia. Mais importante do que a dimensão formal que lhes é imputada nas caraterizações tradicionais, é o grau de lexicalização dos produtos tipicamente conhecidos como compostos aglutinados que importa ter em conta, pois raramente o seu significado se resume à combinatória do significado das partes, conforme facilmente se percebe por exemplos como *aguardente* ou *vinagre*.

Muitos dos compostos tradicionalmente incluídos no âmbito dos compostos aglutinados correspondem a uma única palavra prosódica [104], sendo portadores de um único acento lexical (*aguardente, pernalta*). Muitos dos compostos que incluem elementos formativos greco-latinos exibem também um único acento, funcionando, portanto, como uma única palavra prosódica: *agrícola, aquífero, fratricida, necrópole, tecnologia*. No entanto, existem compostos morfológicos que incluem um acento principal e um acento secundário: *dermoprotetor, gastro-intestinal, greco-latino*. Estes compostos morfológicos aproximam-se, a este nível, dos compostos morfossintáticos (*porta--estandarte, surdo-mudo*) e dos compostos sintagmáticos (*limpa-neves, zona industrial*), que serão abordados nas secções seguintes.

8.2.1.3 Compostos por 'recomposição': unidade truncada + palavra plena

Um esquema de formação de compostos, denominado de 'recomposição', consiste na construção de um composto a partir da

---

[104] Para Mateus, Frota e Vigário (2003: 1061), cada palavra prosódica, entendida como «o constituinte da hierarquia prosódica que se situa entre o pé e o sintagma fonológico [...] tem um e um único acento principal».

adjunção de (i) uma unidade truncada (à esquerda) resultante da redução/do truncamento de uma unidade lexical pré-existente a (ii) uma palavra plena (à direita). A 'recomposição' supõe, pois, uma reutilização de uma forma já existente, desta feita truncada, e eventualmente também alterada no seu sentido matricial. São exemplos de unidades truncadas que entram em produtos deste tipo :

(19) *auto*, de automóvel, em *autobomba, autocaravana, autoescola, automotor, automotriz*

(20) *ciclo*, de bicicleta, em *ciclomotor, ciclopista, ciclovia*

(21) *eco*, de ecologia, ecológico, em *eco-atitude, eco-casa, eco-desporto, eco-produto, ecossistema, eco-taxa, eco-turismo, eco-turista*

(22) *eletro*, de elétrico ou de eletrónico, em *eletro-choque, eletro-marcas* (PB), *eletroshopping*

(23) *farma*, de farmácia em *farmanegócio*

(24) *foto*, de fotografia, em *foto-montagem, foto-novela*

(25) *info*, de informática, em *info-excluído, infogestão, infoliteracia, infonauta*

(26) *juve*, de juventude, em *juvefans*

(27) *moto*, de motor, motorizado, em *moto-bomba, motocicleta, moto-nave, moto-náutico, moto-propulsor, motosserra, moto-táxi*

(28) *tele*, presente em *telefone, televisão*, em *telepublicidade, telenovela*

(29) *tecno*, de tecnologia, em *tecnofobia, tecnoforma, tecnojogos, tecnopsicologia, tecnotêxtil*

O sentido atual de alguns destes formantes não é mais o etimológico, mas o da palavra da língua portuguesa que lhes deu origem: *foto-* não denota nestes exemplos 'luz', 'radiação magnética', mas 'fotografia'; *tele* não denota 'à distância' (cf. *teleatendimento, telecomércio, telecompra*), como o prefixo, mas 'televisão'.

Estes produtos colocam interessantes problemas de tipologia da formação de compostos, pois se situam na fronteira entre os compostos morfológicos, nomeadamente os que envolvem um radical erudito, e os compostos que resultam da combinatória de um tema e de uma palavra. Atente-se no facto de a estrutura morfológica dos temas truncados ser fixa e invariável. Outro problema que suscitam prende-se com a natureza categorial das unidades truncadas que, em alguns casos, pode oscilar ente N e A (cf. *eco*), o que tem repercussões na classe categorial final do composto (NN ou AN).

Este mecanismo há muito vem sendo usado, mormente em denominações de marcas comerciais e na publicidade: *nutribem*, denominação de marca de produtos alimentares para bébés surgida nos anos 60, ilustra essa realidade.

8.2.2 Compostos morfossintáticos

Os compostos morfossintáticos, percecionados como estruturas que resultam da reanálise de uma estrutura sintática numa palavra[105], envolvem a combinação de duas palavras ([*beija-mão*], [*surdo-mudo*], [*via láctea*]) e caraterizam-se por algum grau de atipicidade relativamente aos padrões sintagmáticos do português ativos nas estruturas sintagmáticas correspondentes. Os compostos morfossintáticos podem exibir diferentes padrões de constituição interna, como se visualiza nos exemplos seguintes:

(30) $[NN]_N$: *bebé-proveta, cheque-saúde, couve-flor, outono-inverno*
(31) $[AA]_A$: *claro-escuro, morto-vivo, nado-morto, surdo-mudo*

---

[105] Villalva (2003: 983) descreve *abre-latas, conta-gotas, porta-voz, lava-louça* como compostos morfossintáticos que foram objeto de reanálise de uma estrutura sintática materializada «numa projeção máxima do verbo (i.e. V ^{max})».

(32) [VV]$_N$: *pára-arranca, vaivém*
(33) [VN]$_N$: *beija-mão, finca-pé, limpa-vidros*

As estruturas [NN]$_N$ não seguem os padrões sintáticos típicos, pois estes exigiriam, nestes cotextos, a presença de uma conjunção ou de uma preposição entre os elementos em uso, o que se verifica pela agramaticalidade dos exemplos (34, 36).

(34) **Este <u>seguro viagem</u> ajudou muito a família Lopes.*
(35) *Este <u>seguro **de** viagem</u> ajudou muito a família Lopes.*
(36) **Este casaco usa-se no <u>outono inverno</u>.*
(37) *Este casaco usa-se no <u>outono **e** no inverno</u>.*

As estruturas [VV]$_N$ também não funcionam como sintagmas típicos, como se observa pela agramaticalidade do exemplo seguinte.

(38) **Agora que tem carro, ele <u>vaivém</u> muito depressa.*
(39) *Agora que tem carro, ele <u>vai **e** vem</u> muito depressa.*

As estruturas [VN]$_N$ consideradas de seguida (cf. 40-45) afastam-se dos padrões sintáticos típicos, uma vez que o seu funcionamento como sintagma canónico exigiria, no PE, a presença de um determinante a preceder o nome. Por isso se enquadram no âmbito dos compostos morfossintáticos.

(40) **O noivo <u>beija mão</u> da noiva.*
(41) *O noivo <u>beija **a** mão</u> da noiva.*
(42) **Ela <u>finca pé</u> no passeio.*
(43) *Ela <u>finca **o** pé</u> no passeio.*
(44) **Ele <u>trava língua</u> a tempo, evitando dizer uma asneira.*
(45) *Ele <u>trava **a** língua</u> a tempo, evitando dizer uma asneira.*

Esta situação em que, para funcionar como sintagma verbal, o nome integrante do composto não prescindiria, em PE, do seu determinante, verifica-se em compostos como *beija-mão*, *corta-mar*, *finca-pé*, *mata-bicho* ou *trava-língua*, caraterizados pela presença, à direita, de um nome singular, não massivo, que funciona como complemento da forma verbal usada à esquerda.

Assim não acontece com os compostos dos seguintes três tipos (46)-(48), pois os constituintes da direita não impõem a presença de um determinante; nas estruturas (46) e (47), a presença deste constituiria até uma violação gramatical:

(46) [VPron]$_N$: *come-tudo, faz-tudo, sabe-tudo*
(47) [VV]$_V$: *saber-estar, saber-fazer, saber-ser*
(48) [VN]$_N$: *abre-latas, corta-relva, guarda-chuva, limpa-vidros, porta-aviões, saca-rolhas.*

Nos casos de (48) as construções são gramaticalmente aceitáveis contendo ou não um determinante: *abre* (as) *latas, guarda* (a) *chuva, limpa* (as) *neves, limpa* (os) *vidros*. Mas as estruturas do tipo de *abre-latas, guarda-roupa, lava-louça, passa-palavra, tira-nódoas,* não funcionam como sintagmas, mas como unidades multilexicais, como se observa nos exemplos seguintes.

(49) *Este produto <u>limpa vidros</u> e outras superfícies com grande eficiência, mas não é um <u>limpa-vidros.</u>*
(50) *Este <u>faz tudo</u> quanto lhe mandam, mas não é um <u>faz-tudo</u>.*
  'este indivíduo faz tudo aquilo que lhe mandam, mas não é um palhaço, um pau-mandado';
(51) *Este <u>faz tudo</u> e umas botas* vs. *Este <u>faz-tudo</u> e umas botas.*

Estes dados revelam que há diferenças entre compostos e sintagmas homólogos, nomeadamente através da (im)possibilidade de apagamento do núcleo em estruturas coordenadas (cf. 49 e 51), através da contradição semântica entre o sintagma e o composto (cf. 49-50), através da opacidade semântica associada a *faz-tudo*, mas não ao sintagma *faz tudo* (cf. 50-51), através da opacidade semântica de *guarda* (em *guarda-chuva, guarda-sol*) ou de *para* (em *para-quedas, para-raios*) e através da fixidez distribucional de *porta-*, apenas usado em compostos (*porta-aviões, porta-chaves, porta-voz*) e como base do derivado *portador*, e não como verbo autónomo (*?portar?*) em sintagmas livres. A grande produtividade destas formas (*guarda-, porta-*) faz delas estruturas já gramaticalizadas, às quais está associado um sentido cristalizado não literal (*guarda-* 'resguarda de' ao lado de 'preservar, conter'; *porta-* 'transporta, carrega, contém').

Considera-se aqui que as duas classes de compostos [VN] são duas variantes de uma mesma construção, em que o lugar de determinante/artigo, que, nos sintagmas, é determinado pela natureza do nome, nos compostos do tipo de *beija-mão, finca-pé, guarda-joias, limpa-vidros* se encontra sempre vazio.

Apesar destas semelhanças superficiais que aproximam alguns compostos morfossintáticos das estruturas sintáticas prototípicas, os primeiros exibem uma configuração e uma significação fixas (cf. secção 8.1.1.), assentes na impossibilidade de inserção lexical no seu interior.

8.2.3 Compostos sintagmáticos

Nos compostos sintagmáticos [106] incluem-se aqueles cuja estrutura segue os padrões próprios das estruturas sintáticas do português. Os compostos sintagmáticos apresentam os seguintes padrões estruturais:

---

[106] Este tipo de unidades (cf. *ferro a vapor, jogo de azar, trem de cozinha*), como igualmente *cultura geral, ferro elétrico, natureza-morta, sal marinho* são, como a

(52) [NprepN]$_N$: *água-de-colónia, computador de bordo, ferro a vapor, processador de texto*
(53) [NA]$_N$: *mesa redonda, sangue frio, turismo rural, via verde*
(54) [AN]$_N$: *alto-relevo, grande área, puro-sangue*
(55) [NprepV]$_N$: *máquina de lavar, ferro de engomar, máquina de barbear, porta de correr*
(56) [NumN]$_N$: *mil-folhas, primeiro-ministro, segunda via, terceira idade*

Estes compostos exibem um padrão estrutural que se coaduna com o que é próprio das estruturas sintáticas correspondentes, como se verifica em (57-59). Nestas, as significações dos sintagmas (nos exemplos seguintes a sublinhado) não acusam as marcas de idiomaticidade que caraterizam alguns/grande parte dos compostos.

(57) *A água de Colónia é completamente despoluída.* ('água (proveniente) da cidade de Colónia..... não necessariamente um perfume denominado por 'água-de-colónia')
(58) *Esta mesa redonda é muito vanguardista.* ('uma mesa de forma redonda, não uma reunião denominada usualmente por 'mesa-redonda')
(59) *É uma grande área mesmo: quanto custa?* ('uma qualquer área de grandes dimensões, uma vasta área, não a área de onde se marcam penalties, junto às balizas, no futebol')

---

sua forma o denota, 'unidades multilexicais' (cf. Nascimento 2013). Esta designação abrange unidades caraterizadas por graus diversos (escalarmente distribuídos) de invariância/coesão formal e de opacidade semântica e por um índice de combinatória mais e menos forte. No conjunto dos 'compostos' sintagmáticos incluímos aqui as unidades multilexicais dotadas de opacidade formal e semântica máximas, mas igualmente unidades semifixas do tipo de *energia elétrica, energia eólica, energia fotovoltaica, energia solar, jogo de mesa, jogo de vídeo, linha de água, linha de baliza, linha de fundo, linha de montagem, máquina de lavar, máquina de secar, máquina de barbear, pão de sementes, pão de mistura, pão de forma, sala de banho, sala de convívio, sala de estudo, sala de reuniões, sala de estar, sala de jantar.*

(60) *Esse veículo é uma máquina de ceifar vidas*. ('máquina de destruir vidas, não necessariamente máquina de matar pessoas ceifando-as')

(61) *O primeiro ministro a chegar foi apupado veementemente*. ('o ministro que chegou primeiro, não o chefe de governo')

8.3 Relações intracomposto

Não obstante exibirem traços próprios, os compostos revelam importantes pontos de contacto com o funcionamento dos sintagmas livres, o que permite que a análise da estrutura interna dos primeiros se ancore em duas dimensões habitualmente associadas aos segundos: as relações sintáticas (de coordenação, subordinação ou modificação) e as relações temáticas.

8.3.1 Relações sintáticas intracomposto

As relações sintáticas que se concretizam entre os elementos de um composto - e que refletem as que ocorrem tanto ao nível interfrásico como ao nível intrassintagmático - permitem organizar os compostos do português em três grupos de estruturas: compostos coordenados (62), compostos subordinados (63) e compostos modificativos (64) [107].

(62) *Trata-se de um famoso **ator-encenador** português.*
(63) *Já contactei o **limpa-chaminés**.*
(64) *Trouxeste o **chapéu de chuva**?*

---

[107] O modelo que propomos baseia-se na análise levada a cabo por Bisetto & Scalise (2005) e Scalise & Bisetto (2009), desenvolvida e aplicada ao português por Rio-Torto & Ribeiro (2009, 2012) e Ribeiro (2010).

As relações instituídas entre os elementos destes compostos são bastante diferentes. Em (62) existe uma relação de adição entre *ator* e *encenador*; em (63), entre a forma verbal *limpa* e o elemento nominal *chaminés* institui-se uma relação de complementação, assumindo--se o nome como argumento interno exigido pela forma verbal em causa; em (64) não se trata de uma relação argumental, mas de uma relação modificativa, em que o Sintagma Preposicional da direita (*de chuva*) permite especificar a significação do Nome da esquerda.

8.3.1.1 Compostos coordenados

Os compostos coordenados caraterizam-se pela presença obrigatória de dois elementos com a mesma categoria gramatical, entre os quais se estabelece uma relação de adição. Entre tais elementos compositivos existe uma evidente proximidade semântico-referencial, pertencendo ambos, com frequência, a campos semânticos em relação de 'parecença de família'.

Os compostos coordenados ocorrem dominantemente em sequências NN, designando (i) agentes (*autor-intérprete*, *nadador-salvador*, *rei-mago*), (ii) locais (*café-restaurante*, *padaria-pastelaria*), (iii) eventos (*almoço-convívio*, *jantar-comício*) e (iv) objetos (*garrafa--termo*, *saia-casaco*, *saia-calça*). As relações de coordenação também são frequentes em compostos adjetivais, ocorrendo em estruturas construídas com recurso a dois adjetivos (*morto-vivo*, *surdo-mudo*) e em estruturas que incluem radicais adjetivais (*anglo-germânico*, *austro-húngaro*, *ibero-americano*). São também de coordenação as relações que se instituem nos compostos nominais de estrutura [VV]$_N$, como *corre-corre*, *para-arranca* ou *treme-treme*. Existem ainda construções em que a coordenação intracomposto se concretiza mediante o uso efetivo de uma conjunção copulativa, situação que ocorre quando em uso estão dois nomes (*bolacha de [água e sal*$_N$, *aula de* [*corte e costura*]$_N$) ou duas formas verbais (*um* [*entra e sai*] $_N$, *um* [*sobe e desce*]$_N$, *um* [*leva e traz*]$_N$).

8.3.1.2 Compostos subordinados

Ao contrário da coordenação, caraterizada pela identidade de funções sintáticas e semânticas dos termos coordenados, a subordinação assenta numa relação de dependência ou de hierarquia (sintática e semântica) entre dois termos. No âmbito dos compostos, são várias as construções, como *abre-latas*, *marcapasso* (PB), *processador de texto* ou *planeamento familiar*, cuja organização interna reproduz aquela que é própria das estruturas subordinadas.

Os compostos subordinados seguem um padrão estrutural que inclui um elemento com capacidade de seleção argumental e outro que preenche o lugar vazio aberto pelo primeiro e podem apresentar três configurações: [VN]$_N$ (*quebra-nozes*), [NprepN]$_N$ (*acelerador de partículas*) e [NA]$_N$ (*planeamento familiar*).

As relações de subordinação intracomposto ocorrem maioritariamente em estruturas [VN]$_N$. As unidades verbais deste tipo de compostos têm um comportamento semelhante ao dos predicadores quando em contexto frásico, exigindo um elemento que as complemente. Assim, em compostos como *abre-latas*, *limpa--vidros*, *tira-teimas*, *vira-casaca*, os nomes da direita preenchem os lugares vazios abertos pelos verbos e correspondem, normalmente, à realização do respetivo argumento interno (com função de complemento direto).

A relação que se institui entre os elementos de compostos de base greco-latina, como *antropófago*, *fratricida*, *insetívoro*, é também uma relação de subordinação: neste caso, o elemento da direita, com origem verbal, é complementado pelo elemento da esquerda, que se assume como seu objeto direto. Embora com uma configuração que assenta numa ordem inversa à das estruturas [VN]$_N$, todos estes compostos construídos com radicais greco-latinos de origem verbal (e.g., *-cid(a)* 'que mata', *-col(o/a)* 'que cultiva', *-fag(o/a)* 'que come', *-fer(o/a)* 'que transporta, que conduz', *-fob(o/a)* 'que tem medo de/aversão a', *-fug(o/a)* 'que afugenta', *-gen(o/a)* 'que gera', *-par(o/a)* 'que produz', *-vor(o/a)* 'que come') evidenciam a mesma relação intracomposto: neles se inclui um elemento de cariz verbal com capacidade de seleção argumental e um elemento nominal que funciona como realização do argumento interno exigido pela forma verbal em uso.

Ainda que com muito menor frequência, as relações de subordinação também se encontram em compostos de estrutura [NprepN]$_N$ e [NA]$_N$. Para que ocorra uma relação subordinativa entre os elementos deste tipo de compostos é essencial que o elemento da esquerda seja um nome deverbal, mantendo a capacidade de seleção argumental do verbo de que deriva. Nas estruturas [NA]$_N$ (*recuperador térmico*), o adjetivo tem funcionamento argumental, preenchendo o lugar vazio aberto pelo nome deverbal e com ele estabelecendo uma relação de complementação. No caso das construções [NprepN]$_N$ (*processador de texto, recuperador de calor*) é o sintagma preposicional que funciona como complemento do nome deverbal da esquerda, instituindo-se como materialização do respetivo argumento interno.

A relação de complementação que se institui no âmbito destas estruturas [NA]$_N$ e [NprepN]$_N$ reflete com bastante proximidade a que se configura nas estruturas [VN]$_N$, conforme se comprova através dos exemplos seguintes.

(65) *Um abre-latas é um objeto que serve para abrir latas.*
(66) *Um processador de texto é uma ferramenta que serve para processar textos.*
(67) *Um recuperador de calor é um objeto que serve para recuperar calor.*

Ou seja, nos compostos subordinados, o elemento da direita, seja um nome, um adjetivo ou um sintagma preposicional, preenche o espaço proposicional reservado ao argumento interno das unidades verbais em causa, estejam estas expressas, como nos compostos [VN$_N$, ou latentes (porque incorporados no deverbal), como nos compostos [NA]$_N$ e [NprepN]$_N$. Nas estruturas em que ocorrem elementos formativos greco-latinos de origem verbal, a organização interna, ainda que assente numa ordem inversa, segue o mesmo padrão.

8.3.1.3 Compostos modificativos

Incluem-se no conjunto dos compostos modificativos ou atributivos aqueles cujos elementos da direita se assumem essencialmente como modificadores do nome da esquerda, permitindo precisar ou clarificar o significado deste último através da atribuição de propriedades de natureza qualitativa (*política-espetáculo*) ou classificatória (*política fiscal*).

Integram-se no âmbito dos compostos modificativos estruturas [NN]$_N$ (*poupança habitação, viagem relâmpago*), [NA]$_N$ (*salada russa, turismo rural, vinho branco*) ou [NprepN]$_N$ (*estrada de ferro* (PB), *linha de montagem, turismo de habitação*), caraterizadas pela presença de um elemento modificado, o nome da esquerda, e de um elemento modificador, à direita. Esta relação de modificação pode, no entanto, organizar-se em sentido inverso, encontrando-se o elemento modificado à direita e o modificador à esquerda, como se verifica nos compostos de estrutura [AN]$_N$ (*belas artes, puro sangue*) e [NumN]$_N$ (*primeiro ministro, terceira idade*) ou nos compostos morfológicos que incluem pelo menos um elemento greco-latino, como *cardiologia, enoturismo, hidroginástica, sambódromo*.

Nestas construções, contrariamente ao que sucede nos compostos subordinados, o elemento modificador (independentemente da sua natureza) não é proposicionalmente exigido pelo nome a que se agrega. Na realidade, nos compostos modificativos, o elemento modificador não mantém com o modificado qualquer relação de tipo argumental, pois não estamos em presença de uma sequência entre predicado e argumento(s).

Tal como acontece ao nível frásico, também no âmbito dos compostos é possível distinguir relações modificativas de restrição (*água doce*) e de atribuição (*batata doce*). Quando o elemento modificador delimita a referência do nome a que se associa, permitindo especificar ou restringir um tipo particular do mesmo, estamos perante uma situação de modificação restritiva ou classificatória, funcionando o modificador como fator de taxonomização ou subclassificação do nome a que se agrega. Este esquema compositivo encontra-se com grande regularidade no âmbito das estruturas [NprepN]$_N$, [NprepV]$_N$ e [NA]$_N$. É também comum em compostos morfológicos com elementos formativos de base nominal, como se verifica no Quadro seguinte.

Esquema compositivo	Exemplos
[NprepN]$_N$	*linha de água, linha de baliza, linha de fundo, linha de montagem*
[NprepV]$_N$	*máquina de lavar, máquina de secar, máquina de barbear*
[NA]$_N$	*bandeira azul, bandeira branca, bandeira vermelha*
elementos não autónomos de origem greco-latina	*arqueologia, biologia, cardiologia, geologia, teologia*

Quadro VIII.6. Compostos modificativos.

São frequentes os casos de compostos modificativos restritivos construídos com base no mesmo elemento modificador, ao qual se agregam, à direita ou à esquerda consoante o padrão compositivo em causa, os modificadores que permitem designar subclasses específicas desse elemento modificado. Este tipo de regularidade é visível, por exemplo, em séries de compostos como *jogo de mesa*, *jogo de vídeo, jogo de azar* ou *sala de banho, sala de convívio, sala de estudo, sala de reuniões, sala de estar, sala de jantar*, em que é o sintagma preposicional da direita que permite distinguir o tipo de jogo ou de sala em questão. O mesmo acontece com séries de compostos [NA]$_N$, como *energia elétrica, energia eólica, energia solar, energia fotovoltaica*, em que é o elemento adjetival que permite diferenciar diferentes tipos do nome da esquerda, ou em compostos construídos com elementos greco-latinos, como *democracia, aristocracia, plutocracia, teocracia, tecnocracia*, em que é o elemento da esquerda que assegura a diferenciação de diversos tipos do que é designado pelo elemento nominal da direita.

No conjunto dos compostos modificativos restritivos incluem-se também sequências [NN]$_N$, como as das séries *cheque-cirurgia, cheque-dentista, cheque-desconto, cheque-oferta, seguro-doença, seguro-saúde, seguro-automóvel*. Nestes produtos compositivos o nome da direita funciona como uma espécie de modificador que especifica ou particulariza a significação atribuída ao nome da esquerda, pressupondo, entre ambos os nominais, a inserção de uma preposição que concretize esse nexo modificativo (*cheque para cirurgia, cheque para dentista, cheque para/com desconto, cheque para/com oferta; seguro de doença, seguro de saúde, seguro de automóvel*).

No âmbito das estruturas [NN]$_N$, para além deste tipo de relações de modificação restritiva, existem também relações de modificação qualificativa. Neste caso, e ao contrário do que sucede nos compostos modificativos restritivos, não estamos perante uma delimitação ou particularização do nome modificado, mas perante uma caraterização do mesmo, mediante a instauração de relações que implicam a identificação, pelo menos parcial, entre algumas das caraterísticas dos termos em questão. Um *homem-aranha*, por exemplo, é um homem que evidencia algumas das caraterísticas de uma aranha, nomeadamente a sua forma de se deslocar; uma *viagem-relâmpago* apresenta caraterísticas típicas de um relâmpago, como a velocidade ou a brevidade; um *político-fantoche* é aquele que, como os fantoches, se deixa manobrar ou influenciar [108].

Alguns compostos [NN]$_N$ de tipo modificativo qualificativo assentam numa leitura figurada, sendo construídos com base em processos de alteração do sentido, como a metáfora ou a metonímia. Trata-se de compostos construídos com base em aceções extensivas dos nomes em causa, como acontece, por exemplo, em *homem-âncora*, *desporto-rei*, *notícia-bomba* e *jogo-maratona*.

Também se incluem no âmbito dos compostos modificativos qualificativos as estruturas [NA]$_N$ como *arroz doce* ou *batata doce*, nas quais o adjetivo, apesar de permitir distinguir um tipo específico de N, é usado sobretudo para lhe atribuir propriedades. Efetivamente, o *arroz doce* e a *batata doce* são/acabam por ser adocicados/açucarados.

São ainda compostos modificativos atributivos os que resultam da junção de um advérbio e de um adjetivo departicipial: *bem--criado*, *bem-educado*, *bem-nascido*, *mal-afortunado*, *mal-ajeitado*, *mal-amado*. Neste tipo de construções é a forma adjetival que é modificada através dos advérbios. Situação semelhante ocorre em sequências [AdvV]$_V$ como *bem-querer*, *malbaratar*, *maldizer*, *malgastar* em que o verbo é modificado pelo advérbio que ocorre à sua esquerda (cf. Rio-Torto 2014c).

Em síntese, são três os tipos de relações sintáticas estabelecidas no interior dos compostos: relações de coordenação, relações de subordinação e relações de modificação. As relações de coordenação encontram-se em compostos com os esquemas [NN]$_N$, [AA]$_A$ e [VV]$_V$. As relações de subordinação ocorrem em construções que incluem obrigatoriamente um elemento verbal, ou deverbal, como

---

[108] Para Baroni, Guevara & Pirrelli (2006) o nome da direita (em italiano *chiave*, *fantoccio*, *lampo*, *limite*, *modello*, *pilota*, *simbolo*, *record*, *lampo*) deste tipo de construções NN funciona como um predicado do nome da esquerda.

[VN]$_N$, [NPrepN]$_N$, [NA]$_N$, ou estruturas com elementos formativos greco-latinos de origem verbal. Já as relações de modificação têm uma presença mais transversal, ocorrendo em compostos com padrões compositivos muito diferentes, nomeadamente [NN]$_N$, [NA]$_N$, [NprepN]$_N$, [AdvA]$_A$, [AdvV]$_V$. O quadro seguinte ilustra a presença de diferentes relações sintáticas no interior dos compostos.

	Subordinação	Modificação	Coordenação
[VN]$_N$ [Rad$_N$Rad$_V$]$_N$	abre-latas, corta-relva herbicida, ignífugo	-	-
[NprepN]$_N$	processador de texto	caminho de ferro couve-de-bruxelas	-
[NA]$_N$	planeamento familiar	arroz doce zona industrial	-
[AN]$_N$	-	grande superfície pequena área	-
[AdvA]$_A$	-	bem-humorado malcriado	-
[Rad$_N$Rad$_N$]$_N$	-	democracia, filologia	-
[Rad$_A$Rad$_N$]$_N$	-	arqueologia, caligrafia	-
[NN]$_N$	-	casa-mãe peixe-espada	trabalhador-estudante saia-casaco
[AA]$_A$	-	-	surdo-mudo económico-social
[VV]$_V$	-	-	entra-e-sai, pára-arranca

Quadro VIII.7. Relações sintáticas intracomposto.

8.3.2 Relações temáticas intracomposto

As relações temáticas que se estabelecem entre os elementos de um composto replicam, no âmbito léxico-semântico, as que se instituem ao nível frásico entre elementos com capacidade de seleção argumental e elementos que, respondendo a essa exigência, realizam esses argumentos. A noção de argumento aqui usada é de natureza semântica e radica na lógica de predicados, segundo a qual um constituinte — o predicador —, para saturar o seu sentido, necessita de ser complementado por um conjunto de argumentos.

No caso dos compostos, esta exigência de seleção argumental é notória sobretudo quando um dos elementos compositivos é uma unidade (de)verbal, como em produtos de estrutura $[VN]_N$, $[Rad_N Rad_N]_N$, $[NA]_N$ e $[NprepN]_N$. Nestas construções institui-se uma relação temática predicador-objeto/tema entre ambos os constituintes [109].

Nos compostos que seguem o padrão estrutural $[VN]_N$, é frequente que o elemento nominal, à direita, funcione como argumento interno do verbo transitivo, situado à esquerda, como em *limpa-chaminés*, *abre-latas* ou *quebra-nozes*. No entanto, em alguns compostos $[VN]_N$ o nome da direita, designando um animal, funciona como argumento externo do V. Esta situação, pouco frequente no PE, acontece em denominações de pássaros ou plantas, criadas e usadas essencialmente no mundo rural, como as de (68-70).

(68) *mija-burro* 'variedade de narciso com flores de odor muito desagradável'
(69) *rincha-cavalo* 'nome de pássaro também conhecido por peto-real'
(70) *urra-boi* 'pássaro da família dos Turnicídeos'

Encontra-se também uma relação temática predicador-tema/objeto em compostos cujo elemento da direita é uma unidade greco-latina com capacidade argumental. Estes compostos são bastante frequentes, integrando unidades verbais com significação muito diversa. Alguns dos mais representativos elementos formativos deste tipo elencam-se no Quadro seguinte.

---

[109] Para além destas relações temáticas intracomposto é possível identificar outras funções temáticas, como as de agente, locativo, fim/objetivo, entre outras. A este propósito, veja-se a secção 8.6.1.

elemento formativo	significado	exemplos
-*cid*(*a*)	que mata	*germicida*
-*col*(*a*)	que cultiva	*agrícola*
-*ducto*	que conduz	*gasoducto*
-*fag*(*o,a*)	que come	*antropófago*
-*fer*(*o,a*)	que transporta	*aquífero*
-*fug*(*o,a*)	que repele	*febrífugo*
-*gen*(*o,a*)	que gera	*cancerígeno*
-*par*(*o,a*)	que produz	*ovíparo*
-*vor*(*o,a*)	que devora	*insectívoro*

Quadro VIII.8. Elementos formativos greco-latinos com capacidade argumental.

Nestas estruturas, a ordem é inversa à das construções [VN], pois o elemento com capacidade argumental ocorre à direita, encontrando-se à esquerda o elemento, de origem nominal, que assegura a realização do respetivo argumento interno e que funciona habitualmente como tema/objeto.

Esta relação predicador-argumento interno tema/objeto está também presente, até agora com muito menor frequência, em estruturas [NprepN]$_N$ e [NA]$_N$. Para que esta relação esteja ativa nestes padrões de composição, é necessário que o nome da esquerda seja um deverbal, guardando, portanto, a capacidade de seleção argumental do verbo de base. O sintagma preposicional (em [NprepN]$_N$) ou o adjetivo denominal (em [NA]$_N$) realizam o argumento interno selecionado pelo deverbal da esquerda, conforme se constata a partir da análise dos exemplos seguintes.

[NA]$_N$

(71) *planeamento urbano* 'processo de planificar a urbe'

(72) *reestruturação curricular* 'processo de reestruturar os *curricula*'

(73) *controlador aéreo* 'aquele que tem por função controlar o espaço aéreo por onde circulam aeronaves'

(74) *guarda florestal* 'aquele que guarda a floresta'

[NprepN]$_N$

(75) *recuperador de calor* 'aparelho que recupera o calor'
(76) *acelerador de partículas* 'aparelho que acelera partículas'
(77) *prestador de serviços* 'denominação técnica de todo aquele que presta serviços'

8.4 Núcleo, endocentrismo e exocentrismo

O núcleo de um composto é o elemento (radical ou palavra) que determina as propriedades semânticas, categoriais e morfológicas do produto e, consequentemente, tem uma importância determinante tanto no que concerne à interpretação que se lhe associa quanto no que se refere às operações de flexão a que está sujeito. Em consonância com Scalise, Fábregas & Forza (2009), consideramos que a identificação do núcleo de um composto se faz tendo em conta três dimensões: a dimensão categorial, a dimensão morfológica e a dimensão semântica.

Categorialmente, o núcleo do composto corresponde ao elemento compositivo que transmite ao produto a sua categoria gramatical. Assim, em estruturas [NA]$_N$ como *acumulador térmico*, *energia eólica* ou *sangue azul*, o núcleo será o elemento da esquerda, um nome, uma vez que é esta unidade que transmite ao produto a respetiva categoria gramatical.

Assume-se como núcleo morfológico o elemento compositivo que transmite ao produto os seus traços morfológicos, nomeadamente os de género e número. Em *jardim-escola*, *pés de galinha* e *visita--relâmpago* é o elemento da esquerda, um nome, que se assume como núcleo morfológico, visto que os traços de género e número do produto coincidem com os deste constituinte, conforme se constata a partir da análise de (78-80). Nestes exemplos, verifica-se, ainda, a coincidência entre núcleo categorial e núcleo morfológico:

quando assim é, é o elemento nuclear que determina a categoria lexical e os traços de género e número do produto.

(78) [*jardim*$_{\text{N[masc|sing]}}$ *escola*$_{\text{N[fem|sing]}}$]$_{\text{N[masc|sing]}}$
(79) [*pés*$_{\text{N[masc|pl]}}$ *de galinha*$_{\text{N[fem|sing]}}$]$_{\text{N[masc|pl]}}$
(80) [*visita*$_{\text{N[fem|sing]}}$ *relâmpago*$_{\text{N[masc|sing]}}$]$_{\text{N[fem|sing]}}$

Em termos semânticos, o núcleo funciona como hiperónimo do produto. Assim, em *sala de aula, sala de convívio* e *sala de reuniões*, o núcleo semântico é sempre o nome *sala*, pois denomina o hiperónimo de cada um dos produtos em análise: *sala de aula, sala de convívio* e *sala de reuniões* são três tipos de *sala*. Mas há compostos que não exibem um elemento que se possa identificar como núcleo semântico: esta situação verifica-se, por exemplo, nas estruturas [VN]$_{\text{N}}$, como *abre-latas, lambe-botas, tira-teimas*, em que nenhum dos constituintes funciona como hiperónimo do produto, não sendo também possível inferir as propriedades semânticas do produto em função das dos respetivos constituintes.

Um estudo completo do núcleo dos compostos assenta obrigatoriamente na análise destas três dimensões e permite verificar a existência de vários padrões compositivos:

a) compostos em que núcleo categorial, morfológico e semântico coincidem - *cadeira de baloiço, escola-modelo*;

b) compostos em que apenas coincidem núcleo categorial e morfológico - *pés de galinha, puro sangue*;

c) compostos em que não é possível a identificação de núcleo, nem semântico, nem categorial, nem morfológico - *para-arranca, fala-barato* [110].

---

[110] Scalise, Fábregas & Forza (2009: 56) consideram estas construções como de Exocentrismo Categorial Absoluto ('Absolute Categorial Exocentricity').

Tendo em conta a (in)existência de núcleo, distinguem-se compostos endocêntricos de compostos exocêntricos. Os primeiros, tal como o nome indica, caraterizam-se pela existência de núcleo, podendo exibir um (*escola-piloto*) ou mais elementos nucleares (*padaria-pastelaria*). Nos segundos incluem-se os produtos compositivos que não incluem qualquer elemento que reúna as condições necessárias para se assumir como núcleo.

8.4.1 Endocentrismo e exocentrismo: dimensões categorial, morfológica e semântica

Uma vez que a identificação do núcleo de um composto assenta em múltiplos critérios, a delimitação das estruturas endocêntricas e exocêntricas decorre também necessariamente da convocação de diferentes dimensões de análise. No quadro seguinte apresentam-se compostos que, em função da dimensão em apreço, exibem diferentes valores de endo-/exocentrismo.

	Endocentrismo morfológico e categorial	Exocentrismo morfológico e/ou categorial
Endocentrismo semântico	[NA]$_N$ *guerra civil* [AN]$_N$ *pequena área* [NN]$_N$ *escola modelo* [NprepN]$_N$ *chapéu de chuva*	
Exocentrismo semântico	[NA]$_N$ *sangue frio* [AN]$_N$ *puro sangue* [NN]$_N$ *cara metade* [NprepN]$_N$ *pé de meia*	[NA]$_N$ (um) *cabeça rapada* [AN]$_N$ (um) *boa onda* [NprepN]$_N$ (um) *unhas de fome* [VN]$_N$ *vira-casacas* [VAdv]$_N$ *fala barato*

Quadro VIII.9. Exocentrismo e endocentrismo: dimensões categorial, morfológica e semântica.

Um composto é totalmente endocêntrico quando um dos seus elementos formativos se assume simultaneamente como núcleo categorial, morfológico e semântico, como nos exemplos *chapéu de chuva, escola modelo, guerra civil* e *pequena área*. Tipicamente, os compostos endocêntricos do português exibem o núcleo à esquerda (a negrito), conforme se verifica nos exemplos seguintes.

Esquemas compositivos	Exemplos
[NN]$_N$	**peixe**-aranha
[NA]$_N$	**arma** branca
[Nprep]$_N$	**carro** de praça/de corrida

Quadro VIII.10. Compostos com núcleo à esquerda.

Há também (cf. Quadro seguinte) compostos do português com núcleo à direita, nomeadamente quando o seu padrão compositivo é [AN]$_N$ ou quando se trata de compostos cuja estrutura interna inclui formativos greco-latinos que reproduzem a organização típica destes nessas línguas.

Esquemas compositivos	Exemplos
[AN]$_N$	curta **metragem**
[Rad$_{N/A}$Rad$_N$]$_N$	te**ologia**, arqu**eologia**

Quadro VIII.11. Compostos com núcleo à direita

No âmbito dos compostos endocêntricos, enquadram-se ainda compostos que incluem dois núcleos, nomeadamente os que seguem os padrões [NN]$_N$ e [AA]$_A$, como os do Quadro seguinte.

Esquemas compositivos	Exemplos
[NN]$_N$	**trabalhador-estudante**
[AA]$_A$	**surdo-mudo**

Quadro VIII.12. Compostos binucleares.

Considerando o endo-/exocentrismo a partir das três dimensões de análise anteriormente referidas, é frequente encontrar compostos que, embora não se possam enquadrar no âmbito das estruturas totalmente endocêntricas, pois não exibem um elemento que se assuma simultaneamente como núcleo categorial, morfológico e semântico, revelam níveis de endocentrismo intermédios.

Esta situação verifica-se, por exemplo, nas construções semanticamente exocêntricas, mas categorial e morfologicamente endocêntricas. Estes compostos apresentam um núcleo categorial e morfológico (*bicos, jardim, pés*), mas nenhum dos seus constituintes se afigura como núcleo semântico, pois nenhum deles denomina um hiperónimo do produto.

(81)[*bicos*_{N[masc|pl]} *de papagaio*_{N[masc|sing]}]_{N[masc|pl]}
(82)[*jardim*_{N[masc|sing]} *de infância*_{N[fem|sing]}]_{N[masc|sing]}
(83)[*pés*_{N[masc|pl]} *de galinha*_{N[fem|sing]}]_{N[masc|pl]}

Numa análise do endo-/exocentrismo ancorada num único critério, nomeadamente no critério semântico, como nas análises mais tradicionais, estes exemplos seriam integrados no conjunto dos compostos exocêntricos. Uma análise mais fina revela, contudo, uma realidade mais complexa, e presente em muitos compostos do português, como se observa em *água-pé* (denominação de bebida alcoólica, com baixo teor de álcool, resultante da adição de água ao bagaço (ou pé) de uva), *brincos-de-princesa* (denominação de flor) ou *jardim-escola* (denominação de infantário).

O exocentrismo é mais acentuado em compostos que, para além de não exibirem um núcleo semântico, também não exibem um núcleo morfológico, na medida em que os traços de género/número do produto não refletem os do elemento que ocorre em posição tipicamente nuclear. Os esquemas seguintes exemplificam esta situação.

(84)[*caixa*_{N[fem|sing]} *de óculos*_{N [masc|pl]}]_{N [masc/fem|sing]}
(85)[*pele*_{N[fem|sing]} *vermelha*_{N[fem|sing]}]_{N[masc|sing]}
(86)[*unhas*_{N[fem|pl]} *de fome*_{N[fem|sing]}]_{N[masc|sing]}

O nível mais acentuado de exocentrismo ocorre quando nenhum dos elementos compositivos se assume como núcleo morfológico, categorial ou semântico, como em *bota-abaixo, faz-tudo, tira-teimas, treme-treme*. Esta situação verifica-se nos compostos de estrutura [VN]$_N$, [VV]$_N$, [VPron]$_N$ e [VAdv]$_N$.

Esta análise do núcleo dos compostos baseada em três dimensões torna clara a existência de diferentes graus de endo-/exocentrismo, esquematizados no Quadro seguinte.

Continuum de endo-/exocentrismo	Exemplos
[+ núcleo categorial] [+ núcleo morfológico] [+ núcleo semântico]	*chapéu de chuva, escola-modelo*
[+ núcleo categorial] [+ núcleo morfológico] [- núcleo semântico]	*bicos de papagaio, pés de galinha*
[+ núcleo categorial] [- núcleo morfológico] [- núcleo semântico]	(um) *unhas de fome*, (um) *caixa de óculos*[111], (um) *pele vermelha*
[- núcleo categorial] [- núcleo morfológico] [- núcleo semântico]	*bota-abaixo, corre-corre, sabe-tudo*

Quadro VIII.13. *Continuum* de endo-/exocentrismo.

As propriedades flexionais de um composto são, em grande medida, condicionadas pela localização e pelas caraterísticas do respetivo núcleo. No entanto, para a definição dos padrões de flexão dos compostos do português é necessário que se convoquem outros critérios.

8.5 Padrões flexionais

As regularidades associadas à flexão dos compostos do português decorrem não apenas da posição e das caraterísticas do núcleo, mas também da sua organização interna e do tipo de relações que

---

[111] Denominação não apreciativa de pessoa que usa óculos (PE).

se estabelecem entre os seus elementos compositivos (Rio-Torto & Ribeiro 2012: 138).

Os compostos do português organizam-se em quatro grupos, apresentando marcas flexionais no elemento compositivo da direita e/ou da esquerda ou exibindo marcação flexional externa. A pluralização manifesta-se pela adjunção da marca de plural a um dos elementos formativos, aos dois, ou ao determinante que precede o produto compositivo. Abaixo explicitam-se os quatro padrões de flexão operantes no âmbito da composição em português.

8.5.1 Marcação flexional em ambos os elementos compositivos: [X_{pl} Y_{pl}]

Este padrão flexional reflete a necessária concordância em número entre nome e adjetivo (82-83) ou entre numeral e nome (84) ou é resultado da existência de um núcleo nominal ou adjetival bicéfalo (85-86).

(82) [NA]$_N$: *escola(s) primária(s)*, *obra(s) prima(s)*, *parede(s)--meia(s)*
(83) [AN]$_N$: *grande(s) área(s)*, *grande(s) superfície(s)*
(84) [NumN]$_N$: *primeira(s) dama(s)*, *primeiro(s) ministro(s)*
(85) [AA]$_A$: *morto(s)-vivo(s)*, *surdo(s)-mudo(s)*
(86) [NN]$_N$ coordenados: *padaria(s)-pastelaria(s)*, *trabalhador(es)--estudante(s)*

8.5.2 Marcação flexional no núcleo, o elemento da esquerda: [X_{pl} Y]

Este padrão flexional verifica-se em compostos de estrutura [NprepN]$_N$, [NprepV]$_N$ e nos compostos modificativos [NN]$_N$.

(87) [NprepN]$_N$: *caminho(s) de ferro, chapéu(s) de chuva*
(88) [NprepV]$_N$: *ferro(s) de engomar, máquina(s) de lavar*
(89) [NN]$_N$: *decreto(s)-lei, escola(s)-modelo, palavra(s)-chave*

Presentemente, quer no Brasil, quer em Portugal, regista-se alguma variação na marcação de plurais de compostos modificativos [NN]$_N$, como em *palavras-chave* e *palavras-chaves, empresas-fantasma* e *empresas-fantasmas, empresas-líder* e *empresas-líderes* (cf. Rio-Torto 2013).

8.5.3 Marcação flexional na fronteira direita e com escopo sobre todo o composto: [X Y]$_{pl}$

Este esquema de pluralização ocorre em compostos que correspondem apenas a uma palavra fonológica, como nos compostos aglutinados (*aguardentes, artimanhas, fidalgos*) e naqueles em que operam elementos formativos greco-latinos (*cardiogramas, democracias, leucócitos*). Este é também o padrão de flexão próprio das construções que incluem uma forma presa (vernácula ou neoclássica) e uma forma livre, como (*ciências*) *físico-química(s), luso-americano(s), maníaco-depressivo(s)*. Neste caso, é a natureza presa do primeiro elemento de composição que explica o facto de a pluralização ocorrer apenas na fronteira direita do composto.

8.5.4 Marca flexional no determinante que precede o composto: Det$_{pl}$ [X Y]

Este esquema flexional é próprio de muitos compostos exocêntricos em cuja estrutura se inclui um V, como em (90-93). A flexão, apesar de presente apenas no determinante, tem escopo sobre todo o composto.

(90) [VN]$_N$: o(s) *beija-mão*, o(s) *lava-louça*
(91) [VPron]$_N$: o(s) *sabe-tudo*
(92) [VAdv]$_N$: o(s) *bota-abaixo*
(93) [V(conj)V]$_N$: o(s) *sobe-e-desce*

8.6 Propriedades semânticas

As questões de índole semântica são particularmente relevantes para o estudo dos compostos, dado que em cada uma destas unidades se integram, de modos muito diversos, os traços dos respetivos elementos compositivos.

Em português, como em muitas outras línguas, é vastíssimo o espectro semântico preenchido pelos compostos. Para tal contribui o facto de (i) cada composto integrar a semântica de pelo menos duas unidades lexemáticas, (ii) serem várias as combinatórias possíveis de estruturas de composição, (iii) para o produto se projetarem as dimensões categoriais e semânticas das unidades (e das respetivas classes) envolvidas, e (iv) o sentido do todo poder enriquecer-se substancialmente em função de variáveis muito diversas.

Neste âmbito, em 8.6.1. faz-se a descrição das propriedades semânticas dos compostos, nomeadamente no que concerne às classes semânticas por que se distribuem e às relações semânticas que se instituem no seu interior. De seguida dilucidam-se as questões relativas à composicionalidade e idiomaticidade dos compostos (secção 8.6.2.).

8.6.1 Classes e relações semânticas

Os compostos do português são maioritariamente denominações associadas a seres ou objetos. Com efeito, ao contrário da derivação, que frequentemente conduz ao surgimento de nominais abstratos (*concentração, rivalidade, socialismo*), a composição é marcadamente um processo genolexical ao serviço da formação de designações de valor [+concreto], muitas delas denominando objetos, seres, atividades/eventos e tipos humanos associados ou ao mundo rural e ao quotidiano do falante comum (cf. Quadro VIII.14), ou realidades do mundo dos saberes altamente especializados (cf. Quadros 15 e 16). A distribuição por padrões compositivos das diversas classes de compostos permite constatar que as denominações que envolvem constituintes neoclássicos estão muito mais presentes nos léxicos de saberes altamente especializados. Com exceção do padrão [VN]$_N$, os demais padrões são comuns a todos os tipos de áreas lexicais e semânticas.

	[NN]$_N$	[VN]$_N$	[NprepN]$_N$	[NA]$_N$
Fauna e flora	cardo-ananás erva-prata pau-ferro	beija-flor espanta-lobos fura-balças	brincos-de-princesa galinha-do-mato grão-de-bico	cavalo-marinho erva-doce pato-bravo
Denominações humanas[112]	bebé-proveta homem-rã menino-prodígio	lambe-botas salva-vidas vira-casaca	bicho do mato cabeça de casal pé de chumbo	bode expiatório cabeça rapada pau mandado
Objetos e instrumentos	faca-marcador garrafa-termo saco-cama	pisa-papéis porta-treco saca-rolhas	boca de incêndio caixa de velocidades chapéu de chuva	arma branca chave inglesa varinha mágica
Eventos [113]	almoço-convívio jantar-comício	bate-boca corta-mato mata-bicho	copo de água golpe de estado porto de honra	batalha naval guerra santa mesa redonda

Quadro VIII.14. Classes semânticas dos produtos compositivos.

Apesar de os compostos serem muito mais comuns enquanto denominações de realidades do quotidiano, ocorrem também com relativa frequência no âmbito de terminologias mais específicas,

---

[112] Também se incluem neste âmbito denominações de estrutura [VPron]N, como *faz-tudo, sabe-tudo, come-tudo*.

[113] Neste conjunto se incluem os compostos coordenativos *corre-corre* e *entra-e-sai*.

conforme se verifica pelos exemplos que associamos às ciências (naturais e sociais) e à tecnologia.

	[NN]ₙ	[NprepN]ₙ	[NA]ₙ
Ciências e técnica	ampere-hora cavalo-vapor molécula-grama	acelerador de partículas efeito de estufa processador de texto	campo magnético energia atómica tecido adiposo
Ciências sociais e humanas	data-valor decreto-lei quota-parte	abono de família nota de crédito/débito	ativo tóxico mercado negro recibo verde

Quadro VIII.15. Áreas semânticas dos produtos compositivos.

Os padrões estruturais que mais se prestam à formação de denominações compostas morfossintáticas e sintagmáticas associadas à ciência/tecnologia são [NprepN]ₙ e [NA]ₙ, assumindo-se muitas delas como termos de ampla circulação internacional: *acelerador de partículas, bolsa de valores, bomba hidráulica, cadeia de abastecimento, efeito de estufa, folha de cálculo, processador de texto, taxa de câmbio, tecido fibroso*. Ao contrário do que parece acontecer noutras línguas, inclusivamente em línguas românicas [114], em português não é ainda muito comum a substituição destas estruturas [NprepN]ₙ pelas construções [NN]ₙ correspondentes, com a perda da preposição. Apesar de não muito frequentes, ocorrem estruturas deste tipo precisamente em denominações que, embora originalmente próprias do léxico de uma língua de especialidade, passam, paulatinamente, ao léxico comum, como *crédito-habitação, decreto-lei, efeito-estufa, poupança-habitação, seguro-saúde*.

A presença de compostos em léxicos da ciência e da técnica é particularmente evidente nos compostos morfológicos que incluem elementos formativos neoclássicos (cf. quadro seguinte).

---

[114] Terreni (2005) assinala a crescente tendência do italiano para substituir estruturas [NprepN]ₙ do tipo *sala della stampa* por estruturas [NN]ₙ correspondentes, assentes na perda da preposição - *sala stampa*.

Ciências naturais, médicas e tecnologia	*adenoblasto, amniocentese, audiometria, cintigrafia, endoscopia, enterectomia, fitologia, fotólise, fungicida, hematoblasto, hemodiálise, hidrómetro, litografia, meteorologia, nefralgia, parafilia, pluviómetro, rinoscopia, rinoplastia, sialadenite, sismografia, vulcanologia*
Ciências sociais e humanas	*arqueologia, caligrafia, democracia, filantropia, filologia, genocídio, heteronímia, ortografia, pedagogia, oligocracia, plutocracia*

Quadro VIII.16. Denominações compositivas de base greco-latina presentes em léxicos de especialidade.

São ainda de realçar, pela sua particularidade denominativa assente em operações figurais, os compostos associados a áreas de atividade muito específicas, como a culinária ou o desporto. Alguns exemplos de compostos destas áreas (PE e PB) são apresentados abaixo:

Culinária	*barriga de freira, pé de moleque, roupa-velha, toucinho do céu*
Desporto	*drible da vaca* (PB), *lanterna-vermelha, linha de água, tiro penal* (PB)

Quadro VIII.17. Alguns compostos associados à culinária e ao desporto.

Independentemente da classe semântica em que o composto se integre, o seu semantismo global ancora-se na ativação de relações semânticas entre os respetivos elementos formativos, sendo de realçar, entre outras, as relações de forma/similitude, matéria/constituição, fim/objetivo, entre outras. É de referir, ainda, a relevância da relação predicador-tema/objeto, presente na maior parte dos compostos $[VN]_N$ (*corta-relva, limpa-neves, tira-nódoas*) e em muitos compostos que incluem elementos formativos greco-latinos (*herbívoro, ovíparo*).

Estruturas Relações semânticas	$[NprepN]_N$	$[NN]_N \mid [NA]_N$
forma/similitude	*apetite de passarinho, chave de cruz, curva em S, escada em caracol, lágrimas de crocodilo*	*arroz-agulha, peixe-espada, tubarão-martelo*
constituição/matéria	*cadeira de rodas, fio de cobre, pão de leite, pó de arroz*	*água-mel, água mineral*

fim/objetivo	área de serviço, barriga de aluguer, pasta de dentes, tubo de ensaio	comboio-correio, jardim infantil, livro-caixa
agente/origem	carro de bois, leite de vaca, teia de aranha	bebé-proveta, leite materno
predicação	cabeça no ar, cara de pau, golpe de mestre, homem de palavra	condomínio fechado, desporto radical, desporto-rei, pau mandado, visita-relâmpago
locativo	carro de praça, estrela-do-mar, relógio de parede	banda gástrica, missa campal

Quadro VIII.18. Relações semânticas intracomposto.

A identificação do tipo de relação semântica instituída entre os elementos de um composto é tanto mais fácil e imediata quanto menos opaca for a sua significação global. Efetivamente, nos compostos cujo semantismo global se afasta do expectável da soma do significado dos respetivos constituintes (*arranca-rabo*, *gato-sapato*, *manga de alpaca*, *marca branca*, *puxa-saco*), é extremamente difícil a identificação das relações semânticas instituídas entre os constituintes.

A maior ou menor opacidade semântica dos produtos é uma propriedade recorrentemente analisada no âmbito da composição, sendo possível propor uma organização dos compostos baseada no grau de composicionalidade ou idiomaticidade semântica que evidenciam (cf. 8.6.2).

8.6.2 Composicionalidade e idiomaticidade semânticas

As unidades do léxico podem exibir um significado composicional, resultante da soma do significado das partes que o constituem (*trabalhador* 'que trabalha', *pós-venda* 'posterior à venda', *infeliz* 'não feliz', *abre-latas* 'que abre latas', *energia solar* 'energia do sol'), ou um significado não composicional, quando a leitura do produto se afasta daquela que seria expectável da soma dos significados de cada um dos seus elementos constitutivos (*marca branca*, *mercado negro*). Neste caso, diz-se que as unidades lexicais se caraterizam pela opacidade ou idiomaticidade semântica.

As situações de opacidade semântica estão associadas a processos figurais ou a casos de especialização ou de extensão do sentido das unidades lexicais operantes, permitindo que as suas significações iniciais sejam paulatinamente substituídas pelos sentidos idiomáticos e conduzindo a situações de lexicalização. Na realidade, os casos de opacidade ou de idiomaticidade semântica estão presentes em unidades lexicais de diferentes tipos, não sendo exclusivos dos compostos. Exemplos da atuação deste tipo de operações no âmbito da derivação são *amante* e *amador*. Nenhuma destas denominações é usada para designar 'aquele que ama', excepto no caso do primeiro, quando ocorrente como predicador de um argumento, como em *amante de livros antigos*. Em ambos os casos, há um claro processo de especialização de significado: *amante* é 'aquele que mantém relações amorosas com alguém casado', e *amador* é 'alguém que exerce qualquer arte, desporto ou ofício, não por profissão, mas por gosto'. Posto isto, não consideramos que a lexicalização seja, por si só, argumento suficiente para a inclusão ou exclusão de determinada estrutura lexical no âmbito dos compostos [115].

Na realidade, a significação figurada, convencionalizada e cristalizada, que se associa a muitos produtos de composição tem a sua génese na atuação de processos metafóricos e metonímicos, fonte de produção de novas significações.

Os processos de metaforização, assentando numa relação de similaridade e implicando o estabelecimento de similitudes entre domínios, estão ativos em estruturas como *copo-de-leite* 'variedade

---

[115] Dado que a lexicalização é uma propriedade não exclusiva dos compostos, optamos por não seguir algumas perspetivas de estudo (e.g. Villalva 2003) que a assumem como critério para identificação dos produtos de composição.

de flor que, pela forma e cor, lembra um copo de leite', *copinho--de-leite* 'pessoa sonsa, ou de tez branca', *bicho do mato* 'indivíduo não sociável' ou *flor de estufa* 'pessoa frágil'. Já as operações de metonimização, ancorando-se numa relação de contiguidade de domínios conceptuais, do tipo parte/todo, todo/parte, agente/ instrumento, propriedade/proprietário, estão ativas em estruturas como *pé descalço* 'pessoa pobre', *capacetes azuis* 'militares que usam capacetes azuis'. No Quadro abaixo incluem-se alguns exemplos de compostos cuja significação global se ancora em processos metafóricos e/ou metonímicos (cf. Rio-Torto & Ribeiro 2010).

Metáfora	Metonímia
bicho do mato	pés de galinha
bico de obra	boinas verdes
balde de gelo	capacetes azuis
flor de estufa	pé descalço

Quadro VIII.19. Compostos de significação figural assente na metaforização e metonimização.

Em função da atuação destes mecanismos de significação figural, os produtos da composição, como os da derivação, podem exibir diferentes níveis de idiomaticidade semântica, ancorando-se numa significação mais ou menos composicional. Concebemos, portanto, a composicionalidade e idiomaticidade ou opacidade semânticas como polos inversos, sendo possível a existência de patamares intermédios de composicionalidade/idiomaticidade entre estes dois extremos.

Tendo em conta este *continuum* [+composicional | +idiomático], os produtos de composição podem organizar-se em três grupos: unidades de idiomaticidade semântica nula (ou unidades semanticamente composicionais), unidades de idiomaticidade intermédia e unidades de idiomaticidade máxima.

No grupo dos compostos marcados por um grau máximo de idiomaticidade encontram-se unidades cujo sentido global não é dedutível a partir do dos respetivos elementos compositivos, como *assoa-queixos, banho-maria, manga de alpaca, perna-de-moça, sangue frio* ou *unhas de fome*. Com efeito, o significado associado a cada um destes produtos de composição não é inferível a partir do significado dos respetivos constituintes, nem corresponde, em nenhum dos casos, a uma manifestação do que é denotado pelo elemento categorial e/ou morfologicamente nuclear. Na realidade, como se comprova pela significação associada a cada uma destas estruturas, trata-se de denominações de realidades conceptual e ontologicamente muito distantes daquelas que são designadas pelos respetivos elementos constitutivos: um *assoa-queixos* não denota nenhum objeto que sirva para assoar ou alguém que assoe, mas é antes uma denominação popular para 'tabefe'; o *banho-maria* não é um tipo de banho, mas um 'processo de aquecimento ou cozedura de um alimento a uma temperatura suave, em que o recipiente onde o alimento coze/aquece é mergulhado dentro de outro que contém água a ferver'; *manga de alpaca* não designa um tipo de manga, mas um funcionário rotineiro; *perna-de-moça* não denomina um tipo de perna, mas é usado como designação de um peixe (pescada) e (revelar) *sangue frio* também não se refere a um tipo de sangue com especiais caraterísticas no que respeita à temperatura, sendo usado para designar 'presença de espírito, frieza, serenidade'.

As denominações de opacidade semântica mediana exibem um significado global que embora não resulte diretamente da soma do significado dos seus constituintes, conserva alguns dos traços semânticos de um deles, normalmente (mas não obrigatoriamente) do núcleo. Por isso, ainda que muitas vezes assente em processos de metaforização e/ou de metonimização, o significado destes produtos compositivos é, em princípio, descodificável por um falante de português língua-materna. É o que acontece em *arranha-céu, desporto-rei, lágrimas de crocodilo, nó cego, peixe-espada, trava-língua*. Um *arranha-céu* é um prédio que, pela sua elevada altura, quase chega ao céu; o futebol é denominado *desporto-rei* porque, tal como o rei se destaca na hierarquia social, também o futebol tem lugar de relevo numa hipotética hierarquia desportiva. As *lágrimas de crocodilo* são lágrimas falsas, como as de um crocodilo; um *nó cego* é um nó que, pela forma como é apertado, não permite que se veja através dele. Um *peixe-agulha* é um peixe que, pela sua forma, se assemelha a uma espada/agulha e um *trava-língua* é um exercício que consiste em pronunciar sequências de palavras de difícil articulação.

Os produtos marcados por um menor grau de idiomaticidade são aqueles cujo significado resulta da soma dos significados dos seus constituintes. Efetivamente, a significação de produtos como *abre-latas, autor-intérprete, chefe de estado, energia elétrica, freio/travão de mão* ou *zona industrial* processa-se com base na articulação do significado literal de cada um dos seus elementos constitutivos.

No Quadro seguinte distribuem-se alguns produtos de composição de acordo com os níveis de idiomaticidade semântica evidenciados.

Níveis de idiomaticidade	$[VN]_N$	$[NN]_N$	$[NprepN]_N$	$[NA]_N$
máximo	*bate-papo* *borra-botas*	*água-pé* *gato-sapato*	*manga de alpaca* *toucinho do céu*	*roupa-velha* *saco azul*
mediano	*corta-mato* *trava-línguas*	*peixe-martelo* *desporto-rei*	*lágrimas de crocodilo* *dentes de leite*	*nó cego* *mercado negro*
mínimo	*abre-latas* *lança-mísseis*	*escola-modelo* *médico-dentista*	*jogo de vídeo* *freio/travão de mão*	*energia eléctrica* *sistema solar*

Quadro VIII.20. Níveis de opacidade semântica dos produtos de composição.

Dado que o grau de opacidade semântica varia, naturalmente, em função da competência lexical do falante, do grau de exposição às estruturas em jogo ou da capacidade de descodificar a significação literal e não literal do composto, muitos compostos há cujo semantismo se situa na fronteira dos graus acima indicados.

Efetivamente, há muitas estruturas, nomeadamente termos técnicos como *biorritmo, cintigrafia, taquicardia, moinho gástrico, caravela portuguesa*, que podem ser semanticamente opacas para uns e completamente transparentes para outros. É em função do perfil do falante que um composto é encarado como mais ou menos facilmente descodificável, ou ainda como marcado por idiomaticidade intransponível. Será o caso de *via verde*, provavelmente interpretável para um falante de português como língua materna, mas não como língua estrangeira: trata-se de vias/faixas efetivamente marcadas pela cor verde que, nas portagens de autoestradas, são dotadas de um sistema de reconhecimento automático de veículos que lhes permite a sua transposição sem qualquer paragem; neste sentido a cor verde simboliza também a permissão de passagem a quem tenha instalado o sistema *ad hoc*. Será também o caso de *cara metade*, denominação do/a parceiro/a de vida de alguém, que funciona como uma 'metade' do outro.

Em suma, as particularidades semânticas dos produtos de composição e, sobretudo, os diferentes graus de desfasamento entre o sentido literal e composicional e o sentido convencionalizado de uma palavra exigem, sobretudo para falantes não nativos, uma atenção suplementar para a sua descodificação.

8.7 Propriedades transversais

A análise multimensional levada a cabo permite sublinhar propriedades transversais dos compostos que são indispensáveis para a caraterização da atuação deste processo genolexical em português. Tratando-se de unidades polilexemáticas, os produtos de composição exibem, como seria de esperar, propriedades muito distintas, tanto em função das caraterísticas dos respetivos constituintes, quanto em resultado das particularidades associadas à combinatória destes últimos.

No entanto, apesar da diversidade que carateriza os compostos do português, a sua análise permite identificar uma clara relação entre estrutura interna, posição e propriedades do núcleo e propriedades flexionais.

No que concerne à estrutura interna, os compostos do português, que incluem paradigmas de base vernácula (*amor-perfeito, bota de elástico, muda-malas*) e paradigmas de base neoclássica (*aristocracia, febrífugo, nevralgia*), distribuem-se por três grupos: compostos morfológicos (*caligrafia, económico-social, paleologia*), compostos morfossintáticos (*beija-mão, trabalhador-estudante*) e compostos sintagmáticos (*flor de estufa, grande área*). A distinção entre estes três tipos de produtos composicionais faz-se tendo em conta a natureza morfolexical dos constituintes (radicais e/ou palavras) e o maior ou menor afastamento destas estruturas relativamente às regras sintagmáticas atuantes em português. Apesar desta diversidade estrutural, as relações sintáticas que neles operam são sempre as mesmas três: coordenação, subordinação e modificação.

	Coordenados	Subordinados	Modificativos
Morfológicos	*político-cultural*	*febrífugo*	*caligrafia*
Morfossintáticos	*trabalhador-estudante*	*beija-mão*	*palavra-chave*
Sintagmáticos	*entra-e-sai*	*processador de texto*	*guerra civil*

Quadro VIII.21. Estrutura interna e relações sintáticas intracomposto.

Ao passo que os compostos coordenados exibem, por norma, dois elementos nucleares, nos compostos de subordinação e nos de modificação identifica-se uma única unidade nuclear. Existem, ainda, produtos compostos destituídos de núcleo. Os compostos que exibem unidade nuclear enquadram-se no âmbito dos compostos endocêntricos; os que dela são destituídos são compostos exocêntricos. Para a identificação desta unidade nuclear, determinante para uma correta leitura do composto e para a sua pluralização, têm-se em conta três dimensões: morfológica, categorial e semântica. Assim, o expoente máximo de endocentrismo ocorre quando uma das unidades que compõem o composto se assume simultaneamente como núcleo morfológico, categorial e semântico (*escola modelo*). Contrariamente, um composto é maximamente exocêntrico quando é cumulativamente exocêntrico aos níveis morfológico, categorial e semântico (*faz-tudo, entra-e-sai*).

Se, por um lado, a determinação do núcleo de um composto está estreitamente relacionada com a respetiva estrutura interna, por outro lado, condiciona fortemente as operações de pluralização a que o produto em causa está sujeito. Efetivamente, os padrões de flexão associados aos compostos assentam em três dimensões complementares: (i) tipo de unidades lexicais em uso (radicais ou palavras), (ii) relação interna que entre elas se institui (coordenação, subordinação ou modificação) e (iii) posição e caraterísticas do núcleo.

Os compostos morfológicos, coordenados, subordinados ou modificativos, exigem que a marca de pluralização ocorra na fronteira direita (*caligrafias, febrífugos, hispano-americanos*). Nos compostos morfossintáticos e nos compostos sintagmáticos, a pluralização é maioritariamente determinada pelo núcleo. Ocorrem, portanto, situações em que existem duas marcas de pluralização, como nos compostos coordenados (*surdos-mudos, trabalhadores-estudantes*), e situações de uma só marca de pluralização, presente no núcleo (*moinhos de vento, verbos de encher*). As construções de estrutura $[NA]_N$ (*marcas brancas*) e $[AN]_N$ (*grandes superfícies*) incluem duas marcas de pluralização, devido à concordância obrigatória entre N e A. O Quadro seguinte sintetiza esta relação entre relações sintáticas intracomposto, endo-/exocentrismo e padrões flexionais.

Padrões de flexão	Coordenação	Subordinação	Modificação
$[X_{\text{flexão}}Y]$	-	*processadores de texto*	*fins de semana* *palavras-chave*
$[X_{\text{flexão}}Y_{\text{flexão}}]$	*atores-encenadores* *surdos-mudos*	-	*grandes superfícies* *armas brancas*

[Det_flex[XY]]	os para-arranca os entra-e-sai	os sabe-tudo os faz-tudo	os fala-barato
[XY]_flex	económico-sociais hispano-americanos	herbicidas	democracias

Quadro VIII.22. Relações sintáticas intracomposto, endo-/exocentrismo e padrões de flexão.

A análise semântica e conceptual dos produtos de composição evidencia também a existência de uma outra tendência transversal estruturante das diferentes modalidades de composição: a composição assume-se como um processo genolexical ao serviço da produção de denominações de pendor maioritariamente [+concreto]. Independentemente das relações internas em que assentam, os compostos do português são denominações de objetos, seres, animais, plantas, que denotam realidades de áreas lexicais próximas do quotidiano do falante comum, ou são termos técnicos de léxicos de especialidade. Muitas das denominações menos técnicas ancoram-se na ativação de mecanismos de alteração de significado como a metáfora e a metonímia, refletindo claramente influências da própria cultura das comunidades onde são usadas. Apesar desta tendência, há um importante grupo de produtos de composição, assentes nos esquemas compositivos [NA]$_N$ e [NprepN]$_N$ que, designando realidades associadas à ciência e à técnica, são de circulação internacional (*cadeia de fornecimento, linha de montagem, taxa de câmbio*). Também os compostos de base greco-latina se afiguram como denominações facilmente reconhecíveis internacionalmente (*democracia, genocídio, pedagogia*) [116].

---

[116] O pendor internacional associado aos compostos de base neoclássica é amplamente sublinhado, nomeadamente por Iacobini (2004: 69), que afirma que «i composti neoclassici sono anche detti internazionalismi perché compaiono com il medesimo significato e con forma quasi idêntica in diverse lingue (it. Biometria, fr. Biométrie, ing. Biometrics, ted. Biometrie, sp. Biometria [...]), distinguendosi in ciò dalle parole del lessico comune di ciascuna língua, le quali sono invece caratterizzate da plurivocità di sensi e da maggiori differenze foniche da una lingua all'altra)».

CAPÍTULO 9. PROCESSOS DE CONSTRUÇÃO NÃO CONCATENATIVA

M. Isabel P. Pereira

9.1 Introdução

A criação lexical em português, apesar de ser predominantemente concatenativa, dispõe de um conjunto de processos que não se enquadra nesse tipo de operações morfológicas. A "marginalidade" destes processos (cf. Alves 1990) pode atribuir-se quer à baixa frequência da sua utilização (sobretudo em português europeu), quando comparados com a afixação e a composição, quer a algumas das suas caraterísticas intrínsecas. Trata-se de operações que geram produtos através de mecanismos que não assentam em princípios de natureza eminentemente morfológica, mas antes de natureza fonológica/prosódica (cruzamento vocabular, truncação, reduplicação) e/ou gráfica (siglação/acronímia), em que estão envolvidos padrões não lineares de formação.

Nos produtos gerados através destas operações, não são identificáveis constituintes morfológicos encadeados linearmente, pois raramente as bases mantém integralmente o seu material segmental[117]. Daí que diversos autores defendam que não se trata de processos de formação de palavras com estatuto morfológico.

---

[117] Apenas nos casos de reduplicação total se pode assumir que as bases são preenchidas por palavras, pois todos os outros são processos que implicam mecanismos de supressão.

Vistos por alguns autores como processos improdutivos (no sentido de Aronoff 1976) [118], estão disponíveis em português, manifestam algumas regularidades notórias, não podendo, portanto, ser considerados imprevisíveis e aleatórios. Por outro lado, algumas das propriedades que os caraterizam são comuns a outras línguas em que também constituem mecanismos de criação lexical de uso mais restrito.

Com exceção da siglação, são processos mais frequentes no português do Brasil do que no português europeu, onde têm uma utilização muito restrita, particularmente a truncação e a reduplicação.

9.2 Cruzamento vocabular

9.2.1 Definição

O cruzamento vocabular [119] pode ser definido como a junção de duas palavras existentes para formar uma palavra nova, com supressão de material segmental de pelo menos uma delas e, em certos casos, sobreposição de segmentos, como se pode observar em (1) e (2).

(1) *brasiguaio* (*brasileiro* + *paraguaio*)
cariúcho (*carioca* + *gaúcho*)
chafé (*chá* + *café*)
diciopédia (*dicionário* + *enciclopédia*)

---

[118] O conceito de produtividade não suscita unanimidade entre os autores; daí que, para alguns (Araújo 2000, Basílio 2005 e 2010, por exemplo), as regularidades observadas nestes processos (ou, pelo menos, em alguns deles) e a frequência com que são usados na criação lexical em português (sobretudo no PB) os tornem processos produtivos.

[119] Processo que surge na literatura também designado por amálgama, mistura, mescla lexical, *portemanteau*, *mot valise* (palavra valise), *blend*, entre outros.

fabulástico (*fabuloso* + *fantástico*)
nim (*não* + *sim*)
portunhol (*português* + *espanhol*)

(2) *apertamento* (*aperto* + *apartamento*)
analfabruto[120] (*analfabeto* + *bruto*)
burrocrata (*burro* + *burocrata*)
meretríssimo (*meretriz* + *meritíssimo*)
pilantropia (*pilantra* + *filantropia*)

9.2.2 Cruzamento vocabular e composição

Os produtos do cruzamento vocabular, resultando da junção de duas bases lexicais, são considerados por alguns autores (Sandmann 1990, Araújo 2000, Basílio 2005) um tipo de composição em português. No entanto, são significativas as diferenças entre os dois processos de criação lexical (Rio-Torto 2014c):

i. a composição permite a junção de mais do que duas bases, enquanto os produtos de cruzamento vocabular atestados resultam da junção de apenas duas bases;
ii. nos compostos, as bases são preenchidas por constituintes morfológicos (radicais ou palavras); no cruzamento vocabular, como o conteúdo segmental das bases não é integralmente preservado [121], não são reconhecíveis constituintes morfológicos;

---

[120] Atestados também *analfaburro* e *analfabesta*.

[121] A perda de material segmental nestes produtos não pode ser atribuída a processos fonológicos, como a crase ou a haplologia, que se observam nos compostos *aguardente* e *dedurar* (PB).

iii. a composição preserva a sequencialidade linear dos constituintes; no cruzamento vocabular há rutura da sequencialidade linear, por meio de sobreposição;
iv. na composição (morfossintática) é preservada a estrutura prosódica de cada uma das bases, constituindo o composto um sintagma fonológico; o produto do cruzamento vocabular constitui uma única palavra fonológica, perdendo-se a estrutura prosódica dos seus componentes;
v. a composição é regida por princípios morfológicos ou morfossintáticos; o cruzamento vocabular obedece a certas condições prosódicas, pelo que é um processo que se situa na interseção da morfologia com a fonologia/prosódia.

Em síntese, as principais propriedades que distinguem os dois processos são aquelas que nos permitem dizer que a composição se insere na morfologia concatenativa, ao passo que o cruzamento vocabular não.

9.2.3 Padrões de cruzamento vocabular

Considerando aspetos estruturais, podem distinguir-se dois padrões diferentes de cruzamento vocabular (cf. Gonçalves 2003, 2006a, Gonçalves & Almeida 2004):

i. formas em que não existe semelhança fónica entre as bases (1);
ii. formas em que existe semelhança fónica entre as bases e em que, consequentemente, se verifica sobreposição (2).

Os diferentes padrões de cruzamento vocabular determinam a forma de interseção das bases, nomeadamente a localização da segmentação de cada uma delas e o ponto de fusão entre as duas.

No caso de bases monossilábicas (o número de exemplos atestados é reduzido), a segmentação faz-se entre o ataque e a rima, selecionando-se o ataque da primeira base e a rima da segunda, como se pode observar na representação:

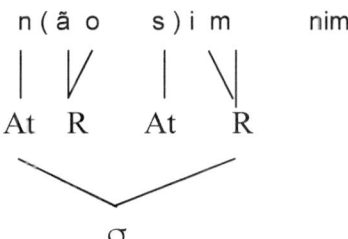

Quando as bases são polissilábicas, a segmentação é feita na sílaba tónica, selecionando-se o material segmental pretónico de uma base, a sílaba tónica e o material segmental postónico da outra, como ocorre em *portunhol*:

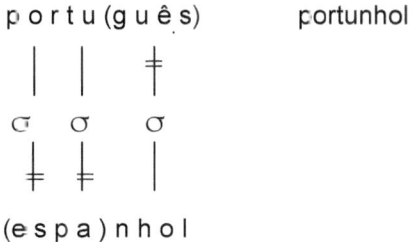

Em alguns produtos com bases sem semelhança fónica, a segmentação é feita no interior da sílaba tónica da base esquerda, circunscrevendo-se as sílabas pretónicas e o ataque da sílaba tónica da primeira base, a que se agrega a rima da sílaba tónica e as sílabas postónicas da segunda base, como em *fabulástico*.

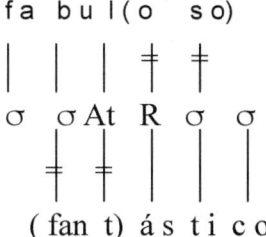

A seleção da ordem de ocorrência das bases no interior da forma complexa está dependente da recuperabilidade da identidade das bases. Um produto como *espaguês*, por exemplo, seria opaco, tornando-se ininterpretável e, portanto, não cumpriria o seu objetivo comunicativo.

Já nos padrões em que existe semelhança fónica entre as bases (muito mais frequentes), a seleção, quer do ponto de segmentação, quer da ordem da sua ocorrência, é determinada pelo material segmental comum, como se pode verificar nos exemplos:

(3) *analfabruto, tristemunho, meretríssimo*
(4) *pilantropia, pretoguês, exagelado*

Nas formas de (3), o material comum às duas bases é reduzido, podendo consistir numa sílaba (*tristemunho*) ou num segmento (*analfabruto*[122]). Nos exemplos de (4) a sequência segmental semelhante nas duas bases é muito maior, manifestando-se a diferença apenas numa sílaba (***pretoguês***) ou num constituinte silábico (***pilantropia***, *exagelado*)[123].

---

[122] Neste exemplo, como em muitos outros, há um segmento comum no ponto de interseção das duas bases, mas há coincidência segmental também na sílaba final, o que faz com que apenas uma sílaba da base mais longa seja "estranha".

[123] Basílio distingue cruzamento vocabular de *fusão vocabular expressiva* (que designa por fuve), definindo-a como "uma construção estruturada de modo

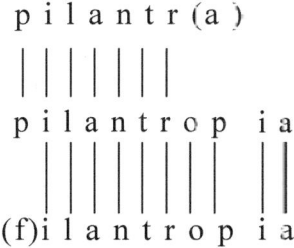 pilantropia

Nos produtos em que uma das bases é significativamente menor do que a outra (sobretudo quando a base menor é monossilábica ou bissilábica), verifica-se uma tendência para a preservação da estrutura da base menor, seja qual for a sua localização no interior da forma complexa — sempre determinada pela maior transparência da constituição interna do produto e consequente interpretação semântica ou pelo material segmental comum às duas bases —, como se pode observar nos exemplos (5)

(5) *analfa**bruto***, *bi**citáxi***, *boilarina*, *burrocrata*, *carnatal*, *fute**lama***, *preto**guês***, *prosti**puta***

9.2.4 Aspetos sintático-semânticos

A maioria dos produtos de cruzamento vocabular atestados é nominal ou adjetival, pertencendo, em geral, as bases à mesma categoria, que é também a categoria do produto, como se pode observar nos exemplos (1)-(5) [124]. Esse será o procedimento mais frequente

---

a incorporar fonologicamente os dois itens lexicais envolvidos, representando iconicamente a inclusão da função semântica do qualificador no significado da palavra base" (Basílio 2010: 202).

[124] Dos exemplos apresentados, apenas *nim* pertence a outra categoria morfossintática (advérbio); no entanto, ambas as bases pertencem à mesma categoria

de cruzamento vocabular, mas não há restrições no que respeita às categorias dos produtos, nem no que concerne às combinações categoriais. Combinatórias mais criativas e inesperadas encontram-se em obras literárias, como se pode observar, por exemplo, em textos de Guimarães Rosa (6) e de Mia Couto (7), autores conhecidos por explorarem a plasticidade da língua no que toca à criação vocabular.

(6) *ferrabruto* ([[*ferrabrás*]$_N$ + [*bruto*]$_A$]$_A$)
esquivançando ([[*esquivar*]$_V$ + [*avançar*]$_V$]$_V$)
estapaflorir ([[*estapafúrdio*]$_A$ + [*florir*]$_V$]$_V$) [125]

(7) *agradádiva* ([[*agradável*]$_A$ + [*dádiva*]$_N$]$_A$)
escaravelhota ([[*escaravelho*]$_N$ + [*velhota*]$_A$]$_A$)
maisculino ([[*mais*]$_{Adv}$ + [*masculino*]$_A$]$_A$)
vislembrar ([[*vislumbrar*]$_V$ + [*lembrar*]$_V$]$_V$)

Nestes exemplos, encontram-se produtos verbais em que ambas as bases são também verbais (*esquivançando, vislembrar*) e outros em que as bases pertencem a categorias diferentes, sendo uma delas, obrigatoriamente, verbal (*estapaflorir*). Da mesma forma, encontramos produtos nominais e adjetivais constituídos por bases heterocategoriais, mas em que uma das bases pertence à mesma categoria do produto (*agradádiva, ferrabruto*).

Não é fácil estabelecer, de forma clara, classes de produtos de cruzamento vocabular com base em relações gramaticais entre os seus constituintes. Em alguns casos, podem identificar-se relações de coordenação, sobretudo quando os itens têm um cunho descritivo,

---

do produto. No exemplo *pilantropia*, não é relevante o facto de não estarmos perante duas bases da mesma classe morfossintática. Na verdade, pode-se conceber que o cruzamento resulta da interseção dos radicais complexos dos dois constituintes, uma vez que são possíveis também as formas *pilantropo* e *pilantrópico*.

[125] Exemplos recolhidos em Carvalho 2008.

o que ocorre geralmente (mas não exclusivamente) em formas em que não existe semelhança fónica entre as bases:

(8) *abreijos, analfabruto, brasiguaio, cantriz, cantautor, diciopédia, fabulástico, nim, portunhol*
(9) *diligentil, ensimesmudo*[126]
(10) *abismaravilhado, cristalinda, curvilinda, desamimado, participassiva*

Existem também produtos em que se reconhece uma relação atributiva clara:

(11) *agradádiva, pirilimpo, maisculino* [127]

Também em certas formas cruzadas em que há sobreposição das duas bases, como *boilarina, lixeratura, namorido* ou *escaravelhota*, se pode identificar uma relação atributiva, semelhante à que ocorre em compostos morfossintáticos de estrutura N + N, como *palavra-chave*. Porém, nas formas cruzadas, a localização do núcleo e do modificador pode variar: em *boilarina* e *lixeratura*, o modificador encontra-se à esquerda e o núcleo à direita; em *namorido*, 'namorado que tem comportamento de marido, e *escaravelhota*, a estrutura inverte-se.

Em grande parte dos casos em que há sobreposição das duas bases, nomeadamente naqueles em que a dissemelhança fónica é mínima, embora as estruturas se possam classificar como atributivas, a definição da relação gramatical entre as bases não é tão clara (como se verifica nos seguintes exemplos de Mia Couto: *Sulplício, marmurar, telesféricos, reiclinado* [128].

---

[126] Exemplos de Guimarães Rosa, recolhidos em Carvalho 2008.

[127] Exemplos (10) e (11) retirados de obras de Mia Couto.

[128] Uma interpretação descontextualizada destas formas pode contrariar a afirmação feita, que tem em conta o uso destes termos no seu contexto de origem.

A aproximação do cruzamento vocabular à composição, que alguns autores defendem, assenta parcialmente em razões de natureza semântica: tal como a composição, o cruzamento vocabular gera formas compósitas com uma significação única resultante da combinação das bases. No entanto, também neste aspeto se observam diferenças entre os dois processos.

A criação lexical por cruzamento é sempre intencional, os produtos «não são formações inocentes» (Basílio 2010: 204 [129]). A função expressiva deste processo de formação é um dos seus elementos caraterizadores. Daí que o uso de itens lexicais deste tipo se circunscreva a certos registos discursivos (semi-)informais, orais ou escritos, no âmbito jornalístico, literário, publicitário/propagandístico, político e humorístico.

O efeito humorístico é muito frequentemente o objetivo deste tipo de formas. Este efeito depende, em larga medida, da seleção das bases. No entanto, a natureza do próprio processo maximiza o impacto da combinação dos elementos selecionados. Nos produtos de cruzamento vocabular, o falante cria uma expectativa, que é quebrada num determinado ponto da cadeia fónica, causando estranheza; este processo é otimizado nas formas em que há sobreposição das bases, com dissemelhança fonológica mínima: uma sílaba ou um constituinte silábico preferencialmente preenchido apenas por um segmento. Para interpretar a forma cruzada, o falante tem de recuperar as duas bases na sua forma integral e criar um novo sentido para a forma complexa.

Os produtos de cruzamento são criados para diferentes finalidades: denominar novas realidades, sejam entidades (processo muito comum na criação de marcas de produtos comerciais, como

---

[129] Esta afirmação é feita relativamente à "fusão vocabular expressiva", que a autora define como um tipo particular de cruzamento vocabular, mas pode aplicar-se a todos os produtos deste processo.

em *mentoliptus*, *diciopédia*), sejam conceitos (*franglês*); exprimir uma avaliação (*agradádiva*). No entanto, estas formas têm uma particularidade: são criações de um sujeito falante que manifesta através delas um ponto de vista, criando uma realidade renovada (cf. Gonçalves & Almeida 2004:148).

Na maioria das formas cruzadas, constrói-se uma estrutura semântica de qualificação, não raras vezes de caráter pejorativo. Nas formas em que a diferença fonológica é mínima (os produtos bem sucedidos, segundo Basílio 2005 e 2010), o qualificador é a forma "estranha" que se incorpora disfarçadamente na base hospedeira, o elemento qualificado. Assim, em *pirilimpo*, o constituinte hospedeiro é "pirilampo", sendo *limpo* o qualificador; em *lixeratura*, *literatura* é a base hospedeira, a que se incorpora "lixo".

A interpretação dos produtos de cruzamento vocabular não resulta exclusivamente de propriedades estruturais. Frequentemente, sobretudo no discurso jornalístico, publicitário, propagandístico e político, está dependente de informação contextual, seja de natureza política, cultural, geográfica ou histórica.

(12) *Billary* (*Bill* + *Hillary*)
    Cavaquistão (*Cavaco* + *Cazaquistão*)
    Chattoso (*chato* + *Mattoso*)
    Merkozy (*Merkel* + *Sarkozy*)

Os exemplos de (12) são opacos para muitos falantes do português e alguns deles, em voga no presente, sê-lo-ão inevitavelmente num futuro não muito longínquo, dada a referência específica a personagens de um momento histórico-político. Esta é uma peculiaridade deste tipo de produtos: são, quase sempre, efémeros. Quando, como nos casos de (12), são difundidos e partilhados numa comunidade, têm o tempo de vida da realidade que referem e a sua significação está muito dependente de informação contextual.

Quando criados no contexto de uma obra literária, os cruzamentos têm, geralmente, uma utilização única. Nesse caso, a sua significação deve ser independente do contexto, para que possa ser interpretado adequadamente por qualquer falante-leitor, em qualquer contexto.

9.3 Truncação

9.3.1 Definição

A truncação, processo também designado truncamento, redução, encurtamento ou abreviação (*clipping* em inglês), pode ser definida como um processo de criação vocabular através do apagamento de material segmental de uma palavra-base, dando origem a uma forma diferente, que mantém, no entanto, o mesmo valor referencial. Sob esta definição, porém, pode abrigar-se um conjunto de processos redutivos em que operam princípios muito diferentes e que devem, por isso, ser considerados separadamente.

(13)
a) *bora* (<*embora*), *cusco* (<*cuscovilheiro*), *china* (<*chinês*), *da-se* (<*foda-se*),
flagra (<*fragrante*), *gorja* (<*gorjeta*), *neura* (<*neurose*), *mongo* (<*mongoloide*),
noia (<*paranoia*)
b) *anarca* (<*anarquista*), *boteco* (<*botequim*), *comuna* (<*comunista*), *estranja* (<*estrangeiro*),
emigra (*emigrante*), *matrecos* (<*matraquilhos*), *proleta* (<*proletário*),
reaça (<*reacionário*), *salafra* (< *salafrário*)

(14) *foto* (<*fotografia*), *mini, micro, estéreo* (<*estereofonia*), *otorrino* (<*otorrinolaringologista*)
quimio (<quimioterapia), *rádio* (<*radioterapia*)

(15)
    a) *Bela, Beto, Chico, Lena, Lina, Mena, Nando, Nela, Tina, Tone*
    b) *Bé, Lu, Nel, Quim, São, Tó, Zé*

Nos exemplos (13) - (15), encontramos formas reduzidas que podemos distribuir por três grupos diferentes. Os exemplos de (13) obtêm-se através de mecanismos redutivos dependentes de princípios fonológicos, pois o material segmental apagado e o material segmental que se mantém não constituem unidades de nível morfológico; as formas de (14), sendo também geradas por redução, obedecem a princípios morfológicos: a sequência preservada constitui uma unidade morfológica da palavra-base e a segmentação é feita com base nessa identificação morfológica, mantendo-se a integridade segmental do constituinte. Estas palavras são sempre criadas a partir de formas morfologicamente complexas (sejam formadas por composição morfológica, sejam derivadas por prefixação). Esta é uma diferença fundamental entre os dois grupos[130].

Um caso diferente é o que encontramos em (15). Nestas palavras, a redução assenta em princípios de natureza fonológica, o que as aproxima dos exemplos de (13), de que podem ser consideradas um subgrupo. Distinguem-se apenas pelo tipo de área lexical em que operam (hipocorísticos) e pelo facto de permitirem maior variação de padrões de redução.

---

[130] Vilela, Godoy & Cristófaro-Silva (2006) consideram dois processos diferentes: truncamento (formas de (13)) e redução vocabular (formas de (14)). Araújo (2002) designa as palavras reduzidas do grupo (14) (pseudo)truncamentos e exclui-as do escopo do processo de truncamento.

9.3.2 Padrões de truncação

Nas formas truncadas do português podem observar-se algumas tendências de padrões de redução e de estrutura silábica e acentual do produto da redução. Em geral, podemos encontrar:

i. formas reduzidas bissilábicas;
ii. formas reduzidas trissilábicas.

As palavras truncadas bissilábicas, consideradas por certos autores como o padrão mais regular de truncamento (cf. Araújo 2002), são, em português europeu, paroxítonas. No português do Brasil, em que este processo é mais frequente, existem dois padrões acentuais de formas reduzidas bissilábicas: oxítonos (*biju*, *deprê*, *profí*, *refrí*) e paroxítonos.

A segmentação da forma de base para obtenção de formas reduzidas bissilábicas manifesta uma nítida tendência para a manutenção das duas sílabas do limite esquerdo e eliminação das restantes, sendo, geralmente, a palavra-base minimamente trissilábica (*cusco*, *facho*, *flagra*, *gorja*, *monga*, *neura*).

Os exemplos atestados de formas com truncação à esquerda são muito escassos (*noia*, *da-se*), o que comprova que esse não é um padrão "regular" na formação destes produtos.

As formas truncadas trissilábicas (13b) obedecem ao mesmo padrão de segmentação: truncação à direita e manutenção da sequência segmental da esquerda da palavra matriz. As formas resultantes do processo são paroxítonas.

Os produtos de truncação são nomes e adjetivos com o mesmo valor de género da palavra matriz. As formas (bissilábicas ou trissilábicas) mais frequentes são morfologicamente constituídas por um radical (a sequência segmental reduzida da palavra-base) e por um constituinte temático. O índice temático é normalmente -*a*, mas ocorre também -*o* (*boteco, matrecos*) e, em alguns casos (pouco frequentes), o índice temático pode variar em função do valor de género da palavra (*facho/a, cusco/a*). Algumas formas atestadas no português do Brasil são constituídas apenas por radical, sem constituinte temático (*refrí, profí, biju, deprê* [131]).

No que respeita a padrões acentuais, verifica-se que estas palavras observam rigorosamente as regularidades acentuais não marcadas, ou seja, são formas cujo acento recai sobre a sílaba que contém a última vogal do radical (cf. Pereira 1999). Todas as formas com índice temático são paroxítonas, as (raras) formas sem índice temático são oxítonas.

São usadas, no português europeu, palavras truncadas com formatos fonológicos irregulares, como os que se seguem:

(16) *fac, manif, prof* [132]

Estas palavras não estão em conformidade com o mecanismo de truncação produtivo para o português, pois não possuem índice temático. Por outro lado, configuram uma irregularidade fonológica, por preencherem a coda com segmentos não permitidos neste constituinte silábico em português (o português do Brasil regulariza este tipo de sequências através da inserção paragógica da vogal [i]). É muito provável que estas formas tenham entrado na língua por empréstimo (possivelmente do francês, onde o processo de truncação é usado muito frequentemente).

Os produtos de truncação têm o mesmo valor referencial da palavra que lhes dá origem. A diferença entre as duas formas assenta, sobretudo, em aspectos de natureza discursivo-pragmática e sociolinguística. A utilização deste tipo de léxico restringe-se, em português,

---

[131] Formas de origem: *refrigerante, profissional, bijuteria, depressão/deprimido(a)*.
[132] Formas de origem: *professor, manifestação, faculdade*.

a registos informais orais e associa-se preferencialmente (mas não exclusivamente) a grupos etários mais jovens. *Cinema*, *héli* e *pneu* já são palavras comuns e desprovidas de marcas diastráticas ou diafásicas.

Certos autores atribuem a estas formas um sentido pejorativo, aproximando-as dos avaliativos (cf. Gonçalves 2006a). Em palavras como *comuna, emigra, facho, mongo, proleta, reaça*, podemos reconhecer essa valoração negativa, mas outros exemplos há que não podemos relacionar com uma modalização apreciativa desse tipo (*fac, manif, matrecos, noia*). No entanto, trata-se de formas com uma carga expressiva superior à das palavras-base e esse será o principal objetivo da sua construção.

9.3.3 Hipocorização por truncação

A truncação não é um processo de utilização frequente em português. A área de criação lexical em que é mais utilizado é a dos hipocorísticos. Na hipocorização, os padrões de truncação são um pouco diferentes e os mecanismos e princípios de seleção das sequências a manter e a apagar são mais variados do que na geração de outras formas.

(17) *Bela* (Anabela, Isabel), *Berto* (Alberto), *Chico* (Francisco),
Lena (Madalena, Helena),
Mena (Filomena), *Nela* (Manuela), *Nando* (Fernando), *Tina* (Albertina, Valentina, Clementina...), *Tone, Toni* (António)

(18) *Alex* (Alexandre), *Bia* (Beatriz), *Carol* (Carolina), *Dani* (Daniel), *Gabi* (Gabriel),
Isa (Isabel), *Lili* (Liliana)

(19) *Bé* (Isabel), *Lu* (Luísa), *Né* (Manuela), *Nel* (Manuel), *Quim* (Joaquim), *Tó* (António),
São (Conceição), *Zé* (José)

Podem reconhecer-se duas estruturas resultantes deste processo:

i. formas bissilábicas (17, 18);
ii. formas monossilábicas (19).

Nas formas bissilábicas encontramos dois padrões de seleção da truncação: apagamento à esquerda (17) e apagamento à direita (18). Quando as formas truncadas resultam da eliminação da sequência segmental do limite esquerdo da palavra-base, o ponto de segmentação é a sílaba tónica, que será também tónica na palavra truncada. Acentualmente, estes hipocorísticos são paroxítonos, respeitando as regras acentuais da língua: podendo ser analisadas como palavras com índice temático, o acento está localizado na última sílaba do radical (a exceção, nos exemplos dados, é *Toni*, gerada por truncação à esquerda, mas que é constituída apenas por um radical; daí ser oxítona, respeitando também as regras acentuais).

Os hipocorísticos criados por truncação à direita apresentam maior diversidade estrutural e resultam de diferentes processos de segmentação. Em todos os casos há um alinhamento com o limite esquerdo da palavra, circunscrevendo-se duas sílabas, que constituem a sequência segmental do produto. Geralmente, a segmentação respeita a integridade silábica da base. Nos exemplos dados, as formas *Carol* e *Alex* apresentam uma segmentação irregular, uma vez que o corte se localiza entre o ataque e a rima da terceira sílaba da base. São muito raros os casos atestados que exibem este padrão e há razões para crer que se trata de empréstimos e não propriamente de um caso de formação por truncação em português.

A estrutura acentual destas formas também é regular. Sempre que elas podem ser analisadas como estruturas morfológicas que incluem um índice temático (*Isa*, *Bia*), são paroxítonas. Quando se trata de estruturas que preenchem apenas o radical, são oxítonas.

Os hipocorísticos monossilábicos são gerados por seleção da sílaba tónica e apagamento de todo o material segmental à sua esquerda e à sua direita, quando exista. Em alguns casos, cria-se uma sílaba inexistente na palavra original, quer por eliminação da coda (*Bé*), quer por reconstrução silábica (*Né*, *Nel*). As sílabas destas formas têm obrigatoriamente o ataque preenchido, razão pela qual é feita a ressilabificação quando a sílaba tónica da palavra matriz não tem ataque. Este procedimento facilita também a recuperação do nome original. No português europeu, os hipocorísticos monossilábicos apresentam tendencialmente uma estrutura silábica CV. Essa tendência não se verifica no português do Brasil, que mantém a estrutura da sílaba tónica selecionada e que constrói, preferencialmente, hipocorísticos monossilábicos quando a palavra matriz é um nome oxítono com sílaba tónica de rima complexa (*Raquel* > *Quel*; *Miguel* > *Guel*).

Os hipocorísticos são, por definição, palavras associadas à manifestação de afetividade. Não têm um valor referencial diferente da palavra original, que substituem em determinados contextos de uso.

9.4 Reduplicação

9.4.1 Definição

A reduplicação é um processo que consiste na repetição de uma sequência segmental para criar uma palavra nova, podendo essa transformação carrear diferentes tipos de significação: gramatical (no malaio, por exemplo, é uma forma de manifestação do plural) ou lexical.

Podem identificar-se dois tipos de reduplicação, considerando a quantidade de material segmental da base que é copiada: reduplicação total, quando a palavra-base é repetida; parcial, quando apenas o é uma parte da palavra-base.

Este processo reveste-se, em muitas línguas, de enorme complexidade. Resulta da interação entre fonologia e morfologia e tem sido um desafio para teorias fonológicas e morfológicas. Alguns linguistas concebem-no como um tipo de afixação, em que o afixo não é uma sequência segmental fixa, mas uma estrutura prosódica resultante de uma cópia melódica (cf. Marantz 1982).

Os itens lexicais em que, em português, se observa repetição de sequências segmentais, além de pouco frequentes, não manifestam todos o mesmo tipo de propriedades. Podemos distinguir vários grupos:

(20) Reduplicação total: *assim-assim, bombom, cai-cai, corre--corre, doi-doi (dodoi), esconde-esconde, lufa-lufa, pula-pula, pisca-pisca*

(21) Repetição parcial de uma base lexical identificada: *titi (titio/a), vovó, vovô, papá (papai), mamã (mamãe)*

(22) Hipocorização por reduplicação: *Bebé, Fafá, Fifi, Gigi, Nené, Nonô, Sissi, Zezé*

(23) Repetição onomatopaica: *auau, memé, popó, tautau (tatau), reco-reco, zunzum*

(24) Repetição de sílabas ou de sequências de sílabas sem ligação a uma base lexical identificável: *cocó, pipi, ó-ó, bebé, babá, totó, xexé, gagá, chuchu, blablablá, lengalenga, truca-truca*

As palavras exemplificadas em (23) e (24) não podem ser consideradas como resultado de um processo morfológico de reduplicação, uma vez que não são criadas a partir de uma base léxica. Frequentes, sobretudo, na linguagem infantil, estas formas têm uma forte carga expressiva, tal como os verdadeiros produtos de reduplicação. No entanto, a repetição fónica não passa de um recurso de ordem fonológica na constituição segmental do significante de itens lexicais morfologicamente simples (não se reconhece uma estrutura interna complexa nestes exemplos).

Assim, apenas as formas construídas através dos padrões de redobro identificáveis nos exemplos de (20), (21) e (22) podem ser consideradas como produtos de reduplicação.

9.4.2 Padrões de reduplicação

9.4.2.1 Reduplicação total

A reduplicação total consiste na cópia integral do material segmental da palavra-base; constitui o padrão mais frequente deste processo em português. Se excetuarmos os exemplos *lufa-lufa*, *assim-assim* e *bombom*, com estruturas $[N + N]_N$, $[Adv + Adv]_{Adv}$ e $[A + A]_N$, os produtos reduplicados através da aplicação deste modelo obedecem à estrutura $[V + V]_N$. A forma verbal da base encontra-se, invariavelmente, na 3.ª pessoa do singular do Presente do Indicativo.

(25) a) *corre-corre, coça-coça, foge-foge, mata-mata, mexe-mexe, mija-mija, pisca-pisca, pula-pula, raspa-raspa*
b) *esconde-esconde, agarra-agarra, empurra-empurra*
c) *doi-doi, cai-cai*

As bases destes itens são maioritariamente bissilábicas, mas não há restrições quanto ao número de sílabas da base, como se pode comprovar em (25).

Na reduplicação total, o constituinte prosódico copiado é a palavra prosódica, pelo que a estrutura acentual do reduplicante é idêntica à da base. Daí resulta que as formas reduplicadas tenham dois acentos, constituindo, assim, um sintagma fonológico.

As caraterísticas estruturais, quer morfológicas, quer prosódicas, destes produtos aproximam-nos dos compostos. No entanto, há diferenças observáveis entre os dois tipos de produtos:

i. existe uma regularidade semântica na construção do significado dos produtos de reduplicação que não se observa geralmente nos compostos;
ii. a relação semântica entre a base e o produto reduplicado não pode ser enquadrada no quadro tipológico dos compostos.

Como nos demais casos de composição que envolvem uma forma verbal, o produto $[VV]_N$ pertence a uma categoria diferente da das bases: a nominal (cf. *um doi-doi, um corre-corre, o pára-arranca, o sobe-desce*); assim não acontece com os compostos morfossintáticos coordenados em que não há constituinte verbal (cf. *saia-casaco, outono-inverno, surdo-mudo*), pois nestes casos a categoria do produto é a mesma que a dos núcleos (N ou A).

Nas sequências $[V + V]_N$ de reduplicação total estabelece-se uma relação de coordenação (cf. cap. 7: 7.3), mas sob o ponto de vista semântico não há mera copulação do semantismo das bases, como em *norte-sul*, ou em *pára-arranca*. Por força da reduplicação da base, os itens reduplicados exprimem, geralmente, iteratividade ou repetição, e cumprem também uma função expressiva. São palavras que designam atividades (*corre-corre, empurra-empurra, mata-mata, truca-truca*), objetos ou entidades associadas metafórica ou metonimicamente à repetição da ação do verbo da base (cf. *cai-cai, pisca-pisca*). Em muitos há uma clara cristalização do sentido final, que não se subsume na denotação literal das bases: *doi-doi* denota um ferimento, e é usado na interação com bebés; *cai-cai* denota um tipo de peça de roupa feminina que cobre o peito, sem alças nem mangas; *pisca-pisca* denota um 'dispositivo luminoso e intermitente que se coloca no cruzamento de vias perigosas ou que, nas viaturas, serve para assinalar mudança de direção'.

9.4.2.2 Hipocorização por reduplicação

A reduplicação parcial, em português, aplica-se, exclusivamente, na formação de hipocorísticos (exemplos de (21) e (22)). A forma reduplicada é criada por extração da sílaba tónica da base e redobro dessa sílaba, à esquerda da base, gerando sempre dissílabos. A evidência empírica da localização da reduplicação provém dos dados do português do Brasil, em que, além do padrão descrito, se encontram formas como *titio/a, mamãe* ou *papai*, em que se verifica uma simplificação da sílaba tónica da base no limite esquerdo da palavra.

Nas formas atestadas em português europeu, as sílabas - quer a da base, quer a do redobro - são sempre de estrutura CV, mesmo que, na palavra original, a sílaba tónica tenha outra estrutura. Por exemplo, em *Nonô*, hipocorístico de Leonor, e *Bebé* (hipocorístico de Isabel) as respetivas sílabas tónicas perdem a coda. No português do Brasil, como referido, há formas em que se mantém a estrutura, mais complexa, da sílaba da base, mas em que a sílaba duplicada obedece ao padrão CV. Verifica-se uma clara tendência para os padrões menos marcados da língua.

As estruturas reduplicadas segundo este padrão não têm índice temático e a estrutura acentual é regular: o acento encontra-se na última sílaba do radical, dando origem a palavras oxítonas.

A tendência, observável nestes produtos, para as estruturas mais regulares é contrariada apenas num aspeto: as vogais da sílaba átona destas formas não são afetadas pelos processos de redução (elevação e recuo) caraterizadores do vocalismo átono do português europeu (*Zezé* [zɛˈzɛ], *Nonô* [noˈno]).

Os produtos de reduplicação parcial, sendo hipocorísticos, não têm um valor semântico referencial diferente da palavra original, de que são sinónimos, usados em contextos específicos.

9.5 Siglação, Acronímia

9.5.1 Definição

As siglas/acrónimos constituem parte importante da expansão vocabular atual, sendo comummente aceite que são criadas a partir de uma regra que estipula a extração da primeira letra de cada uma das palavras que constituem a expressão substituída/simplificada. A forma como se faz essa extração, no entanto, admite variações, sendo frequente a seleção de vários segmentos das bases para a constituição da sigla.

Há um elevado grau de imprevisibilidade nestes produtos, que certamente está na origem da falta de consenso em torno da definição de siglação e da dificuldade em estabelecer uma terminologia padronizada para estes processos redutivos de criação lexical. Um aspeto controverso reside precisamente na diferenciação entre sigla e acrónimo. Giraldo Ortiz (2010), partindo de uma revisão exaustiva da bibliografia de referência, apresenta uma proposta de definição e de classificação das siglas: «una sigla es una unidad de reducción formada por carateres alfanuméricos procedentes de una unidad léxica de estrutura sintagmática. Una sigla forma una secuencia cuya pronunciación puede ser alfabética, silábica o ambas» (Giraldo Ortiz 2010: 73).

Neste quadro classificatório, distinguem-se (i) siglas próprias e (ii) siglas mistas, cujas propriedades se sintetizam no quadro seguinte:

(i) **siglas próprias**, que resultam exclusivamente da extração das iniciais das unidades léxicas da estrutura sintagmática de base	(ii) **siglas mistas**: produtos em que se utilizam, além dos iniciais, carateres secundários da estrutura de base ou em que se omitem partes fundamentais dessa estrutura		
	Típicas: em que se empregam ou omitem partes fundamentais da forma de base e cuja pronúncia pode ser silábica ou não [133]	**Acrónimos**: formados por vários grupos de letras, e não apenas as iniciais, das unidades da forma de base e que têm uma pronúncia exclusivamente silábica	**Cruzamentos** (cf. 9.1): formados pela combinação de dois segmentos da estrutura sintagmática da base e que têm também pronúncia silábica

Quadro IX.1. Quadro classificatório de siglação, acronímia, cruzamento (baseado em Giraldo Ortiz 2010)

Trata-se de uma classificação que assenta na combinação de dois critérios: a forma como são criadas as unidades (que carateres se extraem da base) e a forma como são pronunciadas as unidades. Dessa combinação resulta uma tipologia em que "sigla" é um termo genérico para referir unidades lexicais reduzidas formadas a partir da forma gráfica de estruturas sintagmáticas e "acrónimo" um subtipo de sigla.

9.5.2 Um processo morfológico?

A siglação tem sido considerada por diferentes morfólogos como um processo de criação vocabular, mas não como um processo de formação de palavras (cf. Aronoff 1976, Spencer 1991, Aronoff & Hanshen 1998, Haspelmath 2002, entre outros). Esta consideração fundamenta-se no facto de que se trata de um processo não regular e opaco, no sentido em que dá origem a palavras em que não se reconhece uma estrutura interna.

Há vários argumentos que sustentam o estatuto não morfológico da siglação [134], entre os quais se destacam a sua não universalidade

---

[133] Podem ser lidos silabicamente ou não: HUC 'Hospitais da Universidade de Coimbra', POUS 'Partido Operário de Unidade Socialista'.

[134] Para uma revisão exaustiva desses argumentos, cf. Rosa 2009.

e a sua intencionalidade. A siglação não é um processo universal porque não está disponível em todas as línguas. Sendo inegável a sua base gráfica, apenas as línguas com sistemas de escrita fonológicos podem fazer uso deste recurso, em particular aquelas que são representadas por sistemas alfabéticos (embora os sistemas silábicos também o permitam). Além disso, e pelo mesmo motivo, a criação de siglas só é acessível a falantes alfabetizados, com uma competência de escrita que inclua não só o conhecimento dos grafemas, mas também a capacidade de segmentação e de manipulação das cadeias gráficas.

Por outro lado, a siglação é um processo intencional. Há um elevado grau de liberdade na manipulação dos grafemas (daí a dificuldade de tipificação dos processos), geralmente com o objetivo de criar sequências eufónicas ou que possam ser associadas a outras unidades significativas da língua[135].

A intencionalidade subjacente à criação de siglas, assente na manipulação, com acentuado grau de imprevisibilidade, das letras do sintagma original, faz com que não haja nos produtos elementos constantes, reconhecíveis pelos falantes como unidades significativas que podem ser reutilizadas para criação de novo léxico. Assim, o falante não pode usar o conhecimento linguístico para a criação de itens lexicais deste tipo, pelo que não podemos considerar a existência, neste domínio lexical, de palavras potenciais[136]. Apenas se pode falar de mecanismos (semi-)regulares de criação de sequências grafo-fónicas que podem ser articuladas como palavras. Por essa razão é considerado por muitos um processo improdutivo (na aceção

---

[135] Em Rosa (2009: 53) são apresentados vários exemplos em que se procura criar uma forma que possa ser associada a uma raiz (MERCOSUL - Mercado Comum do Sul -, que se pode associar à raiz *merc-*) ou a uma palavra existente na língua (GRUDA (Grupo de Estudos de Doenças Afectivas).

[136] Apenas se pode falar de formas potenciais de criar sequências grafo-fónicas que podem ser articuladas como palavras.

de Aronoff (1976) e Aronoff & Anshen (1998)). Por isso também a generalidade dos morfólogos considera que não é um processo que se enquadre no escopo da morfologia «because the resulting new words do not show systematic meaning-sound resemblances as the sort that speakers would recognize» (Haspelmath 2002:25).

9.5.3 Caraterísticas fonológicas

Os produtos gerados por siglação são analisados pelos falantes como vocábulos da língua e, portanto, espera-se que obedeçam às suas regras fonológicas no que respeita a três aspetos: a estrutura acentual, a estrutura silábica e as regras que afetam os segmentos em contextos definidos.

9.5.3.1 Estrutura acentual

As formas que seguem as regras acentuais do português são dominantes. As siglas próprias (no sentido de Giraldo Ortiz (2010)), como são constituídas pela designação dos grafemas, têm uma estrutura acentual particular. Em formas como PCP [pese'pe] ou INH [iɛnɐ'ga] [137], cada constituinte mantém a sua proeminência acentual própria, funcionando a sigla como um sintagma fonológico, em que se reconhecem vários acentos e em que a proeminência principal se situa no limite direito, de acordo com as regras do português.

Nos casos em que a sigla tem uma pronúncia silábica, a sequência é analisada como uma palavra morfológica, com a respetiva constituição interna, e o acento (aqui representado por ' a anteceder

---

[137] PCP (Partido Comunista Português); INH (Instituto Nacional da Habitação).

sílaba tónica) é atribuído à sílaba que é analisada pelo falante como a última sílaba do radical. É o que ocorre nos seguintes exemplos[138]:

(26) SIDA [ˈsidɐ]   APAV [aˈpav]
 OPA [ˈɔpɐ]   UNICER [uniˈsɛr]
 IVA [ˈivɐ]   EPAL [ɛˈpaɫ]

Em palavras como SIDA, OPA, IVA, a vogal final é tratada como um índice temático e o acento é atribuído à sílaba anterior, que é analisada como a última do radical. Nos exemplos APAV, UNICER e EPAL, terminados em consoante, o falante identifica apenas um radical e atribui o acento à sua última sílaba. Temos, portanto, casos não marcados de acentuação.

Os casos marcados, embora raros, também ocorrem, como se pode observar em OVNI [ˈɔvni].

9.5.3.2 Estrutura silábica

No que respeita à estrutura silábica, podemos também distinguir as formas em que a pronúncia é alfabética dos casos em que é silábica. Nos primeiros, que são constituídos pelas designações das letras, as sílabas têm estruturas não marcadas (V e CV), como nos exemplos:

(27) AVC [a.ve.ˈse]
 BCP [be.se.ˈpe]
 BI [be.ˈi] [139]

---

[138] SIDA (síndrome de imunodeficiência adquirida), OPA (operação pública de aquisição), IVA (imposto sobre o valor acrescentado), APAV (Associação Portuguesa de Apoio à Vítima), UNICER (União Cervejeira), EPAL (Empresa Pública das Águas Livres).

[139] AVC (acidente vascular cerebral), BCP (Banco Comercial Português), BI (bilhete de identidade).

Nos acrónimos ou outros subtipos de siglas com pronúncia silábica, a silabificação pode gerar estruturas silábicas regulares, mais simples ou mais complexas (V, CV, CVC, CVV, CCVC) como em [140]

(28) BES [ˈbɛʃ]   COI [ˈkɔj]
JAE [ˈʒaj]   BEI [ˈbɐj]
CIMPOR [sĩ.ˈpɔɾ]   AFI [a.ˈfi]
ANACOM [ɐ.nɐ.ˈkõ]   UNICER [u.ni.ˈsɛɾ]

No entanto, os casos em que se geram produtos com estruturas silábicas marcadas são percentualmente significativos. A irregularidade dessas estruturas pode dever-se a dois fatores: o preenchimento da coda ou o preenchimento de ataques ramificados.

(29) TIC [ˈtik]   PALOP [paˈlɔp]   APAV [aˈpav]

As sílabas finais destas formas preenchem as codas com os segmentos [k], [p] e [v], que não são admitidos pelas regras de silabificação em português, segundo as quais apenas líquidas e sibilantes podem preencher codas.

Outra violação das regras de silabificação consiste, como referido, na presença de sequências consonânticas irregulares no interior do vocábulo. Os grupos consonânticos "proibidos" ocorrem no vocabulário regular da língua portuguesa, embora sejam pouco frequentes, tendo os falantes a consciência do seu estatuto marcado. É essa consciência que explica a existência de estratégias de regularização de sequências deste tipo, como, por exemplo, a inserção de uma vogal - [i] no Português do Brasil e [ɨ] no Português Europeu

---

[140] BES (Banco Espírito Santo), JAE (Junta Autónoma de Estradas), CIMPOR (Cimentos de Portugal), ANACOM (Autoridade Nacional de Comunicações), COI (Comité Olímpico Internacional), BEI (Banco Europeu de Investimento), AFI (Alfabeto Fonético Internacional), UNICER (União Cervejeira).

- entre os segmentos consonânticos da sequência. Considerem-se alguns exemplos[141]:

(30) SNESUP [snɛ.'sup]   CNE ['knɛ]
ISCTE [iʃ.'ktɛ]   SMTUC [sm.'tuk]

Sequências consonânticas como as que se observam nas formas em (30) são muito frequentes em produtos de siglação, o que mostra que, neste itens lexicais, se admitem mais facilmente estruturas irregulares do que nas outras palavras da língua. Esta constatação é confirmada pelo facto de que, estando disponível a pronúncia alfabética destes itens a maioria dos falantes seleciona a pronúncia silábica, tratando-os como acrónimos[142].

No PB, a estas formas são aplicadas, sem exceções, as mesmas regras que se aplicam às outras palavras da língua com estruturas irregulares do mesmo tipo: : inserção (epentética ou paragógica) de [i], do que resultam sequências regulares (USP ['uspi]; AIDS [ajdʒis]).

9.5.3.3 Processos fonológicos segmentais

Também no que concerne à aplicação de regras fonológicas que afetam segmentos em alguns contextos, como as regras de elevação e centralização de vogais átonas que caraterizam o português europeu, as siglas apresentam uma maior percentagem de irregularidades. Com efeito, é mais frequente a não redução das vogais

---

[141] SNESUP (Sindicato Nacional do Ensino Superior), ISCTE (Instituto Superior das Ciências do Trabalho e da Empresa), CNE (Comissão Nacional de Eleições), SMTUC (Serviços Municipalizados de Transportes Urbanos de Coimbra).

[142] A variabilidade da pronúncia dos produtos de siglação com sequências fonemáticas irregulares é elevada e não estão completamente determinados os fatores que fazem com que os falantes optem por pronúncia silábica ou alfabética (cf. Viana et alii 1996 e Veloso 2007).

átonas do que a aplicação das regras de redução, como facilmente se pode verificar.

(31) PALOP [pa̱ˈlɔp]   GEFAC [ʒɛˈfak]
   ANAREC [a̱naˈrɛk]   IPATIMUP [ipa̱tiˈmup]
   ASDI [a̱ʒˈdi]   INATEL [ina̱ˈtɛɫ]
   APAV [a̱ˈpav]   PRODEP [pro̱ˈdɛp]¹⁴³

A redução vocálica só se verifica regularmente na vogal átona final, que, como foi já referido, é analisada pelos falantes como um índice temático.

(32) IVA [ˈivɐ]   NATO [ˈnatu]   CACE [ˈkasɨ]¹⁴⁴

As outras regras contextuais da língua não são, em geral, violadas. As vogais que antecedem consoante nasal homossilábica são nasalisadas:

(33) ANACOM [a.na.ˈkõ]   CIMPOR [sĩˈ.pɔr]

A lateral velariza em coda (no português do Brasil, semivocaliza):

(34) INATEL [ina̱ˈtɛɫ]   EPAL [ɛˈpaɫ]

As sibilantes sofrem os processos de palatalização e assimilação de vozeamento em coda:

---

¹⁴³ PALOP (Países Africanos de Língua Oficial Portuguesa), ANAREC (Associação Nacional de Revendedores de Combustíveis), ASDI (Acção Social Democrata Independente), APAV (Associação Portuguesa de Apoio à Vítima), GEFAC (Grupo de Etnografia e Folclore da Academia de Coimbra), IPATIMUP (Instituto de Patologia e Imunologia Molecular da Universidade do Porto), PRODEP (Programa Operacional Educação).

¹⁴⁴ CACE (Centro de Apoio à Criação de Empresas).

(35) UNESCO [uˈnɛʃku]   ASDI [ɛ3ˈdi]

Os hiatos que o permitem sofrem ditongação:

(36) COI [ˈkɔj]   JAE [ˈ3aj]   BEI [ˈbɐj]

Considerando as caraterísticas fonológicas dos produtos de siglação, observamos que, se é certo que eles são percebidos e produzidos como se de palavras primitivas da língua se tratasse, é também notório que neles ocorrem mais violações das regras fonológicas e prosódicas e que os falantes parecem aceitá-las mais facilmente do que no restante léxico. O grau de aceitabilidade destas irregularidades permite-nos colocar a hipótese de um léxico estruturado em vários patamares (Itô e Mester 1999), em que as siglas estão distantes do núcleo constituído pelo vocabulário nativo. Neste léxico mais periférico são admissíveis mais comportamentos irregulares.

9.5.3.4 Relação grafia - som

A siglação produz itens lexicais que, tendo uma origem gráfica, têm uma forma fónica. A descrição dos aspetos fonológicos apresentada incide sobre a forma fónica resultante da leitura de sequências gráficas (os verdadeiros produtos deste mecanismo de criação vocabular). Sendo essa forma determinada pelo aspeto gráfico, ela obedece aos mecanismos de leitura condicionados pelas regras ortográficas da língua. Considerem-se os exemplos:

(37) CACE [ˈkasɨ]   ANAREC [anaˈrɛk]   GEFAC [3ɛˈfak]

Nestas formas, os grafemas <c>, <r> e <g> representam um som diferente no sintagma original ([s], [k], [R] e [g]) e no acrónimo ([k],

[s], [r] e [ʒ] respetivamente), por efeito de regras de descodificação da grafia (<c> antes de <e>, representa o som [s], antes de <a> representa o som [k]; <r> entre vogais representa o som [r]; <g> antes de <e> representa o som [ʒ]).

9.5.4 Uso e comportamentos morfossintáticos

A siglação é, no português atual, um processo muito frequente de criação vocabular, usado profusamente em linguagens especializadas e na denominação de organismos, instituições, empresas ou marcas comerciais e, por vezes excessivamente, no discurso mediático.

A língua portuguesa é muito permeável a empréstimos neste domínio lexical, onde formas como as de (38) são de uso corrente, tendo substituído, nos casos em que existem, as siglas correspondentes em português. O mesmo acontece com as já lexicalizadas formas de (39).

(38) NATO, UNICEF, UNESCO, UEFA, LSD, CEO, HIV, BSE, USB
(39) *radar, laser, spa*

As siglas/acrónimos têm autonomia relativamente à expressão sintagmática que lhes dá origem, que, geralmente, não é recuperada pelo falante, mesmo que conheça o seu referente e/ou significado[145] (são formas verdadeiramente opacas, dado o mecanismo que as origina). Na maior parte dos casos, o seu uso suplanta o do sintagma-base, o que é compreensível, dado que se trata de uma simplificação muito mais económica.

Em certos casos, o falante analisa a sigla/acrónimo como uma palavra primitiva, muito particularmente (mas não exclusivamente)

---

[145] Isso mesmo se verifica nos casos de empréstimo de siglas.

quando a sua pronúncia é silábica. Dessa forma, ela passa a constituir base de processos morfológicos, seja de flexão, seja de derivação.

(40) TICs (tecnologias da informação e da comunicação)
    PALOPs (países africanos de língua oficial portuguesa)
    OVNIs (objetos voadores não identificados)
    RFPs (regras de formação de palavras)
    PMEs (pequenas e médias empresas)

A pluralização destas formas é muito frequente, apesar de algumas delas corresponderem a sintagmas cujo núcleo está já pluralizado [146].

Alguns produtos de siglação podem constituir base de processos de derivação. Derivados como *sidoso*, *ovnilogia* (português europeu) ou *peemedebismo* [147], *otenização* [148] (PB) são criados pelos falantes a partir de siglas, embora não sejam muito numerosas as que preenchem as bases em processos desta natureza.

A siglação produz nomes que, consequentemente, têm valor de género inerente. Geralmente, o valor de género do produto corresponde ao valor de género do núcleo do sintagma-base. No entanto, existem casos de hesitação na atribuição de género (o/a TAC). Da mesma forma, existem casos em que o valor de género é atribuído por uma motivação diferente, como se pode ver nos exemplos *a* PT (Portugal Telecom), *a* CIMPOR (Cimentos de Portugal), *a* CP (Comboios de Portugal). Nestas formas, o valor de género atribuído parece corresponder a *empresa* (ou palavra sinónima com o mesmo valor de género), uma vez que se trata de nomes de empresas.

---

[146] Nestes casos, há variação na marcação do plural: certos falantes acrescentam a marca do plural à sigla, outros apenas marcam o determinante com o morfema de plural (ex.: as TIC).

[147] De PMDB (Partido do Movimento Democrático Brasileiro). Cf. Alves 1990: 59.

[148] De OTN (Obrigações do Tesouro Nacional). Cf. Alves 1990: 58.

BIBLIOGRAFIA

Abreu, Kátia & Maria Carlota Rosa (2006). "Isso é uma palavra?", *Revista da ABRALIN* 5 (1-2): 113-130.

Abreu, Kátia (2006)."Focalizando a morfologia improdutiva: um estudo sobre siglas", *Signum: Estudos da Linguagem* 9 (2): 9-26.

Almeida, Ana Lúcia Andrade da Silva (2009), *Produção de nomes deverbais agentivos em português língua materna (L1) por alunos do ensino básico*. Dissertação de Mestrado. Faculdade de Letras da Universidade de Coimbra. Orientação de Cristina Martins e de Graça Rio-Torto.

Alves, Ieda Maria (1990). *Neologismo. Criação lexical*. S. Paulo: Editora Ática.

Alves, Gisele (em elaboração). *A criação neológica em João Cabral de Melo Neto*. Dissertação de Doutorado (UNESP, Campus de Araraquara). Orientação de Clotilde Murakawa (UNESP) e de Graça Rio-Torto.

Andrade, Ernesto d' (1993). *Dicionário inverso do português*. Lisboa: Edições Cosmos.

Anderson, Stephen (1992). *A-morphous morphology*. Cambridge: Cambridge University Press.

Araújo, Gabriel (2000). "Morfologia não-concatenativa em português: os *portmanteaux*", *Caderno de Estudos Linguísticos* 39: 5-21.

Araújo, Gabriel (2002). "Truncamento e reduplicação no português brasileiro", *Revista de Estudos da Linguagem* 10 (1): 61-90.

Areán Garcia, Nilsa (2007). *Estudo comparativo de aspectos semânticos do sufixo -ista no português e no galego*. Dissertação de mestrado em Letras (sob orientação de Mário Viaro). USP. 2 vols.

Aronoff, Mark (1976). *Word formation in generative grammar*. Massachussetts: The MIT Press.

Aronoff, Mark (1994). *Morphology by itself*. London/Massachussetts: The MIT Press.

Aronoff, Mark; Kirsten Fuderman (2005). *What is morphology?* Oxford: Blackwell.

Athayde, M. Francisca (2011) "Fazer uma pergunta, hacer una pregunta, poser une question, eine Frage stellen, to ask a question, fare una domanda - colocações em línguas europeias: a ilusão da semelhança?", Maria Teresa D. Mingocho et al. (coord.).*Miscelânea de Estudos em Homenagem a Maria Manuela Gouveia Delille* I. Coimbra: FLUC, CIEG, Minerva: 751-771.

Barbosa, Ana I. Vieira (2012). *Derivação nominal em português*. Dissertação de Doutoramento em Linguística Portuguesa. Universidade de Coimbra. Orientação de Graça Rio-Torto.

Barbosa, Jerónimo Soares (1822). *Grammatica philosophica da lingua portugueza ou principios de grammatica geral aplicados à nossa linguagem*. Lisboa: Academia Real das Sciencias.

Barbosa Coelho, Juliana Soledade (2005). *Semântica morfolexical. Contribuições para a descrição do paradigma sufixal do português arcaico*. 2 tomos. Doutoramento em Letras, Linguística Histórica. Universidade Federal da Bahia. Orientação de Rosa Virgínia Mattos e Silva (UFBa) e Graça Rio-Torto.

Baroni, Marco; Emiliano Guevara; V. Pirrelli (2006). "Sulla Tipologia dei Composti NN in Italiano: principi categoriali ed evidenza distribuzionale a confronto", *Atti del convegno SLI 2006*, Vercelli, disponível em: http://morbo.lingue.unibo.it/guevara/emiliano-guevara-downloadable papers.html).

Bartsch, Renata (2004). *Structural and functional properties of collocations in English. A corpus study of lexical and pragmatic constraints on lexical co-occurrence*. Tübingen: Gunter Narr Verlag.

Basílio, Margarida & Helena Martins (1996). "Verbos denominais no português falado", Ingedore V. Koch (org.), *Gramática do português falado*, vol. VI. *Desenvolvimentos*. Campinas: Editora UNICAMP/FAPESP: 371-391.

Basílio, Margarida (1998). "Morfológica e Castilhamente: um Estudo das Construções X-mente no Português do Brasil", *DELTA* 14: 15-25.

Basílio, Margarida (2000). "Em torno da palavra como unidade lexical: palavras e composições", *Veredas* 4 (2): 9-18.

Basílio, Margarida (2003). "Cruzamentos vocabulares: o fator humorfológico" Comunicação apresentada no *XII Congresso da ASSEL-RIO*. Rio de Janeiro.

Basílio, Margarida (2004). *Formação e classes de palavras no português do Brasil*, São Paulo: Contexto.

Basílio, Margarida (2005)."Cruzamentos vocabulares como construções morfológicas", *Anais do IV Congresso Internacional da ABRALIN*. Brasília: ABRALIN: 387-390.

Basílio, Margarida (2010). "Fusão vocabular expressiva: um estudo da produtividade e da criatividade em construções lexicais", *Textos selecionados do XXV Encontro Nacional da Associação Portuguesa de Linguística*. Porto: APL: 201-210.

Bauer, Laurie (1988). *Introducing linguistic morphology*. Edinburgh: Edinburgh University Press.

Bauer, Laurie (2001). "Compounding", M. Haspelmath *et al.* (eds.), *Language typology and language universals*, vol. I. Berlin: Walter de Gruyter: 695-707.

Bauer, Laurie (2004). *A glossary of morphology*. Edinburgh: Edinburgh University Press.

Bauer, Laurie (2005)."Conversion and the notion of lexical category", Laurie Bauer & Salvador Valera (eds.), *Approaches to conversion/zero-derivation*. Munich: Waxmann: 19 -30.

Bauer, Laurie (2006). *Morphological productivity*. Cambridge: Cambridge University Press.

Bechara, Evanildo (2004). *Moderna gramática portuguesa*. 37 ed. rev. e ampliada. Rio de Janeiro: Lucerna.

Beard, Robert (1995). *Lexeme-morpheme base morphology: a general theory of inflection and word formation*. New York: State University of New York Press.

Beard, Robert (1998). "Derivation", Andrew Spencer & Arnold Zwicky, *The handbook of morphology*. Oxford: Blackwell: 44-65.

Becker, Thomas (1993). "Back-formation, cross-formation, and 'bracketing paradoxes' in paradigmatic morphology", Geert Booij & Van Marle (ed.), *Yearbook of Morphology 1993*: 1-25.

Bernal, Elisenda (2012). "Catalan compounds", *Probus* 24: 5-27.

Bisetto, Antonietta (2004). "Composizione con elementi italiani". Maria Grossmann & Franz Rainer (eds.). *La formazione delle parole in italiano*. Tubingen: Niemeyer: 33-53.

Bisetto, Antonietta & Sergio Scalise (1999). "Compounding: morphology and/or syntax?", L. Mereu (ed.). *Boundaries of morphology and syntax*. Amsterdam, Philadelphia: J. Benjamins: 31-48.

Bisetto, Antonietta & Sergio Scalise (2005). "The classification of compounds", *Lingue e Linguaggio* IV(2): 319-332.

Bluteau, Raphael (1712-1725). *Vocabulario portuguez e latino*. Coimbra: Collegio das Artes da Companhia de Jesu, 8 vols. e 2 suplementos.

Booij, Geert (2000)."Inflection and derivation", Geert Booij *et al.*, *Morphologie/ Morphology. An international handbook on inflection and word-formation*. Berlin, New York: Walter de Gruyter: 360-369.

Booij, Geert (2000a). "Morphology and phonology". Geert Booij *et al.*, *Morphologie/ Morphology. An international handbook on inflection and word-formation*. Berlin, New York: Walter de Gruyter: 335-344.

Booij, Geert (2009). "Construction morphology and compounding", Rochelle Lieber & Pavel Štekauer, *The Oxford Handbook of Compounding*, Oxford: Oxford University Press: 201-216.

Bosque, Ignacio (1993). "Sobre las diferencias entre los adjetivos relacionales y los calificativos", *Revista Argentina de Humanidades* 9 (1-2): 10-48.

Buenafuentes de la Mata, Cristina (2007). *Procesos de gramaticalización y lexicalización en la formación de compuestos en español*. Dissertação de doutoramento. Universitat Autònoma de Barcelona. http://hdl.handle.net/10803/4879

Buenafuentes de la Mata, Cristina (2010). *La composición sintagmática en español*. San Millan de la Cogolla Cilengua.

Burger, Harald (2003). *Phraseologie. Eine Einführung am Beispiel des Deutschen* 2. Berlin: Erich Schmidt Verlag.

Burger, Harald et al. (eds.) (2007). *Phraseologie. Ein internationales Handbuch zeitgenössischer Forschung/ Phraseology. An international handbook of contemporary research* vols. 1, 2. Berlin, New York: Walter de Gruyter.

Bustos Gisbert, Eugenio (1986). *La composición nominal en español*. Salamanca: Ediciones Universidad de Salamanca.

Caetano Mocho, Maria do Céu (2003). *Formação de palavras em gramáticas históricas do português. Análise de algumas correlações sufixais*. Dissertação de Doutoramento em Linguística (Morfologia). Universidade Nova de Lisboa, Faculdade de Ciências Sociais e Humanas. Orientação de Teresa Brocardo e de Graça Rio-Torto.

Cabré, Teresa (1994). "Minimality in the Catalan truncation process", *Catalan Working Papers in Linguistics* 4 (1): 1-21.

Cabré, M. Teresa & Michael Kenstovicz (1995). "Prosodic trapping in Catalan", *Linguistic Inquiry* 26 (4): 694-705.

Calvet, Louis-Jean (1980). *Les sigles*. Paris: Presses Universitaires de France.

Cannon, Garland (2000). "Blending", Geert Booij et al., *Morphologie/Morphology. An international handbook on inflection and word-formation*. Berlin, New York: Walter de Gruyter: 952-956.

Carlson, Gregory N. (1977). *Reference to kinds in English*. New York: Garland.

Carstairs-McCarthy, Andrew (2000). "Lexeme, word-form, paradigm". Geert Booij et al., *Morphologie/ Morphology. An international handbook on inflection and word-formation*. Berlin, New York: Walter de Gruyter: 595-607.

Carvalho, J. G. Herculano de (1984). *Teoria da linguagem. Natureza do fenómeno linguístico e análise das línguas*, vol. II. Coimbra: Coimbra Editora, 4ª reimpressão.

Carvalho, João José de (2008). *A formação de palavras na língua portuguesa: um estudo da fusão vocabular na obra de Mia Couto*. Dissertação de mestrado. Rio de Janeiro: PUC - Rio. http://www.maxwell.lambda.ele.pucrio.br/Busca_etds.php?strSecao=resultado&nrSeq=13347@1

Casteleiro, J. Malaca (2001). *Dicionário da língua portugesa contemporânea*. Lisboa: Academia das Ciências de Lisboa, Editorial Verbo.

Castilho, Ataliba T. (2004). "O problema da gramaticalização das preposições no projeto 'Para a história do português brasileiro'", *Estudos Lingüísticos* XXXIII: 982-988.

Castilho, Ataliba T. de (2010). *Gramática do português brasileiro*. São Paulo: Editora Contexto.

Chierchia, Gennaro (2004). "A semantics for unaccusatives and its syntactic consequences". Artemis Alexiadou, Elena Anagnostopoulou & Martin Everaert, *The unaccusativity puzzle: explorations of the syntax-lexicon interfaces*. Oxford: Oxford University Press: 22-59.

Clark, Eve & H. H. Clark (1979). "When nouns surface as verbs", *Language* 55: 767-811.

Corbin, Danielle (1987). *Morphologie dérivationnelle et structuration du lexique*. Tübingen: Max Niemeyer Verlag.

Correia, Margarita (2004). *Denominação e construção de palavras*. Lisboa: Colibri.

Cowie, A. P. (ed.) (2001[1998]). *Phraseology: theory, analysis and applications*. Oxford: Oxford University Press.

Cunha, Antônio Geraldo da (2007). *Dicionário etimológico da língua portuguesa*. Rio de Janeiro: Lexikon Editora Digital (3ª edição, 2ª impressão).

Cunha, Celso & Luís F. Lindley Cintra (1984). *Nova gramática do português contemporâneo*. 10ª ed., Lisboa: Edições João Sá da Costa.

Darmesteter, Arsène (1972). *De la création de mots nouveaux dans la langue française et des lois qui la régissent* (Réimpression de l'édition de Paris, 1877). Genève: Slatkine Reprints.

Detges, Ulrich (2015). "The Romance adverbs in -mente: a case study in grammaticalization", Peter Müller, Ingeborg Ohnheiser, Susan Olsen & Franz Rainer (eds.), *Word-formation*.

An international handbook of the languages of Europe. Berlin: Mouton de Gruyter, vol. 3: 1824-1842.

Di Sciullo, Anna Maria & Edwin Williams (1987). *On the definition of word*. London, Massachusetts: The MIT Press.

Diez, F. (1874). *Grammaire des langues romanes*. Paris: A. Franck, 3ª ed.

Don, Jan (1993). *Morphological conversion*. Led: Utrecht.

Don, Jan; Mieke Trommelen; Zim Zonneveld (2000). "Conversion", Geert Booij et al., *Morphologie/ Morphology. An international handbook on inflection and word-formation*. Berlin, New York: Walter de Gruyter: 943-952.

Dressler, Wolfgang U. (2015). "Allomorphy", Peter Müller, Ingeborg Ohnheiser, Susan Olsen & Franz Rainer (eds.), *Word-formation. An international handbook of the languages of Europe*. Berlin: Mouton de Gruyter, vol. 1: 500-516.

Durand, Jacques (1990). *Generative and non-linear phonology*. London: Longman.

Fabb, Nigel (1998). "Compounding", Andrew Spencer & Arnold Zwicky, *The handbook of morphology*. Oxford: Blackwell: 66-83.

Felíu Arquiola, Elena (2003). *Morfología derivativa y semántica léxica: la prefijación de auto-, co- e inter-*. Madrid: Ediciones de la Universidad Autónoma de Madrid.

Felíu Arquiola, Elena & Antonio Fábregas (2003). "Phrasal scope and argument constraints of Spanish inter- prefixation", G. Booij; Janet De Cesaris; Angela Ralli; Sergio Scalise, *Topics in morphology. Selected papers from the Third Mediterranean Morphology Meeting*. Barcelona: Universitat Pompeu Fabra: 165-176.

Fernando, Chitra (1996). *Idioms and idiomaticity*. Oxford: Oxford University Press.

Fradin, Bernhard (2015). "Blending", Peter Müller, Ingeborg Ohnheiser, Susan Olsen & Franz Rainer (eds.), *Word-formation. An international handbook of the languages of Europe*. Berlin: Mouton de Gruyter, vol. 1: 386-413.

Gaeta, Livio (2015). "Restrictions in word-formation", Peter Müller, Ingeborg Ohnheiser, Susan Olsen & Franz Rainer (eds.), *Word-formation. An international handbook of the languages of Europe*. Berlin: Mouton de Gruyter, vol. 2, 859-875.

Gibbs, Raymond & Gerard Steen, (eds.). (1999). *Metaphor in cognitive linguistics*. Amsterdam: John Benjamins.

Gomes, Tânia Vieira (2005). *Os nomes compostos em português*. Dissertação de Mestrado. Rio de Janeiro, Departamento de Letras do Centro de Teologia e Ciências Humanas da PUC-Rio.

Gonçalves, Anielle A. Gomes (2014). *Os sufixos agentivos -nte e -or no português brasileiro e no português europeu: um estudo semântico-diacrônico*. Dissertação de Doutorado, USP, Faculdade de Filosofia, Letras e Ciências Humanas, Orientação de Mário Viaro (USP) e de Graça Rio-Torto.

Giraldo Ortiz, John Jairo (2010). "Hacia una revisión del concepto de siglación", *Panace@* XI (31): 70-76.

Gonçalves, Carlos Alexandre (2004). "Condições de minimalidade no molde da hipocorização", *Revista de Estudos da Linguagem*. Belo Horizonte 14 (1): 10-32.

Gonçalves, Carlos Alexandre & M. Lúcia Leitão de Almeida (2004). "Cruzamento vocabular no Português Brasileiro: aspectos morfo-fonológicos e semântico-cognitivos", *Revista Portuguesa de Humanidades* VIII: 135-154.

Gonçalves, Carlos Alexandre (2005). "*Blends* lexicais em português: não-concatenatividade e correspondência", *Veredas* 7 (1 e 2): 149-167.

Gonçalves, Carlos Alexandre (2006a). "Usos morfológicos: os processos marginais de formação de palavras em português", *Gragoatá* 21: 219-242.

Gonçalves, Carlos Alexandre (2006b). "A ambimorfemia de cruzamentos vocabulares: uma abordagem por *Ranking* de restrições", *Revista da ABRALIN*: 5 (1 e 2): 169-183.

Gonçalves, Carlos Alexandre (2009) "A humorfologia dos cruzamentos vocabulares em Português: análise da coluna de Agameno, de O Globo", *Veredas* 13: 57-71.

Gonçalves, Carlos Alexandre (2010). "A morfologia autossegmental e o tratamento não-linear da reduplicação", M. J. Marçalo et al. (eds.), *Língua portuguesa: ultrapassar fronteiras, juntar culturas*. Évora: Universidade de Évora. http://www.simelp2009.uevora.pt/pdf/slg4/02.pdf

Gonçalves, Carlos Alexandre (2011a). "Construções truncadas no português do Brasil: das abordagens tradicionais à análise por ranking de restrições", Gisela Collischonn & Elisa Battisti (Org.), *Língua e linguagem: perspectivas de investigação*. Porto Alegre: EDUCAT: 293-327.

Gonçalves, Carlos Alexandre (2011b). "Composição e derivação: pólos prototípicos de um continuum?", *Domínios de Linguagem* 5 (2): 62-89.

Grande Dicionário da Língua Portuguesa (2010). Porto: Porto Editora.

Gross, Gaston (1988)."Degré de figement des noms composés", *Langages* 90: 57-72.

Gross, Gaston (1996). *Les expressions figées en Français: noms composés et autres locutions*. Paris: Éditions Ophrys.

Grossmann, Maria (2012). "Romanian compounds", *Probus* 24: 147-173.

Guerra, Ana Isabel de Azevedo (2011). *Processamento de palavras morfologicamente complexas*. Dissertação de Mestrado. Faculdade de Letras da Universidade de Coimbra. Orientação de Cristina Martins e de G. Rio-Torto.

Guevara, Emiliano & Sergio Scalise (2004). "V-Compounding in Dutch and Italian", *Cuadernos de Lingüística del Instituto Universitario Ortega y Gasset* XI, Madrid, Instituto Universitário Ortega y Gasset, http://morbo.lingue.unibo.it/guevara/emiliano-guevara-downloadable papers.html.

Guevara, Emiliano & Sergio Scalise (2009). "Searching for universals in compounding", Sergio Scalise et al. (ed.).*Universals of language today*. Amesterdam: Springer, também em

http://morbo.lingue.unibo.it/emiliano-guevara-downloadable-papers.html

Guevara, Emiliano R. (2012). "Spanish compounds", *Probus*, 24: 175-195.

Hall, Christopher (2000). "Prefixation, suffixation and circumfixation", Geert Booij et al., *Morphologie/ Morphology. An international handbook on inflection and word-formation*. Berlin, New York: Walter de Gruyter: 535-545.

Haspelmath, Martin (2002). *Understanding morphology*. London: Arnold.

Hüning, Mathias & Barbara Schlücker (2015). "Multi-word expressions", Peter O. Müller, Ingeborg Ohnheiser, Susan Olsen e Franz Rainer (eds.), *Word formation: An international handbook of the languages of Europe*. Berlin: Mouton de Gruyter, vol. 1, 450-467.

Iacobini, Claudio (2004). "Composizione con elementi neoclassici", Maria Grossmann & Franz Rainer (eds.), *La formazione delle parole in italiano*. Tubingen: Niemeyer: 69-95.

Itô, Junko & Armin Mester (1999)."The structure of phonological lexicon", Natsuko Tsujimura (ed.), *A handbook of Japanese linguistics*. Oxford: Blackwell: 62-100. http://roa.rutgers.edu/ files/256-0498/roa-256-ito-2.pdf

Hockett, Charles (1958). *A course in modern linguistics*. New York: Macmillan.

Jackendoff, Ray (2002). *Foundations of language. Brain, meaning, grammar, evolution*. Oxford: Oxford University Press.

Kastovsky, Dieter (1968). *Old English deverbal substantives derived by means of a zero morpheme*. Esslingen/N.: B. Langer.

Kastovsky, Dieter (2005). "Conversion and/or zero: word-formation theory, historical linguistics, and typology", Laurie Bauer & Salvador Valera (eds.). *Approaches to conversion/zero-derivation*. Munich: Waxmann: 31-49.

Koefoed, Geert & Jaap van Marle (2000). "Productivity", Geert Booij et al., *Morphologie/ Morphology. An international handbook on inflection and word-formation*. Berlin, New York: Walter de Gruyter: 303-311.

Kreidler, Charles (2000). "Clipping and acronymy", Geert Booij et al., *Morphologie/ Morphology. An international handbook on inflection and word-formation*. Berlin, New York: Walter de Gruyter: 956-963.

Lee, Seung-Hwa (1997). "Sobre os compostos no PB", *Delta* 13, 1. http://www.scielo.br/scielo.php

Lees, Robert B. (1960). *The grammar of English nominalizations*. The Hague: Mouton.

Levin, Beth & Malka Rappaport Hovav (1995). *Unaccusativity: at the syntax-lexical semantics interface*. London/Massachusetts: The MIT Press.

Lieber, Rochelle & Sergio Scalise (2007). "The lexical integrity hypothesis in a new theoretical universe", Geert Boiij et al. (eds.).*On-line Proceedings of the Fifth Mediterranean Morphology Meeting* (Fréjus, 15-18 September 2005). http://www.morbo.lingue.unibo-it/

Lieber, Rochelle & Pavel Štekauer (2009), *The Oxford handbook of compounding*. Oxford: Oxford University Press.

Lopes, Fernão (1949). *Crónica de D. João I.*, ed. por M. Lopes de Almeida & A. de Magalhães Basto. Porto: Livraria Civilização.

Luschützky, Hans Christian (2000). "Morphem, morph und Allomorph", Geert Booij et al., *Morphologie/ Morphology. An international handbook on inflection and word-formation*. Berlin, New York: Walter de Gruyter: 451-462.

Makkai, Adam (1972). *Idiom structure in English*. The Hague: Mouton.

Maia, Clarinda de Azevedo (1997). *História do galego-português. Estudo linguístico da Galiza e do Noroeste de Portugal desde o século XIII ao século XVI*. Reimpressão da ed. 1986. Lisboa: Fundação Calouste Gulbenkian, Junta Nacional de Investigação Científica e Tecnológica.

Marantz, A (1982). "Autosegmental Phonology: Reduplication", Jochen Trommer & Eva Zimmermann. Universität Leipzig: Institut für Linguistik. *www.uni-leipzig.de/.../Reduplication.pdf*

Marchand, Hans (1960). *The categories and types of present-day English word-formation. A synchronic-diachronic aproach.* Wiesbbaden: O. Harrassowitz.

Martín Garcia, Josefa (1998). *La morfologia léxico-conceptual: las palabras derivadas con RE-.* Madrid: Ediciones de la Universidad Autónoma de Madrid.

Martín Garcia, Josefa (2005). "Los nombres prefijados en aposición", *Verba* 32: 25-57.

Masini, Francesca & Sergio Scalise (2012). "Italian compounds", *Probus* 24: 61-91.

Mathews, Peter H. (1974). *Morphology. An introduction to the theory of word-structure.* London: Cambridge University Press.

Mateus, M. H. Mira & Ernesto d'Andrade (2000). *The phonology of Portuguese.* Oxford: Oxford University Press.

Mateus, Maria Helena Mira; Sónia Frota; Marina Vigário (2003). "Prosódia", Maria Helena Mira Mateus et al. (2003).*Gramática da língua portuguesa.* Lisboa: Caminho: 1035-1076.

Mattos e Silva, Rosa Virgínia (1991). *O português arcaico. Fonologia.* São Paulo: Editora Contexto.

Mattoso Câmara, Joaquim (1970). *Estrutura da língua portuguesa.* Petrópolis: Vozes.

Medeiros, Walter de (1989). "Importância das bases greco-latinas na formação das terminologias", *Boletim da CNALP* (Comissão Nacional da Língua Portuguesa): 195-205.

Mel'čuk, Igor (1982). *Towards a language of linguistics.* München: Fink.

Mel'čuk, Igor (2000). "Morphological processes", Geert Booij et al., *Morphologie/ Morphology. An international handbook on inflection and word-formation.* Berlin, New York: Walter de Gruyter: 523-535.

Mel'čuk, Igor (2001 [1998]). "Collocations and lexical functions", A. P. Cowie (ed.), *Phraseology: theory, analysis and applications.* Oxford: Clarendon Press: 23-53.

Meyer-Lübke, Walter (1895). *Grammaire des langues romanes.* Traduction par Auguste Doutrepont et Georges Doutrepont. Tome II *Morphologie.* Paris: H. Welter Éditeur.

Miranda, José Alberto (1994). *La formación de palabras en español.* Salamanca: Ediciones Colegio de España.

Moita, Maria et al. (2010). "Affix selection and deadjetival nouns. A data-driven approach", C. C. Humphries; J. Kossek; A. Gomola (eds.), *English language, literature and culture: new directions in research.* Bielsko-Biala (Polónia): 118-133.

Moon, Rosamunda (1998). *Fixed expressions and idioms in English: A corpus-based approach.* Oxford: Clarendon Press.

Moravcsik, Edith (2000). "Infixation", Geert Booij et al., *Morphologie/Morphology. An international handbook on inflection and word-formation.* Berlin, New York: Walter de Gruyter: 545-552.

Nascimento, Maria Fernanda Bacelar do (2013). "Processos de lexicalização", Eduardo B. Paiva Raposo et al. (orgs.), *Gramática do Português. Vol. I.* Lisboa: Fundação Calouste Gulbenkian: 215-246.

Neves, Maria Helena de Moura (1999). *Gramática de usos do português.* Araraquara: Editora da UNESP.

Nevi, Joel N. (1978). *The syntax and semantics of complex nominals.* New York: Academic Press.

Nunes, Ana M. Belém & Rosa Lícia Coimbra (2007)."Um estudo da amálgama e do seu valor metafórico em Mia Couto". *Actas del VI Congreso de Lingüística General*. Madrid: Arco Libros: 1465-1474.

Nunes, José Joaquim ([1919] 1989). *Compêndio de gramática histórica portuguesa*. Lisboa: Clássica Ed., 9.ª ed.

Nunes, Susana (2006). *Prefixação espácio-temporal em português*. Dissertação de Mestrado. Faculdade de Letras da Universidade de Coimbra. Orientação de Graça Rio-Torto.

Nunes, Susana (2011). *A Prefixação em português*. Dissertação de Doutoramento em Linguística Portuguesa. Universidade de Coimbra. Orientação de Graça Rio-Torto.

Olsen, Susan (2000). "Composition", Geert Booij et al., *Morphologie/Morphology. An international handbook on inflection and word-formation*. Berlin, New York: Walter de Gruyter: 897-915.

Olsen, Susan (2015). "Composition", Peter Müller, Ingeborg Ohnheiser, Susan Olsen & Franz Rainer (eds.), *Word-formation. An international handbook of the languages of Europe*. Berlin: Mouton de Gruyter, vol. 1: 364-386.

Pena, Jesús (1980). *La derivación en español. Verbos derivados y sustantivos verbales*. Santiago de Compostela. Anexo 16 de *Verba*.

Pena, Jesús (1991). "La palabra: estructura y procesos morfológicos". *Verba* 18: 69-128.

Pena, Jesús (1993). "La formación de verbos en español: la sufijación verbal", Soledad Varela (ed.), *La formación de palabras*. Madrid: Taurus Ediciones: 217-281.

Pena, Jesús (1999). "Partes de la morfología. Las unidades del análisis morfológico", Ignacio Bosque & Violeta Demonte (dir.), *Gramática descriptiva de la lengua española*. Madrid: Espasa Calpe, Vol. 3: 4305-4366.

Pereira, M. Isabel (2000). *O acento de palavra em português. Uma análise métrica*. Doutoramento em Linguística Portuguesa. Universidade de Coimbra. Orientação de M. H. Mira Mateus.

Pereira, Rui Abel (2000). *Formação de verbos por prefixação*. Dissertação de Mestrado. Faculdade de Letras da Universidade de Coimbra. Orientação de Graça Rio-Torto.

Pereira, Rui Abel (2005). "Unidades greco-latinas na língua portuguesa", *Máthesis* 14: 81-106.

Pereira, Rui Abel (2007). *Formação de verbos em português: afixação heterocategorial*. München: Lincom (LSRL 56).

Pereira, Rui Abel (2009). "Unidade e diversidade semântica dos verbos derivados em português", *Verba* 36: 15-46.

Pereira, Rui Abel (2012). "Relações intraparadigmáticas na derivação verbal: -izar *vs* -ificar". Mar Campos Souto et al. (ed.). *Assí como es de suso dicho. Estúdios de morfologia y léxico en homenaje a Jesús Pena*. San Millán de la Cogolla, Cilengua: 393-405.

Pereira, Rui Abel (2013). "Polifuncionalidade e cofuncionalidade afixal", Cesario Calvo Rigual (ed.), *Actes du XXVI ème Congrés Internacional de Lingüística i Filologia Romàniques* (6-11 de setembre de 2010, Facultat de Filologia de la Universitat de València). Berlim: Walter de Gruyter, Tomo III: 595-606.

Pharies, David (2002).*Diccionario etimológico de los sufijos españoles y de otros elementos finales*. Madrid: Editorial Gredos.

Piel, Joseph M. (1976). "Formação de palavras". In *Dicionário da língua portuguesa* (Academia das Ciências de Lisboa). 2.ª edição. Lisboa: Imprensa Nacional-Casa da Moeda, vol. I: xxii-xxviii.

Piñeros, Carlos-Eduardo (1999). "Word-blending as a case of non-concatenative morphology in Spanish", Rutgers Optimality Archive 343 (http:/roa.rutgers.edu/files/343-0999/343-PINEROS-0-0.PDF)

Piñeros, Carlos-Eduardo (2004). "The creation of portmanteau in the extragrammatical morphology of Spanish", *Probus 17 (2):* 253-301.

Plag, Ingo (1999). *Morphological productivity. Structural constraints in English derivation.* Berlin, New York: Mouton de Gruyter.

Plag, Ingo (2003). *Word-formation in English.* Cambridge: Cambridge University Press.

Plank, Franz (1981). *Morphologische (Ir-)Regularitäten:Aspekte der Wortstrukturtheorie.* Tübingen: Günter Narr.

Raimy, Eric (2000). *The phonology and morphology of reduplication.* Berlin, New York: Mouton de Gruyter.

Rainer, Franz (1988). "Towards a theory of blocking", Geert Booij & Jaap van Marle (ed.).*Yearbook of Morphology 1988.* Dordrecht: Foris: 155-185.

Rainer, Franz (2015). "Mechanisms and motives of change in word-formation", Peter Müller, Ingeborg Ohnheiser, Susan Olsen & Franz Rainer (eds.), *Word-formation. An international handbook of the languages of Europe.* Berlin: Mouton de Gruyter, vol. 3: 1761-1781.

Ribeiro, Sílvia (2010). *Compostos nominais em português. As estruturas VN, NN, NprepN e NA*. München: Lincom.

Ribeiro, Sílvia (2011). *Estruturas com SE anafórico, impessoal e decausativo em português europeu*. Dissertação de Doutoramento em Linguística Portuguesa. Universidade de Coimbra. Orientação de Graça Rio-Torto.

Ribeiro, Sílvia & Graça Rio-Torto (2010). "Denominações compositivas de estrutura VN, NN, NprepN e NA: nexos intralexicais". Maria Iliescu, Heidi Siller-Runggaldier & Paul Danler (eds.), *Actes du XXV Congrès International de Linguistique et de Philologie Romanes, Innsbruck, 3-8 septembre 2007. Tome VII.* Berlin, New York: Mouton de Gruyter: 477-486.

Ribeiro, Sílvia & Graça Rio-Torto (2009). "From compounds to phrases. Evidence from English, Italian and Portuguese". Comunicação apresentada ao congresso "Universals and typology in word-formation". Kosice 16-19 de Agosto de 2009.

Rio-Torto, Graça (1993). *Formação de palavras em português. Aspectos da construção de avaliativos.* Dissertação de Doutoramento (inédita). Universidade de Coimbra. Coimbra. http://hdl.handle.net/10316/24452

Rio-Torto, Graça (1994). "Formação de verbos em português: parassíntese, circunfixação e/ou derivação?", *Actas do IX Encontro Nacional da Associação Portuguesa de Linguística.* Lisboa: Colibri: 351-362.

Rio-Torto, Graça (1998). *Morfologia derivacional. Teoria e aplicação ao português.* Porto: Porto Editora.

Rio-Torto, Graça (2004). "Morfologia, sintaxe e semântica dos verbos heterocategoriais", Graça Rio-Torto (Org.).*Verbos e Nomes em Português*. Coimbra: Livraria Almedina: 17-89.

Rio-Torto, Graça (2006). "O Léxico: semântica e gramática das unidades lexicais". M. Francisca Athayde (ed.). *Estudos sobre léxico e gramática*. Coimbra: Cadernos do Cieg 23: 11-34.

Rio-Torto, Graça (2008). "Mudança genolexical: teoria e realidade". *Linguística. Revista de estudos linguísticos da Universidade do Porto*: 3 (1): 224-240.

Rio-Torto, Graça (2012a). "Versatilidade sufixal: aplicação aos derivados em *-ic-*". M. Armanda Costa & Inês Duarte (org.). *Nada na linguagem nada lhe é estranho. Estudos em homenagem a Isabel Hub Faria*. Porto: Edições Afrontamento: 351-363.

Rio-Torto, Graça (2012b). "Morfologia lexical no português médio: variação nos padrões de nominalização". Tânia Lobo et al. (orgs.).*ROSAE: linguística histórica, história das línguas e outras histórias*. Salvador: EDUFBA: 305-322.

Rio-Torto, Graça (2012c). "Nomes deverbais corradicais no português arcaico". Mar Campos Souto et al., (eds.). *Assí como es de suso dicho. Estudios de morfología y léxico en homenaje a Jesús Pena*. San Millán de la Cogolla: Cilengua: 469-483.

Rio-Torto, Graça (2012d). "Heterossemia e mudança semântica: da locatividade à reciprocidade". Aparecida Negri Isquerdo, (org.), *Ciências do Léxico* 6, Campo Grande, São Paulo: Editora da Universidade Federal de Mato Grosso, *Humanitas*: 17-33.

Rio-Torto, Graça (2013). "Nouns in apposition". Ana Maria Brito (org.).*Linguística* 8 (*Conversion and mixed categories*. Revista de Estudos Linguísticos da Universidade do Porto: 17-38.

Rio-Torto, Graça (2014a). "Prefixação e composição: fronteiras de um continuo". *Verba* 41 *Anuario Galego de Filoloxía* (USP): 103-121.

Rio-Torto, Graça (2014b). "Blending, cruzamento ou fusão lexical em português: padrões estruturais e (dis)semelhenças com a composição". *Filologia e Linguística Portuguesa* 16 (1): 7-29.

Rio-Torto, Graça (2014c). "A prefixação na tradição grammatical portuguesa". *Confluência* (nível A2) 47: 11-39.

Rio-Torto, Graça (em publicação). *Prefixação na língua portuguesa contemporânea*.

Rio-Torto, Graça & Conceição Anastácio (2004). "Estrutura e interpretação dos nomes depredicativos em português". Graça Rio-Torto (coord.), *Verbos e nomes em português*. Coimbra: Livraria Almedina: 187-220

Rio-Torto, Graça & Susana Nunes (2009). "Graus de especialização semântica em espanhol e em português. A propósito da expressão prefixal de temporalidade", Eva Martha Eckkrammer (ed.). *La comparación en los lenguajes de especialidad*. Berlin: Frank & Timme: 141-152.

Rio-Torto, Graça & Sílvia Ribeiro (2009). "Compounds in Portuguese", *Lingua e Linguaggio* VIII(2): 271-291.

Rio-Torto, Graça & Sílvia Ribeiro (2010). "Unidades pluriverbais. Processamento e ensino", Maria Helena de Moura Neves (org.). *As interfaces da gramática*. Araraquara: Editora da UNESP: 151-165.

Rio-Torto, Graça & Sílvia Ribeiro (2012). "Portuguese Compounds", *Probus* 24: 119-145.

Roché, Michel (2015). "Interfixes in Romance", Peter Müller, Ingeborg Ohnheiser, Susan Olsen & Franz Rainer (eds.), *Word-formation. An international handbook of the languages of Europe*. Berlin: Mouton de Gruyter, vol. 1: 551-568.

Rodrigues, Alexandra Soares (2001). *A construção de postverbais em português*. Porto: Granito Editora.

Rodrigues, Alexandra Soares (2002). "Para compreender o mecanismo de formação dos chamados 'derivados regressivos'", Isabel Duarte *et al.* (eds). *Encontro Comemorativo do 25º Aniversário do Centro de Linguística da Universidade do Porto*. vol 1. Porto: CLUP, FCT, FLUP: 9-19.

Rodrigues, Alexandra Soares (2004a). "Condições de formação de nomes postverbais em português", Graça Rio-Torto (ed.).*Verbos e nomes em português*. Coimbra: Livraria Almedina: 129 -185.

Rodrigues, Alexandra Soares (2004b). "Aspectos da formação dos substantivos postverbais do português", *Filologia e Lingüística Portuguesa* 6: 7-37.

Rodrigues, Alexandra Soares (2008). *Formação de substantivos deverbais sufixados em português*. München: Lincom (SRL 57+CD-Rom).

Rodrigues, Alexandra Soares (2009). "Portuguese converted deverbal nouns: constraints on their bases", *Word Structure* 2: 69-107.

Rodrigues, Alexandra Soares (2012a). *Jackendoff e a "Arquitectura Paralela". Apresentação e discussão de um modelo de linguagem*. München: Lincom (LSTL 49).

Rodrigues, Alexandra Soares (2012b). *Exercícios de morfologia do português*. München: Lincom (LSRL 70).

Rodrigues, Alexandra Soares (2013). "Is conversion a lexical or a syntactic process of word formation?". *Linguística: Revista de Estudos Linguísticos da Universidade do Porto* 8: 89-120.

Rodrigues, Alexandra Soares (2014). "Causative eventive chains and selection of affixes in Portuguese nominalisations". *Lingue e Linguaggio* XIII/1: 159-184.

Rodrigues, Alexandra Soares (em publicação). *On nominalisation: syntax and lexicon in duel*.

Rodrigues, Alexandra Soares (2015). *A gramática do léxico: morfologia derivacional e o léxico mental*. München: Lincom.

Rodrigues, Alexandra Soares (2016), "O léxico mental como uma rede ou arquitetura de redes", *PhiN. Net(work)s: Zwischen Struktur und Metapher*.

Rodrigues, Alexandra Soares & Graça Rio-Torto (2013). "Semantic coindexation: evidence form Portuguese derivation and compounding", Pius Ten Hacken & Claire Thomas (eds.). *The semantics of word formation and lexicalization*. Edinburgh: Edinburgh University Press: 161-179.

Rondinini, Roberto Botelho & Carlos A. V. Gonçalves (2007). "Formações X-logo e X-grafo: um caso de deslocamento da composição para a derivação?", *Actas do XXI Encontro Nacional da Associação Portuguesa de Linguística*. Lisboa: APL: 533-546.

Rosa, Maria Carlota (2009). "É morfologia ?", *Linguística. Revista de Estudos Linguísticos da Universidade do Porto* 4: 45-58.

Sandmann, Antônio José (1989). *Formação de palavras no português brasileiro contemporâneo*. Curitiba: Editora da UFPR e Editora Ícone.

Sanromán, Álvaro Iriarte (2001). *A unidade lexicográfica. Palavras, colocações, frasemas, pragmatemas*. Braga: Universidade do Minho.

Santos, Alice (2010). *Polissemia dos sufixos aumentativos -ão, -arro, -orro, -aço e -uço e seus traços avaliativos sob a perspectiva diacrônica*. USP. Dissertação de Mestrado. Orientação de Mário Viaro.

Santos, Antônia Vieira dos (2009). *Processos de composição no período arcaico da língua portuguesa*. Dissertação de Doutorado. Universidade Federal da Bahia. Orientação de Rosa Virgínia Mattos e Silva e de Graça Rio-Torto.

Scalise, Sergio (1984). *Generative Morphology*. Foris: Dordrecht.

Scalise, Sergio & Antonietta Bisetto (2009). *La strutura delle parcle*. Bologna: Il Mulino.

Scalise, Sergio; Antonio Fábregas; Francesca Forza (2009). "Exocentricity in Compounding", *Genko Kenkyu* 135: 49-84.

Schlücker, Barbara & Hüning Matthias (2009). " Compounds and phrases. A functional comparison between German A + N compounds and corresponding phrases". *Italian Journal of Linguistics / Rivista di Linguistica* 21 (1): 209-234.

Schmid, Hans-Jörg (2015). "The scope of word-formation research" Peter Müller, Ingeborg Ohnheiser, Susan Olsen & Franz Rainer (eds.), *Word-formation. An international handbook of the languages of Europe*. Berlin: Mouton de Gruyter, vol. 1: 1-21.

Schwaiger, Thomas (2015). "Reduplication", Peter Müller, Ingeborg Ohnheiser. Susan Olsen & Franz Rainer (eds.), *Word-formation. An international handbook of the languages of Europe*. Berlin: Mouton de Gruyter. Vol. I: 467-484.

Serrano-Dolader, David (2003). "El prefijo anti- en español o la oposición a las soluciones discretas en el enálisis morfológico", F. Sánchez Miret (ed.), *Actas del XXIII Congreso Internacional de Lingüística y Filología Románicas*. Tübingen: Max Niemeyer Verlag, vol. 1: 445-458.

Silva, Augusto S. (2003). "O poder cognitivo da metáfora e da metonímia", *Revista Portuguesa de Humanidades* VII (Braga, Faculdade de Filosofia): 13-75.

Sinclair, John (1991). *Corpus, concordance, collocation*. Oxford: Oxford University Press.

Spencer, Andrew (1991). *Morphological theory*. Oxford: Blackwell.

Spencer, Andrew (1998). "Morphophonological operations", Andrew Spencer & Arnold Zwicky. *The handbook of morphology*. Oxford: Blackwell: 123-143.

Spencer, Andrew (2015). "Derivation", Peter Müller, Ingeborg Ohnheiser. Susan Olsen & Franz Rainer (eds.), *Word-formation. An international handbook of the languages of Europe*. Berlin: Mouton de Gruyter, vol. 1: 301-321.

Steinhauer, Anja (2015). "Clipping", Peter Müller, Ingeborg Ohnheiser, Susan Olsen & Franz Rainer (eds.), *Word-formation. An international handbook of the languages of Europe*. Berlin: Mouton de Gruyter, vol. 1: 352-363.

Štekauer, Pavol (2005). "Compounding and affixation. Any difference?", Wolfgang Dressler et al.. *Morphology and its demarcations*. Amsterdam, Philadelphia: John Benjamins: 151-159.

Štekauer, Pavol (2015). "The delimitation of derivation and inflection", Peter Müller, Ingeborg Ohnheiser, Susan Olsen & Franz Rainer (eds.), *Word-formation. An international handbook of the languages of Europe*. Berlin: Mouton de Gruyter, vol. 1: 218-235.

Stump, Gregory (1998). "Inflection", Andrew Spencer & Arnold Zwicky. *The handbook of morphology*. Oxford: Blackwell: 13-43.

Teixeira, Luciana (2009). *A delimitação do adjetivo como categoria lexical na aquisição da linguagem: um estudo experimental no portugês brasileiro*. Tese de doutorado. PUC. Rio de Janeiro. ttp://www.maxwell.vrac.puc-rio.br/14346/14346_1.PDF

Ten Hacken, Pius (2000). "Derivation and compounding", Geert Booij *et al*, *Morphologie/Morphology. An international handbook on inflection and word-formation*. Berlin, New York: Walter de Gruyter: 349-359.

Terreni, Rossela (2005). "Composti N+N e sintassi: I tipi economici lista-nozze e notizia-curiositá". Maria Grossmann & Anna M. Thornton (eds.). *La formazione delle parole*. Roma: Bulzoni: 521-546.

Teyssier, Paul (1993). *História da língua portuguesa*. Lisboa: Livraria Sá da Costa Editora, 5ª ed.

Tomasello, M. (1999). *The cultural origins of Human cognition*. Cambridge, Massachusetts: Harvard University Press.

Tutin, Agnès & Francis Grossmann (2002). "Collocations régulières et irrégulières: esquisse de typologie du phéno-mène collocatif", *Revue Française de Linguistique Appliquée* 7, http://w3.u-grenoble3.fr/tutin/collocations/RFLA.pdf.

Val Álvaro, José (1999). "La Composición", Ignacio Bosque & Violeta Demonte, (dir.)., *Gramática Descriptiva de la Lengua Española*. vol. 3: *Entre la oración y el discurso/Morfologia*. Madrid: Editorial Espasa/Calpe: 4757-4842.

Valera, Salvador (2015). "Conversion", Peter Müller, Ingeborg Ohnheiser, Susan Olsen & Franz Rainer (eds.), *Word-formation. An international handbook of the languages of Europe*. Berlin: Mouton de Gruyter, vol. 1: 322-339.

Varela, Soledad (2005). *Morfología léxica: la formación de palabras*. Madrid: Gredos.

Varela, Soledad & Josefa Martín García (1999). "La prefijación", Ignacio Bosque & Violeta Demonte (dir.).*Gramática descriptiva de la lengua española*. Madrid: Espasa Calpe, vol. 3: 4993 -5040.

Vasconcelos, Carolina Michaëlis de (1912). *Lições de Filologia Portuguesa*. Lisboa: Dinalivro.

Veloso, João (2007)."Minimal word in Portuguese: evidence from speakers. Oralization of acronyms". Comunicação apresentada ao *8º Congresso da International Society of Applied Psycholinguistics*. Porto Alegre (Brasil), Pontifícia Universidade Católica de Rio Grande do Sul. [em publicação].

Viana, M. Céu; Isabel Trancoso *et al*. (1996). "Sobre a pronúncia de nomes próprios, siglas e acrónimos em Português Europeu", *Atas do Congresso Internacional sobre o Português* III (Corpora). Lisboa: Edições Colibri, APL: 481-519.

Viaro, Mário (2003). *Por trás das palavras. Manual de etimologia do português*. São Paulo: Globo.

Viaro, Mário (2011). *Etimologia do português*. São Paulo: Contexto.

Vigário, Marina (2003). *The prosodic word in European Portuguese*. Berlin: Walter de Gruyter.

Vigário, Marina (2010). 'Prosodic structure between the prosodic word and the phonological phrase: recursive nodes or an independent domain?", *The Linguistic Review* 27(4): 485-530.

Vilela, Ana Carolina; Luisa Godoy; Thais Cristófaro-Silva (2006). "Formas truncadas no português brasileiro: para uma melhor compreensão do fenômeno", *Revista de Estudos da Linguagem* 14 (1): 149-174.

Villalva, Alina (2000). *Estruturas morfológicas. Unidades e hierarquias nas palavras do português*. Lisboa: Fundação Calouste Gulbenkian, Fundação para a Ciência e a Tecnologia.

Villalva, Alina (2003). "Formação de palavras: afixação", M. H. Mira Mateus *et al.*, *Gramática da Língua Portuguesa*. Lisboa: Caminho: 939-967.

Villoing, Florence (2012). "French compounds", *Probus* 24: 29-60.

Wiltshire, Caroline & Alec Marantz (2000). "Reduplication", Geert Booij *et al.*, *Morphologie/Morphology. An international handbook on inflection and word-formation*. Berlin, New York: Walter de Gruyter: 557-566.

Zuluaga, Alberto (2002). "Los 'enlaces frecuentes' de María Moliner: Observaciones sobre las llamadas colocaciones", *Philologie im Netz* 22. Herausgegeben von Paul Gévaudan et al., http://www.fu-berlin.de/phin/phin22/p22t3.htm.

Fontes:

Dicionário Aulete, acessível em http://aulete.uol.com.br/

Dicionário Aurélio, acessível em http://www.dicionariodoaurelio.com/

Dicionário Houaiss da Língua Portuguesa (2009). Rio de Janeiro: Objetiva. Edição eletrónica.

Dicionário da Porto Editora: www.infopedia.pt.

Dicionário da Língua Portuguesa (1989). Porto: Porto Editora.

Dicionário Michaëlis, acessível em http://michaelis.uol.com.br/

Dicionário terminológico (2007), http://dt.dgidc.min-edu.pt/

Infopédia [Em linha]. Porto: Porto Editora, 2003-2013. http://www.infopedia.pt/lingua-portuguesa.

www.corpusdoportugues.org

www.linguateca.pt

www.portaldalinguaportuguesa.org

www.ingramcontent.com/pod-product-compliance
Lightning Source LLC
Chambersburg PA
CBHW052012040526
R18239600001BA/R182396PG44108CBX00006BA/11